Langeweile in kaufmännischen Unterrichtsprozessen

KONZEPTE DES LEHRENS UND LERNENS

Herausgegeben von Jürgen Seifried und Susan Seeber

BAND 19

Kristina Kögler

Langeweile in kaufmännischen Unterrichtsprozessen

Entstehung und Wirkung emotionalen
Erlebens ungenutzter Zeitpotentiale

PETER LANG
EDITION

Bibliografische Information der Deutschen Nationalbibliothek
Die Deutsche Nationalbibliothek verzeichnet diese Publikation
in der Deutschen Nationalbibliografie; detaillierte bibliografische
Daten sind im Internet über http://dnb.d-nb.de abrufbar.

Zugl.: Bamberg, Univ., Diss., 2014

Umschlagabbildung:
© Kristina Kögler

Gedruckt auf alterungsbeständigem,
säurefreiem Papier.

D 473
ISSN 0724-6455
ISBN 978-3-631-65913-7 (Print)
E-ISBN 978-3-653-05293-0 (E-Book)
DOI 10.3726/978-3-653-05293-0

© Peter Lang GmbH
Internationaler Verlag der Wissenschaften
Frankfurt am Main 2015
Alle Rechte vorbehalten.
Peter Lang Edition ist ein Imprint der Peter Lang GmbH.

Peter Lang – Frankfurt am Main · Bern · Bruxelles ·
New York · Oxford · Warszawa · Wien

Diese Publikation wurde begutachtet.

www.peterlang.com

Die Kunst der Langeweile besteht darin, alles zu sagen, was man weiß.
Winston Churchill

Danksagung

Langeweile – eine für Schule und Unterricht so charakteristische und doch bis in die jüngere Zeit hinein verhältnismäßig wenig erforschte Erlebensqualität. Unzählige Schülergenerationen haben diese „Windstille der Seele", wie Nietzsche es nannte, diese subjektive Dehnung der Zeit durchlebt, und unzählige Schülergenerationen werden ihnen unter Umständen folgen. Es drängte sich mir angesichts dessen die empirische Frage nach den Entstehungskonstellationen und Wirkungen unterrichtlicher Langeweile auf. Besonders in der beruflichen Bildung, in der die Befundlage ausgesprochen defizitär ist, sind ungenutzte Zeitpotentiale angesichts des institutionellen Spannungsfeldes aus gesellschaftlichen und wirtschaftlichen Interessenlagen besonders brisant. Die vorliegende Arbeit hatte daher das Ziel, über einen prozessorientierten Forschungszugang, der Elemente der Unterrichtsbeobachtung und Schülerbefragung miteinander verknüpfte, die Befundlage zu Langeweile im kaufmännischen Unterricht anzureichern.

Eine wissenschaftliche Arbeit über ein allgegenwärtiges und noch dazu oft negativ konnotiertes Alltagsproblem wie die Langeweile zu schreiben, erfordert den Mut, sich selbst und andere aus ihrer Komfortzone zu locken. Den Erfolg dieses Unterfangens verdanke ich nicht allein meinen eigenen Anstrengungen – vielmehr haben zahlreiche Menschen dazu beigetragen.

Zuvorderst möchte ich mich bei meinem Doktorvater Detlef Sembill bedanken, der mir durch sein ganzheitliches Ausbildungsverständnis unzählige wertvolle Lern- und Entwicklungschancen gewährte, meine Arbeit stets kritisch-konstruktiv hinterfragte und mich bei meinen ersten Schritten in die Wissenschaft wohlwollend begleitete. Meiner Doktormutter Eveline Wuttke danke ich besonders für die inspirierenden Gespräche über das Konstrukt Langeweile, ihre herzliche Anteilnahme und ihr großes Entgegenkommen bei der zeitgleichen Vereinbarung beruflicher und familiärer Interessen sowie ihre vielfältige Unterstützung auf meinem weiteren beruflichen Weg. Beiden möchte ich auch noch einmal ausdrücklich für die schnelle Erstellung der Gutachten danken. Ein herzlicher Dank geht darüber hinaus an Maike Andresen als drittem Mitglied der Promotionskommission.

Ohne die Unterstützung der beteiligten Lehrkräfte, Schülerinnen und Schüler sowie ihrer Eltern und natürlich der Schulleitung wäre dieses Projekt nicht möglich gewesen. Vielen herzlichen Dank für dieses große Engagement und die Bereitschaft, sich so tief in die Karten blicken zu lassen.

Im Rahmen der Filmarbeiten sowie deren Vor- und Nachbereitung hat sich ein Team aus studentischen Hilfskräften unersetzbar gemacht, bei dem ich mich herzlich für die tolle Zusammenarbeit bedanken möchte: Lukas Helmschrott, Andrea Hennig, Tobias Kärner, Sandra Kaiser-Witt, Johannes Peichl und Sarah Schlusemann. Darüber hinaus wurde ich während der Auswertungsphase bei den zeitintensiven Transkriptionen, Unterrichtskodierungen und Aufbereitungsschritten auf umsichtige und äußerst engagierte Art und Weise von Ines Kaffer und Christian Schölzel unterstützt – vielen Dank dafür.

In den vergangenen Jahren hatte ich das Glück, in großartigen Teams zu arbeiten. Ich möchte mich bei allen Kolleginnen und Kollegen in Bamberg und Frankfurt für die vielfältige Unterstützung und freundschaftliche Begleitung meiner Forschungsaktivitäten bedanken. Besonders danke ich Andreas Rausch, Julia Warwas und Marc Egloffstein für ihre jederzeit offenen Ohren, zahlreiche hilfreiche Anregungen und einige sehr bereichernde gemeinsame Projekte, in denen ich viel lernen konnte. Jürgen Seifried, der bereits im Studium mein Interesse für die empirische Lehr-Lern-Forschung weckte, danke ich besonders für die Möglichkeit, noch vor der Durchführung meines eigenen Projekts in seinen Habilitationsdaten erste wissenschaftliche Gehversuche unternehmen zu dürfen. Susanne Scheja und Karin Heinrichs möchte ich für ihre sokratischen Fragen und ihre große Diskussionsbereitschaft danken, die mir wichtige Impulse gaben. Ein herzlicher Dank gebührt auch Martin Messingschlager für seine Unterstützung bei der komplexen Datenimputation und Richard Göllner für die bisherige Zusammenarbeit und wichtige Denkanstöße bei der Einarbeitung in die Thematik Mehrebenenanalysen. Ich freue mich sehr auf zukünftige Kooperationen in diversen Konstellationen zu spannenden Fragestellungen.

Meinen Wegbegleitern und Freunden aus Bamberger Tagen, allen voran Stephanie Hümmer, Felix Weyhrauch, Jana Ramm und Iris Nikolopoulos danke ich für kreative Inspiration, schonungslose Kritik und wohlmeinenden Zuspruch und das eine oder andere Ablenkungsmanöver zum richtigen Zeitpunkt.

Ein besonderer Dank gilt meiner Familie. Meiner Schwester Katharina, die den Mut hat, ihren eigenen Weg zu gehen und der Langeweile im Unterricht alltäglich entgegenzuwirken. Meinen Eltern als akademische Vorbilder für viele spannende wissenschaftsphilosophische Diskussionen und das Vertrauen in meine Kraft. Meinem Mann Thomas danke ich besonders für seine liebevolle Unterstützung und seinen unerschütterlichen Optimismus. Meinem Sohn Julius, der meine wissenschaftlichen Überlegungen immer wieder aufs Neue auf ihre Alltagstauglichkeit überprüft, für seine unbändige Neugier und sein fröhliches

Kinderlachen. Diese Arbeit ist meiner Familie gewidmet. Sie hält mich am Boden und verleiht mir doch Flügel.

Bad Liebenzell, im Dezember 2014
Kristina Kögler

Inhalt

Abbildungsverzeichnis

Tabellenverzeichnis

1. Problemstellung und Gang der Untersuchung

1.1 Zum Stellenwert emotionaler Erlebensqualitäten in Lehr-Lern-Prozessen und bei deren Erforschung

Die emotionale Qualität menschlichen Erlebens und Handelns war nach den machtvollen politischen und demagogischen Verwerfungen des vergangenen Jahrhunderts lange eine in Misskredit geratene und insofern auch in Bildungseinrichtungen eher nachrangige Größe. Entsprechend finden sich in der deutschsprachigen Pädagogik und pädagogischen Psychologie der Nachkriegszeit nur wenige Abhandlungen über Emotionen, deren Bedeutung, Funktionsweise und Bedingungsfaktoren. Vielmehr dominierten seit den 1950er Jahren in der Psychologie rationalistische Begründungsmuster für menschliches Erleben, Erfahren und Handeln, die vornehmlich auf die Bedeutung kognitiver Parameter bei der individuellen Informationsverarbeitung abstellten (bspw. Bruner, Goodnow & Austin 1956; Miller, Galanter & Pribram 1960; Lazarus 1966; Leontjew & Galperin 1967; Weiner 1974; Mandl & Huber 1983). Korrespondierende Vorstellungen von schulischen Lehr- und Lernprozessen waren dieser Denkweise entsprechend stark instruktionspsychologisch akzentuiert und sahen den Lehrenden als steuernde Instanz der einseitig bedingten Wissensvermittlung. Emotionen galten seinerzeit stärker denn je als destruktiv und dionysisch[1], sie standen dem guten Leben im Sinne eines rationalen und begründeten Denkens und Handelns im Wege. Insofern konnten sie auch keinen nennenswerten Stellenwert bei der Erklärung von Lehr- und Lernaktivitäten beanspruchen (vgl. Cacioppo & Gardner 1999, 194).

Erst in den 1970er und zu Beginn der 1980er Jahre wurde auf wissenschaftlicher Ebene wieder eine intensive Diskussion darüber geführt, welchen

---

1 Nietzsche (1869/1922) identifiziert in der abendländischen Kultur bereits gegen Ende des 19. Jahrhunderts zwei zentrale Prinzipien – das dionysische und das apollinische Prinzip. Mit dem Begriff „dionysisch" sind dabei Bedeutungen wie Lust/Unlust, Verlangen, Sinnlichkeit oder gar Wahnsinn impliziert, es wird mit Emotionalität/Impulsivität in Denken und Handeln in Verbindung gebracht und steht dem Apollinischen entgegen. „Apollinisch" meint die Suche nach dem Geordneten, Klaren und Einfachen und repräsentiert die Rationalität und das bewusste Erkennen des „Richtigen" und „Sittlichen". Bereits in der antiken Moralphilosophie beschäftigte man sich mit dem Widerstreit zwischen Rationalität und Affektivität, den Nietzsche in seinen Abhandlungen aufgriff.

1

Stellenwert *emotionale* Erlebensqualitäten bei der Erklärung individueller Denk, Handlungs- und demnach auch Lernprozesse innehaben (Bloom 1971; Plutchik & Kellerman 1980; Zajonc 1980; Lazarus 1982; Kuhl 1983; Leventhal & Scherer 1987). Der Auffassung Aeblis (1980/1981), das Denken gehe im Zuge der Aktualgenese dem Handeln voran, entstehe ontogenetisch wiederum aus dem Handeln und stelle gewissermaßen ein grundsätzlich strukturgleiches „Probehandeln" dar, entsprang die Denkweise, nach der Emotionen grundsätzlich Faktoren seien, die nichts zur „Richtigkeit der Struktur" (Aebli 1980, 25), also zur Wirksamkeit von Denken und Handeln beitrügen. Dem gegenüber stand der Aufruf „Wider die Vernachlässigung der Emotion in der Psychologie" (Scherer 1981), der sich gegen die rationalistische Sicht auf Lehr- und Lernprozesse wandte und Emotionen als vermittelnde Schnittstelle zwischen Individuum und Umwelt ansah (ebd., 312ff.).

Vor dem Hintergrund einer sich anschließenden Aufwertung der Bedeutung emotionaler und auch motivationaler Konstrukte wurde in der Folge intensiver in diesem Bereich geforscht. Auch und gerade im Kontext der beruflichen Bildung entstanden bis in die jüngere Zeit hinein zahlreiche Arbeiten über die Bedeutung emotional-motivationaler Erlebensqualitäten für schulische und betriebliche Lern- und Arbeitsprozesse (z. B. Sembill 1984; Achtenhagen, Lüdecke & Sembill 1988; Wild & Krapp 1996; Wuttke 1999; Seifried & Sembill 2005; Rausch 2007; Scheja 2009). Im schulischen Kontext werden auf Makro- und Mesoebene (vgl. Bronfenbrenner 1981; Seifried, Sembill, Nickolaus & Schelten 2005, 603) in jüngerer Zeit insbsondere verschiedene Belastungsfaktoren für das schulische Leitungs- und Lehrpersonal nebst ihren Folgeerscheinungen thematisiert (Schaarschmidt 2005; Bieri 2006; Sembill & Zilch 2010; im Zusammenhang mit beruflicher Identität s. auch Warwas 2009, 2012). Auch und gerade in der kaufmännisch-beruflichen Domäne gibt es darüber hinaus zahlreiche neuere Befunde zum Belastungserleben von Lernenden, die auch physiologische Maße mit einbeziehen (Golyszny, Kärner & Sembill 2012; Kärner 2013). Bezüglich des emotional-motivationalen Erlebens von Lernenden sind im schulischen Kontext überdies die im Rahmen von Prozessuntersuchungen in selbstorganisationsoffenen Lehr-Lern-Arrangements auf der Mikroebene gewonnenen Erkenntnisse hervorzuheben (Sembill 2004; Seifried 2004; Wuttke 1999, 2005; Sembill, Wuttke, Seifried, Egloffstein & Rausch 2007). Sie bieten umfassende Einsichten in die unterschiedlichen Dimensionen individuellen Erlebens, hier oftmals als emotionale Befindlichkeit verstanden und operationalisiert (ausgehend von Achtenhagen, Lüdecke & Sembill 1988), sowie deren Wechselwirkungen und entsprechende Zusammenhänge mit den Kontextmerkmalen und Eingangsvoraussetzungen der Lernenden in Unterrichtsprozessen. Diese Analysen sind eine wichtige Ergänzung der breit angelegten internationalen Schulleistungsvergleiche und der dortigen retrospektiven Betrachtung emotionaler Größen. Sie gewähren prozessnahe Einblicke in Bedingungen und Funktionalität individuellen Erlebens im Unterrichtsablauf und sind bedeutende Ansatzpunkte für die Beantwortung der Frage nach dem Stellenwert des individuellen Erlebens und dessen Variabilität im Unterrichtsablauf für Lernresultate.

So ist heute auch infolge dieser Forschungsbemühungen die Kontroverse zum Stellenwert von Emotionen – nicht zuletzt mithilfe neurowissenschaftlicher Befunde, die eine integrative Sichtweise auf Kognition und Emotion nahe legen – annähernd beigelegt (LeDoux 1995; Damasio 1994; Roth 1997; Baer, Connors & Paradiso 2009). Es setzt sich zunehmend die Auffassung durch, emotionale Erlebensqualitäten seien als Bewertungsinstanz bei der Informationsverarbeitung von elementarer Bedeutung und als solche unverzichtbare Bestandteile individuellen Denkens und Handelns. Als „durchgängiges, mächtiges, kreatives und flexibles Erklärungs- und Gestaltungsprinzip" anerkannt (Sembill 2010), sieht man sie nicht mehr nur als unkontrollierbare, dionysische Einflüsse auf das menschliche Denken und Agieren. Wenngleich in Bezug auf die Definition des Emotionskonstrukts eine große und oftmals diskrepante Vielfalt an Abgrenzungsversuchen der Begriffe Affekt, Stimmung, Gefühl, Befindlichkeit oder auch Emotion zu konstatieren ist (vgl. bspw. Kleinginna & Kleinginna 1985; Scherer 1990, 2; Ciompi 1997), wird die Funktionalität emotionaler Erlebensqualitäten im Sinne retrospektiver Rückmeldungen oder Bewertungen über Handlungsschritte und prospektiver Beurteilungsmöglichkeiten zukünftiger Handlungsoptionen nicht mehr bezweifelt.

Insgesamt bleibt dennoch festzustellen, dass der Umfang der Erkenntnisse bezüglich verschiedener Erlebensqualitäten und ihrer Einflüsse auf Lehren und Lernen noch verhältnismäßig stark variiert (im Überblick vgl. bspw. Wild 2007; Hascher & Edlinger 2009). So existieren zahlreiche Befunde bzgl. der Problematik der Lern- und Leistungsangst in schulischen und universitären Kontexten (Morris & Liebert 1970; Eysenck 1979; Sembill 1992; Schwarzer 1993; Krohne 1996; zusf. Schnabel 1996). Auch die Konstrukte Lernfreude und Flow wurden neben anderen stark beforschten motivationalen Größen in der empirischen Lehr-Lern-Forschung intensiv untersucht (z.B. Csikszentmihalyi 1992; zusf. Krapp 1998). Andere, eher negativ besetzte Größen wie Ärger, Ekel, Scham oder Trauer werden im pädagogisch-psychologischen Kontext meist jedoch allenfalls als kontrollierte Eingangsvoraussetzungen respektive Endergebnisse und damit vergleichsweise weniger intensiv betrachtet. Dies mag zum einen daran liegen, dass diese Erlebensqualitäten im schulischen Kontext nicht in umfassendem Maße auftreten bzw. nur geringe Wirkungen auf entsprechende Leistungsresultate vermutet werden. Zum anderen ist es möglicherweise auch dahingehend zu begründen, dass die Erforschung derartiger Erlebenseinbußen von Lernenden im Ergebnis zu einer Diskreditierung der entsprechenden Lehrkräfte respektive ihrer Unterrichtsentwürfe und Professionalität führen könnte und insofern forschungsethisch und bildungspolitisch verhältnismäßig brisant ist.

1.2 Institutionalisierter Zeitdruck und Langeweile im Unterricht – eine paradoxe Koinzidenz?

Ein im Unterricht häufig auftretendes und „mit einer Vielzahl an schulischen Problemen einhergehende[s]" (Götz, Frenzel & Pekrun 2007, 312) emotional-motivationales Konstrukt ist in diesem Zusammenhang die Langeweile von Lernenden. In der Vergangenheit als „ärgste Sünde des Unterrichts" (Herbart 1806/1965, 61), „Halbschwester der Verzweiflung" (von Ebner-Eschenbach 1880/1988) oder „Nullpunkt des Lusterlebens" (Arnold 1975, 209) beschrieben, gilt diese bis heute als Indikator für eine unzureichende Bildungsqualität (Valtin, Wagner & Schwippert 2005, 193f.) und entfaltet angesichts des institutionellen Spannungsfeldes aus gesellschaftlichen und unternehmerischen Bildungszielen auch Relevanz in der beruflichen Bildung (Lewalter, Krapp, Schreyer & Wild 1998). Denn eine unzureichende Nutzung der zur Verfügung stehenden zeitlichen Ressourcen im Sinne individueller Erlebenseinbußen und zeitlicher Leerläufe könnte im Lernort Schule zu einem erhöhten Legitimationsdruck gegenüber den stärker verwertungsorientierten denn ganzheitlichen Interessenlagen der beteiligten Unternehmen führen. Das kaufmännische Kernfach Rechnungswesen, das aufgrund seines Methodenmonismus und seiner ausgeprägten Schemaorientierung als besonders reformbedürftig gilt (z.B. Seifried 2004), stellt hier insofern ein wichtiges Explorationsfeld dar.

Die einschlägige Forschungslage ist bislang jedoch übersichtlich, dies steht in krassem Kontrast zu dem Ausmaß und den etwaigen negativen Konsequenzen des Phänomens (Nett, Goetz & Daniels 2010): Denn Langeweile wird im schulischen Kontext mit negativen Folgen wie Motivations- oder Leistungsabfall, Schulmüdigkeit, Absentismus oder gar Schulabbruch in Verbindung gebracht (Robinson 1975, 236). Zudem berichten Larson & Richards (1991), dass sich Lernende in über einem Drittel der Unterrichtszeit langweilen. Angesichts dieses immensen Zeitkontingents drängt sich die Frage auf, wie diese als langweilig erlebte Unterrichtszeit inhaltlich und in methodisch-didaktischer Hinsicht genutzt wird und auf welche Konstellationen die Schülerlangeweile zurückzuführen ist. Insbesondere das Spannungsverhältnis aus situativen Bedingungsfaktoren in der Unterrichtsgestaltung durch die Lehrkräfte und personenbezogenen Bedingungsfaktoren auf Seiten der Lernenden ist dabei von großer Relevanz. Die Frage der Bedeutung unterschiedlicher Prädiktorengruppen wurde bereits früh aufgeworfen (Larson & Richards 1991) – neuere Befunde legen nahe, dass Lehrkräfte die Ursachen für schulische Langeweile zwar relativ differenziert sehen (Daschmann, Goetz & Stupnisky 2014), sich selbst und die Gestaltung des Unterrichts als verursachende Faktoren jedoch nur auf explizite Nachfrage anerkennen. Schüler heben indes in stärkerem Maße die Unterrichtsgestaltung hervor (Wuttke 2010). Hier sind simultane und prozessnahe Analysen beider Prädiktorengruppen angezeigt, um zu begründeten Aussagen zu gelangen. Bislang wurde das Phänomen Langeweile besonders in der englischsprachigen Forschungslandschaft und zumeist im Rahmen von Ex-Post-Betrachtungen gewürdigt (zur Übersicht über den Forschungsstand s. Lohrmann 2008a, b). Es wurden dabei meist im Rahmen retrospektiver Fragebogenerhebungen Ursachen und Zusammenhänge mit personalen bzw. situativen Variablen sowie das Ausmaß schulischer Langeweile untersucht.

Prozessorientierte Zugänge, die sich mit den Entstehungsbedingungen von Langeweile im Unterrichtsgeschehen selbst beschäftigen und entsprechend dem individuellen Erleben von langsam verstreichender oder inadäquat genutzter Unterrichtszeit auch Fragen der zeitlichen Ausgestaltung der Unterrichtsprozesse und deren Folgen fokussieren, sind stark unterrepräsentiert. Eine Erhellung des Zusammenhangs der zeitlichen Strukturen und Muster des Unterrichts könnte aber eine eigene Aufklärungskraft besitzen, denn die Größe Zeit spielt in der Geschichte schulischer Bildungsprozesse eine gewichtige Rolle: Bereits im frühen Verlauf der Institutionalisierung schulischer Bildungsbemühungen wurde ein durch politische, ökonomische, technische und demographische Faktoren induzierter Effektivitäts- und Effizienzdruck zunehmend offenbar (im Überblick s. Dreyer 2008): So galt es bereits im 17. Jahrhundert nicht nur, „alle alles zu lehren", sondern dies musste zum Zweck der gesellschaftlichen Existenzsicherung auch möglichst „gründlich und rasch" geschehen (Comenius 1657/1954). Die Suche nach einem methodischen Weg, so viele Lernende wie möglich gleichzeitig und zügig zu bilden, führte seinerzeit zu der bis heute bestehenden Dominanz frontaler, lehrerzentrierter und zeitlich stark vorstrukturierter Lehr-Lern-Arrangements (bspw. Pätzold, Klusmeyer, Wingels & Lang 2003). Im weiteren Gang der Schulgeschichte wurde die Notwendigkeit möglichst zeitsparenden Unterrichts mit einer Instrumentalisierung seiner Engführung im Sinne einer strikten zeitlichen Disziplinierung der zunehmend taylorisierten Gesellschaft verbunden: Lernende sollten die für das industrialisierte respektive später militarisierte Arbeitsleben notwendige Zeitdisziplin möglichst früh internalisieren und wurden unabhängig von ihren individuellen Voraussetzungen in den Schulen einem strikten Zeitdiktat unterworfen (Drechsel 1985; Bendele 1984). Der auf diesem Weg zunehmend verfestigte Glaube an die Effizienz und Effektivität frontaler Lehr-Lern-Arrangements mit den Lehrenden als Selektionsinstanzen und ausschließlichen Verwaltern der Unterrichtszeit mag ein bedeutender Grund dafür sein, dass stärker handlungsorientierte, schülerzentrierte Lehr-Lern-Arrangements mit dem Verweis auf Zeitdruck, Stofffülle und Anspruch oder institutionelle Restriktionen trotz der Existenz und Vielfalt entsprechender unterrichtsmethodischer Konzeptualisierungen (z.B. Bastian, Gudjons, Schnack & Speth 1997; Sembill 1999; Sembill & Seifried 2006; im Überblick auch Reich 2010) im Unterrichtsalltag bis heute in geringem Ausmaß implementiert werden (Seifried 2006).

Die berufliche Bildung ist in diesem Kontext besonders gefährdet: Angesichts verkürzter Ausbildungsgänge und einer starken Konzentration auf die Verwertbarkeit der behandelten Stoffinhalte in Abschlussprüfungen erscheint hier der Zeitdruck besonders hoch. Heutige gesellschaftliche, ökonomische und technologische Entwicklungen legen allerdings nahe, dass es auch und besonders in der beruflichen Bildung in verstärktem Maße darauf ankommt, Lernende umfassend im Sinne ganzheitlicher Kompetenzerwerbe zu qualifizieren (bspw. Seifried 2004). Zudem wird die im Zusammenhang mit der Lehrerzentrierung vermeintlich effiziente und effektive Nutzung der Lehr-Lern-Zeit in traditionellen lehrergesteuerten Unterrichtssettings durchaus in Frage gestellt und eine Fehlverteilung bzw. unzureichende Nutzung der knappen schulischen Bildungszeit erörtert (Duncker 2001; Bonz 2004; Molicki & Morgenroth 2008; Sembill 2006, 2008a, 2008b). So wird bspw. unter dem Stichwort Pygmalioneffekt eine systematisch verzerrte Zuteilung von Lerngelegenheiten und damit aktiver Lernzeit an Lernende vor dem Hintergrund der impliziten Persönlichkeitstheorien von Lehrkräften diskutiert (Rosenthal & Jacobsen 1968; kritisch dazu Elashoff & Snow 1972; Brophy & Good 1976; Sembill 1984), die sich in eher handlungsorientierten Unterrichtssettings angesichts der geringer ausgeprägten Steuerung der Interaktionsprozesse durch die Lehrkraft abschwächt (Sembill & Dreyer 2009). Sieht man von dieser Frage der pädagogischen Psychologie ab, bleibt darüber hinaus die bereits sehr betagte, aber nicht minder verbreitete Auffassung, dass sich Lehrkräfte in lehrerzentrierten Lehr-Lern-Arrangements an einem imaginären Durchschnittsschüler orientieren (müssen), für den die entsprechenden Lehrangebote einen idealen Zuschnitt darstellen (Schulze 1913, 307; Trapp, zit. nach

Sandfuchs 1994, 340; konträr dazu Achtenhagen 2000). Lernende mit divergenten Voraussetzungen und Fähigkeiten können folglich im Unterricht mitunter weniger profitieren. Darüber hinaus legen auch die neurowissenschaftlichen Erkenntnisse der letzten Dekade die Vermutung nahe, stark lehrerzentrierte und vorstrukturierte Unterrichtsentwürfe mit einseitigen Wissensdarbietungen entsprächen nicht der Notwendigkeit eigenaktiver und konstruktiver Lernprozesse für den Erwerb nachhaltigen Wissens und Könnens (z.B. Roth 2006; Herrmann 2006). Nichtsdestoweniger ist auch in der beruflichen Bildung nach wie vor eine Dominanz traditioneller Lehr-Lern-Arrangements zu beobachten – die Unterrichtszeit wird zu knapp 70 Prozent lehrerzentriert gestaltet (Seifried, Grill & Wagner 2006).

Zu konstatieren bleibt somit auf der einen Seite ein offenbar weit verbreitetes Vorkommen unterrichtlicher Langeweile und auf der anderen Seite ein ausgeprägter institutionalisierter Zeitdruck in Unterrichtsprozessen, der auf Lehrenden und Lernenden lastet und dem mit stark vorstrukturierten und lehrerzentrierten Lehr-Lern-Arrangements begegnet wird. Die Vermutung eines paradoxen Zusammenhangs zwischen diesen Evidenzen – Lernenden, denen die Zeit lang vorkommt und Lehrenden, denen die zur Verfügung stehende Zeit nicht ausreicht, erscheint aufgrund noch nicht existenter einschlägiger empirischer Befunde nicht statthaft. Denn es ist bislang nicht abschließend geklärt, in welchem Verhältnis einerseits situative Aspekte der methodisch-didaktischen Unterrichtsgestaltung und andererseits verschiedene personenbezogene Faktoren auf Seiten der Lernenden zur Erklärung der unterrichtlichen Langeweile heranzuziehen sind. Dieses Spannungsfeld beleuchtet die vorliegende Arbeit. Dabei werden in letzter Konsequenz die normativen Prämissen zu klären sein, ob Langeweile im Unterricht überhaupt vermeidbar ist und ob sich in dem Erleben von Langeweile auch positive Facetten erkennen lassen, die für die Schule nutzbar gemacht werden könnten.

1.3 Erkenntnisinteresse und Aufbau der Untersuchung

Das Erkenntnisinteresse der Arbeit ist in Konsequenz der vorangegangenen Ausführungen auf die Entstehung und Wirkung der Emotion Langeweile in Unterrichtsprozessen gerichtet. Im Zuge dessen stellen sich die Fragen, in welchem Ausmaß sich Lernende in Unterrichtssettings des Faches Rechnungswesen langweilen, auf welche situativen Gestaltungsparameter im Unterricht und personenbezogenen Merkmale der Lernenden sich dieses Langeweileerleben zurückführen lässt und welche kurzfristigen Folgen die Schülerlangeweile auf Lernergebnisse zeitigt. Es sind dabei auf analytischer Ebene aufgrund der

Konvergenz emotional-motivationaler und zeitlicher Erlebensfacetten in der Emotion Langeweile die jeweils einschlägigen Theorielinien zu verdichten und miteinander zu verweben. Aber auch die Frage der Entstehung struktureller und prozessualer Muster der Zeitnutzung in Schule und Unterrichts sowie die Phänomenologie und bisherige Erforschung des Langeweilekonstrukts stehen in Anbetracht dessen zur Analyse. Im Zuge der empirischen Annäherung an diesen Gegenstandsbereich erscheint ausschließlich ein prozessorientierter Forschungszugang geeignet, um letztendlich auf Basis der empirischen Befunde zu einem begründeten Urteil über den Stellenwert von Langeweile in Unterrichtsprozessen zu gelangen. Nachfolgend wird der Gang der Untersuchung kurz beschrieben.

Im Anschluss an die Problemstellung erfolgt zunächst die theoretische Grundlegung der Arbeit im Rahmen der Kapitel zwei und drei. Dabei geht es im zweiten Kapitel *(Zeit und Emotionen als Schlüsselgrößen für schulische Lehr-Lern-Prozesse und ihre Erforschung)* um die Bedeutung zeitlicher und emotionaler Größen und nicht zuletzt auch um die Zeitlichkeit individuellen Erlebens und ihre Implikationen für Lehr-Lern-Prozesse sowie deren Gelingen. Eine zeitliche Facette ist neben der emotionalen im individuellen Erleben von Langeweile in besonderer Art und Weise repräsentiert. Daher werden im Rahmen des zweiten Kapitels auch physiologische und psychologische Grundlagen individuellen (Zeit-)Erlebens aufgearbeitet und in einen Zusammenhang mit den aktuell dominierenden Theorielinien der Emotionsregulation gestellt. Zuvor wird jedoch die Größe Zeit vor dem Hintergrund zwei Rahmen gebender Metamodelle umfassend im Hinblick auf ihre Bedeutung für schulisches Lehren und Lernen und deren Erforschung untersucht. Dabei werden verschiedene strukturelle und prozessuale Muster der Zeitnutzung in Schule und Unterricht auf ihre Entstehung hin reflektiert und anhand von einschlägigen Forschungsbefunden eingeordnet.

Das interessierende Konstrukt Langeweile im wissenschaftlichen Diskurs beleuchtet anschließend das dritte Kapitel *(Langeweile als emotionales Erleben ungenutzter Zeitpotentiale: Konstruktverständnis, Modellierungen, Forschungsstand)* näher. Hierbei geht es nicht nur um die Terminologie und entsprechende Beschreibungsebenen der Langeweile in unterschiedlichen wissenschaftlichen Disziplinen, sondern auch und besonders um Langeweile im schulischen Kontext – es wird dabei zunächst das Konstruktverständnis unterrichtlicher Langeweile erörtert, darüber hinaus werden bestehende Modellierungen dargestellt und diskutiert und der derzeitige Forschungsstand entlang der für diese Arbeit relevanten Inhaltsbereiche gewürdigt.

Im vierten Kapitel *(Zielsetzung und Methodik der empirischen Untersuchung)* werden in Konsequenz des Erkenntnisinteresses der Arbeit die forschungs-leitenden Fragestellungen und Hypothesen, die sich aus der Analyse des For-schungsstandes ergeben, präzisiert. Darüber hinaus wird die Konzeption der die-ser Arbeit zugrunde liegenden empirischen Untersuchung und entsprechende Erhebungsinstrumente sowie die Erhebungsmethodik erläutert. Dieses Kapitel schließt mit einer Darlegung der Operationalisierung der Beobachtungskatego-rien zur Erfassung des unterrichtlichen Geschehens und der Skizze der Vorge-hensweise bei den statistischen Datenanalysen.

Der Darstellung der empirischen Befundlage widmet sich Kapitel fünf *(Empi-rische Befunde)*. Dabei wird in einem ersten Teil auf der Basis von strukturierten Beobachtungsverfahren zunächst die methodisch-didaktische Gestaltung des Rechnungswesenunterrichts in den videographierten Einheiten betrachtet. Da-bei spielen besonders Fragen der Ausnutzung der Unterrichtszeit und des pro-zessualen Abwechslungsreichtums sowie die Verteilung der Interaktionsschwer-punkte eine Rolle. Weiterhin wird das durch die Lernenden berichtete Ausmaß an Langeweile und seine prozessuale Variabilität analysiert, um die Datenbasis für die nachfolgende Analyse der Entstehungsbedingungen unterrichtlicher Langeweile näher zu beschreiben. Schließlich werden im nächsten Abschnitt Erlebens- und Beobachtungsdaten unter Berücksichtigung der personenbezo-genen Eingangsvoraussetzungen der Lernenden einer empirischen Kopplung im Rahmen eines mehrebenenanalytischen Zugangs unterzogen. Von Interesse ist dabei besonders, ob sich im Hinblick auf die Unterrichtsgestaltung und ent-sprechende Erlebensqualitäten bzw. -einbußen systematische Muster hinsicht-lich der Prozessnähe der Prädiktoren ergeben. Schließlich werden im Rahmen des letzten Untersuchungsabschnitts auch Lernresultate in die Analyse integriert und die Frage der kurzfristigen Wirkungen der Unterrichtslangeweile auf ver-schiedene retrospektive Bilanzierungen des Geschehens im Unterricht durch die Lernenden bearbeitet.

In Kapitel sechs *(Zusammenfassung und Diskussion der Befundlage)* werden die empirischen Befunde zunächst nach Auswertungsschwerpunkten gegliedert zusammengefasst, kritisch auf verschiedene Limitationen hin reflektiert und an-schließend vor dem Hintergrund pädagogischer Implikationen diskutiert. Die Arbeit endet mit der ausblickenden Darstellung von Forschungsdesideraten, die besonders die notwendige Vertiefung einer prozessnahen Erforschung der Phä-nomenologie und Entstehungsbedingungen unterrichtlicher Langeweile und deren Kopplung mit der Nutzung außerunterrichtlicher Lerngelegenheiten und

Lernerfolgsgrößen würdigen. Abbildung 1-1 zeigt die Vorgehensweise bei der vorliegenden Untersuchung noch einmal im Überblick.

Abbildung 1-1: Gang der Untersuchung im Überblick.

Kapitel 1: Problemstellung und Gang der Untersuchung

1.1 Zum Stellenwert emotionaler Erlebensqualitäten in Lehr-Lern-Prozessen und bei deren Erforschung	1.2 Institutionalisierter Zeitdruck und Langeweile im Unterricht – eine paradoxe Koinzidenz?	1.3 Erkenntnisinteresse und Aufbau der Untersuchung

Kapitel 2 und 3: Theoretische Grundlagen

2. Zeit und Emotionen als Schlüsselgrößen für schulische Lehr-Lern-Prozesse und ihre Erforschung	3. Langeweile als emotionales Erleben ungenutzter Zeitpotentiale
2.1 Das Problem (mit) der Zeit als Forschungsgegenstand: Systematisierungsversuche	3.1 Definition und Abgrenzung des Langeweilekonstrukts
2.2 Die intersubjektive Konstruktion von Zeit in schulischen Bildungsprozessen	3.2 Phänomenologie und Ausdifferenzierung des Langeweilekonstrukts
2.3 Konstruktionen „objektiver" Zeit in schulischem Bildungsgeschehen und empirischer Lehr-Lern-Forschung	3.3 Referenzmodelle der Entstehung und Wirkung von Langeweile
2.4 Subjektive Zeit als Erleben und Strukturieren individueller Wirklichkeit	3.4 Forschungsstand zu Langeweile im Untersuchungsfeld Schule
2.5 Emotionen und ihre Bedeutung für Wahrnehmung und Handeln	3.5 Entstehung und Wirkung unterrichtlicher Langeweile – Zusammenfassung und mehrebenenanalytische Modellierung des Gegenstandsbereichs
2.6 Zeit und Emotionen – Integration der Theoriestränge und Zwischenfazit	

Kapitel 4: Zielsetzung und Methodik der empirischen Untersuchung

4.1 Zielspektrum der Studie und forschungsmethodische Implikationen	4.2 Präzisierung der Forschungsfragen und Hypothesen	4.3 Methodik

Kapitel 5: Empirische Befunde

5.1 Strukturelle und prozessuale Muster der Zeitnutzung im Rechnungswesenunterricht	5.2 Ausmaß und Variabilität unterrichtlicher Langeweile im Fach Rechnungswesen
5.3 Bedingungsfaktoren der Schülerlangeweile im Unterrichtsprozess	5.4 Kurzfristige Wirkungen unterrichtlicher Langeweile

Kapitel 6: Zusammenfassung und Diskussion der empirischen Befunde

6.1 Zentrale empirische Ergebnisse im Überblick	6.2 Limitationen der Interpretation und Generalisierbarkeit der Befunde
6.3 Pädagogische Implikationen	6.4 Forschungsdesiderate

2. Zeit und Emotionen als Schlüsselgrößen für schulische Lehr-Lern-Prozesse und ihre Erforschung

Aus dem Gedanken heraus, dass es sowohl zeitliche als auch emotionale Facetten des Erlebens sind, die sich in dem Phänomen der Langeweile niederschlagen und zudem einen bedeutenden Einfluss auf das Gelingen von Unterrichtsprozessen haben, ist dieses Kapitel der Auseinandersetzung mit den Größen Zeit und Emotionen und ihrer Relevanz für den schulischen Bildungskontext gewidmet. Es beschäftigt sich zunächst schwerpunktmäßig mit dem Erkenntnisgegenstand Zeit und der ihm immanenten Problematik der Begriffsbestimmung sowie Interdisziplinarität, um dann den Bezug zu schulischen Lehr-Lern-Prozessen herzustellen. Weiterhin werden zentrale, in diesem Zusammenhang relevante Dimensionen des Zeitbegriffs erörtert, um zu verdeutlichen, dass es nicht lediglich Aspekte des *subjektiven* Zeiterlebens sind, die im Rahmen einer Analyse von Langeweile als individueller Erlebenseinbuße zu berücksichtigen sind. Vielmehr spielt sich das subjektive (Zeit-)Erleben des einzelnen Individuums immer auch vor dem Hintergrund einer sozial konstruierten und institutionell beeinflussten Zeit ab und unterliegt als solches einer zusätzlichen Dynamik, die in Form der zeitlichen Gestaltung des Unterrichts nicht zuletzt auch maßgeblich durch die verantwortlichen Lehrpersonen beeinflusst wird. Nach dieser wichtigen Grundlegung wird der Blick jedoch auf die Psychologie der Zeit verengt und das menschliche Zeitbewusstsein einer Betrachtung unterzogen. Insbesondere spielen dabei verschiedene Systematisierungsversuche psychologischer Zeit eine Rolle und werden neben basalen Mechanismen der individuellen Zeitwahrnehmung im Einzelnen dargestellt. In enger Verbindung mit dem individuellen Gestalten und Erleben von Zeit steht die Frage nach der Bedeutung emotionaler Erlebensqualitäten im Rahmen von Wahrnehmungs- und Handlungsprozessen. Im zweiten Teil des Kapitels geht es daher um Fragen der Definition und Entstehung emotional-affektiven Erlebens und dessen Verwobenheit mit motivationalen und kognitiven Facetten im Rahmen von Wahrnehmung und Handeln. Es stehen die Definitionsheterogenität im Bereich emotionaler Größen und die Frage der Emotionsentstehung sowie ihre Bedeutung für schulische Lehr-Lern-Prozesse im Mittelpunkt der Betrachtung. Das Kapitel endet mit dem Versuch einer Integration der beiden Theoriestränge und einem Zwischenfazit.

2.1 Das Problem (mit) der Zeit als Forschungsgegenstand: Systematisierungsversuche

Phänomene erinnerter und antizipierter Veränderung und die damit zusammenhängende Frage der Objektivierbarkeit menschlicher Zeitwahrnehmung oder schlicht Existenz der Größe Zeit beschäftigen die Wissenschaft seit Menschengedenken. Nicht zuletzt die Definitionsheterogenität und Vielfalt der methodischen Präzisierungsversuche macht deutlich, dass es den *einen* richtigen Zugang zum Problem der Zeit als Erkenntnisgegenstand offenbar nicht gibt (Mainzer 1995, 7). Dies mag auch daran liegen, dass bei näherem Hinsehen Zweifel aufkommen, ob der Erkenntnisgegenstand selbst überhaupt existiert. Insbesondere das Problem der Gegenwart, „das ontologische Paradox der Nicht-Existenz des gegenwärtigen Jetzt-Punktes in der Gegenwart und der Existenz des wahrgenommenen Gegenstands in der Zeit" (Hasenfratz 2003, 187) ist in diesem Zusammenhang zu vergegenwärtigen. Sembill (2008b, 19ff.), der forschungsmethodische wie bildungspraktische Implikationen des Zeitproblems auf verschiedenen ontologischen Ebenen diskutiert, konstatiert in der Gesamtschau, dass die Zeit respektive Gegenwart durch „In-Beziehung-Setzen menschlicher Tätigkeit zu Vorgängen in sich und ihrer Umgebung" entstehe (ebd., 21) und somit nicht im Sinne der Newton'schen Verabsolutierung aus sich selbst heraus existiere. Jenes „In-Beziehung-Setzen" (s. auch Elias 1988) vollziehe sich in konkreten Handlungen, der Gegenwartsbezug entstehe durch die emotional bewertete Reizverarbeitung vor dem Hintergrund (un)bewusster Motiv-Bedürfnisstrukturen (ebd., 22). Hier ergeben sich erste Hinweise auf das Zusammenspiel zeitlicher mit emotional-motivationalen Erlebensqualitäten, welches im Rahmen dieses Kapitels umfänglich betrachtet wird.

Es erscheint heute somit unumstritten, dass das Phänomen Zeit nicht im Sinne der absoluten Vorstellung Newtons existiert, sondern es lediglich ermöglicht, „Abschnitte im Nach- und Nebeneinander von Geschehnissen völlig ungeachtet ihrer jeweiligen substantiellen Bedeutung und Verschiedenheit so zu bestimmen, daß sie intersubjektiv mitteilbar werden" (de Haan 1996, 11). Die Zeit ist somit der „Ausdruck und das Ergebnis einer hohen menschlichen Syntheseleistung, die erst im Zusammenhang mit gesellschaftlichen Entwicklungen zu verstehen ist" (Weis 1995, 9f), als solche ein „sozial institutionalisiertes Mittel der Orientierung" und als „eigene soziale Einrichtung" akzeptiert (ebd.). Resch (2005, 31f.) verweist zwar im Rahmen der Diskussion über die Existenz der Zeit darauf, dass wissenschaftlich nicht geklärt werden kann bzw. muss, ob sie tatsächlich existiert oder aus einer Konstruktion erwächst. Aber auch er nimmt letztlich an, dass sie in Gestalt sozial vermittelter und individuell wahrgenommener

Veränderungsprozesse subjektive Relevanz erhält (ebd., 32). Diese Ansicht vertritt auch Hasenfratz (2003, 150), der darüber hinaus ebenfalls auf die Problematik der Nicht-Existenz einer objektivierbaren Zeitgröße hinweist:

> Es gibt keine Zeit ohne Beobachter. Es gibt viele Beobachter. So ist Zeit eine plurale Konstruktion, welche die Konsistenz der symbolischen Beobachtungswirklichkeiten, etwa die Suche nach einer universalen Zeit ständig subvertiert.

In forschungsmethodischer Hinsicht ist das individuell und sozial konstruierte Phänomen Zeit demnach aus mehreren Perspektiven zu betrachten – wissenschaftliche Annäherungen fallen je nach zugrunde liegender Sichtweise sehr unterschiedlich aus, wie beispielsweise die Kontrastierung naturwissenschaftlicher, objektivierender Ansätze mit hermeneutisch akzentuierten, auf historische und sozio-kulturelle Aspekte ausgerichtete Ansätze der Geisteswissenschaften zu illustrieren vermag. In der Konsequenz unterscheiden sich die existierenden Forschungszugänge zwar in ihrer Herangehensweise und ihren Ergebnissen grundlegend, sind aber gleichsam auch miteinander verwoben, denn sie alle werden letztlich auf die Existenzproblematik und die Notwendigkeit entsprechender paradigmatischer Grundannahmen zurück geworfen. Jeweils für sich genommen genügen sie insofern nicht aus, um den Begriff Zeit in seiner Gänze zu begreifen und zu beschreiben: „Das Phänomen der Zeit ist also ein interdisziplinärer Gegenstand par excellence" (Morgenroth 2008, 31).

Die einzelnen Erklärungsversuche und wissenschaftlichen Annäherungen sind vielfältig und können vorliegend nicht im Detail betrachtet werden. Sie reichen von der ontologischen Perspektive der Theologie bzw. Philosophie, die das Wesen der Zeit selbst sowie ihr Verhältnis zu Gott und ihre weltlichen Bezüge zu erklären sucht, wie auch Augustinus bereits im Mittelalter, über soziokulturelle respektive historische Untersuchungen der Zeit als kulturelles Produkt einer sozialen Ordnung (vgl. z.B. Luhmann 1975; Elias 1988, 1f.;) und die psychologische Betrachtung von Erleben und Handeln einzelner Individuen (z.B. Morgenroth 2008), bis hin zu einer naturwissenschaftlichen Objektivierung und Quantifizierung der Zeit im Spannungsfeld aus Mensch und Technik im Rahmen biologischer bzw. physikalischer Ansätze ausgehend von den Arbeiten Isaac Newtons (im Überblick vgl. z.B. Weis 1995).

Fragen nach der Beziehung der jeweils zugrunde liegenden Zeitkonzepte untereinander sind in der Konsequenz keinesfalls im Rahmen einer reduktionistischen Sichtweise zu umgehen (Mainzer 1995, 7). Auf diesem Wege wäre wohl ebenso wenig eine Klärung der Größe Zeit zu erreichen, wie durch eine ausschließlich interdisziplinäre Annäherung, die die Spezifika der einzelnen Forschungszugänge verkennt.

Für psychologisch und pädagogisch akzentuierte Forschungszugänge zum Problem des Zeiterlebens und der Orientierung im intentional „erfüllten" Zeitraum des Unterrichts stellt sich die Problematik dahingehend, dass zur Standardisierung der Beobachtungen auf der einen Seite Objektivierungen im Sinne einer zeitlichen Metrik von Nöten sind, Gegenstandsbereich und forschendes Subjekt (vgl. Gigerenzer 1981, 22ff.) auf der anderen Seite jedoch zugleich Dynamik und Emergenz im Sinne individueller und soziokultureller Bezüge ausgesetzt sind. Es existieren verschiedene Systematisierungen, die mittels Ebenenbildung respektive Hierarchisierung versuchen, diesem Spannungsfeld Rechnung zu tragen. Derer zwei sind aufgrund ihrer Ganzheitlichkeit und ihrer Würdigung pädagogischer bzw. psychologischer Aspekte als gedanklicher Rahmen für diese Arbeit besonders geeignet und werden im Folgenden kurz charakterisiert (Hasenfratz 2003; Richelle 1996).

2.1.1 Die konstruktivistische Deutung objektiver, subjektiver und intersubjektiver Zeit von Hasenfratz

Eine umfassende Systematisierung unterschiedlicher Perspektiven auf das Phänomen Zeit, die sich konstruktivistischer Grundannahmen bedient, findet sich in der Abhandlung von Hasenfratz (2003)[2]. In der philosophisch akzentuierten und ebenso ganzheitlich wie komplex angelegten Arbeit unterscheidet er drei mögliche Zugänge zur Zeitfrage und streift dabei gleichsam grundlegende wissenschaftstheoretische Denkrichtungen mit ihren ideengeschichtlichen Entstehungshintergründen und Prämissen:

(1) *Konstruktionen objektiver Zeit*: Zunächst diskutiert er das Phänomen Zeit als äußerlich beobachtbaren Teil der Wirklichkeit, zum Beispiel im Sinne einer Naturerscheinung oder einer Serie beobachtbarer Ereignisse (ebd., 2), wobei insbesondere physikalische Paradigmen und ihre ideengeschichtlichen Ursprünge zur Sprache kommen. Den Höhepunkt objektivierender Zugänge zur Zeitfrage sieht er in dem Konzept der absoluten Zeit Newtons repräsentiert (ebd., 141). In wissenschaftstheoretischer Hinsicht werden hier insbesondere Bezüge zu

---

2   Von zentraler Bedeutung für die Arbeit von Hasenfratz (2003) sind die Annahmen des interaktionistischen Konstruktivismus – hier werden insbesondere die Beziehungen des einzelnen Subjekts zu anderen Subjekten in interessen- und machtdominierten „Verständigungsgemeinschaften" (kultureller und subkultureller Art) über die Wirklichkeit angesprochen (Reich 1998a,b). Darüber hinaus spielt das Konzept der Viabilität eine wichtige Rolle, im Rahmen dessen die mehrheitliche Einigung durch die Beteiligten auf ein Wirklichkeitskonzept mithilfe von Bezügen zu Erfolg/Misserfolg oder Fiktionalität/Tatsächlichkeit evaluiert wird (Reich 1998b, 54ff.).

naturwissenschaftlich-empiristischen Forschungsparadigmen und ihren Limitationen deutlich – so führt Hasenfratz (2003, 141) die Objektivität jener Zeitkonstruktionen letztlich auf zwei Aspekte zurück: Zum einen auf die vorausgesetzte „Kenntnis einer *äußeren Wirklichkeit*" (Hervorhebung im Original) und zum anderen auf den Anspruch einer intersubjektiven Nachvollziehbarkeit. Er weist allerdings darauf hin, dass auch die objektivierenden Annäherungen an die Frage der Zeit auf impliziten, konstruierten Prämissen beruhen und insofern nicht „objektiv" im engeren Sinne sind – mit der „Heraufkunft des Beobachters" (Reich 1998a, 1), also der Anerkenntnis subjektiver Beeinträchtigungen einer Beschreibung der Wirklichkeit, werde auch eine zunehmende Subjektivierung der Zeitkonzepte offenbar. Streng genommen könne das Phänomen Zeit „als Bewegung oder Veränderung hinsichtlich reflexiv erfasster, veränderlicher Selbstbeobachtungsperspektiven" mit den verengten objektivierenden Modellen nicht hinreichend erklärt werden. Objektivierte Zeitwahrnehmungen sind in logischer Konsequenz dessen nur mithilfe „symbolisch überformter institutionalisierter Artefakte" wie etwa die Festlegung bestimmter Zeitraster und Rhythmen im schulischen Umfeld möglich (Hasenfratz 2003, 149).

(2) *Konstruktionen subjektiver Zeit:* Aus der Erkenntnis heraus, dass individuelle Zeiterfahrungen also nicht mit ausschließlich objektivierenden Analysen erklärt werden können, greift Hasenfratz in einem weiteren Schritt die Bedeutung der Subjektivität auf und rekonstruiert das Phänomen Zeit dabei als Wahrnehmungsspezifikum einzelner Individuen (Hasenfratz 2003, 149ff.). Er begreift die subjektive Zeitkonstruktion als „Antithese zu den Konstruktionen objektiver Zeit" und verdeutlicht methodische Konsequenzen für deren Erforschung (Hasenfratz 2003, 150):

Insofern subjektive Zeit dem Bewusstsein des Einzelnen immanent bleibt, kann sie auch nicht für jedermann gleichermaßen unmittelbar über Beobachtung zugänglich sein, sondern bleibt zunächst dem Selbstbeobachter vorbehalten und kann erst dann aus dieser exklusiven Perspektive heraus anderen Fremdbeobachtern durch Sprache mitgeteilt werden.

Hierbei skizziert er auch die Relativierung des absoluten, objektivistischen Forschungsparadigmas der Naturwissenschaften, deren Ursprung er in dem Aufkommen der Relativitätstheorie Einsteins und dem darin entwickelten Konzept der Eigenzeit[3] sieht und das sich bis in hermeneutische Wissenschaftspositionen

---

3 Der physikalische Begriff der Eigenzeit bezeichnet im Rahmen der Relativitätstheorie die Zeit, die im jeweils ruhenden Bezugssystem eines Akteurs vergeht und unterscheidet sich möglicherweise von den Eigenzeiten anderer Akteure mit anderen Bezugssystemen (s. etwa Nolting 2002, 21). Übertragen auf den menschlichen Kontext bietet

fortsetzt. Er geht insbesondere auf phänomenologische und existenzialphiloso-
phische Fragen ein, widmet sich aber am Rande auch psychopathologisch relevanten Kategorien des Zeiterlebens und seinen Beeinträchtigungen sowie der
Problematik, dass pädagogische Bemühungen an objektivistischen, standardisierten Bildungszielen ansetzen und dabei angesichts der Subjektivität bzw. Individualität der zu Bildenden zumindest anteilig scheitern müssen (ebd., 153). Seine Annäherung an subjektive Qualitäten des Zeiterlebens orientiert sich dabei
an den „modalen Dimensionen der Zeit" – Gegenwart, Vergangenheit und Zukunft. Dem Problem der Konstruktion subjektiver Gegenwart weist er aufgrund
der Unmittelbarkeit individueller Wahrnehmungen und ihrer forschungsmethodischen Relevanz besondere Bedeutung zu. Die Vergangenheit wird als der
Untersuchung zugängliche „autobiographisch fundierte Identität" einer Person
gedeutet, die Zukunft als entscheidender Punkt „für eine bildungstheoretische
Reflexion der subjektiven Zeit" (Hasenfratz 2003, 155). Im Ergebnis liefert jedoch auch die Betrachtung der subjektiven Zeit allein kein hinreichendes Bild
der möglichen Zugänge zu diesem Phänomen – Hasenfratz verweist hier auf die
Eingebundenheit des Individuums in soziale Netzwerke, die dazu führt, dass das
subjektive Zeiterleben immer auch eine soziale Erfahrung ist (ebd., 275). Der
dritte Teil seiner Arbeit ist demgemäß der Frage der Intersubjektivität individueller Zeitkonzeptionen gewidmet.

(3) *Konstruktionen intersubjektiver Zeit:* Hier ergänzt Hasenfratz den objektiven und den subjektiven Argumentationsstrang um eine intersubjektive Sicht
auf das Phänomen Zeit und lenkt den Blick auf die Bedeutung sozialer (und
institutionalisierter) Interaktionen und kultureller Routinen innerhalb von „Verständigungsgemeinschaften" für das Verständnis individueller Zeitkonzepte. Bei
dieser soziologisch akzentuierten Darstellung spielt auch und insbesondere die
Institutionalisierung von Zeit und Macht im pädagogischen Kontext der Schule
eine Rolle. Der Autor reflektiert in kritischer Art und Weise die Aufrechterhaltung der tradierten schulischen Zeitstrukturen, die zu einem Wert an sich geraten und konstatiert, dass insofern „jede absichtsvolle, immanent begründete
Veränderung (…) die Legitimation der Institution als Ganzes in Frage" stellt
(Hasenfratz 2003, 314):

---

sich in Abgrenzung zu dieser mechanistisch anmutenden Definition eher der Begriff
der Eigenzeitlichkeit an, der zusätzlich den Aspekt der Individualität und situativen
Emergenz betont.

Auch der Sicht der Institution Schule soll die in ihr installierte Zeitordnung aus sich selbst heraus eine gewissermaßen objektive Legitimität erhalten. (…) Die intersubjektive Zeitordnungen, die dem Unterricht seine Bedingungen vorschreiben, bleiben unsichtbar, weil nicht diskutierbar und somit unantastbar (ebd., 315).

Unterricht selbst wird ferner als Konstruktion intersubjektiver Zeitordnung betrachtet, deren immanente Strukturen kaum zur Diskussion bzw. individuellen Disposition gestellt würden und die sich aus kulturellen Ritualen und Artefakten heraus begründet. In Kombination mit dem Hierarchiegefälle zwischen Lehrenden und Lernenden ergeben sich in der Konsequenz mögliche Einbußen für Einzelne. Zusammenfassend lässt sich konstatieren, dass sich Hasenfratz dem Phänomen Zeit aus verschiedenen Perspektiven nähert und in dieser Mehrperspektivität wichtige Impulse für die vorliegende Arbeit liegen: Er dekonstruiert zentrale Diskurslinien und ihre wissenschaftstheoretischen Grundlagen auf jeder der drei Ebenen und analysiert vor dem Hintergrund des konstruktivistischen Paradigmas auch die Wechselwirkungen zwischen diesen Ebenen. Diese Trias der Annäherung an das ganzheitliche und interdisziplinäre Phänomen Zeit ist insofern eine geeignete gedankliche Umrahmung für die Analyse individueller Zeitlichkeit und emotionaler Einbußen im Rahmen dieser Arbeit. Wenngleich die Durchdringung der komplexen philosophischen Gedankenführung von Hasenfratz vorliegend nur in sehr begrenztem Ausmaß möglich und Ziel führend ist, mag bereits die skizzenhafte Paraphrasierung seiner Ausführungen die Vielfalt und Komplexität wissenschaftlicher Zugänge zum Thema Zeit verdeutlichen, verschiedene Perspektiven auf das Zeitproblem integrieren und es ermöglichen, eine ganzheitliche Einordnung eigener Ergebnisse vorzunehmen.

2.1.2 Ebenen menschlicher Zeitlichkeit sensu Richelle

Ein auf den ersten Blick engerer inhaltlicher Zuschnitt auf das Erkenntnisgebiet der Psychologie menschlichen Zeiterlebens, der aber letztlich nicht minder ganzheitlich anmutet und ebenfalls eine gute Anschlussfähigkeit für die vorliegend intendierte Analyse subjektiven Zeiterlebens bietet, stammt von Richelle (1996). Auch er weist zunächst auf die Interdisziplinarität des Problems Zeit und entsprechende jahrhundertealte Definitionsversuche hin und skizziert die basale Bedeutung der Zeit in linearen (biologischen) Wachstums- und Alternsprozessen und zirkulären Lebensrhythmen (ebd., 3f.). Ferner präzisiert er den Begriffs- und Forschungsumfang der Psychologie der Zeit etwas näher (ebd., 4):

Time psychology, to put it in somewhat simplified way, deals with time as a dependant variable, or in other words it studies the subjects' capacities in keeping time, in estimating time, in regulating their own actions in time, in perceiving and conceiving time.

Das Verständnis für dieses subjektive menschliche Erleben bzw. Konstruieren des Verstreichens von Zeit sei allerdings untrennbar mit dem Verständnis der entsprechend zugrunde liegenden chronobiologischen Prozesse verbunden. Richelle moniert die geringe Bedeutung chronobiologischer Forschungsansätze und konstatiert eine Parallele „between the slow acceptance of the contributions of chronobiology and the scarcity of psychological research on time until very recently" (Richelle 1996, 4). Die Berücksichtigung chronobiologischer Aspekte müsse aber jeder Annäherung an die menschliche Zeitwahrnehmung zugrunde liegen. Darüber hinaus weise die individuelle Zeitlichkeit auch soziokulturelle und historische Bezüge auf. Diese verschiedenen Ebenen menschlicher Zeit, die bei einer Annäherung an eine Psychologie der Zeit zu vergegenwärtigen sind, werden von Richelle in einem Modell visualisiert (1996, 7). Darin werden vier Ebenen unterschieden, die hierarchisch aufeinander aufbauen und die Verwobenheit und Komplexität der psychologischen Zeit sowohl im Zusammenhang mit biologischen Prozessen abbilden als auch in soziokultureller und historischer Hinsicht reflektieren (Abbildung 2–1). Die hierarchische Anordnung der Ebenen „in the sense that it is based on the assumption that there are successive levels of complexity from the biological to the cognitive and eventually the sociocultural aspects" (ebd., 6) wird zusätzlich durch entsprechende vertikale Pfeile von den unteren Ebenen nach oben verdeutlicht.

Abbildung 2–1: Ebenenmodell menschlicher Zeitlichkeit (Richelle 1996, 7).

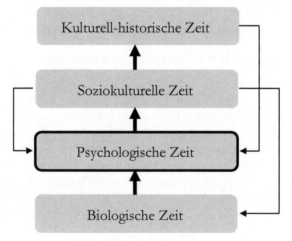

Auf der unteren Ebene verortet Richelle die biologische Zeit, also die chrono-biologische Rhythmik und zeitliche Dynamik biologischer Prozesse innerhalb des Menschen, die sein (zeitlich organisiertes) Überleben ermöglichen und ihm zeitlich regulierte Bewegungen erlauben. Diese bilden die Basis für die psychologische Zeitebene, die „die Beschreibung der Eigengesetzlichkeiten des menschlichen Zeiterlebens und ihrer Abweichungen gegenüber der physikalischen Zeit" (Morgenroth 2008, 32) abbildet. Diese Ebene wiederum ist nicht unabhängig zu betrachten, sondern steht in wechselseitiger Beziehung zu den soziokulturellen Bezügen des Menschen und ihren zeitlichen Repräsentationen und mündet schließlich in die Betrachtung kulturell-historischer Fragen auf der obersten Ebene. Somit stellt jede Ebene „an emergent product of the lower levels" (Richelle 1996, 7) dar. Zusätzlich werden Rückkopplungsbeziehungen zwischen oberen und unteren Ebenen spezifiziert, Richelle benennt hier beispielsweise die Überformung biologischer Rhythmik durch Mythen oder historische Konstrukte. Darüber hinaus werden für die übrigen Rückkopplungen keine Beispiele gegeben, unmittelbar einsichtig ist jedoch beispielsweise der Einfluss soziokultureller Aspekte auf das subjektive Erleben von Zeit – so ist die subjektive Geschwindigkeit des Verstreichens von Zeit nicht nur stark davon beeinflusst, in welcher Gesellschaft(sform) man sich befindet, sondern auch davon, durch welche kulturellen Artefakte das eigene Leben geprägt wird – man denke an das Phänomen der existentiellen Lebenslangeweile in adeligen Kreisen des späten Mittelalters, welches vielfach literarisch verarbeitet wurde (vgl. z.B. Planz 1996, 10ff.).

Auffallend ist zwar, dass es nicht zwischen allen höheren und darunter liegenden Ebenen eine Rückkopplungsbeziehung gibt – so existieren sensu Richelle zwar Rückbezüge der kulturell-historischen zur psychologischen Zeitebene oder zwischen der soziokulturellen und der biologischen Zeit, nicht aber zwischen der psychologischen und der biologischen Ebene – der Einfluss psychologischer Erlebensmomente auf physische Prozesse ist jedoch nicht zu bestreiten und lässt sich heute im Rahmen neurophysiologischer Verfahren anschaulich darstellen. Abgesehen von diesen durch Richelle nicht begründeten fehlenden Rückkopplungseffekten macht das Modell jedoch hinreichend deutlich, dass es zwar möglich ist, jeweils eine Ebene für sich zu betrachten, diese aber immer auch in einen Gesamtzusammenhang zu stellen ist. So wird es bei der Betrachtung von psychologischen Zeitfragen in Bildungsprozessen immer auch notwendig sein, biologische wie soziokulturelle und historische Aspekte für das Individuum mitzudenken, ohne freilich induktive oder deduktive Schlüsse von der einen auf die andere Ebene ziehen zu können, was angesichts der Emergenzproblematik einem naturalistischen Fehlschluss gleichkäme (Sembill 2008a, 20f.).

2.1.3 Synoptische Verdichtung mit Blick auf die vorliegende Arbeit

Nach der Würdigung der beiden Rahmen gebenden Metamodelle von Hasenfratz und Richelle lassen sich im Rahmen einer integrierten Betrachtung einige zentrale Prämissen für die Auseinandersetzung mit der subjektiven und intersubjektiven Wahrnehmung von Schul- und Unterrichtszeit in dieser Arbeit ableiten: (1.) Der Terminus der *„objektiven"* Zeit ist im Untersuchungsfeld Schule als eine *institutionalisierte Setzung* bzw. zeitliche Rahmung zu begreifen, auf die der Lernende nahezu keinen Einfluss hat. Auf der institutionellen Ebene der Schule betrifft dies die Rhythmik aus Pausen und Unterricht, die Länge der Schultage und Abwechslung aus Ferien und Schulzeit, auf der Ebene des Unterrichts sind es die zeitlichen Mikrostrukturen aus Phasen der Erarbeitung, Wiederholung oder Einübung in verschiedenen Sozialformen, die im Wesentlichen durch die Lehrkraft determiniert werden. Auf der Individualebene sind wiederum konkrete Interaktionsprozesse in ihren zeitlichen Mustern betroffen, die dem Lehr-Lern-Prozess Gestalt geben und die insbesondere in zentral organisierten Unterrichtssettings von den Lernenden nur bedingt beeinflusst werden können. Insofern lässt sich aus der Warte des Lernenden eine Art „Verobjektivierung" der Zeit im Sinne festgelegter Strukturen konstatieren, die zwar in intersubjektiven „Verständigungsgemeinschaften (s.o.) erlebt und gestaltet wird, mit der sich jedoch auch jeder einzelne Lernende im Zuge seines eigenen Lernprozesses und dessen subjektiver Wahrnehmung auseinandersetzen muss. Eine empirische Annäherung an diese strukturellen und prozessualen Muster der schulischen Zeitgestaltung, also die „objektive Zeit" in Schule und Unterricht, bedient sich konsequenterweise einer objektivierbaren zeitlichen Metrik und bietet damit Gelegenheit für empirische, intersubjektiv überprüfbare Vergleiche.

(2.) Die *subjektive Wahrnehmung* dieser institutionell festgelegten Zeitraster durch die beteiligten Individuen lässt sich indes nicht ohne weiteres in Gestalt einer objektiven Metrik analysieren, sie erfolgt vor dem Hintergrund der Eigenzeitlichkeit jedes untersuchten Individuums. Es geht folglich um Fragen des individuellen Zeitbewusstseins, das Erleben von Dauer sowie dessen emotionale Konnotation: Bei einer analytischen Annäherung steht zunächst das psychologische Konstrukt des Zeitbewusstseins im Fokus der Untersuchung und mit ihm korrespondierende (auch neuropsychologische) Basismechanismen der Chronobiologie und Wahrnehmungs- sowie Handlungsregulation. Denn wie institutionell determinierte Zeitstrukturen subjektiv wahrgenommen werden, ist von zentraler Bedeutung für die Qualität ihrer Nutzung, und damit erschließt sich die Verbindung zu weiterführenden pädagogischen Fragen der Gestaltung von Bildungsprozessen. Eine empirische Analyse der „subjektiven Zeit" erfordert überdies in forschungsmethodischer Hinsicht zwangsläufig einen Einbezug von prozessnahen Selbstberichtsdaten und eine möglichst enge Annäherung an die konkrete Wahrnehmungssituation, um Deutungsprobleme und Erinnerungsverzerrungen so weitgehend wie möglich zu verringern.

(3.) Schließlich ist zu berücksichtigen, dass die Zeit in der Schule sozial geteilte Zeit – also *intersubjektiv* erlebte Zeit – ist, die im Zusammenspiel aller Akteure entsteht und auf deren individuelle Wahrnehmung Einfluss nimmt. Letztlich geht es dabei um ein Aufeinandertreffen und Aushandeln der verschiedenen beteiligten Eigenzeitlichkeiten und damit nicht zuletzt um soziale Machtpositionen. Im konkreten Unterrichtskontext resultiert eine entsprechend große pädagogische Herausforderung und Verantwortung der Lehrkraft, insbesondere in zentral organisierten Lehr-Lern-Prozessen. Sie hat nicht nur die individuellen Zeitlichkeiten gezielt zu berücksichtigen und resultierende Bedürfnisse auszubalancieren, sondern insgesamt zu einer Integration jedes Individuums in die entstehende Gemeinschaft auf Zeit beizutragen. Korrespondierende Implikationen für eine adäquate Gestaltung von unterrichtlichen Lehr-Lern-Prozessen und entsprechende Diskussionslinien werden gegen Ende der Arbeit auf Basis der ermittelten empirischen Befunde wieder aufgegriffen. Fragen der Intersubjektivität fließen in die vorliegende Untersuchung auch in den Bereich der Datenauswertung und –interpretation ein – so mag eine intersubjektiv geteilte Beeinträchtigung des Zeiterlebens im Unterricht bereits ein erster Hinweis auf eine unzureichende Unterrichtsgestaltung sein.

Insgesamt erweisen sich die beiden Metamodelle ungeachtet einiger Unterschiede als hilfreiche Ausgangspunkte für den vorliegenden Untersuchungskontext. Hasenfratz nähert sich der Existenz bzw. Konstruktion des Phänomens Zeit aus einer Metaperspektive und würdigt in seiner Analyse auch einige konkrete forschungsmethodische Implikationen, Richelle nimmt ebenfalls eine Metaperspektive ein, fokussiert dabei aber mehr die Frage der Forschungsdisziplin. Die Gedankenführung von Hasenfratz setzt insofern gleichsam etwas früher an und fragt nach der Existenz und Konstruktionsform des Phänomens Zeit, Richelle hebt innerhalb psychologischer Ansätze mehr auf entsprechend notwendige theoretische Grundlagen und Interpretationsrahmen ab und liefert gleichsam den pragmatischeren Ansatz. Er verdeutlicht die Verwobenheit der psychologischen Perspektive mit (chrono-)biologischen, sozio-kulturellen sowie historischen Aspekten, die in der vorliegenden Arbeit ebenfalls gestreift, aber angesichts der vornehmlich pädagogisch-psychologisch akzentuierten Argumentationslinie nicht ausführlich diskutiert werden. Nichtsdestoweniger erscheint es notwendig, die Komplexität einer Untersuchung des individuellen Zeiterlebens und seiner emotionalen Konnotation zumindest analytisch abzubilden. Daher werden im Folgenden zunächst einige bedeutende historische und sozio-kulturelle Aspekte des Umgangs mit Zeit in der Institution Schule erörtert, die einen Einfluss auf die Analyse und Interpretation subjektiver Erlebensqualitäten vor dem Hintergrund „objektivierter" institutioneller Muster schulischer Zeitnutzung ausüben.

2.2 Die intersubjektive Konstruktion von Zeit in schulischen Bildungsprozessen – Historische und sozio-kulturelle Schlaglichter

Die Bedeutung der Größe Zeit für schulische Bildungsprozesse und ihre Erforschung wird seit der Entstehung der Institution Schule bis heute kontrovers diskutiert: So existieren insbesondere das pädagogische Zielspektrum und die Funktionszuschreibung von Lehr-Lern-Zeit betreffend im historischen Verlauf unterschiedliche Auffassungen (vgl. Kap. 2.2.1), die eng mit der Frage der Gestaltbarkeit von Bildungsgängen zusammenhängen und deren Kenntnis sowohl für das Verständnis vergangener als auch für die Prognose zukünftiger Entwicklungen im Bildungssystem notwendig ist (z.b. Oelkers 1980, 429ff.; im Überblick s. z. B. Lüders 1995, 13ff.; Hansmann 2009, 98ff.). Jene konträren Positionen entstehen entlang der Entwicklung der Institution Schule und werden im Rahmen des sog. pädagogischen Zeitdiskurses (vgl. Kap. 2.2.2) insbesondere in der zweiten Hälfte des 20. Jahrhunderts vor dem Hintergrund der jeweiligen sozio-kulturellen Gegebenheiten offen diskutiert. Doch abgesehen von jener normativen Frage nach der Planbarkeit von Bildungsprozessen und damit der Legitimierung pädagogischer Zeittaktungen sowie (De)Synchronisierungen lässt sich nicht bestreiten, dass die Größe Zeit faktisch in der „praktischen Organisierung institutionalisierter Erziehungsprozesse" (von Kopp 2001, 363) sowie in der wissenschaftlichen Diskussion eine anhaltend bedeutsame Rolle spielt.

2.2.1 Historische Meilensteine des schulischen Umgangs mit Zeit

Im Verlauf der Geschichte der Schule lassen sich vor dem Hintergrund gesellschaftlicher Umbrüche und den jeweiligen (bildungs-)politischen Priorisierungen unterschiedliche Zielsetzungen der schulischen Zeitnutzung ausmachen (im ausführlichen Gesamtüberblick s. Dreyer 2008): So offenbart sich der Zusammenhang zwischen Zeit und gesellschaftlicher Entwicklung besonders offensichtlich zu Beginn der Neuzeit mit der Einführung der allgemeinen Schulpflicht und der Verstaatlichung der Institution Schule (Liedtke & Kriss-Rettenbeck 1983, 143; Zoll 1988). Comenius, der in seiner „Grossen Didaktik" von 1657 neben der Auseinandersetzung mit pädagogischen Missständen seiner Zeit insbesondere auch programmatische Gedanken zur zeitlichen Strukturierung des Unterrichts niederschreibt, will nicht nur „alle alles lehren", sondern dies auch möglichst „rasch, angenehm und gründlich" (ebd., Ausgabe von 1954, 1). Um dieses Ziel zu verwirklichen, entwirft er ein Unterrichtskonzept sowie „Grundsätze für die zeitsparende Schnelligkeit beim Lehren" (ebd., 174ff.), das bis heute den schulischen Alltag dominiert und seiner Ansicht nach die „Stockungen und Verzögerungen" bisheriger Unterrichtsbemühungen zu verhindern vermag – den Frontalunterricht. Mit jener Unterrichtsform sind seither (insbesondere zeitbezogene) pädagogische Argumentationsmuster und Hoffnungen verknüpft, die allerdings in jüngerer Zeit angesichts neurophysiologischer Erkenntnisse und empirisch erprobter Alternativen zunehmend unter Druck geraten (z.b. Herrmann 2006; Roth 2006; Sembill, Wuttke, Seifried Egloffstein & Rausch 2007). Zu Beginn der Neuzeit ist die Erfindung des simultanen Unterrichtens einer großen Zahl von Lernenden in ein und demselben Lerngegenstand mit einer einzigen Methode (Comenius 1657/1954, 130, 135ff.) jedoch eine willkommene, aber auch notwendige Maßnahme, entzieht man doch den Familien während der Zeit für Bildungszwecke die Jungen und Mädchen, die ansonsten für die familiäre Existenz in Haus und Hof arbeiten würden. Diese politisch und gesellschaftlich gewünschte Effizienzorientierung in der Bildungszeit setzt sich in den folgenden Jahrhunderten in unterschiedlichen Akzentuierungen fort – ein weiterer bedeutsamer Meilenstein ist die Etablierung rigider, „korsettartiger Zeitgitter" (Neumann 1992, 215) in der Foucault'schen Pädagogik des 18. Jahrhunderts. Während es bei Comenius noch um das Erlernen nützlicher und lebensdienlicher Dinge (Comenius 1657/1954, 51ff.) geht, steht in jener Zeit weniger die Vermittlung von Inhalten im Mittelpunkt als das Verinnerlichen eng geführter unterrichtlicher Rhythmen mit dem Ziel der gesellschaftlichen Disziplinierung (Dreyer 2008, 102).

Auch in der nachfolgenden Zeit der Industrialisierung hat das zeitsparame „Lernen im Takt" (Drechsel 1985, 95) gegen Ende des 19. Jahrhunderts seinen eigenen politisch gewollten Hintergrund: Das tayloristisch[4] anmutende Bell-Lancaster-System der Beschulung, das sich ausgehend von Armenschulen entwickelt, qualifiziert Arbeiter für den wachsenden Personalbedarf in den Fabriken. Diese müssen dort in der Lage sein, am Fließband verzögerungsfrei, exakt und möglichst ohne zu ermüden ihre Arbeitsschritte zu erledigen. Entsprechend sind

---

4   Zum Begriff des Taylorismus im Zusammenhang mit Unterrichtsprozessen s. Bruder (1971).

die qualifizierenden Unterrichtsprozesse gestaltet – mehrere hundert Schüler werden in straffen Hierarchien und starren Schemata von einer einzigen Lehrkraft unterrichtet und von Gehilfen in Schach gehalten (Drechsel 1985, 94). Einer der beiden Väter des Gedankens formuliert den schulischen Bildungsauftrag wie folgt: „Bey der Erziehung kann nichts wichtiger seyn als Zeitersparniß, selbst dann, wenn uns viel Zeit zu Gebote steht" (Lancaster, zit. nach Bendele 1984, 88). Die sog. Schulhygieneforschung beschäftigt sich seinerzeit vor dem Hintergrund technischer Innovationen wie etwa Chronoskopen, Zeitsinnapparaten oder Ergographen[5] mit der Feststellung der effizientesten Lektionslänge. In diese Zeit fällt auch die Festlegung der Dauer einer Unterrichtsstunde auf die bis heute üblichen 45 Minuten (Janke 1902, 134ff.) und die Festlegung der optimalen Pausenlängen. Individuelle Unterschiede der Lernenden werden dabei nicht berücksichtigt, es dominiert die Orientierung an einem „mittleren Tempo" (Bendele 1984, 96), welches an das noch heute gebräuchliche Bild von einem imaginären Durchschnittsschüler erinnert.

In den 1920er Jahren kommt es schließlich zu einer reformpädagogisch motivierten Gegenbewegung – in den Schulen dominiert nicht mehr das zeitliche Diktat, vielmehr wird die Selbstbestimmung der Lernenden über die eigene Zeit und Leistungsfähigkeit zum Bildungsziel erhoben (Neumann 1993, 182ff.). Die schulischen Zeitstrukturen werden entzerrt, Pausenglocken abgeschafft – die aufklärerische Vorstellung des individuellen Leistungshungers und des Interesses an der eigenen Umwelt münden in ein neues Bildungsideal, in dem die Individualität der Lernenden stärker in den Mittelpunkt der schulischen Bildung gerückt wird. In diesem Zusammenhang wird auch die Illusion der vermeintlich effizienteren Zeitnutzung durch die Elementarisierung bzw. „Zerstückelung" der Lerngegenstände (Duncker 2001, 351) hinterfragt, und es werden Ideen wie der fächerübergreifende Unterricht oder das „exemplarische Lehren" diskutiert, bei dem neben inhaltlichen Aspekten insbesondere auch die 45-Minuten-Taktung in Frage gestellt wird (z.B. Wagenschein 1968, 16).

Nach dieser kurzen reformpädagogischen Entschleunigung und Entzerrung der schulischen Zeitrhythmik rückt jedoch schließlich die zunehmende Militarisierung und Aufrüstung in den bildungspolitischen Fokus. Zeitliche Strukturierungen von Schule und Unterricht geraten zu einer nationalistisch anmutenden

---

5   Mit Hilfe des Chronoskops konnten exakte Reproduktionszeiten festgestellt werden, der Zeitsinnapparat bzw. das Metronom diente zur Überprüfung der Wahrnehmung unterschiedlicher Zeitdauern, während der Ergograph ein Gerät zur Aufzeichnung der Muskelarbeit bei Bewegungen wie etwa dem Schreiben war (Schulze 1909, 212, 73ff., 225ff.).

Übung von Gehorsam und Disziplin, auch die unterrichtlichen Gegenstände sind getränkt von nationalsozialistischer Ideologie und militärischem Drill, wie Schulbücher aus dieser Zeit eindrücklich belegen (für den Unterricht an ländlichen Berufsschulen vgl. bspw. Döring & Schneider 1937 zit. nach Flessau 1977). Die Nachkriegszeit markiert schließlich einen Neubeginn in der Auseinandersetzung mit der Bedeutung der Zeit in Bildungsprozessen. In einer Phase der Abkehr von dem „Humanismus der traditionellen Bildungslehren" (Lüders 1995, 13) in den fünfziger und sechziger Jahren des zwanzigsten Jahrhunderts beginnt man im Zuge der Bewältigung der nationalsozialistischen Vergangenheit Deutschlands nach einem neuen Bildungsverständnis zu suchen (vgl. auch Terhart 2005, 20f.).

2.2.2 Der pädagogische Zeitdiskurs im Spiegel der Gesellschaftsentwicklung

In diesem Zusammenhang entsteht ein Diskurs über die grundsätzliche Bedeutung der Zeit in pädagogischen Prozessen. Darin lassen sich im Zeitverlauf unterschiedliche Phasen und Positionen ausmachen, die divergierende Vorstellungen vom schulischen Bildungsauftrag und der Gestaltung von Schule und Unterricht implizieren (im Überblick s. z.B. Lüders 1995, 13ff.; Koch 1999, 5ff.; Hansmann 2009, 98ff.). Im Kern geht es letztlich um die „Entscheidung der Frage einer substantiellen oder lediglich akzidentellen Bedeutung des Zeitbegriffs für die Pädagogik" (Lüders 1995, 9)[6], also die Frage nach der Legitimität und Durchsetzbarkeit von Bildungszielen und fest definierten Curricula.

Im Rahmen der humanistischen Pädagogik sind Erziehung und Bildung „Grundbedingungen des gesellschaftlichen Fortschritts" (Lüders 1995, 13) gewesen, von dieser Idee wendet man sich in der Nachkriegszeit als der ersten Phase des Diskurses ab und bestreitet im Gegenzug die Steuerbarkeit von

---

6 Hansmann (2009, 97ff.) bezeichnet die beiden Gegenpositionen mit anderen Begrifflichkeiten, die jeweilige Bedeutung kommt derjenigen bei Lüders (1995) aber sehr nahe – er differenziert zwischen *teleologisch* interpretierten und *kontingent* ausgelegten pädagogischen Konzepten von Zeit. Unter dem Begriff der pädagogischen Teleologien versteht er Zeitkonzepte, „die Anfang und Ende von Entwicklung, Erziehung, Lernen und Bildung durch Vorstellungen von Endzwecken zeitstabil binden, um dann die Zeitspanne zwischen Anfang und Ende pädagogisch programmatisch planen (...) zu können" (ebd., 99). Das Prinzip der Kontingenz schließt die Ausrichtung von Bildungsbemühungen auf bestimmte Ziele und damit auch auf determinierte Bildungsprozesse wiederum aus, sondern lässt „prinzipiell offen und pädagogisch unbestimmt (...), welche Ziele oder Zwecke erreicht werden" (ebd.).

Bildungsprozessen. Die zeitliche Organisation des Bildungsgeschehens sei nur „ein Mittel zur Herstellung von Ordnung, nicht jedoch ein Mittel zur Verwirklichung bestimmter Zwecke, und schon gar nicht ein Mittel zur Verwirklichung von Bildung" (Lüders 1995, 10). Der Bildungsprozess sei vielmehr ein Prozess ohne fest definiertes Ergebnis beziehungsweise ein eigenzeitlicher Vorgang (Geißler 1985; de Haan 1996). Diese Haltung entsteht als Reaktion auf den Verdacht eines Zusammenhangs zwischen dem humanistischen Bildungsideal und der nationalsozialistischen Bildungsideologie und wird gleichermaßen durch die Suche nach neuen „pädagogischen Grundbegriffen" (Koch 1999, 6) flankiert. In diesem Rahmen wird die (individuelle) Zeitlichkeit in den Rang eines wichtigen Explikationsprinzips von Bildungsprozessen erhoben, die sich nicht für politische Zwecke instrumentalisieren lassen sollten. Grundsätzlich ergibt sich für die Individuen in Bildungsinstitutionen die Problematik bzw. Unmöglichkeit, ihre Eigenzeiten mit den Systemzeiten der Schule in Einklang zu bringen. Die Vertreter der substantiellen Position lehnen aus dieser Argumentation heraus die nach einem linearen Zeitverständnis strukturierten Bildungsprozesse und damit die Planbarkeit pädagogischer Prozesse vollständig ab und beschränken sich auf die Vorstellung von indirekten Einflussnahmen (Koch 1999, 6).

Mit dem Aufkommen des Bildungsnotstands gegen Ende der 1960er Jahre verändert sich der pädagogische Zeitdiskurs dahingehend, dass Erziehung und Bildung wieder gesellschaftlich nutzbar gemacht und insofern in planbare Prozesse mit definierten Zielen umgesetzt werden sollen. Zugleich ist die Diskussion im Zuge der „empirischen Wende" von empirisch-sozialwissenschaftlichen Zugängen zu individuellen Zeitperspektiven und dem Planungsverhalten im Sozialisationsprozess (vgl. Piaget 1974) sowie der Zeitrationalität als dem dominierenden Prinzip der Realitätsstrukturierung in Lebens-, Lern- und Arbeitsprozessen beeinflusst (Koch 1999, 8):

Zeit wird (zum einen) als ein unanschauliches ‚Schema' der logisch-kognitiven Bewußtseinsstruktur untersucht, das zeitliche Orientierungen im Erfahrungsbereich ermöglicht. Als ein intelligent zu handhabendes Mittel in der Organisation von Alltagshandlungen wird sie (zum anderen) zur ‚pädagogischen' Aufgabe.

Jene in dieser Zeit vertretene pragmatische bzw. teleologische Sicht auf die Bedeutung der Zeit in Bildungsprozessen betont die akzidentelle Komponente der Lehr-Lern-Zeit und sieht diese eher als ein Mittel zur Erreichung der pädagogischen Ziele. So sei die zeitliche Strukturierung der Schul- und Ausbildungszeiten und die Synchronisierung der kognitiven und didaktischen Prozesse mit den jeweiligen Voraussetzungen der beteiligten Lernenden konstituierend für das

Gelingen pädagogischer Prozesse (Lüders 1995, 9), wenn auch kein Bildungsgarant. Die historische Effizienzorientierung in der Bildung (vgl. Kap. 2.1.1) kommt in dieser Zeit wieder zum Vorschein; ein wichtiges Lernziel in Schule und Unterricht besteht insbesondere auch in dem Erlernen eines ökonomischen Umgangs mit der Ressource Zeit (Welling 1990, 9ff.). Es wird jedoch auch betont, dass durch das pädagogische Wirken nicht lediglich „Zeitzwänge" geschaffen würden, sondern innerhalb der Institution Schule im Rahmen der zeitlichen Ordnung durchaus auch Freiräume entstehen könnten und schließlich das Verinnerlichen der Zeit als eine das eigene (kulturelle) Denken und Handeln immanent beeinflussenden Größe ebenfalls ein bedeutendes Lernziel darstelle (Welling 1990, 9ff.).

In späteren Phasen des Diskurses in den 1980er und 1990er Jahren und später kommt es überdies zu hermeneutisch akzentuierten kulturkritischen Auseinandersetzungen mit der Größe Zeit und dem Paradigma der Zeitrationalität im Bildungskontext. Zeit wird zum „Brennpunkt systematisch-pädagogischer Theoriebildung" (Sahmel 1988, 404), es dominiert die Vorstellung von Zeit als sich wandelndem sozialem Konstrukt, das als solches ebenfalls zeitlich-normativen Veränderungsprozessen unterliegt (ebd.). Zudem wird die Erzeugung sozialer Zeit durch Interaktion der an den gesellschaftlichen Lebens-, – Lern- und Arbeitsprozessen beteiligten Individuen näher erforscht (z.b. Fürstenberg & Mörth 1986; Benthaus-Apel 1995) und in einen kulturgeschichtlichen Gesamtzusammenhang gestellt (z.B. Peukert 1994).

In der Gesamtschau steht jedoch letztlich die grundsätzliche Frage nach der substantiellen oder akzidentellen Bedeutung der Zeit im Zentrum des pädagogischen Zeitdiskurses. Dieser fokussiert in jüngerer Zeit angesichts globaler soziokultureller Veränderungen wie Beschleunigung, Verstetigung und Verdichtung (Garhammer 2001, 463ff.) wieder intensiver Themen der Entschleunigung oder Eigenzeitlichkeit in Schule und Unterricht und forciert die Entzerrung schulischer Zeitraster (z.B. Reheis 2010). Ungeachtet dessen ist die lineare Strukturierung von Lehr-Lern-Zeiträumen im Sinne von Lehrplänen und definierten Curricula mit abgeleiteten Lernzielen, also eine pragmatisch bzw. teleologisch ausgerichtete Bildungsstrategie, ein dominierendes Dogma der heutigen bildungspolitischen Landschaft, welches letztlich die normative Grundlage für Gestaltungsentscheidungen und korrespondierende Erlebensprozesse in Schule und Unterricht darstellt.

2.3 Konstruktionen „objektiver" Zeit in schulischem Bildungsgeschehen und empirischer Lehr-Lern-Forschung

Nach einer Auseinandersetzung mit den Entstehungshintergründen heutiger schulischer Zeitkonstruktionen ist im weiteren Verlauf der Blick auf beobachtbare, empirisch zugängliche Facetten des Spannungsfeldes aus „objektiver" im Sinne messbarer, institutionell determinierter Zeit und dem subjektiven Zeiterleben Einzelner zu richten. Im Rahmen dieses Kapitels stehen zunächst schulbezogene Zeitkategorien und Bedeutungsfacetten der Variable Zeit in empirischer Forschung und Theoriebildung im Vordergrund, bevor zentrale strukturelle und prozessuale Gestaltungsparameter schulischer Lehr-Lern-Zeit einer systematischen Darstellung zugeführt werden: Nach einer einleitenden Darstellung zentraler Begriffsdifferenzierungen wird die Bedeutung der Variable Zeit in den Anfängen der Lehr-Lern-Forschung skizziert und entsprechende Operationalisierungen kritisch beleuchtet, um im Anschluss daran zentrale, für die empirische Analyse relevante strukturelle und prozessuale Gestaltungsparameter der unterrichtlichen Zeitnutzung herauszuarbeiten. Letztere dienen im Rahmen der vorliegenden empirischen Analyse unterrichtlicher Zeitnutzung als Beobachtungskategorien. Der Begriff Zeit ist dabei streng genommen nur eine Art Gattungsbezeichnung, die „eine Familie von teilweise ineinander verschachtelten Zeitdefinitionen umfaßt" (Hesse 1994, 147; ähnlich auch Berliner 1990, 4), welche einer näheren Klärung bedürfen. Die Systematisierung schulischer Zeitkategorien und Begrifflichkeiten erfolgt in diesem Kapitel vor dem Hintergrund der nachstehenden Annahmen: (a) Zunächst einmal macht die Vielfalt an Operationalisierungen zeitlicher Variablen, die weder in Begriffsumfang noch Art der Messung übereinstimmen (Hesse 1994), einen differenzierten Vergleich anhand präzise definierter Größen notwendig. (b) Weiterhin werden für unterschiedliche Handlungsbereiche der schulbezogenen Lehr-Lernzeitnutzung (z.B. innerhalb der Schule, im Unterricht, außerhalb der Schule) divergente Ursache-Wirkungsgefüge wirksam, die jeweils für sich genommen eine sorgfältige Betrachtung erfordern. (c) Darüber hinaus ist für die Analyse und Interpretation unterrichtlicher Zeitnutzung und dem korrespondierenden subjektiven Erleben, wie sie in dieser Arbeit angestrebt werden, die Festlegung auf empirisch erprobte Auswertungskategorien unerlässlich, um anschlussfähige Ergebnisse zu erzielen und entsprechende Implikationen für die pädagogische Arbeit und ihre Bewertung ableiten zu können.

2.3.1 Schulbezogene Zeitkategorien und zentrale Begriffsdifferenzierungen

Die im Zusammenhang mit schulischen Lehr-Lern-Prozessen stehende Zeit wird unter Rückgriff auf ein sehr verbreitetes, hierarchisch geschachteltes Modell von Harnischfeger & Wiley (1976; in deutscher Sprache vgl. auch Treiber 1982; Hesse 1994) mittels verschiedener Kategorien operationalisiert. Das reduzierte Modell unterscheidet ausgehend von der sog. *nominalen Unterrichtszeit* die *tatsächliche* Unterrichtszeit von der *nutzbaren* Unterrichtszeit und rückt die nicht zuletzt durch die *Schüleranwesenheit* determinierte *aktive Lernzeit* von Lernenden im Unterricht in das Zentrum der pädagogischen Bemühungen (vgl. Abbildung 2–2). Mit der nominalen Unterrichtszeit ist die im Lehrplan vorgesehene Unterrichtszeit bezeichnet, in der Größe der tatsächlichen Unterrichtszeit sind demgegenüber Stundenausfälle berücksichtigt, und die nutzbare Unterrichtszeit bezieht sich auf das nach Abzug von Verspätungen und Störungen resultierende wirklich nutzbare Kontingent an Lehr-Lernzeit im Unterricht (Harnischfeger & Wiley 1976, 14ff.; Treiber 1982, 13).

Abbildung 2–2: Vereinfachte Darstellung von Lehr-Lernzeitkategorien in frühen Erklärungsmodellen der Schulleistung (Harnischfeger & Wiley 1976, 15; deutsche Übersetzung in Anlehnung an Treiber 1982, 13).

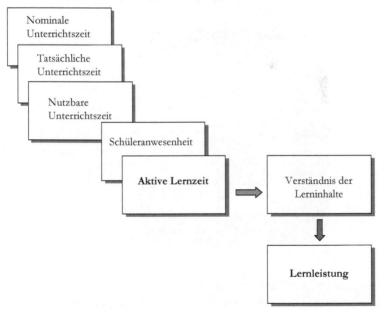

Das Modell lässt sich aus einer übergeordneten Warte um die Kategorien der *Zeit in der Schule* und *Zeit für die Schule* (vgl. von Kopp 2001, 367f.) ergänzen, um zu verdeutlichen, dass es nicht lediglich die unterrichtlichen Lernprozesse sind, die über den Lernerfolg entscheiden. Mit der *Zeit in der Schule* ist die gesamte, im „Aufsichts- bzw. Erziehungsraum" der Schule verbrachte Zeit angesprochen (von Kopp 2001, 367f.). Es handelt sich dabei abgesehen von der Unterrichtszeit beispielsweise um Aktivitäten außerhalb des Lehrplans wie etwa Feste, Projektwochen oder schlicht Pausen/Freistunden und andere in der Schule verbrachte außerunterrichtliche Zeiträume. Mit der Kategorie *Zeit für die Schule* sind alle Zeitgefäße angesprochen, die für Aktivitäten aufgewendet werden, die unmittelbar mit der Schule zu tun haben und die alltäglichen Zeitstrukturen der Schülerinnen und Schüler beeinflussen, so zum Beispiel häusliche Lern- oder Arbeitsaktivitäten wie Hausaufgaben und Prüfungsvorbereitungen, aber auch den täglichen Schulweg und Klassenfahrten (von Kopp 2001, 367f.). Abbildung 2–3 zeigt zentrale schulbezogene Zeitkategorien noch einmal vereinfacht im Überblick und integriert die gängige Systematisierung von Harnischfeger & Wiley (1976) sowie die zusätzlichen Kategorien von von Kopp (2001).

Abbildung 2–3: Schulbezogene Zeitkategorien (integrierte eigene Darstellung ausgehend von Harnischfeger & Wiley 1976, 15; von Kopp 2001, 366ff.).

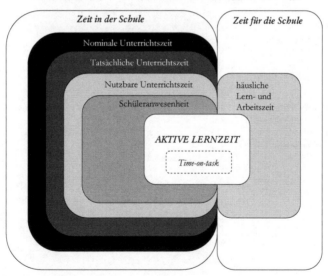

Die zentrale Zielgröße der inner- und außerunterrichtlichen Lernprozesse von Schülerinnen und Schülern, auf deren Quantität und Qualität letztlich alle inhaltsbezogenen Erziehungsbemühungen abzielen, ist dabei die *aktive Lernzeit* bzw. *engaged time* (vgl. Treiber 1982; Hesse 1994) und noch konkreter die aufgabenbezogene *„time on task"* (z.B. Harnischfeger & Wiley 1985; Berliner 1990)[7]. Von aktiver Lernzeit wird ausgegangen, wenn sich Lernende engagiert und konstruktiv sowie aktiv und aufmerksam mit den Lerninhalten auseinander setzen (Helmke 2007, 44). Die aktive Lernzeit gilt als „einer der stärksten Prädiktoren des Lernerfolgs" und ist „damit ein wichtiges Bindeglied für den Erfolg und die Effektivität des Lehrens und Lernens im Kontext der Schule" (Helmke & Schrader 1996, 39f.). Von aktiver Lernzeit ist im Falle einer aufmerksamen und aktiven Beschäftigung mit den Lerninhalten auszugehen (Helmke & Weinert 1997). Nicht unproblematisch sind allerdings korrespondierende Operationalisierungen von Aufmerksamkeit und engagiertem aktivem Lernen (Helmke & Renkl 1992; vgl. auch Hommel 2011, 2012) – Beobachtungsverfahren stoßen oftmals angesichts der intraindividuell ablaufenden Prozesse an ihre Grenzen und sind Fehlschlüssen ausgeliefert (z. B. Sembill 2008b, 21). An dieser Stelle sind Prozess begleitend erhobene Selbstauskünfte zur subjektiven Qualität der Lernzeitnutzung eine probate Ergänzung.

Wenngleich das Gros der aktiven Lernzeit in der Schule bzw. im Unterricht selbst zu vermuten ist, begreift die Darstellung in diesem Zusammenhang auch Anteile außerschulischer Lern- und Arbeitszeiten als aktive Lernzeit im Rahmen der „Zeit für die Schule". Denn in pädagogischer Hinsicht stellt die häusliche Lernzeit im Sinne von Hausaufgaben und Lernaktivitäten (zur Ausdifferenzierung verschiedener Tätigkeiten s. z.B. Wagner 2005, 14ff.; Kögler 2012, 233ff.) eine Verbindung zur unterrichtlichen Arbeit und ihrem Erleben dar. Der Stellenwert jener außerunterrichtlichen Lern- und Arbeitsaktivitäten ist zwar angesichts des Fehlens eines entsprechenden theoretischen Fundamentes und forschungsmethodischer Defizite (Trautwein & Köller 2003; Wagner & Spiel 2002) verhältnismäßig umstritten, auch werden der pädagogische Wert und die Lernwirksamkeit von Hausaufgaben seit mehr als zwei Jahrzehnten kontrovers diskutiert (bspw. Eigler & Krumm 1972; Geissler & Schneider 1982; Farrow, Tymms & Henderson

---

7 Innerhalb der schulischen Zeitkategorien existiert eine Vielzahl an teils kongruenten, teils divergenten Begrifflichkeiten für zeitbezogene Sachverhalte in Schule und Unterricht, die um so differenzierter werden, je mehr es um konkrete Lernprozesse geht. Besonders im Zusammenhang mit der aktiven Lernzeit existieren viele Bezeichnungen, die allerdings inhaltlich mehr oder weniger deckungsgleich sind. Unterschiede ergeben sich im Wesentlichen hinsichtlich der Frage, ob es um konkrete Lernaufgaben („tasks") oder eher ein aufmerksames Verfolgen des Unterrichts und/oder aktive Teilhabe im weiteren Sinne geht.

1999; Trautwein, Köller, Schmitz & Baumert 2002), nichtsdestoweniger werden ihnen ein großes Differenzierungspotential und Möglichkeiten zur Anreicherung des unterrichtlichen Lernens zugeschrieben (Keith 1982; Haag & Jäger 2010).

2.3.2 Die Variable Zeit in empirischer Lehr-Lern-Forschung und Theoriebildung

Die normative Frage nach der Bedeutung der Zeit (vgl. Kap. 2.2.1 & 2.2.2) und ihren Systematisierungsmöglichkeiten stellt sich nicht nur in der praktischen Organisation und Durchführung des schulischen Bildungsgeschehens. Auch in der empirischen akzentuierten Lehr-Lern-Forschung lassen sich ähnlich gelagerte Diskurslinien aufspüren. So wird spätestens in den 1970er Jahren und auch noch in der Folgezeit kontrovers diskutiert, ob und inwiefern der Größe Zeit eine prädiktorische Bedeutung für den Lernerfolg aus sich selbst heraus zuzusprechen sei oder ob das Bild des leeren Gefäßes, eines „psychologically empty quantitative concept" (Gage 1978, 75), welches erst mit Sinnstiftendem zu befüllen ist, zutreffender sei und es somit vielmehr darauf ankomme, die *Qualität* der Lehr-Lernzeitnutzung entsprechend differenziert zu betrachten, um etwaige Zusammenhänge mit Lernleistungen auf eine tragfähige theoretische Basis zu stellen (Jackson 1977, 38; Karweit & Slavin 1982, 157ff.; Carroll 1989, 28ff.). Zeitliche Größen werden in den älteren Forschungsprojekten gemäß dieser unterschiedlichen Standpunkte meist recht unterschiedlich operationalisiert (vgl. auch Hesse 1994, 145ff.) und im Hinblick auf ihren Erklärungsgehalt für den Lernerfolg untersucht[8]. Die zentralen Vorteile dieser Variable seien die gute Messbarkeit und verzerrungsfreie Vergleichbarkeit, die es ermöglichen, „alternativ zu weitaus komplexeren Lehr-Lern-Modellen schulisches Lernen zunächst durch Kernvariablen der Lehr-Lernzeit zu erklären" (vgl. Treiber 1982, 14). Dem wird jedoch die Ansicht entgegen gehalten,

---

8   Die empirische Suche nach Determinanten der Schulleistung und damit letztlich auch nach Erklärungen für die Effektivität des Bildungssystems lässt sich bis in die 1960er Jahre zurückverfolgen. Sie erfolgte vor dem Hintergrund verschiedener Paradigmen, beginnend mit persönlichkeitsorientierten Ansätzen, die sich der Lehrerpersönlichkeit und der Bedeutung von Lehrstilen widmeten (z.B. Tausch & Tausch 1965; Flanders 1970), über prozess-produkt-orientierte Ansätze, die Schülerfähigkeiten und prozessuale Interaktionsparameter wie etwa auch die Lehr-Lernzeit ins Zentrum rückten (z.B. Shulman 1986; Corno & Snow 1986) und Erklärungsansätzen zum Lehrerhandeln – hier spielten bereichsspezifisches Expertenwissen und Lehrersichtweisen eine Rolle (Weinert, Schrader & Helmke 1990; Bromme 1997) – bis hin zu heutigen eher outputorientierten Ansätzen (im Überblick siehe Gruehn 2000, 20ff.).

dass Zeit an sich nur ein unzureichender und zu undifferenzierter Indikator für die Lernprozesse der Lernenden sei und der Eindruck einer intersubjektiv und interkulturell eindeutigen Gültigkeit kein zwingender sei (z.B. Peterson, Swing, Braverman & Buss 1982; Hesse 1994, 150). Die resultierenden Forschungsergebnisse sind – wie im Rahmen des Prozess-Produkt-Paradigmas häufig der Fall – ebenfalls sehr widersprüchlich. Teils wird der Variable Lehr-Lernzeit eine übergeordnete Bedeutung für den Lernerfolg zuerkannt (z.B. Hawley & Rosenholtz 1984; Harnischfeger & Wiley 1985), teils eher abgesprochen (z.B. Coleman, Campbell, Hobson, McPartland, Mood, Weinfeld & York 1966; Karweit 1976).

Ausgangspunkte für diesen Diskurs sind frühe Versuche, Prozesse und Produkte der unterrichtlichen Arbeit in zeitlichen Größen auszudrücken, die mit den ersten umfassenden Modellierungen schulischen Lernens korrespondieren (Carroll 1963; Bloom 1970; Harnischfeger & Wiley 1977). Jene im Kern inputorientierten Modelle integrieren in unterschiedlich detaillierter Weise sowohl die Quantität der zur Verfügung stehenden und/oder tatsächlich genutzten Bildungszeit als auch die Qualität des Unterrichts (Gruehn 2000, 5) und entfalten in unterschiedlichem Maße eine Relevanz für die empirische Forschung. Während das „Modell schulischen Lernens" von Carroll, das den Grad des Lernerfolgs als eine Funktion aus dem Verhältnis zwischen benötigter und tatsächlich aufgewendeter Zeit begreift[9], in seiner Ursprungsform verhältnismäßig wenig konkrete empirische Überprüfung erfährt, wird das darauf aufbauende Modell des zielerreichenden Lernens bzw. Mastery Learning von Bloom (1970, 1971, 1973, 1985)[10] durchaus empirisch gewürdigt und bis in die jüngere Zeit hinein

---

9   Mit der vielfach gewürdigten Publikation des „Model of school learning" im Teachers College Record legt Carroll 1963 eine der ersten umfassenden Modellierungen schulischen Lernens vor. Das von ihm entwickelte Modell soll durch seine Einfachheit und gleichzeitige Vollständigkeit der Forschung neue Perspektiven eröffnen und einander widersprechende Ergebnisse unterschiedlicher Forschungsarbeiten einen gemeinsamen Interpretationsrahmen bieten. Alle verwendeten Begriffe sind so operationalisiert, dass sie zeitlich messbar werden. Eine der beiden zentralen Größen zur Erklärung des Lernerfolgs, die „tatsächlich benötigte Lernzeit", wird im Modell durch die aufgabenspezifische Begabung, die (insbesondere auch sprachliche) Fähigkeit dem Unterricht zu folgen und indirekt durch die Qualität des Unterrichts determiniert. Die andere bedeutende Größe, die „aufgewendete Lernzeit", wird wiederum von zwei Faktoren beeinflusst: den zugestandenen Lerngelegenheiten und der Zeit, die der Lernende bereit ist, mit dem Lernen zu verbringen, von Carroll als Beharrlichkeit bzw. Ausdauer bezeichnet.

10 Der Grundgedanke des Mastery Learning besteht darin, dass alle Lernende die ihnen gesteckten Lernziele erreichen können, für die Zielerreichung jedoch unterschiedlich

diskutiert (Eigler & Straka 1978; Ingenkamp 1979; Bernitzke 1987; Achtenhagen 2000).

Auch weitere Ausdifferenzierungen und Hierarchisierungen verschiedener Begrifflichkeiten der Lehr-Lernzeit von Harnischfeger & Wiley (1976) sowie Rosenshine & Berliner (1978) (im Überblick s. auch Kap. 2.3.1) fördern die empirische Zugänglichkeit und Aussagekraft der Variable Zeit. So existieren beispielsweise in den 1970er Jahren einige makroanalytische, vergleichende Arbeiten zu zeitlichen Unterschieden der Beschulungsintensität zwischen verschiedenen Schulsystemen, Schulformen, Schulen und Schulklassen bis hin zu einzelnen Schüler-/innen (z.b. Passow, Noah, Eckstein & Mallea 1976; Berliner 1979; Borg 1979; Smyth 1980; Überblick über deutschsprachige Studien zum Problem des Absentismus s. etwa bei Hissnauer 1979). Hierbei werden meist ausgehend von der jeweils im Lehrplan vorgesehenen Zeit und etwaigen Stundenausfällen sowie dem Problem des Schülerabsentismus einer stufenweise geschachtelten Heuristik folgend aktive Lernzeiten für Lernende bestimmt und für die einzelnen zeitlichen Kategorien gravierende Unterschiede zwischen Ländern, Schulformen, Schulen oder gar Klassen festgestellt (im Überblick s. Treiber 1982). Zu berücksichtigen sind allerdings bei der Interpretation jener Unterschiede forschungsmethodische Limitationen bzgl. der Operationalisierung beispielsweise der einzelnen Lerngelegenheiten für jeden Lernenden und überdies retrospektiver Einschätzungsverzerrungen. Bezüglich des Zusammenhangs der (wenn auch meist geschätzten) Unterrichts- und Lernzeitinvestments und korrespondierenden Lernleistungen – immerhin das zentrale Erkenntnisziel vieler jener Studien – finden sich Korrelationen von geringer bis mittlerer Stärke in sehr hoher Streubreite (Rosenshine 1976; Frederick & Walberg 1980; Fraser, Walberg, Welch & Hattie 1987), so dass sich insgesamt eine nur mäßige Eignung der

---

viel Zeit benötigen und insofern über zeitliche Differenzierung insgesamt verbesserte Lernresultate für alle Lernenden möglich wäre. Bloom stellt den sequentiellen und kumulativen Charakter von schulischen Lernprozessen heraus und konstatiert, dass über differenzierte Lernzeitzuweisungen an die Lernenden auch die Chancengleichheit im schulischen Lernprozess verbessert würde. Bezüglich der einzelnen Modellbestandteile entwickelt Bloom das Modell schulischen Lernens von Carroll dahingehend weiter, dass er einige Variablen des Basismodells in aggregierter Form verwendet und bezüglich der Schülercharakteristika einen eigenständigen affektiven Bereich betont. So wird die erfolgreiche Bewältigung von Lernaufgaben im Unterricht zum einen von der Instruktionsqualität und zum anderen von kognitiven und affektiven Schülercharakteristika beeinflusst. Hinsichtlich der Lernergebnisse unterscheidet Bloom die erzielte Leistungsart und -höhe, die Lernrate und affektive Folgen des Lernens (vgl. ders. 1985, 76ff.).

reinen Lernzeitquantifizierungen zur Aufklärung von Schulleistungsunterschieden konstatieren lässt. Dies mag als frühes Indiz für den Nutzen eines Einbezugs subjektiver Erlebensqualitäten der Lehr-Lernzeit gelten.

Auch Treiber (1982, 22ff.) mahnt in der Konsequenz sowohl methodische Verbesserungen als auch theoretische Anreicherungen an: In methodischer Hinsicht werden veränderte Forschungsdesigns im Sinne von Experimentalstudien oder komplex und langzeitlich angelegten repräsentativen Feldstudien statt einfacher bivariater Produkt-Prozess-Studien sowie verbesserte Schulleistungstestinstrumente gefordert und komplexere Auswertungsverfahren vorgeschlagen. Auf theoretischer Ebene wird insbesondere eine verbesserte Indikatorisierung von Zeitvariablen in den Blick genommen, die ihrerseits wiederum komplexere Modellierungen der relevanten Zeitkategorien und ihrer wechselseitigen Verknüpfungen voraussetzen (ebd., 25ff.). Durch den Einbezug zusätzlicher Variablen wie etwa das soziale Umfeld der Lernenden oder unterrichtliche Rahmenbedingungen und insbesondere die Anreicherung um qualitative Aspekte der Lernzeitnutzung soll der Geltungsbereich der Variable Zeit ausgeweitet werden. Die kritische Sicht auf unterkomplexe Modellierungen der schulischen Realität bzw. die isolierte Suche nach korrelativen Zusammenhängen zwischen Prozessmerkmalen im Unterricht und Schülerleistungen bezieht sich seinerzeit allerdings nicht lediglich auf die Variable Zeit, sondern auf Prozess-Produkt-orientierte Untersuchungen im allgemeinen (zur Kritik am Prozess-Produkt-Paradigma s. Gage & Needels 1989). Einige spätere Modifikationen des Carroll-Modells (insbesondere Slavin 1987; Creemers 1994) zeichnen sich in der Folge durch ihre explizite Ausdifferenzierung des Konstrukts der Unterrichtsqualität und die Integration der zuvor widersprüchlichen Forschungsergebnisse aus. Durch die „Postulierung eines additiven, möglicherweise sogar multiplikativen Zusammenhangs der einzelnen Modellkomponenten" (Gruehn 2000, 11) und die ganzheitlichere Betrachtung des komplexen Unterrichtsgefüges wird auch der Wert der Variable Zeit entsprechend sichtbarer. Zudem werden die entsprechenden Lernzeitinvestments im Rahmen mikroanalytischer Untersuchungen vermehrt dahingehend analysiert, wie und wofür sie von Lehrenden und Lernenden vor dem Hintergrund der entsprechenden Rahmenbedingungen eingesetzt werden, wie also Lerngelegenheiten geschaffen und genutzt werden (s. z.B. Beiträge in Ben-Peretz & Bromme 1990; Gruehn 2000, 29f).

Aus heutiger Sicht erscheint insofern der verhältnismäßig geringe Stellenwert reiner Lernzeitquantifizierungen unabhängig von qualitativen Aspekten im Hinblick auf die Aufklärung des Lernerfolgs als relativ unstrittig: Korrelationsanalysen zwischen dem aggregierten Zeitaufwand für verschiedene Aktivitäten und dem resultierenden Lernerfolg werden sowohl auf die innerschulische wie auch auf die außerschulische Lernzeitnutzung bezogen in ihrer Aussagekraft nach wie vor als relativ begrenzt angesehen (z.B. Helmke 2009, 24). Es gibt zwar durchaus auch in jüngerer Zeit empirische Hinweise darauf, dass das bloße Vorhandensein zeitlicher Spielräume für Lernaktivitäten an sich in bestimmten unterrichtsmethodischen Settings eine Relevanz für die Lernwirksamkeit entfaltet – so zum Beispiel in der klassenöffentlichen Interaktion zwischen Lehrkraft und Lernenden, in der die Verteilung von Lerngelegenheiten „zeitexklusiv" vor den Augen und Ohren aller Beteiligten durch die Lehrkraft erfolgt. Dies geschieht nachweislich vor dem Hintergrund impliziter Persönlichkeitstheorien der Lehrkräfte über ihre Schüler/-innen und kann im ungünstigen Falle negative Effekte im Sinne selbst erfüllender Prophezeiungen und damit Beeinträchtigungen der Lernleistungen nach sich ziehen (Sembill 1984; Sembill & Dreyer 2009). Entscheidend für die Nachhaltigkeit des Lernerfolgs ist jedoch auch hier, wie die entsprechenden Lerngelegenheiten in qualitativer Hinsicht genutzt werden. Denn die rein quantifizierende Betrachtungsweise kann als solche zwar wichtige erste Hinweise auf die Lernwirksamkeit liefern, an differenzierte Begründungen ist jedoch nur mithilfe qualitativer Analysen zu gelangen. Besondere Berücksichtigung sollte in diesem Zusammenhang insbesondere auch die subjektive Qualität der unterrichtlichen Zeitnutzung aus Sicht der Beteiligten erfahren, die falls nicht in direktem, zumindest in moderiertem Zusammenhang mit den Lernleistungen stehen könnte. Die Erforschung kulturspezifischer und subjektiver Ausdeutungen des Zeitbegriffs und eine insgesamt stärkere Orientierung der Forschungsaktivitäten hin zum Lernenden werden spätestens seit den 1980er Jahren wieder vermehrt gefordert (z.B. Sembill 1986; Fichten 1993; Hesse 1994; Clausen 2002).

Nun ließe sich in logischer Konsequenz die kritische Frage aufwerfen, welchen Zusatznutzen die Operationalisierung qualitativer Aspekte von Lehr-Lernhandlungen auf Basis einer zeitlichen Metrik überhaupt hat und ob die Variable Zeit nicht gänzlich verzichtbar wäre. Denn die Frage, wie die Unterrichtszeit von Lernenden a) erlebt wird und b) genutzt werden kann, ist untrennbar mit Qualitätsaspekten verbunden, da böte es sich möglicherweise an, entsprechend nur diese zu betrachten und zeitlich operationalisierte Variablen außer Acht zu lassen. An dieser Stelle ist jedoch zu berücksichtigen, dass sich die unterschiedlichen Diskussionen zur Bedeutung der Zeit in Bildungsprozessen – seien es anthropologisch-hermeneutisch, bildungspolitisch-normativ oder psychologisch-empirisch akzentuierte – nur dann auf sinnvolle Weise zusammenführen lassen, wenn sie sich einer einheitlichen Metrik bedienen. Eine Zusammenführung und intensivierte empirische Überprüfung der jeweiligen

Argumentationslinien dieser Denkrichtungen ist aber unverzichtbar. Denn besonders angesichts der Tatsache, dass die historische Debatte um den Stellenwert der Zeit in der Schulbildung in heutigen Standpunkten gewissermaßen kulminiert (bspw. zur „Turboschule" s. Reheis 2010; zur „Tyranny of the moment" s. Eriksen 2001; zur „Zeitschule" s. Posod 1997) und vor dem Hintergrund vielfältiger Belastungserscheinungen (hierzu z.b. Schaarschmidt 2005; Sembill & Zilch 2010) eine spürbar zunehmende gesamtgesellschaftliche Brisanz entfaltet, sind empirisch akzentuierte Arbeiten notwendig, um den Realitätsbezug dieser Debatte zu veranschaulichen und ggf. kritisch zu hinterfragen. Insofern ist die Verwendung zeitbezogener Operationalisierungen auch qualitativer Aspekte von Lehr-Lern-Prozessen keineswegs redundant und als solches verzichtbar, sondern vielmehr eine sinnvolle und wichtige Bedingung für die weitere Auseinandersetzung mit der Bedeutung der Größe Zeit.

2.3.3 Zentrale Gestaltungsparameter der Unterrichtszeit und ihre empirische Bedeutung

In Konsequenz dessen erfordert eine differenzierte Betrachtung der unterrichtlichen Zeitnutzung bezüglich ihrer methodisch-didaktischen Ausgestaltung ein strukturiertes Analyseraster, das auf einschlägigen theoretischen Grundlegungen fußt (Abbildung 2–4). Die Zeitnutzung im Unterrichtsverlauf wird in struktureller Hinsicht wesentlich durch die Frage der Unterrichtsmethodik determiniert. Der Begriff der Unterrichtsmethode ist jedoch vielschichtig und wird uneinheitlich verwendet (im Überblick dazu s. Terhart 2005, 22ff.). So reicht das Spektrum von sehr umfassenden Begriffsdeutungen, die sich im weitesten Sinne auf das die Unterrichtssituation gestaltende Lehrverhalten zur Erreichung der Bildungsziele beziehen (z.B. Rebel 1970; Fuhrmann & Weck 1976; Schulze 1978), bis hin zu vergleichsweise engen Begriffsauffassungen, die eher einzelne Lehreraktivitäten und ihre Inhaltsbezüge in den Blick nehmen (z.B. Einsiedler 1981; Eigler, Judith, Künzel & Schönwälder 1973). Der Definitionsheterogenität entsprechend existieren unterschiedliche Klassifikationssysteme zur Strukturierung verschiedener *Ebenen unterrichtsmethodischen Handelns* (Terhart 2005, 28ff.), die jedoch zumeist auf drei Hauptebenen rekurrieren: Im Bereich der *Makroebene* werden methodische Großformen wie etwa Wochenplanarbeit (z.B. Vaupel 2008; Kögler, Bauer, Sembill 2011), Stationenlernen (z.B. Hegele 1998) oder die Projektmethode (z.B. Bastian, Gudjons, Schnack & Speth 1997; Hänsel 1997; Frey 1998; Wasmann-Frahm 2008) verortet, die sich auf die Gestaltung stundenübergreifender Inhaltseinheiten beziehen und die mit entsprechenden Verlaufsformen des Unterrichts korrespondieren. Die *Mesoebene* bezieht sich dagegen zumeist auf kürzere Sinnabschnitte und umfasst implementierte Sozialformen, didaktische Arbeitsphasen und Handlungsmuster, es werden hier demnach Beziehungs-, Prozess- und Handlungsstruktur des Unterrichts geregelt. Auf der *Mikroebene* finden sich indes konkrete Unterrichtssituationen, in denen sich der Unterrichtsprozess vor dem Hintergrund methodischer Entscheidungen auf den höher liegenden Ebenen sowie Inhalts- und Zielbezügen abspielt (s. auch Meyer 1987, 238).

Abbildung 2–4: Strukturelle und prozessuale Parameter unterrichtlicher Zeitnutzung (eigene Darstellung).

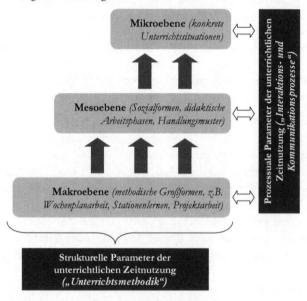

Die korrespondierenden unterrichtlichen Interaktions- und Kommunikationsprozesse werden in ihrer Quantität und Qualität demnach auch und besonders durch methodische Grundentscheidungen geprägt und sind der systematischen Analyse mittels differenzierter Vergleichskategorien zugänglich (für den berufsbildenden Unterricht s. z.B. die Arbeiten von Schumacher 2002; Wuttke 2005; Seifried 2009). Innerhalb des Unterrichts lassen sich somit einerseits Struktur gebende Parameter (Kap. 2.3.3.1) und andererseits prozessuale Parameter (Kap. 2.3.3.2) der Zeitnutzung identifizieren, die je nach pädagogischem Paradigma mehr oder weniger intensiv durch die Lehrkraft determiniert werden. Sie sind im Folgenden überblickartig zu skizzieren, da sie für die intersubjektiv geteilte Zeit im Unterricht konstituierend sind und als solche einen wesentlichen Einfluss auf die subjektive Wahrnehmung des Geschehens durch die am Unterricht Beteiligten ausüben dürften.

2.3.3.1 Strukturelle Parameter als Oberflächenmerkmale der Unterrichtsgestaltung

Oberflächenmerkmale oder auch „Sichtstrukturen" des Unterrichts (Seidel, Prenzel, Duit, Euler, Geiser, Hoffmann, Lehrke, Müller & Rimmele 2002; Seidel 2003) werden von den Lehrenden vor dem Hintergrund der Lernziele und Inhalte initiiert und bezeichnen den zeitlichen Umfang und die Anordnung von Unterrichtsabschnitten bzw. methodischen Sinneinheiten (Reyer 2004), die ihrerseits die in ihnen ablaufenden Interaktionsprozesse determinieren. Nimmt man somit die jeweilige makromethodische Entscheidung über methodische Großformen als gegeben hin und betrachtet einzelne Unterrichtseinheiten, beinhaltet eine Analyse der Sichtstrukturen die Unterscheidung von (1.) Sozialformen, (2.) didaktischen Arbeitsphasen bzw. Unterrichtsschritten und (3.) Handlungsmustern.

(zu 1.) Bezüglich der Sozialformen – folglich eine unterrichtsmethodische Realisationsform (Götz, Lohrmann, Ganser & Haag 2005, 344) – hat sich eine Differenzierung in Plenumsarbeit, Einzel-, Partner- und Gruppenarbeit bewährt (z.B. Einsiedler 1981). Über die Auswahl der Sozialform werden die Interaktions- und Kommunikationsmöglichkeiten zwischen Lehrkraft und Lernenden und entsprechende Freiheitsgrade determiniert, sie regeln die Beziehungsstruktur des Unterrichts (Ulich 1983, 98; Fichten 1993, 133). In der stark lehrergesteuerten Plenumsarbeit (oder auch Klassengespräch, Frontalunterricht) werden beispielsweise weitaus geringere Kommunikationsmöglichkeiten und Freiheitsgrade für die Lernenden realisiert, als dies in stärker schülerzentrierten Formen wie etwa der Partner- oder Gruppenarbeit in der Regel der Fall ist. *(zu 2.)* Die didaktischen Arbeitsphasen/Unterrichtsschritte weisen Bezüge zu Lerninhalten und –fortschritten auf. Es werden Zeiträume für die Erarbeitung und Einübung neuer Stoffinhalte von Wiederholungsphasen und Phasen der Ergebnissicherung bzw. Zusammenfassung unterschieden (z.B. Seidel, Dalehefte & Meyer 2001) und insofern in inhaltlicher Hinsicht über den zeitlichen Fortgang des Unterrichts entschieden. *(zu 3.)* Unter Handlungsmustern werden innerhalb der Sozialformen und Arbeitsphasen Aktivitätskategorien für Lehrende und Lernende wie etwa Lehrervortrag, Text- oder Tafelarbeit, aber auch konkrete Inszenierungstechniken (z.B. vormachen und nachmachen, skizzieren, fragen und antworten, unterbrechen und wiederholen) verstanden (Meyer 1987, 236f.).

Mithilfe dieser Kategorien lassen sich folglich Aussagen über die Handlungs- strukturen des Unterrichts treffen.

Der Forschungsstand zu Bedeutung und Ausmaß verschiedener methodi- scher Settings in der Unterrichtspraxis ist noch verhältnismäßig überschaubar, es existieren sowohl für den allgemeinbildenden als auch für den beruflichen Be- reich einige Studien, die sich entweder Beobachtungs- oder Befragungsverfahren bedienen (im Überblick s. z.B. Seifried 2009, 141ff.). Insgesamt gibt es deutliche Hinweise auf methodische Monokulturen in Unterrichtsprozessen – im Rahmen von Unterrichtsbeobachtungen werden für den Frontalunterricht zeitliche An- teile von durchschnittlich etwa 60–70 Prozent des Unterrichts ausgemacht, wäh- rend schülerzentrierte Formen einen vergleichsweise geringen Stellenwert ein- nehmen (z.B. Hage et al. 1985; Seidel 2003; Wild 2000; Seifried, Grill & Wagner 2006). Auch bezüglich der allgemeindidaktischen Arbeitsphasen lassen sich ent- sprechende Auffälligkeiten feststellen; es finden sich Hinweise auf überzufällig große Anteile an Wiederholungsphasen in lehrerzentrierten Unterrichtssettings, während in eher schülerzentrierten Formen deutlich mehr Zeit für Erarbei- tungs- und Einübungsphasen verwendet wird (Sembill & Dreyer 2009). Für die Kategorie der Handlungsmuster sind insbesondere empirische Befunde für die Lernwirksamkeit von Schülerfragen im Zusammenhang mit unterschiedlichen methodischen Settings anzuführen – so zeigte sich, dass für den Lernfortschritt insbesondere sog. deep-reasoning-Fragen von Bedeutung sind, was auf eine grö- ßere Verarbeitungstiefe der Lerninhalte zurückzuführen ist. Diese Fragequalität ist typischerweise in offenen, handlungsorientierten Unterrichtsformen anzu- treffen, sie tritt in lehrergesteuerten Settings in deutlich geringerem Ausmaß auf (Sembill & Gut-Sembill 2004).

Die Befundlage zur Implementierungshäufigkeit verschiedener methodi- scher Settings weist für Befragungsstudien ähnliche Tendenzen auf, allerdings finden sich hier weniger deutliche Unterschiede bzgl. der zeitlichen Anteilen für die verschiedenen Sozialformen, die auf eine neuerliche „Tendenz hin zu Methodenpluralismus" weisen (Götz et al. 2005, 356). Stellt man sich nun im Zusammenhang mit dem Ideal der angemessenen Methodenvielfalt die Frage nach dem „optimalen Variationswert" (Dauenhauer 1970) bzw. nach der besten Unterrichtsmethode per se, gelangt man jedoch nicht zu generalisierbaren Re- sultaten, es stellt sich lediglich heraus, dass es mit Blick auf Lernerfolgsgrößen sowohl ein „Zuviel" als auch ein „Zuwenig" an methodischer Abwechslung zu geben scheint (Helmke, Hosenfeld & Schrader 2002; Kögler & Wuttke 2012) und dass erweiterte Zeit- und Handlungsspielräume für Lernende zu einer qualitativ aufgewerteten Verarbeitung der Unterrichtsinhalte führen können. Nicht zuletzt entscheidet jedoch nicht allein die methodische Strukturierung des Unterrichts über dessen Erfolg, auch dessen prozessuale Qualität spielt eine tragende Rolle.

2.3.3.2 Prozessuale Parameter als Ausdruck zeitlicher Abläufe im Unterricht

Prozessmerkmale der Unterrichtsgestaltung sind ein Ausdruck der vor dem Hintergrund der unterrichtsmethodischen Rahmung ablaufenden Prozesse und ihrem zeitlichen Ablauf (Meyer 1987, 234). Diese „Choreographien unterrichtlichen Lernens" (Oser & Patry 1990, 1994) beschreiben den Unterrichtsablauf in Bezug auf seine Prozesshaftigkeit: „Es geht (…) um Prozesse, die in Ketten von Elementen dargestellt werden, wobei diese Elemente eine eindeutige Bestimmung haben" (ebd. 1990, 7). Prozessmerkmale der unterrichtlichen Zeitnutzung beinhalten demnach insbesondere Parameter unterrichtlicher Interaktion bzw. Kommunikation[11], die zur Erreichung der Unterrichtsziele dienen, und betrachten diese in ihrer Quantität, Qualität und zeitlichen Abfolge (Reyer 2004, 57; Kunter, Dubberke, Baumert, Blum, Brunner, Jordan, Klusmann, Krauss, Löwen, Neubrand & Tsai 2006, 163). Für unterschiedliche unterrichtsmethodische Settings lassen sich dabei jeweils korrespondierende Interaktions- und Kommunikationsmuster beobachten, innerhalb derer die entsprechenden Lerninhalte erarbeitet werden und die nun in aller Kürze umrissen seien.

Elementarer Teil jeder kommunikativen Äußerung im Unterricht sind zunächst deren Grundfunktionen, die Rosenbusch (1995, 173ff.) in (a) Inhaltsaspekte, (b) Prozessaspekte und (c) Beziehungsaspekte untergliedert (ähnlich auch Winnefeldt 1971, 122ff., der „stofftragende" von „verlaufstragenden" Tendenzen unterscheidet). Zudem ist im schulischen Kontext die Frage relevant, ob die Kommunikationsprozesse symmetrisch oder – wie zumeist der Fall – asymmetrisch verlaufen. Angesichts des hierarchischen Gefälles zwischen der Person der Lehrkraft und den Lernenden obliegt die Vergabe von Rederechten (sog. Turns) dann zumeist der Lehrkraft, deren Redezeiten in der Unterrichtspraxis zudem häufig weit überwiegen (z.B. Bellack, Kliebard, Hyman & Smith 1974). Nachdem die unterrichtlichen Kommunikationsprozesse wesentlich durch die gewählte unterrichtsmethodische Akzentuierung beeinflusst werden, verwundert es nicht,

---

11 Die Begriffe Interaktion und Kommunikation werden entweder synonym gebraucht oder in unterschiedliche begriffliche Hierarchien eingeordnet (im Überblick s. Merten 1977, 64f.). Zumeist wird jedoch soziale Interaktion als der übergeordnete Begriff verstanden, der auch Kommunikationsprozesse einschließt (z.B. Hofer 1997, 213). Dieser Ansicht wird auch im Rahmen der vorliegenden Arbeit gefolgt.

dass sich in Abhängigkeit des Ausmaßes der Lehrersteuerung im Unterricht unterschiedliche Kommunikationsmuster feststellen lassen.

In lehrergesteuerten Klassengesprächsphasen lässt sich meist eine typische Abfolge der Lehrer- und Schülerturns beobachten (für eine systematische Darstellung der Befundlage s. Seifried 2009, 167ff.): Es handelt sich um sog. Initation-Response-Feedback-Sequenzen (IRF-Muster), die sich ausgehend von einer Beschreibung durch Sinclair & Coulthard (1975) bzw. Mehan (1979) folgendermaßen strukturieren lassen: Die Lehrkraft eröffnet den Dialog durch eine entsprechende Frage oder Aufforderung (Initiation), es folgen in unterschiedlicher Dichte bzw. Häufigkeit eine oder mehrere Schüleräußerungen (Response) und wiederum ein Feedback der Lehrkraft (Feedback). Jene rollengebundene Strukturierung der unterrichtlichen Dialoge ist das im lehrerzentrierten Unterricht dominierende Kommunikationsmuster (Spanhel 1973; Bellack et al. 1974; Richert 2005).

Zur Qualität dieser Muster wird indes festgestellt, dass es sich nicht selten um „asymmetrische Scheingespräche" (Wuttke 2005, 127) bzw. um einen „Lehrervortrag mit verteilten Rollen" (Ehlich & Rehbein 1986, 59) handelt, bei denen die steuernde Lehrkraft die zu bearbeitenden Inhalte in zahlreiche Fragmente zerlegt und damit den Gesamtzusammenhang für die Lernenden nur schwerlich erfassbar macht, obwohl ursprünglich eine Komplexitätsreduktion intendiert war. Auch wird bei den Schüleräußerungen mitunter eher die Frage relevant, wie gut es gelingt, die von der Lehrkraft gewünschte Antwort zu erraten, und dies geschieht im Rahmen sprachlich sehr reduzierter Äußerungen mit nur geringem Bedeutungsumfang (s. auch Fox 1996, 136ff.). Insofern werden im Zusammenhang mit diesem so häufigen Kommunikationsmuster ungeachtet seiner Variantenvielfalt (z.B. Cazden 2001, 81ff.; Lüders 2003, 180f.) in Bezug auf nachhaltige Lernerfolgsgrößen Zweifel angemeldet (z.B. Coles 1995, 162; Wuttke 2005, 130) – zumal in Verbindung mit wenig lernförderlichen Rückmeldequalitäten der Lehrkräfte (Crespo 2002, 741;) und einer sehr geringen Anzahl an „echten" Schülerfragen (Niegemann & Stadler 2001; Sembill & Gut-Sembill 2004). Die geringe Lernförderlichkeit wird zudem insbesondere mit der Fragmentierung der Lerninhalte in kleine zusammenhangslose Teilstücke und den geringen Handlungsspielräumen der Lernenden virulent (Becker-Mrotzek & Vogt 2009, 49). Für eine qualitative Aufwertung der Kommunikation im Klassenverband werden besonders zirkuläre Muster in Betracht gezogen, bei denen die Lehrkraft eher die Rolle eines „senior researcher" innehat, der zwar die Verantwortung für die Klasse und die zu behandelnden Inhalte übernimmt, die Kommunikation in der Klasse aber nicht maßgeblich steuert, sondern eher moderiert und hilfreiche Hinweise gibt (Wuttke 2005, 131ff.).

Für Kommunikationsprozesse in handlungsorientierten, schülerzentrierten Methodensettings, in denen der Lernfortschritt im Wesentlichen durch die Selbsttätigkeit der Lernenden erreicht werden soll, lassen sich deren kommunikativen Aktivitäten besonders in der Auseinandersetzung mit den Mitschülerinnen und Mitschülern verorten. Es werden Fragen aufgeworfen, diskutiert und beantwortet und gemeinsam Lösungsansätze für komplexe Probleme oder auch Aufgaben erarbeitet und vorgestellt. Der Lehrkraft kommt die Rolle eines Beraters zu, der im Bedarfsfall interveniert (dazu z.b. Dann, Diegritz & Rosenbusch 1999; Seifried & Klüber 2006). Dies kann beispielsweise bedeuten, dass Anweisungen wiederholt, Fragen beantwortet, Arbeitsergebnisse hinterfragt und bewertet werden, in Krisensituationen Gruppenkonflikte zu schlichten sind und Inhalte im Rahmen der Ergebnissicherung nochmals systematisiert werden. Die für die klassenöffentliche Kommunikation so typischen IRF-Muster finden sich in diesen Unterrichtsformen kaum, die Schüler-Schüler-Kommunikation verläuft eher in weniger institutionalisierten Bahnen (Wuttke 2005, 133ff.)

Zu den Kommunikationsprozessen im Unterricht existiert eine umfangreiche Befundlage, die sich aus Studien speist, die im Wesentlichen in den 1970er und 1980er Jahren (z.B. Bellack et al. 1974; Sinclair & Coulthard 1975; Mehan 1979; im deutschen Sprachraum Tausch 1962; Diegritz & Rosenbusch 1977; Sembill 1984; Ehlich & Rehbein 1986) oder nach 2000 (Lüders 2003; Richert 2005; Wuttke 2005) durchgeführt wurden. Die frühen Studien beziehen sich dabei zumeist schwerpunktmäßig auf Lehreräußerungen, Kommunikationsakte durch Lernende werden erst in jüngerer Zeit intensiv in den Blick genommen. Für den berufsbildenden Bereich sind in diesem Zusammenhang die Studien zum Selbstorganisierten Lernen der Forschergruppe um Sembill zu erwähnen, in denen auch der Zusammenhang zwischen unterrichtlichen Interaktions-/Kommunikationsprozessen und Lernerfolgsgrößen vor dem Hintergrund variierter Methodensettings in den Blick genommen wurde (Wuttke 1999, 2005; Schumacher 2002; Seifried 2004; Sembill 2004; Sembill & Gut-Sembill 2004). Zu der Bedeutung verschiedener Formen der Unterrichtskommunikation für Wissenserwerb und Kompetenzaufbau lässt sich in starker Verdichtung konstatieren, dass für den Aufbau vernetzter Wissensbestände insbesondere komplexere Kommunikationsakte im Sinne längerer und tiefgehender begründeter Frage- und Argumentationssequenzen der Lernenden („deep-reasoning-Fragen" oder „exploratory talk") und umfassender Lehrerrückmeldungen bedeutsam sind (vgl. die systematische Befunddarstellung bei Wuttke 2005, 134ff.; Seifried 2009, 158ff.). Doch es stellte sich auch heraus, dass beispielsweise Streitgespräche in Arbeitsgruppen („disputational talk") oder aber relativ unreflektierte Gesprächsformen („cumulative talk") einen nicht unwesentlichen Anteil an der Unterrichtskommunikation einnehmen. Diese Kommunikationsformen sind zwar nicht unmittelbar relevant für den Wissensaufbau, spielen aber dennoch in der Beziehungspflege unter Lehrkraft und Lernenden eine bedeutende Rolle (Sembill et al. 2007).

Über die Quantität und Qualität der Interaktions- und Kommunikationsmuster hinaus spielt die Prozesssteuerung des Unterrichts für eine gelungene Klassenführung und Unterrichtsorganisation eine wichtige Rolle. Die reibungslose, ablenkungsfreie und geordnete Gestaltung des Unterrichtsprozesses und seiner Elemente wird als wesentliche Bedingung von Lernleistungen (Einsiedler 1997; Brophy 2006; Seidel & Shavelson 2007) und bisweilen gar als eine zentrale Bestimmungsgröße der Unterrichtsqualität angesehen (Ophardt & Thiel 2008; Henley 2006; Helmke 2009). Dessen ungeachtet existieren zum Problem der Klassenführung bzw. des Klassenmanagements mehrere – sich in Begriffsverständnis, Prämissenstruktur und empirischem Zugang deutlich unterscheidende – Ansätze (im Überblick s. Warwas & Dreyer 2010): Während eine ältere Auffassung des Klassenmanagements aus den 1960er und 1970er Jahren, die zwar nach wie vor Gegenstand der wissenschaftlichen Diskussion und Unterrichtspraxis ist (z.B. Doyle 1986; Canter & Canter 1976/1992; Wolfgang 2001; Evertson & Weinstein 2006), die Aufrechterhaltung der unterrichtlichen Disziplin fokussiert, rücken neuere proaktive Ansätze eher das präventive Moment im Sinne ordnungsstiftender Routinen und umsichtiger Unterrichtsplanung in den Mittelpunkt der Aufmerksamkeit (Nolting 2002; Schönbächler 2008) oder richten die Frage der effektiven Lernzeitnutzung gar im Wesentlichen an den Bedürfnissen und Potentialen der Lernenden aus (Shuell 1996; Friedrich & Mandl 1997; Seidel 2009). Charakteristisch für jene zuletzt genannte und jüngste Position des Klassenmanagements ist eine stärkere Prozessorientierung, welche impliziert, dass das Interaktionsgefüge zwischen Lehrenden und Lernenden ganzheitlicher in den Blick genommen und optimiert wird. Die korrespondierende Zielgröße besteht in der Gestaltung möglichst adaptiver Lernprozesse, was die Abstimmung von Lerngelegenheiten und Lerninhalten wie auch den Zuschnitt planender, regulierender und intervenierender Maßnahmen zur Etablierung einer sozialen Ordnung auf die Leistungsvoraussetzungen der Klasse impliziert. Anstelle starrer Regelwerke entsteht eine flexible Organisationsform des Unterrichts, die der Etablierung ordnender Strukturen eher pragmatisch entgegentritt und situative Flexibilität zulässt (Kalthoff & Kelle 2000, 708). Eine effektive Klassenführung zeichnet sich in dieser neueren Denkrichtung durch eine Kombination aus der

Transparenz und Einhaltung verbindlicher Regelwerke auf der einen Seite und eine gegenüber situativen Erfordernissen offene und (fachdidaktisch) flexible Unterrichtsgestaltung auf der anderen Seite aus (Neuenschwander 2006). Die beiden älteren Ansätze sind indes in stärkerem Maße auf die disziplinarische bzw. zeitliche Ordnung des Unterrichtsgeschehens fokussiert. Im Rahmen des „Disziplinmanagements" in den 1960er und 1970er Jahren werden strikte Disziplinpläne mit positiven und negativen Verstärkungsmechanismen zur Herstellung und Aufrechterhaltung „assertiver Disziplin" aufgestellt (Canter & Canter 1976/1992). Diese muten verhältnismäßig behavioristisch an und sehen sich ungeachtet ihrer anhaltenden praktischen Relevanz einer wenig fundierten empirischen Überprüfung bzw. dem Vorwurf nur kurzfristiger Erfolge und teils problematischer Wirkungen gegenüber (vgl. Rigoni & Walford 1998; Freiberg 1999; s. auch die Befundlage zu paradoxen Auswirkungen von Lob und Tadel: Gage & Berliner 1979; Hofer 1985; Binser & Försterling 2004). In der Konsequenz werden Möglichkeiten eines flexibleren und situationsadäquaten bzw. proaktiven Vorgehens mit dem Ziel der möglichst intensiven Nutzung der aktiven Lernzeit diskutiert (z.B. Helmke 2007). Bei diesem Ansatz zum Klassenmanagement steht eher ein vorbeugendes Moment des Lehrerhandelns im Vordergrund, mit Hilfe dessen Unterrichtsstörungen von vornherein vermieden werden sollen (Evertson, Emmer, Sanford & Clements 1983; Evertson & Harris 1999). Zentrale Handlungsempfehlungen beziehen sich dabei auf die vorausschauende und sorgfältige Planung der Unterrichtseinheiten und die Aufstellung von Regeln, Handlungsroutinen und Ritualen im Unterricht selbst zur Aufrechterhaltung von Dynamik und Reibungslosigkeit im Prozessgeschehen (Helmke 2009, 180ff.; Warwas & Dreyer 2010, 164ff.). In diesem Zusammenhang wird auch empfohlen, unterrichtliche Leerläufe oder Wartezeiten (im englischsprachigen Raum als „transition times/waiting times" operationalisiert, s. Berliner 1990; Ben-Peretz 1990) möglichst zu vermeiden und Übergänge reibungslos und schwungvoll zu gestalten. Auch die Frage des Unterrichtstempos (englische Größe: „pace", Berliner 1990) als Verhältnisgröße zwischen Anzahl sowie Anspruch an behandelten Lerninhalten und benötigter Zeit spielt im Rahmen dieses Ansatzes eine Rolle bei der Bestimmung von Merkmalen gelungener Klassenführung.

Kounin (1976/2006) identifiziert im Rahmen systematischer Analysen videographierter Interaktionssequenzen vier zentrale Merkmale erfolgreicher Klassenführung für lehrerzentrierte Unterrichtssettings (s. auch Seidel 2009, 138ff.): (1) Die *Allgegenwärtigkeit* der Lehrkraft im Sinne konsequenter Aufmerksamkeit und rechtzeitigem Eingreifen bei Schwierigkeiten, (2) *Reibungslosigkeit* und *Schwung* in der Ablaufsteuerung als Abwesenheit von schleppenden Übergängen oder aber auch allzu sprunghaften Themen- und Methodenwechseln mit dem Ziel der Etablierung eines gleichmäßigen Unterrichtsflusses, (3) *Aufrechterhaltung des Gruppenfokus* als Einbezug möglichst der gesamten Klasse in den Unterrichtsprozess und (4) *Überdrussvermeidung* durch eine intensive und angemessen anspruchsvolle Auseinandersetzung mit den Lerninhalten.

Diese Prinzipien werden im Rahmen prozess-produktorientierter Studien vielfach empirisch untersucht (im Überblick z.B. Doyle 2006; Gettinger & Kohler 2006; Ophardt & Thiel 2008). Insgesamt zeigt sich, dass der Zusammenhang zwischen verschiedenen Strategien des Klassenmanagements und der Aufmerksamkeit der Lernenden sowie korrespondierenden Lernleistungen positiver Natur ist – die Etablierung von Regeln, Routinen und Ritualen kann als ein wichtiger Grundstein für eine möglichst störungsfreie und konzentrierte Beschäftigung mit den Lerninhalten und damit gute Ausnutzung der Unterrichtszeit gelten (z.B. Helmke & Renkl 1992; Klieme, Schümer & Knoll 2001). Auch in Meta-Analysen wird das Klassenmanagement im Sinne der Etablierung transparenter Handlungsroutinen und Regelsysteme und die Aufrechterhaltung einer kontinuierlichen Arbeit an den Inhalten im Hinblick auf die Erklärung von Schulleistungsunterschieden zu den bedeutenden Variablen gerechnet (Wang, Haertel & Walberg 1993) Wie diese Regelsysteme im Einzelnen auszusehen haben, wird indes nicht näher beschrieben; sie beziehen sich beispielsweise auf die Interaktion der Lernenden untereinander oder auf den Umgang mit Arbeitsmaterial und sollten lediglich möglichst so ausgestaltet werden, dass sie für viele verschiedene Methodensettings und Interaktionssituationen anwendbar sind (Curran 2004; Neuenschwander 2006). Auch scheint eine gelungene Klassenführung in Verbindung mit emotional-motivationalen Komponenten in Lernprozessen zu stehen: So wird ein störungsfreier Unterricht und eine gute Ausnutzung der zur Verfügung stehenden Lehr-Lernzeit in einigen Untersuchungen mit einem positiven Kompetenzerleben der Lernenden bzw. ihrem Interesse am Unterricht und der Befriedigung psychologischer Grundbedürfnisse verbunden (z.B. Kunter, Baumert & Köller 2007; Rakoczy 2007). Kritisch anzumerken ist indes, dass sich die existierende Befundlage im Wesentlichen auf lehrerzentrierte Unterrichtsformen bezieht und für offene, handlungsorientierte Lehr-Lern-Arrangements kaum systematisches Wissen über Mechanismen und Wirkung von Klassenführungsmaßnahmen zu finden ist. Es existiert überdies in der Prämissenstruktur dieses Ansatzes wiederum die implizite Problematik, dass quantitative Aspekte der Lehr-Lernzeit für sich genommen zwar als notwendige, aber keineswegs als hinreichende Bedingung für erfolgreiches Lernen gelten können (Warwas & Kögler 2010, 172ff.). Ungeachtet dessen handelt es sich angesichts der anhaltenden Dominanz lehrerzentrierter Lehr-Lern-Arrangements in der täglichen Unterrichtspraxis nach wie vor um eine wichtige Analyseeinheit in der Prozessstruktur des Unterrichts.

2.4 Subjektive Zeit als Erleben und Strukturieren individueller Wirklichkeit

Nachdem die wichtigsten empirisch beobachtbaren (und damit annähernd „objektivierbaren") Parameter der Lehr-Lernzeit in Unterrichtsprozessen einer Betrachtung unterzogen wurden, ist im Folgenden ein Perspektivwechsel auf das subjektive Erleben von Zeit durch die am Unterrichtsprozess Beteiligten vorzunehmen. Ein zentrales Element der theoretischen Grundlegung dieser Arbeit über die Bedingungsfaktoren und Wirkung von Langeweile in Unterrichtsprozessen besteht angesichts der charakteristisch zeitlichen Qualität des Langeweileerlebens in einer Klärung der Funktionsweise des menschlichen Zeitbewusstseins. Es stellen sich Fragen nach den chronobiologischen Basismechanismen von Zeitwahrnehmung und Zeitschätzung, den psychischen Entstehungskonstellationen für Empfindungen der Zeitdilatation oder -straffung und nach entsprechenden Zusammenhängen mit dem individuellen Handeln und emotionalen Erleben: Als subjektive Bewertung des Zusammentreffens von wahrgenommenen äußeren (=„objektiven" bzw. „objektivierbaren") Zeitstrukturen mit der inneren (=subjektiven) Zeitlichkeit und bedeutenden Instanzen der Handlungsregulation fallen dabei besonders spezifische Qualitäten der emotionalen Befindlichkeit in den Blick. Daher werden im Anschluss an dieses Kapitel Emotionen und ihre Bedeutung im Rahmen von Wahrnehmungs- und Handlungsprozessen thematisiert.

2.4.1 Systematisierung psychologischer Zeitbegriffe und empirischer Zugänge

In Abgrenzung zu objektivierten physikalischen Zeitkonstruktionen, die uns als „regelmäßiges Bezugssystem zur zeitlichen Einordnung von Ereignissen" (Miller 1992, 869) und damit vorliegend der strukturierten empirischen Beobachtung und Beschreibung von unterrichtlichen Lehr-Lern-Prozessen dienen, ist die *psychische* Zeit des Menschen kein irreversibler oder abgeschlossener Vorgang – dieser kann sich gedanklich sowohl in die Vergangenheit zurückversetzen als auch versuchen, mithilfe seiner vergangenen Erfahrungen die Zukunft zu antizipieren (z.B. Revers 1985). Die Bewusstwerdung von Zeit basiert grundsätzlich auf dem Abgleich zwischen „subjektivem Erwartungsrahmen" (Hasenfratz 2003, 159) und objektiv messbaren Zeitintervallen, die auf Umweltereignisse bezogen und bewertet werden – das Individuum erlebt Veränderungen und ist in der Lage, diese zu bewerten und zu gestalten (Fraisse 1985, 9). Ein eigenes Sinnesorgan für die Wahrnehmung von Zeit gibt es indes nicht, da dieselbe „kein Gegenstand der sinnlich erfahrbaren Welt" (Wittmann 2006, 3) ist. Mitunter verschwindet die „Bewußtseins- und Erlebniskontinuität nach vorwärts und rückwärts" (Miller 1992, 870) vollständig, und es entsteht ein Wahrnehmungsinhalt, den das Individuum als „Gegenwart" auffasst. Diese Orientierungsfähigkeit von Individuen im zeitlichen Strom der Ereignisse und damit im Kontinuum ihres Lebens ist seit Mitte des 19. Jahrhunderts Gegenstand psychologischer Erklärungsversuche – abseits naturwissenschaftlicher und philosophischer Abhandlungen über das Problem der Zeit existiert eine Fülle an psychologisch akzentuierten Erklärungsansätzen zum menschlichen Zeiterleben, die sich in jener Zeit erstmals auch empirischer Zugänge bedienen (im Überblick s. etwa Fraisse 1985, 15ff.).

So beschäftigt sich die experimentelle Psychologie dieser Zeit im Rahmen behavioristisch anmutender Versuche intensiv mit den Fragen nach der Existenz eines Zeitsinnes, der Funktionsweise und Genauigkeit menschlicher Zeitwahrnehmung oder dem Zusammenhang zwischen Wahrnehmungsinhalten und der subjektiven Zeitdauer (z.B. Vierordt 1868; Meumann 1893 et passim; Schumann 1898)[12]. Zu Beginn des 20. Jahrhunderts sind besonders die Arbeiten von Piéron (z.B. 1923, zit. nach Fraisse 1985, 16f.) und Janet (z.B. 1928, zit. nach Fraisse 1985, 16f.) maßgeblich für die Weiterentwicklung der Psychologie der Zeit, die sich mit der Bedeutung von Gedächtnisfunktionen bzw. der Wahrnehmung von Dauer im Zusammenspiel mit Handlungsprozessen beschäftigen. Jüngere Forschungsbemühungen sind experimentell ausgerichtet und erfolgen inhaltlich zumeist entlang unterschiedlicher Aggregationsebenen der subjektiven Zeitwahrnehmung von wenigen Millisekunden bis hin zu Stunden, Tagen oder Jahren (im Überblick s. Wittmann 2006, 5ff. und die dort zitierte Literatur): So beschäftigen sich etwa Studien zum Zeitintervall *von 20 bis 60 Millisekunden* mit der Frage

---

12 Dass hier und auch im Rahmen nachfolgender Forschungsbemühungen die objektivierte physikalische Zeit als Analyseeinheit herangezogen wird, ist für die Erklärung der individuellen Wahrnehmungsmechanismen aus psychologischer Sicht unproblematisch (s. auch Hinz 2000, 8). Denn ob das Phänomen Zeit nun existiert oder nicht, es ist eine soziale Konstruktion oder eben Rekonstruktion durch den Menschen. Sich der subjektiven (psychologischen) Zeit, die bisweilen „trügerisch, verzerrt oder gar illusionär" (Morgenroth 2008, 36) erscheinen mag, in ihrer Funktionsweise anzunähern, erfordert standardisierte Vergleichsmaße, um individuelle Divergenzen systematisch aufzeigen zu können.

der Unterscheidbarkeit bzw. zeitlichen Ordnung von zwei Reizen und entfalten im Rahmen der Phonemdiskrimination durch Individuen praktische Alltagsrelevanz. Ebenfalls bedeutsam für die sprachliche Verständigung erscheint die zeitliche Ordnungsfähigkeit von audiovisuellen Reizen im Bereich *von 150 bis 300 Millisekunden*, während sich Fragen der Handlungssteuerung und Diskrimination unterschiedlicher Zeitdauern auf Intervalle *bis 1000 Millisekunden* beziehen und für die individuelle Verarbeitung von Umweltinformationen Relevanz entfalten. Mit Verarbeitungsbereichen *von 1 bis 3 Sekunden* beschäftigen sich Studien zu individueller Aufmerksamkeit und korrespondierender Handlungsteuerung. Darüber hinaus geht es im *Sekunden- bzw. Minutenbereich* um Fragen der Zeitschätzung und subjektiven Befindlichkeit der Probanden bis hin zu der Erhebung individueller Perspektiven auf längerfristige Zeitspannen von *Stunden, Tagen oder Jahren*.

Diese unterschiedlichen Aggregationsebenen und korrespondierende Forschungsaktivitäten entstanden vor dem Hintergrund einiger Systematisierungsversuche, die die unterschiedlichen Ebenen der individuellen Zeiterfahrung in eine (bisweilen hierarchische) Ordnung bringen. Dabei ist zunächst eine große Begriffsvielfalt zu vergegenwärtigen – so werden etwa die Termini *Zeitwahrnehmung, Zeitschätzung, Zeitbewusstsein, Zeitperspektive* oder *Zeiterleben* vielfach synonym gebraucht und oftmals nicht wesentlich ausdifferenziert, obgleich sich durchaus gewisse semantische Zuweisungen durchgesetzt haben: Während sich die *Zeitwahrnehmung* als „Apperzeption in der Gegenwart" (Hinz 2000, 9) auf kurze Zeitdauern bis fünf Sekunden bezieht, erfordert die *Zeitschätzung* längerer Zeitintervalle das Funktionieren von Gedächtnisprozessen und erfolgt vornehmlich auf Basis vergangener Erfahrungen. Das *Zeitbewusstsein* wiederum lässt sich im Anschluss an Plattner (1990) als Oberbegriff für die Haltung des Individuums zu Zeit verstehen und bezieht sich auf die subjektive Geschwindigkeit des wahrgenommenen Zeitablaufs. Ferner wird zumeist die *Zeitperspektive*, welche als vornehmlich kognitiv akzentuierte Bezogenheit auf Vergangenheit, Gegenwart und Zukunft verstanden wird (z.B. Block 1990; Locsin 1993), von dem tatsächlichen *Umgang mit Zeit* im Sinne individuellen Handelns und resultierenden Zeitstrukturierungen und dem *Zeiterleben* als emotionaler Empfindung von Zeit unterschieden (z.B. Fraisse 1985, 20ff.; Hinz 2000, 9ff.; Morgenroth 2008, 36ff.). Ungeachtet der berechtigten Kritik an Schwächen dieser Systematisierung von Zeitbegriffen – so sind kognitive und emotional-motivationale Aspekte ebenso wenig isoliert, noch unabhängig von Handlungsprozessen zu begreifen (Hinz 2000, 9ff.; in anderem Kontext s. auch Sembill 1992, 54) – hat sich diese Systematik in ihrem Grundgehalt weitgehend durchgesetzt. Einige

Autoren nehmen ferner unterschiedliche hierarchische Akzentuierungen auf einer divergierenden Anzahl von Ebenen vor, die sich in der Folge auch in entsprechenden Operationalisierungen empirischer Forschungsansätze niederschlagen (z.b. Pöppel 1983, 371ff.; zu den Methoden der jüngeren Zeiterlebensforschung s. Tismer 1991; Morgenroth 2008, 37ff):

Pöppel (z.b. 1983, 1997) strukturiert die Ebenen individueller Zeiterlebnisse etwa in Abhängigkeit der Komplexität ablaufender Verarbeitungsleistungen des Individuums. Auf der unteren Ebene steht dabei die Fähigkeit zur individuellen Wahrnehmung der Gleichzeitigkeit von Ereignissen, gefolgt von der Identifikation von Ereignisfolgen und der Konstruktion einer subjektiven Gegenwart bis hin zu dem Erleben von Dauer auf der höchsten Verarbeitungsebene (ebd., 371 ff.). Fraisse (1957/1985) schlägt auf Basis eines funktionalistischen Ansatzes eine etwas weiter gefasste, ebenfalls hierarchische Systematisierung vor und nimmt dabei die Komplexität von individuellen Anpassungsleistungen an Umgebungsveränderungen in den Fokus. Auf einer nicht bewusstseinsfähigen unteren Ebene der *„Konditionierung auf die Zeit"* (ebd., 23ff.) verortet er die Anpassung an periodische Veränderungen und physiologische Konditionierungsreaktionen auf Intervalle unterschiedlicher Dauer, während auf der nächsthöheren Ebene der *„Wahrnehmung der Zeit"* Fragen der Wahrnehmung von Gleichzeitigkeit, Abfolge und Dauer von Ereignissen und der Konstruktion einer subjektiven Gegenwart thematisiert werden (ebd., 71ff.) – diese Ebene findet sich auch in der Pöppel'schen Systematisierung wieder. Die dritte Ebene der *„Kontrolle über die Zeit"* bezieht sich auf Aspekte der individuellen Zeitperspektive, Zeitschätzung und der Entwicklung von Zeitbegriffen (ebd., 151ff.), hier geht es um das individuelle „In-Beziehung-Setzen aller Gegebenheiten bezüglich Reihenfolge und Dauer (...) mittels gedanklicher Operationen, die den Ursprung unseres Zeitbegriffs bilden" (ebd., 20). Es werden insofern zeitlich stabilere, individuenbezogene Fragen des Umgangs mit Zeit erörtert. Morgenroth (2008, 38ff.) erarbeitet in Anlehnung an die Begriffsklärungen von Plattner (1990) sowie Systematisierungen von Nuttin (1985), Fraisse (1985) und Michon (1990) ein nicht-hierarchisches Ordnungsschema zum menschlichen Zeitbewusstsein, in dem er den Oberbegriff des Zeitbewusstseins für vier untergeordnete Teilaspekte der psychologischen Zeit verwendet und auch sozialpsychologische bzw. soziologische Aspekte der Zeitallokation integriert (Abbildung 2–5). Das Schema unterscheidet die Teilaspekte *Zeitwahrnehmung, Zeitperspektive, Zeitbegriff* und *Umgang mit Zeit* und stellt die vormals angesprochenen unterschiedlichen Facetten der psychologischen Zeit sehr umfassend dar.

Abbildung 2–5: Ordnungsschema zum menschlichen Zeitbewusstsein (Morgenroth 2008, 39).

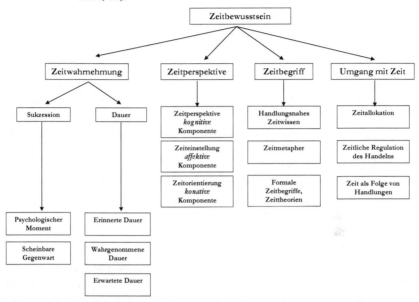

Mit Blick auf die vorliegende Arbeit, in der besonders aktualgenetische Fragen der individuellen Differenzierungsfähigkeit unterschiedlicher Ereignisse und Ereignisfolgen sowie der Schätzung der Dauer von Ereignissen und deren emotionale Konnotation im Sinne des Zeiterlebens eine Rolle spielen, erscheint eine Fokussierung auf die Systematisierung von Pöppel sinnvoll. Übergeordnete Aspekte der Zeitperspektive und des individuellen Umgangs mit Zeit an dieser Stelle auszublenden, erscheint daher hier legitim. Der Pöppel'schen Systematik folgend sind nun zunächst einige allgemeine biologische Grundlagen des menschlichen Zeitbewusstseins zu vergegenwärtigen, bevor die zentralen Aspekte der individuellen Zeitwahrnehmung und -schätzung skizziert werden.

2.4.2 Chronobiologische Basismechanismen des menschlichen Zeitbewusstseins

Das menschliche Verhalten und Handeln erfolgt wie das anderer lebender Organismen auch vor dem Hintergrund zeitlicher Organisationsstrukturen[13],

---

13 So ist etwa die Zugunruhe bei Vögeln eine jahreszeittypische Verhaltensweise, die sich auch bei Tieren zeigt, die experimentell wechselnden Lichtverhältnissen

die in Teilen sowohl endogen bedingt sind, als auch durch exogene Umweltbedingungen ausgelöst oder beeinflusst werden. So offenbart ein Blick auf wichtige Körperfunktionen wie etwa Atmung, Herzschlag oder Hirnwellen, aber auch Schlaf-Wach-Phasen oder Fruchtbarkeitszyklen, dass diese nicht nur in wiederkehrenden Periodizitäten verlaufen, sondern auch in unterschiedlichem Ausmaß durch die jeweiligen Umgebungsbedingungen beeinflusst sind – Aschoff (1959, 151ff.) identifiziert zunächst endogen und exogen bedingte Periodizitäten im menschlichen Organismus und bezeichnet den „Rhythmus wirklich als Grundeigenschaft der lebenden Substanz" (ebd., 178). Im Zuge der experimentalwissenschaftlichen Annäherung an das menschliche Zeitbewusstsein und seine Chronobiologie kommt es angesichts der vielfältigen Rhythmen und Zyklen in der Physiologie des Menschen zu einer Diskussion über die Frage der Existenz eines sogenannten Zeitsinnes oder einer inneren Uhr, die unabhängig von äußeren Zeitgebern auf neuronaler Basis funktioniert (z.B. Bünning 1959; Creelman 1962; Treisman 1963; Toda 1975; Treisman, Faulkner, Naish & Brogan 1990; vgl. auch Richelle 1996, 4ff.; Hinz 2000, 12ff.).

Die Existenz von inneren Zeitgebern des menschlichen Zeitbewusstseins wurde in den 1960er Jahren maßgeblich von einer Forschergruppe um Aschoff (im Überblick s. z.B. Aschoff 1983, 1985) vermutet, die Probanden über einen Zeitraum von mehreren Wochen in einem Bunker von allen externen Zeitgebern und -informationen isolierte und ihren Schlaf-Wach-Rhythmus sowie übrige Lebensgewohnheiten analysierte. Die resultierende Rhythmik, die über die meisten Probanden hinweg zu einer autonomen Tageslänge von insgesamt etwa 25 Stunden führte und aufgrund dessen als „circadian" bezeichnet wurde, beeinflusst zentrale physiologische Prozesse wie etwa die Körpertemperatur, die Hormonausschüttung und Herz-Kreislauftätigkeit und wird im Gehirn im Wesentlichen dem Nucleus suprachiasmaticus und der Epiphyse zugerechnet[14] (vgl.

---

ausgesetzt werden (Aschoff 1953, 1983). Auch bei Bienen wurde bereits früh eine Art Zeitgedächtnis nachgewiesen (Beling 1929; Kalmus 1934) – sie suchen entdeckte Nahrungsquellen immer zur selben Tageszeit auf und folgen dabei einem endogenen circadianen Rhythmus (zur Vielfalt periodischer Anpassungen in der Natur s. etwa Fraisse 1985, 26ff.).

14 Der Nucleus suprachiasmaticus liegt im ventralen Hypothalamus über der Kreuzung der Sehnerven und beeinflusst über den Schlaf-Wach-Rhythmus hinaus auch das allgemeine Aufmerksamkeitsniveau (Bear, Connors & Paradiso 2009, 541f., 688). Die Epiphyse („Zirbeldrüse") befindet sich im Zwischenhirn und ist für die Produktion des Schlafhormons Melatonin verantwortlich. Dieses Derivat der Aminosäure

Morgenroth 2008, 33). Es existieren allerdings auch kürzere (ultradiane) und längere (infradiane) endogene Schlaf-Wach-Rhythmen, die – wie die Circadiane auch – für die systematische Erzeugung von Verhaltensmustern verantwortlich sind, „um dem Organismus die Anpassung an eine externe Zeitstruktur zu ermöglichen" (Morgenroth 2008, 35): Im Zusammenspiel mit externen Zeitgebern wie etwa dem Tageslicht oder sozialen Ritualen synchronisieren sich die individuellen Schlaf-Wach-Rhythmen nach einiger Zeit auf eine bestimmte Struktur, die bei gravierenden Abweichungen allerdings aus dem Gleichgewicht gerät und Probleme verursachen kann (bspw. im Zusammenhang mit Nacht- und Schichtarbeit, s. Hildebrandt 1998; Zulley & Knab 2000). Die Funktion der Variabilität der circadianen Rhythmik besteht somit im Wesentlichen in der Fähigkeit zur längerfristigen Anpassung an Umweltbedingungen und zur Antizipation periodischer Veränderungen und damit aus evolutionärer Sicht letztlich in der Gewährleistung der Überlebensfähigkeit (Fraisse 1985, 18f; Michon 1996, 87) – im engeren Sinn handelt es sich damit wohl nicht um einen endogenen Mechanismus im Sinne einer unbeeinflussbaren inneren Uhr, sondern um ein langfristig und in gewissen Grenzen veränderbares chronobiologisches Bezugssystem.

Abgesehen von seiner übergeordneten evolutionären Bedeutung wird letzteres auch mit anderen Fragen des Zeitbewusstseins wie etwa der individuellen Fähigkeit zur Zeitschätzung von Stundenintervallen in Verbindung gebracht (im Überblick s. Campbell 1990). So konnte wiederum Aschoff (1983) zeigen, dass die individuelle Länge der circadianen Rhythmik einen Einfluss auf die Einschätzung der Länge von Zeitintervallen ausübt, sofern diese eine Stunde oder länger dauern – je länger die Circadiane, desto länger die subjektive Stunde im Vergleich zu dem „objektiven" Zeitmaß von einer Stunde. Für die Schätzung kürzerer Intervalle ließ sich der Einfluss indes nicht belegen, dies lässt auf die Existenz anderer, zusätzlicher physiologischer Parameter des Zeitbewusstseins schließen. So vermutet Grüsser (1992), dass neuronale Oszillationen des Gehirns im Elektroenzephalogramm in einem Zusammenhang mit der Zeitwahrnehmung von kurzen Intervallen stehen könnten und verweist zudem auf die mögliche Verbindung zum limbischen System mit seinen emotionalen Regulationsinstanzen. Rammsayer (1992) findet im Rahmen von Untersuchungen mit blinden und sehenden Probanden zudem heraus, dass die Wahrnehmungsfähigkeit von

---

Tryptophan wird lediglich bei Dunkelheit ausgeschüttet und entfaltet seine Bedeutung im Rahmen des Ein- und Durchschlafens – gegen Morgen sinkt der Hormonspiegel auf den niedrigsten Wert. Es erfreut sich in jüngerer Zeit zunehmender Beliebtheit als rezeptfreies Schlafmittel, obgleich seine Bedeutung bei der Regulation der natürlichen Schlaf-Wach-Zyklen noch nicht abschließend geklärt ist (ebd., 683).

Zeitdauern im Millisekundenbereich keinerlei Unterschiede aufweist, während bei der Schätzung längerer Zeitdauern die Probandengruppe der Blinden bessere Resultate aufweist. Er schlussfolgert aus diesem Ergebnis, dass zumindest die Wahrnehmung kurzer Zeitintervalle neuronal gesteuert sei und endogen erfolge – dieser Gedanke wird in verschiedenen experimentalpsychologischen Studien im Zusammenhang mit der sog. Ordnungsschwelle des Gehirns aufgegriffen und im Zusammenhang mit der Wahrnehmung der Gleichzeitigkeit, Abfolge und subjektiven Dauer von Ereignissen thematisiert (z.b. Fraisse 1984; Grüsser 1992; Pöppel 1997; Kasten 2001; Resch 2005).

2.4.3 Zeitliche Wahrnehmung von Ereignissen und Gegenwartserleben

Von grundlegender Bedeutung für die menschliche Wahrnehmung von Zeit ist zunächst die Fähigkeit zur Unterscheidung und zeitlichen Ordnung von aufeinanderfolgenden Reizen bzw. Ereignissen. Denn die Orientierungs- und Handlungsfähigkeit des Individuums im Zeit-Raum-Kontinuum setzt voraus, dass es Ereignisse überhaupt differenziert und in ihrer Abfolge wahrnehmen kann. Die Klärung des kürzest möglichen Zeitintervalls bei der menschlichen Fähigkeit zur Unterscheidung und Reihung von Ereignissen wirft die Frage nach den neuronalen Grenzen der menschlichen Wahrnehmungsfähigkeit auf und mündet schließlich in die Auseinandersetzung mit dem Phänomen der subjektiven Gegenwart.

Bei der menschlichen Fähigkeit zur Differenzierung zweier aufeinanderfolgender Ereignisse – und dabei ist ihre Reihenfolge noch nicht Gegenstand der Wahrnehmung – sind zunächst Unterschiede in der Verarbeitungsgeschwindigkeit verschiedener Sinnesorgane bedeutsam. Es existieren je nach Sinnesmodalität und Komplexität der zu verarbeitenden Reize divergierende Schwellen für die individuelle Wahrnehmung (Fraisse 1984, 6; Morgenroth 2008, 40). So gelten etwa für akustische und visuelle Reize unterschiedliche Wahrnehmungsschwellen und Aufmerksamkeitskapazitäten, die sich im Laufe der Evolution herausgebildet haben: Visuell wahrgenommene Reize werden als ungleichzeitig wahrgenommen, wenn sie mindestens zwanzig Tausendstel Sekunden auseinander liegen und weisen damit deutlich höhere Unterschiedsschwellen auf als akustische Reize, bei denen zwei Reize von einem Individuum bereits unterschieden werden können, wenn sie drei Tausendstel Sekunden auseinander liegen (Pöppel 1983, 371)[15]. „Gleichzeitigkeit ist also nicht etwas Absolutes, sondern je nach

---

15 Der Umstand, dass der Mensch differenzierter und damit besser hört als sieht, erscheint mit Blick auf die menschliche Evolution nachvollziehbar: Bereits vor der Entwicklung des aufrechten Gangs und der damit einhergehenden Fähigkeit,

unserem Ausblick in die Welt durch verschiedene Sinne unterschiedlich" und selbst „im Gehirn ein relativer Begriff" (Pöppel 1983, ebd., einen Überblick über verschiedene Experimentalstudien bietet Fraisse 1985, 101ff.).

Bei der Koordination der Verarbeitungsleistungen unterschiedlicher Sinnesmodalitäten spielt die neuronale Oszillation des Gehirns eine bedeutende Rolle: Letzteres erzeugt zur Verringerung der Komplexität der Reizvielfalt die Suggestion der Gleichzeitigkeit durch neuronale Schwingungen in einer bestimmten Frequenz – die menschlichen Nervenzellen oszillieren in Intervallen von etwa dreißig Millisekunden und lassen „Phasen von Erregung und Hemmung der Nervenzellen periodisch aufeinander folgen" (Kasten 2001, 15), das heißt, selbst wenn die Reize nicht gleichzeitig eintreffen, werden sie entlang dieses Zeitfensters synchronisiert. Dementsprechend wird die zeitliche Grenze für diese Synchronisationsleistung des Gehirns als Ordnungsschwelle bezeichnet, sie umfasst ein Intervall von etwa dreißig Millisekunden (s. auch Pöppel 1983, 372; Resch 2005, 33). In der Konsequenz sind unabhängig von der Sinnesmodalität unterschiedliche Reize erst ab größeren Zeitspannen für das Individuum differenziert wahrnehmbar, es handelt sich hierbei somit um die untere zeitliche Schwelle der individuellen Gegenwartserfahrung (s. auch Morgenroth 2008, 40). Ungeachtet dessen impliziert die Wahrnehmung der Ungleichzeitigkeit von Reizen mit verschiedenen Sinnesorganen noch nicht die Fähigkeit zur zeitlichen Reihung derselben. Diese für die Orientierungs- und Handlungsfähigkeit des Individuums bedeutsame Fähigkeit wird ebenfalls erst ab Zeitfenstern von etwa dreißig Millisekunden möglich – „das Erlebnis der Ungleichzeitigkeit von Ereignissen ist also notwendig, jedoch noch nicht hinreichend für das Erlebnis bestimmter, aufeinander folgender Ereignisse" (Pöppel 1983, 372).

Die Identifikation der unteren zeitlichen Schwelle für die individuelle Konstruktion der Gegenwart zieht die Frage nach einer oberen zeitlichen Begrenzung des Gegenwartserlebens nach sich. Denn im Gegensatz zu dem in der physikalischen Zeitauffassung „ausdehnungslosen Jetztpunkt" (Morgenroth 2008, 40), der somit streng genommen nicht existiert, ist die Gegenwart im subjektiven Erleben durch den Menschen durchaus von gewisser Dauer. Diese sogenannte Gegenwartsdauer oder psychische Gegenwart bezieht sich auf die „zeitliche Ausdehnung von Reizen, die in einem (räumlichen) Wahrnehmungsakt erfasst werden kann" (Kern 2008, 103). Bis zu welcher zeitlichen Grenze werden aber

---

auch komplexe visuelle Reize in größerer Distanz wahrzunehmen, mussten unsere Vorfahren ihre Nahrung erjagen. Dabei waren sie insbesondere auf ihr Gehör angewiesen.

verschiedene aufeinanderfolgende Ereignisse als gegenwärtig erlebt? Über diese „obere Grenze der psychischen Präsenz herrscht (...) Uneinigkeit, da die Gegenwartsdauer offenbar sehr spontan auf die Reizkomplexität und die Aktivität des Wahrnehmenden reagiert" (Morgenroth 2008, 40). Dennoch hat sich experimentalpsychologisch eine Grenze von etwa drei bis fünf Sekunden als bedeutsam für die Wahrnehmung und Verarbeitung von komplexen Reizkonstellationen erwiesen (vgl. Kern 2008, 103; Resch 2005, 34), die sich oftmals auch in Wahrnehmungsinhalten des alltäglichen Erlebens wie etwa Sprachrhythmen und musikalischen Takteinheiten wiederfindet[16]. Dieses Zeitfenster wird daher

---

16 Im Zusammenhang mit der subjektiven Gegenwartsdauer spielt auch der Begriff der Situation eine gewisse Rolle. Dieser verweist ebenfalls auf eine raum-zeitliche Abgrenzung bestimmter Wahrnehmungseinheiten und zeichnet sich durch seinen ausgeprägten subjektiven Bezug aus – unabhängig von der individuellen Erfahrung der Dauer und Bedeutungszuweisung von Wahrnehmungsinhalten gibt es keine objektive Zuordnung von Ereignismengen zu einer Situation (z.B. Beck 1996, 94). Eine allgemeine Charakterisierung von Situationen lässt sich anhand von sechs Dimensionen vornehmen (Beck 1996, 92ff.): (1) Die Zeitdimension bezieht sich auf die wahrgenommene Dauer der Situation, die maßgeblich durch die Aufmerksamkeit des Individuums beeinflusst wird. Im Gegensatz zur psychischen Gegenwartsdauer können Situationswahrnehmungen zeitlich deutlich divergieren und sich auch auf mehrere Minuten erstrecken, die minimale Dauer einer Situation wird jedoch von Beck (1996) mit fünf bis sieben Sekunden beziffert. Das sei die Zeit, „die ein Individuum zur Verarbeitung einer gegebenen ‚Informationsportion' benötigt" (ebd., 92). Damit ist die Parallele zum Begriff der subjektiven Gegenwartsdauer offensichtlich. (2) Die Raumdimension betrifft den subjektiv wahrgenommenen Ort der Situation, während die (3) Gegenstandskonstellation eine nicht zwingend bewusste Auswahl des Individuums aus den wahrnehmbaren Gegenständen darstellt (im Sinne des Intake bei Aebli 1980). (4) Begriffliche Konzepte, über die das Individuum verfügt, üben eine weitere Filterwirkung auf die Konstitution der Situation aus, und (5) die aktualisierte Rolle bezieht sich auf die eigene soziale Rolle aus der Sicht des Individuums in der betreffenden Situation, an die bestimmte Erwartungen geknüpft sind. (6) Die Bewertungsdimension bezeichnet schließlich die emotional-motivationale Bewertung der Wahrnehmungsinhalte vor dem Hintergrund der individuellen affektiven Grundstimmung, Motiv-Bedürfnislage und Intentionalität (zusammenfassend s. auch Rausch 2011, 41f.). Situationswechsel vollziehen sich bei Änderungen der Dimensionsausprägungen infolge variierender Intentionen des Subjekts (Beck 1996, 94). Entlang dieser dimensionalen Charakteristik erleben Individuen Situationen in unterschiedlicher Art und Weise – entsprechend divers fallen auch ihre subjektiven Bewertungen des Erlebten aus. Gründen für diese divergierenden Situationswahrnehmungen und Erlebensqualitäten wird spätestens seit den 1950er Jahren ausgehend von Kelly (1955) und seiner Theorie der

als obere Grenze der subjektiven Gegenwartskonstruktion angenommen und begrenzt als solche analytisch die Intervalle, für die von Zeit*wahrnehmung* zu sprechen ist. Für eine darüber hinausgehende zeitliche Ordnung von Reizen bzw. Ereignissen längerer Dauer werden Gedächtnisprozesse relevant, die für die Zeit*schätzung* eine Rolle spielen.

2.4.4 Schätzung der Dauer von Ereignissen

Untrennbar mit der Fähigkeit der zeitlichen Orientierung und Bewegung im Ereignisraum verbunden ist die Schätzung der subjektiven Dauer von Zeitintervallen durch das Individuum. Die psychologische Zeit wird bereits seit der Arbeit des Philosophen Henri Bergson (1889/1920) mit dem Begriff der Dauer (durée anstelle von temps im Zusammenhang mit objektiven Zeitgrößen) in Verbindung gebracht und verweist damit auf die Subjektivität des Erlebens von Zeit und Dauer. Die Alltagsrelevanz von Zeitschätzungen offenbart sich für kürzere Intervalle etwa im Straßenverkehr bei dem Überqueren einer stark befahrenen Straße im Sinne der Abschätzung des zeitlichen Abstandes zwischen den einzelnen herannahenden Fahrzeugen und reicht im Falle längerer Intervalle beispielsweise bis zu der Datierung vergangener biographischer Ereignisse und ihrer Dauer. In diesem Zusammenhang ist ein Phänomen zu beobachten, das konstante Zeitstrecken in Abhängigkeit situativer und personenbezogener Konstellationen einmal als besonders lang und einmal als vergleichsweise kurz erscheinen lässt. Paradoxerweise werden diese Wahrnehmungen in der Rückschau genau in das Gegenteil verkehrt – ehemals kurzweilige Zeitspannen werden rückblickend als verhältnismäßig lang erlebt, während scheinbar lang andauernde Zeitspannen in der Rückschau im Nu verflogen sind. Dieses sogenannte *„subjektive Zeitparadox"* (z.B. Pöppel 1983, 374; s. auch Morgenroth 2008, 41) wird oft auch anhand des Vergleichs von Werktätigen mit Arbeitslosen veranschaulicht: Während ein gut ausgefüllter Arbeitstag subjektiv schnell verfliegt, dehnt sich die Zeitwahrnehmung eines Arbeitslosen in der subjektiven Gegenwart deutlich aus. In der Rückschau jedoch scheinen ereignislose Jahre rasend schnell vergangen, während der Rückblick auf ein erfülltes Arbeitsleben subjektiv von längerer Dauer ist. Bezüglich dieser scheinbar paradoxen Wahrnehmungen ist insofern zwischen der Rückschau auf und Erinnerung an Ereignisse und „gegenwärtigen"

---

persönlichen Konstrukte systematisch nachgegangen, Erklärungsansätze reichen bis in die neuere Emotions- und Motivationspsychologie hinein. In den nachfolgenden Abschnitten wird der Versuch unternommen, diese Theorielinien mit jenen der Zeitpsychologie zu verknüpfen.

Wahrnehmungen zu trennen – es sind bei der Schätzung von Zeitdauern zum einen Fragen des Gedächtnisses und zum anderen Fragen der Aufmerksamkeit betroffen. Dieser Umstand erschwert einen forschungsmethodischen Zugang zu den Mechanismen des Erlebens von Dauer (zu den verschiedenen methodischen Herausforderungen der Messung subjektiven Zeiterlebens im Überblick s. auch Zakay 1990).

Fragen der subjektiven Zeitschätzung des Menschen sind bereits seit dem ausgehenden 19. Jahrhundert ein Schwerpunkt der psychologischen Laborforschung (vgl. die Systematisierungen von Fraisse 1985, 117ff.; Morgenroth 2008, 41ff.; Wittmann 2006, 5ff.). Denn die Erklärung divergierender subjektiver Dauererlebnisse verlangt nach der Identifikation eines jeweiligen Maßstabs bzw. Taktgebers und wirft zudem die Frage auf, ob grundsätzlich alle Zeitintervalle als unterschiedlich lang wahrgenommen werden oder ob sich systematische Muster auffinden lassen. Bereits Karl von Vierordt (1868) beschäftigte sich mit der Thematik und suchte nach jenem Intervall, bei dem sich die objektive Dauer eines Zeitintervalls und der subjektive Eindruck des Probanden decken. Dieses im Rahmen seiner Experimente gefundene sogenannte Indifferenzintervall liegt zwischen 0, 6 und 0, 8 Sekunden und wird auch in weiteren Forschungsbemühungen aufgegriffen (z.B. Treisman 1963; Fraisse 1985). Kürzere Intervalle werden dahingegen systematisch in ihrer Länge überschätzt, längere unterschätzt. Die Befragung von Probanden zu ihrem Eindruck der jeweiligen Dauer der (nach objektiver Zeitmessung kurzen) Intervalle führte zudem zu der Identifikation von drei Bereichen (Fraisse 1985, 118): Intervalle unter 0, 5 Sekunden werden in jenen frühen Experimentalstudien von den Probanden als vergleichsweise kurz eingeordnet, Intervalle von 0, 9 Sekunden oder länger gelten als lang, dazwischen liegt der Bereich der Indifferenz.

Nun handelt es sich bei jenen ersten Befunden zumeist um deskriptive Erkenntnisse, die zwar einen Beitrag zur Annäherung an grundlegende Wahrnehmungs- und Schätzmechanismen im Millisekunden- und Sekundenbereich leisten, aber noch nicht hinreichend aufzuklären vermögen, welche Faktoren das Erleben von Dauer maßgeblich beeinflussen. Es existieren einige etwas jüngere Forschungsansätze, die sich unter divergierenden experimentellen Bedingungen dieser Frage annehmen (eine Sichtung und Systematisierung verschiedener methodischer Ansätze findet sich etwa bei Morgenroth 2008, 41ff.): So lassen sich die existierenden Studien dahingehend unterscheiden, ob den Probanden die Zeitschätzaufgabe vor Beginn des Experiments mitgeteilt wird (*prospektive* Zeitschätzung) oder erst danach (*retrospektive* Zeitschätzung), ob das entsprechende Zeitintervall vollständig durch den Probanden erlebt wird oder in die Zukunft hineinreicht und ob das Zeitintervall durch den Probanden (re)produziert, verbal geschätzt oder mit einem anderen Intervall verglichen werden muss. Auch die konkrete Gestalt der zu schätzenden Intervalle, etwa ihre Ereignisdichte oder das Ausmaß der Probandenaktivität wird dabei variiert. Es handelt sich jedoch auch hier schwerpunktmäßig um Studien, die mit Zeitintervallen im Millisekunden- und Sekundenbereich operieren, Befunde zu längeren Zeitschätzaufgaben sind rar.

Bei der Einordnung der Ergebnisse lassen sich seit Beginn der Forschungsbemühungen im Feld zwei grundlegende Ansätze beobachten. Sie unterscheiden sich danach, ob sie von der Existenz einer inneren Uhr als Zeitgeber ausgehen oder eher kognitive Prozesse als ausschlaggebend für die Zeitschätzung ansehen (vgl. Block 1990; Block & Zakay 1996). Modelle mit der Implikation einer inneren Uhr betonen die Bedeutung physiologischer Oszillationen als Zeitgeber für die Schätzung von Zeitintervallen (z.B. Creelman 1962; Treisman 1963) – „a repetitive, cumulative, pulse-dispensing mechansim which delivers iternal time signals, an organ of time" (Ornstein 1969, 25). Diese Modelle werden jedoch heute als limitiert angesehen, da sie nicht hinreichend exakt zu erklären vermögen, auf *welche* physiologischen Prozesse die Schätzung unterschiedlich langer Zeitintervalle zurückgeht, zumal auch physiologische Prozesse in ihrer Rhythmik nicht konstant sind, sondern variieren können, wie etwa Puls oder Herzschlag. Die Erklärungskraft dieser Ansätze wurde demgemäß schon früh in Zweifel gezogen – Ornstein (1969) betont in seinem sog. *Memory-Storage-Size-Modell* die Bedeutung kognitiver Prozesse bei der Zeitschätzung und konstatiert, dass die Schätzung der Dauer eines Zeitintervalls davon abhänge, wie groß die zu speichernde Informationsmenge für das Gedächtnis sei – je größer die Menge, desto subjektiv länger das geschätzte Zeitintervall. Andere Vertreter dieses Ansatzes fokussieren statt der zu speichernden Informationsmenge eher die durch das Gehirn wahrzunehmenden Veränderungen während des Intervalls (z.B. Fraisse 1957; Block & Reed 1978).

Die Bedeutung von Aufmerksamkeitsprozessen postulieren auch Thomas & Weaver (1975), die in ihren Untersuchungen an Zeitintervallen von bis zu 100 Millisekunden davon ausgehen, dass die Aufmerksamkeit eines Individuums in Wahrnehmungssituationen auf zwei verschiedene Prozesse verteilt wird – ein Teilprozess für die zu verarbeitende zeitbezogene Informationsmenge, ein Teilprozess für die inhaltsbezogenen Informationen (ebd., 366). Je nach der Menge der inhaltsbezogenen Informationen, bleiben in der Situation mehr oder weniger Aufmerksamkeitsressourcen für die Beschäftigung mit den temporalen Informationen – die Zeitschätzung erfolgt dementsprechend eher *prospektiv* (kleinere inhaltliche Informationsmenge) oder *retrospektiv* (größere inhaltliche Informationsmenge) (s. auch Morgenroth 2008, 42). Unterstützende Evidenz für diese Hypothese fanden Block, George & Reed (1980), die in ihrer Studie zum sog. „Watched-Pot-Phänomen" die Aufmerksamkeitsprozesse ihrer Probanden gezielt manipulierten: Während ein Teil der Probanden lediglich damit beauftragt wurde, das Erhitzen von Wasser in einem Kochtopf bis zum Siedepunkt zu beobachten, wurde der andere Teil darüber informiert, dass es sich um eine Zeitschätzaufgabe handelte und im Anschluss an das Erhitzen des Wassers eine Zeitschätzung über die Dauer abzugeben war. Erwartungsgemäß wirkte sich die gezielte Induzierung von Aufmerksamkeit verlängernd auf die Zeitschätzungen der Probanden aus. Es wurden jedoch auch verschiedene andere Parameter wie etwa die Anzahl der externen Stimuli während der Zeitschätzaufgabe variiert. Im Ergebnis kommen die Autoren zu dem Schluss, dass die Wirkung der verschiedenen Stellgrößen (wie etwa die Aktivität der Probanden, die Anzahl und Qualität externer Stimuli oder die Art der Zeitschätzaufgabe) auf die subjektiv geschätzte Zeitdauer je nach ihrer Kombination variiert (ebd., 91ff.). Es lassen sich somit keine allgemeingültigen Schlüsse über die Wirkung der einzelnen Parameter ableiten (ebd.).

Wenn auch beide Standpunkte für sich genommen plausible Argumente bieten, so enthalten sie in der Gesamtschau deutliche Schwächen: Die Modelle, die auf der Prämisse eines inneren Zeitgebers fußen, lassen sich aufgrund ihrer aktualgenetischen Fokussierung streng genommen lediglich zur Erklärung der wahrgenommenen Dauer heranziehen, nicht aber zur Erklärung der erinnerten Dauer (s. auch Morgenroth 2008, 42). Jene Modelle, die aufgrund empirischer Befunde stattdessen ausschließlich kognitive Mechanismen zugrunde legen, basieren im Wesentlichen auf Studien, die nur sehr kurze Zeitintervalle im Millisekundenbereich testen (ebd.) und infolgedessen eine sehr geringe prognostische Validität für längere Zeitintervalle aufweisen. Darüber hinaus ist eine allzu enge und isolierte Sicht auf den Kognitionsbegriff durchaus kritisch zu diskutieren, wie noch zu zeigen sein wird (s. Kap. 2.5).

In der Konsequenz wird zur Klärung der Einflussfaktoren auf die Schätzung wahrgenommener und erinnerter Dauer auf Heurismen zurückgegriffen, die sich ungeachtet der Theorienstreitigkeiten aus der bestehenden Befundlage isolieren lassen. Die subjektive Dauer von Ereignissen ist demnach sowohl in der gegenwärtigen Wahrnehmung als auch in der erinnerten Rückschau abhängig von verschiedenen miteinander interagierenden Faktoren, die von Block (1985, 1989) in einem sog. Tetraeder-Modell überblickartig dargestellt werden (Abbildung 2-6). Das Modell knüpft an eine ältere Darstellung von Treisman (1963) an und stellt personenbezogene Faktoren („Merkmale des Organismus") wie etwa Geschlecht, Persönlichkeitsmerkmale oder Interessen den situativen Faktoren (*externe Stimuli während des Zeitschätzintervalls; Art der Zeitschätzaufgabe;*

Aktivität während des Zeitschätzintervalls) gegenüber. Sein Erklärungsgehalt ist jedoch aufgrund der wechselseitigen Beziehungen aller Modellinstanzen zueinander ebenfalls limitiert – so stellt es letztlich lediglich einen Überblick über die bei der Zeitschätzung entscheidenden Faktoren dar.

Abbildung 2–6: Tetraeder-Modell der Einflussfaktoren auf die Schätzung von Dauer (Block 1985; deutsche Übersetzung s. Morgenroth 2008, 44).

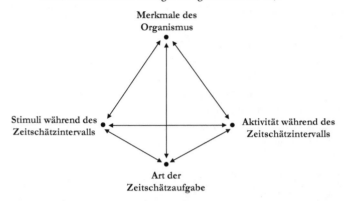

Zu den wechselseitigen Interaktionen der situativen Faktoren lässt sich ausgehend von der existierenden Befundlage mit der gebotenen Vorsicht festhalten, dass eine Aktivität der Probanden während des Zeitschätzintervalls zu einer subjektiven Verkürzung des gegenwärtig erlebten Intervalls, in der Rückschau jedoch zu einer subjektiven Dilatation führt (subj. Zeitparadox) und Inaktivität zu gegenläufigen Ergebnissen. Die Art der Zeitschätzaufgabe spielt zudem eine bedeutende Rolle, wird gezielt Aufmerksamkeit auf die Zeit induziert, so wirkt dies verlängernd auf die subjektive Zeitschätzung. Treten während des Schätzintervalls viele verschiedene externe Stimuli auf, dehnt sich die gegenwärtige Wahrnehmung aus – allerdings nur bei Inaktivität, bei eigener Aktivität kommt es zur subjektiven Zeitverkürzung (Hinz 2000, 75).

Zusammenfassend ist zu konstatieren, dass der laborexperimentelle Schwerpunkt der bisherigen Forschung zu den Mechanismen der Schätzung von Dauer nicht zu ökologisch validen Erklärungsansätzen führte. Es handelt sich zudem zumeist um Studien der Zeitschätzung im Bereich von Millisekunden bis allenfalls Minuten, und auch die enge Sicht auf kognitive Facetten der Zeitschätzung trägt nicht zu einer Erhellung alltäglicher Mechanismen des Zeiterlebens bei – so weist etwa Hinz (2000, 80) auf die Vernachlässigung emotionaler Aspekte des Zeiterlebens hin, die nachfolgend näher betrachtet werden.

2.4.5 Zeiterleben und emotionale Bewertung von Ereignissen und Ereignisfolgen

Denn die Wahrnehmung von Ereignissen und Schätzung ihrer Dauer sowie korrespondierende Handlungen des Individuums sind untrennbar mit dem subjektiven Erleben von Zeit im Sinne einer emotional-motivationalen Bewertung verbunden (z.B. Wittmann 2009, 29). „Das subjektive Erleben von Zeit wird von der Anzahl, der Art und Qualität der Ereignisse (im Alltagsgeschehen) und von der aktuellen Stimmungslage der Person mitbestimmt" (Plattner 1990, 71). An diese Feststellung schließen ferner die Ausführungen von Endsley (1995, 38) an, der die Wahrnehmung einer Situation zwar als einen aktuellen, aber dennoch temporären Wissensstand einer Person über die Umwelt bezeichnet, welcher Bezüge zu Vergangenheit und Zukunft aufweist: „[Situation awareness] is not necessarily acquired instantaneously but is built up over time. Thus it takes into account the dynamics of the situation that are acquirable only over time and that are used to project the state of environment in the near future" (ebd.). Auch Hinz (2000) verweist auf die Verwobenheit nicht-kognitiver und kognitiver Facetten bei dem Erleben von Zeit in entsprechenden Experimenten, „da durch die Art des Zeitreizes Emotionen und Kognitionen der Versuchsperson provoziert werden, die dann das Zeiterleben beeinflussen" (ebd., 75f.). Droit-Volet & Meck (2007) kommen im Rahmen eines Literatur-Reviews zur Bedeutung von Emotionen für Fragen der Zeitwahrnehmung zu dem Schluss, dass „that our feeling for time is fundamentally inseparable from our subjective experience of the environment" (ebd., 512).

Zur Erhellung des Zusammenhangs zwischen Emotionen und Zeiterleben werden seit Beginn der 2000er Jahre in der vormals stark kognitivistisch ausgerichteten Zeitpsychologie zunehmend Studien zur Bedeutung emotionaler Größen für Fragen der Zeitwahrnehmung und -schätzung durchgeführt (im Überblick s. etwa Droit-Volet & Meck 2007). Die Studien konzentrieren sich dabei in der Regel auf Zeitintervalle von wenigen Millisekunden bis zu Sekunden und untersuchen zumeist den Effekt emotionaler Stimuli (hinsichtlich Arousal und Valenz) auf die Zeitwahrnehmung und -schätzung.

Noulhiane, Mella, Samson, Ragot & Pouthas (2007) führen in ihrer Studie drei Experimente durch, in denen verschiedene standardisierte emotional gefärbte akustische Stimuli (aus dem sog. International Affective Digitalized Sounds System, IADS) zum Einsatz kommen. Das erste Experiment besteht aus einer computergestützten Reproduktionsaufgabe von unterschiedlich langen (2, 4 und 6 Sekunden) Stimuli und führt zu der Annahme, dass Stimuli mit positiver *oder* negativer emotionaler Valenz und unabhängig von ihrem

Arousal zu längeren Zeitschätzungen führen als neutrale (in Intervallen mit bis zu 4 Sekunden Länge) (ebd., 699). Das zweite Experiment bezieht sich auf die Erhebung verbaler Zeitschätzungen für (wiederum akustisch repräsentierte) Intervalle zwischen 2 und 6 Sekunden. Die Autoren konstatieren zusätzlich zu den Erkenntnissen aus dem ersten Experiment, dass (1.) akustische Reize mit negativer emotionaler Valenz zu längeren subjektiven Zeitschätzungen führen als positiv valente Reize und (2.) akustische Reize mit hohem emotionalen Arousal zu kürzeren Zeitschätzungen führen als Reize, die mit niedrigem Arousal assoziiert werden (ebd., 701f.). Das dritte Experiment dient der Validierung der verwendeten emotionalen Stimuli an einer anderen Stichprobe und führt zu zufriedenstellenden Ergebnissen. In der Gesamtschau kommen die Autoren zu dem Schluss, dass emotionale Stimuli hinsichtlich Valenz und Arousal aufgrund divergierender Aufmerksamkeitsprozesse zu einer Veränderung von Zeitschätzungen führen, sehen sich insofern für den Bereich der sehr kurzen Zeitintervalle in ihrer Annahme einer Untrennbarkeit zwischen emotionalem Erleben und Zeiterleben bestätigt (ebd., 702f.). Ihre Ergebnisse stehen jedoch in einem Widerspruch zu einer Studie von Angrilli, Cherubini, Pavese & Mantredini (1997), die für ihre Untersuchung visuelle statt akustischer Reize verwendeten und keine signifikanten Effekte identifizieren konnten. Dies wird mit physiologischen Unterschieden bei der Verarbeitung visueller und akustischer Reize begründet – akustische Reize werden (aus evolutionären Gründen) meist präziser wahrgenommen als visuelle Reize (vgl. z.B. Wearden, Todd & Jones 2006).

Unter Bezugnahme auf die bereits angesprochenen und vieldiskutierten Er-klärungsmodelle innerer Zeitgeber wird auch durch Droit-Volet, Brunot & Nie-denthal (2004) angenommen, dass je nach Arousal und Valenz des eingesetzten Stimulus die innere Uhr verlangsamt oder beschleunigt wird. In ihrer Studie zum Einfluss von emotionalen Gesichtsausdrücken (Wut, Freude oder Trauer) auf die Zeitwahrnehmung im Millisekundenbereich zeigt sich dementsprechend, dass *aversive* Reize mit *hohem* Arousal (wütendes Gesicht) die Zeitschätzungen im Vergleich zu neutralen Ausdrücken verlängert. Ihrer Annahme nach führen also etwa aversive emotionale Reize mit hohem Arousal wie Ärger zu einer Akzele-ration der inneren Zeitgeber, während es unter niedrigen Arousalbedingungen eher zu einer Verlangsamung der inneren Uhr kommt. Auch die Ergebnisse von Effron, Niedenthal, Gil & Droit-Volet (2006, 4ff.) aus ihrer ähnlich angelegten Arbeit weisen in diese Richtung (in der Gesamtschau s. auch Droit-Volet & Meck 2007, 507). Wittmann (2009, 34) kommt nach Durchsicht der Forschungs-lage ebenfalls zu der Erkenntnis, dass „Emotionen über zwei Mechanismen die

Wahrnehmung von Dauer beeinflussen können (...): Der Grad der Erregung (arousal) und der Aufmerksamkeitslenkung. Ein erhöhtes Arousal-Niveau und eine verstärkte Aufmerksamkeit auf die Zeit führen zu einer subjektiven Verlängerung von Dauer". Jedoch weist er zudem auf die Bedeutung personenbezogener Faktoren (*Merkmale des Organismus* im Tetraeder-Modell) hin – so sei etwa eine Langeweileneigung von Personen ursächlich für eine durchgängig verlangsamte Zeitwahrnehmung (ebd., 33). Tipples (2008) untersucht diesen Einfluss personenbezogener Parameter mittels des sog. „Temperament survey for adults (EAS, Buss & Plomin 1984, zit. nach Tipples 2008, 128) an englischen Psychologiestudierenden. Er findet wiederum unter Verwendung von emotionalen Gesichtsausdrücken (Wut, Angst, Freude) heraus, dass Probanden mit Beeinträchtigungen hinsichtlich ihres habitualisierten Angst-, Wut- und Stresserlebens und ihres Sozialverhaltens („negative emotionality") dazu neigen, gegebene Zeitintervalle zu überschätzen, wenn sie emotional negativ repräsentiert sind (wütendes oder ängstliches Gesicht). Für fröhliche Gesichtsausdrücke ließ sich dieser Befund nicht replizieren, was durch den Autor mit der bereits angesprochenen Arousalhypothese begründet wird (ebd., 130).

Nach Durchsicht dieser zentralen Befunde ist kritisch anzumerken, dass in der Mehrzahl jener Experimentalstudien emotionale Facetten nicht integriert in den Gesamtprozess von Wahrnehmung und Handlungsregulation betrachtet, sondern allenfalls im Sinne von auslösenden oder begleitenden Emotionen aufgefasst und lediglich über Gesichtsausdrücke repräsentiert werden (Droit-Volet & Meck 2007, 504). Die berichteten Befunde beruhen insofern streng genommen auf einer anhaltend kognitivistischen Ausrichtung der theoretischen Grundlagen der Emotions- und Handlungsregulation. Zudem bewegen sich die getesteten Intervallen im Bereich von Millisekunden und Sekunden, die Aussagekraft und Repräsentativität der Ergebnisse für alltägliche Qualitäten des Zeiterlebens erscheint daher äußerst begrenzt, es werden allenfalls Wahrnehmungsprozesse in den Blick genommen. Nichtsdestoweniger lässt sich mit Droit-Volet & Meck festhalten, dass „time perception thus appears to be a sensitive index of the basic functions of emotions" (2007, 507) – es handelt sich offenbar um untrennbar miteinander verwobene Instanzen in Wahrnehmungsprozessen. Für zukünftige Forschungsansätze der Experimentalpsychologie auf dem Gebiet des Zeiterlebens wäre eine zumindest integrierte Prämissenstruktur bei der empirischen Annäherung an kognitive, motivationale und emotionale Facetten vermutlich bereichernd und angesichts ihrer engen Verflechtungen mit dem individuellen Erleben von Zeit und Dauer auch angezeigt, wie Fraisse bereits 1985 (in der deutschen Übersetzung) formuliert:

Die Dauer wird jedes Mal erfahren, wenn uns die gegenwärtige Situation auf eine andere Situation in der Vergangenheit oder in der Zukunft verweist. Dies impliziert, dass wir aus irgendeinem Grunde nicht von der Gegenwart ausgefüllt sind. Die Zeit stellt sich unseren Wünschen als Hindernis entgegen. (…) Dieser Widerstand manifestiert sich nun in Form eines emotionalen Zustandes, der in unserem Werturteil über das Hindernis zum Ausdruck kommt. So äußert sich diese Bewußtwerdung auch immer qualitativ. Die Zeit wird uns bewußt, wenn sie uns kurz oder, was häufiger vorkommt, lang erscheint. Wir glauben, eine Realität zu erfassen, während uns lediglich unsere eigene Reaktion bewußt wird (Fraisse 1985, 202).

In Fortführung dieses Gedankens könnte die Annäherung an nachfolgende Fragestellungen dem Forschungsgebiet möglicherweise weitere interessante Erkenntnisse zuführen: *In welchen situativen Konstellationen richten Individuen ihre Aufmerksamkeit bewusst auf das Verstreichen der Zeit? Welche Funktionalität hat diese bewusste Reizverarbeitung für Prozesse der Handlungsregulation? Schließt eine bewusste individuelle Zeitwahrnehmung im Sinne einer Verkürzung oder Dilatation positive Erlebensqualitäten aus? Geht der subjektive Mangel an Zeit immer mit negativen Emotionen einher?* Auch für die vorliegend nicht näher thematisierten Aspekte individueller Zeitperspektive bzw. dem Umgang mit Zeit lassen sich im Zusammenhang mit habitualisierten, emotional-motivationalen Trait-Größen möglicherweise aufschlussreiche Erkenntnisse gewinnen. In Ergänzung zu diesen grundlegenden (vermutlich laborexperimentell zu erforschenden) Fragen sind zudem Arbeiten mit hoher ökologischer Validität vonnöten, die sich spezifischen Qualitäten des Zeiterlebens wie beispielsweise Langeweile nicht ausschließlich im Labor, sondern in natürlichen Entstehungskontexten annähern und nach ihren Bedingungsfaktoren und Wirkungen fragen.

2.5 Emotionen und ihre Bedeutung für Wahrnehmung und Handeln

Die Möglichkeit der zeitlichen Ordnung subjektiver Wirklichkeit und damit letztlich die Aufrechterhaltung der individuellen Handlungsfähigkeit und Orientierung im Zeit-Raum-Kontinuum setzt funktionierende Wahrnehmungs- und Gedächtnisprozesse voraus, im Rahmen derer emotional-affektive Facetten neben kognitiven und motivationalen Instanzen eine übergeordnete Rolle spielen. Es handelt sich dabei um ein komplexes Gefüge aus Wechselwirkungen, das diese Prozesse maßgeblich triggert und dessen Facetten sich auch für analytische Zwecke nur schwerlich voneinander isolieren lassen (vgl. Sembill 1992, 54; Ciompi 2005, 47) – entsprechend zeugen auch korrespondierende Definitionen und Theorien über die Funktion und Wirkungsweise von Emotionen im

Besonderen bislang nicht von wissenschaftlicher Einigkeit (s. etwa Kleinginna & Kleinginna 1981, 345ff.; Pekrun 1988, 96; Forgas 2000, 5f.): Insbesondere die begrifflichen Abgrenzungen zwischen emotional-affektiven und kognitiven Größen, die Funktionalität und Entstehung von Emotionen sowie die Integration motivationaler Facetten in die Emotionstheorie erscheinen strittig. Mit Blick auf die jahrzehntelange Überbetonung des Kognitiven im Rahmen von Handlungsmodellen (s. z.B. Oesterreich 1981, 21; Lazarus 1999, 7) und den Universalitätsanspruch des Kognitionsbegriffs im Zuge der kognitiven Wende (z.b. Neisser 1967/1974, 19; vgl. auch Dörner 1985b, 172) sei jedoch zunächst der Versuch unternommen, gegenwärtige Definitionsansätze emotional-affektiver Phänomene in ihrer Heterogenität und mit ihren Bezügen zu älteren Debatten darzustellen (Kap. 2.5.1), bevor das Zusammenspiel emotionaler, motivationaler und kognitiver Facetten anhand aktueller Diskussionslinien beleuchtet wird (Kap. 2.5.2). Im Anschluss daran werden theoretische Grundlagen der Emotionsgenese anhand der aktuell dominierenden Appraisal-Theorien beschrieben (Kap. 2.5.3), prozessnahe empirische Zugänge zum Emotionskonstrukt überblickartig beleuchtet (Kap. 2.5.4) und schließlich gegen Ende des zweiten Kapitels der Versuch unternommen, die bislang isolierten Diskussionslinien der Zeitpsychologie und Emotionstheorie miteinander zu verweben, um dem Stellenwert emotionaler Facetten im Rahmen des individuellen Zeitbewusstseins näher zu kommen und Bezüge zu deren Bedeutung in schulischen Lehr-Lern-Prozessen herzustellen (Kap. 2.6).

2.5.1 Definitionsheterogenität und Abgrenzung affektiver Konstrukte

Die Verwobenheit emotionaler und kognitiver Facetten im Rahmen von Prozessen der Handlungsregulation lässt ungeachtet ihrer besonderen Bedeutung (vgl. z.B. Dörner 2008; Wimmer & Ciompi 2005; Sembill 2010) eine isolierte Definitorik streng genommen nicht zu (s. o.). Auch die inzwischen verjährte Debatte um die Vorrangstellung von Emotion oder Kognition zwischen Zajonc und Lazarus (Zajonc 1980, 1984; Lazarus 1982, 1984, 1999) gibt zu erkennen, dass es sich im Grunde neben einer allzu starken Akzentuierung „linear-kausalen Denkens" (Kuhl 2001, 61) letztlich um definitorische Feinheiten bzw. Unterschiede handelt – so verwendet Lazarus einen weitaus engeren Emotionsbegriff, der sich lediglich auf reflexartige Basisreaktionen bezieht und schreibt alle anderen Wahrnehmungsprozesse dem Bereich der Kognition zu. Im Lichte dieses Disputs entstehen einige Versuche, die Begriffe getrennten Definitionen zuzuführen, die im Folgenden überblicksartig zu vergegenwärtigen sind: Zunächst gibt es jedoch sowohl für den Emotions- als auch für den Kognitionsbegriff einige sehr weit gefasste Definitionsansätze, die streng genommen jeweils beide Konstrukte umfassen und insofern nicht weiterführen. So vereinigt beispielsweise Neisser (1967/1974, 19) in seiner Kognitionsdefinition die Begriffe Empfindung, Wahrnehmung, Behalten, Erinnerung und Denken, die sowohl emotionale wie kognitive Facetten enthalten (einen ähnlich weit gefassten Kognitionsbegriff verwenden Mandl & Huber 1983). Auch sehr weit gefasste Emotionsdefinitionen lassen sich im Gegenzug identifizieren, die sämtliche ablaufenden Wahrnehmungsprozesse umfassen und dem Zweck einer analytischen Trennung der beiden Konstrukte ebenso wenig dienlich sind (vgl. etwa Scherer 1988, 98f.).

Im Zusammenhang mit dem Begriff Emotion ist mit Pekrun (1988, 96) zudem ein „babylonisches Sprachchaos" zu konstatieren, das ausgehend von der Kritik an der Überbetonung des Kognitiven und Vernachlässigung emotionaler Aspekte im Zuge der kognitiven Wende entstanden ist (Scherer 1981): Bereits 1981 identifizieren und systematisieren Kleinginna & Kleinginna in einem vielzitierten Beitrag 92 unterschiedliche emotionale Definitionsansätze mit teils deutlich konkurrierenden Bedeutungsmomenten. Die beiden Autoren kategorisieren die Definitionen nach inhaltlichen Akzenten wie etwa die Betonung affektiver bzw. kognitiver Bedeutungsmomente oder die Abgrenzung von motivationalen Facetten (ebd., 354), charakterisieren sie aber auch nach Quellentyp bzw. Erscheinungszeit, so dass sich die Heterogenität des Definitionsfeldes bereits zu jener Zeit sehr deutlich offenbart. Es wird zwar der Versuch einer Zusammenführung und Vereinheitlichung der Definitionen unternommen (ebd., 355)[17], diese jedoch führte in der Folgezeit nicht zu einer signifikanten Vereinheitlichung des Emotionsverständnisses. So reicht die Uneinigkeit über Begriffsverständnis und Bedeutungsumfang von Emotionen bis in die heutige Debatte hinein, wenngleich der übergeordnete Stellenwert emotionaler Regulationsinstanzen für Wahrnehmung und Handeln auch von eher kognitivistisch ausgerichteten Ansätzen nicht mehr grundsätzlich in Frage gestellt wird (im Überblick s. Otto, Euler & Mandl 2000). Zudem wird die Diskussionslandschaft durch neurowissenschaftliche Befunde angereichert, die mittels Bild gebender Verfahren Indizien dafür liefern, dass emotionale Instanzen eine zentrale Rolle bei der Wahrnehmung und Handlungsregulation von Individuen spielen und

---

17 So schlagen die beiden Autoren eine umfassende Arbeitsdefinition vor, in der sie Emotionen als „a set of complex interactions among subjective and objective factors, mediated by neural/hormonal systems (...)" begreifen, die zu affektiven Erfahrungen mit charakteristischer Aktivation und Valenz führen, kognitive Prozesse auslösen sowie zu unbewussten und bewussten Anpassungsreaktionen führen (Kleinginna & Kleinginna 1981, 355).

von einem integrierten Zusammenwirken mit motivationalen und kognitiven Facetten auszugehen ist (z.B. Damasio 1994 et passim; Panksepp 1998; Roth 1997 et passim). Entscheidend für das Verständnis des Emotionskonstrukts erscheint ungeachtet dessen jedoch der Versuch einer Differenzierung von Kognition und Affekt im Sinne eines minimaldefinitorischen Vorgehens zu sein – das Ziel besteht darin, überschneidungsfreie Begriffsklärungen der beiden Konstrukte zu finden (z.B. Ciompi 2005, 50ff.; im Überblick s. auch Rausch 2011, 20ff.). Der Affektbegriff verweist dabei auf psychophysische Befindlichkeiten als unbewusste basale Bewertungsinstanzen („positiv vs. negativ") zur Einordnung innerer und äußerer Reizkonstellationen und impliziert das ständige Vorhandensein einer affektiven Grundstimmung ungeachtet *scheinbar* affektneutraler Zustände (s. auch Ciompi 1997 67ff.). Affekte sind somit zentrale Bestimmungsfaktoren für den Fokus der individuellen Aufmerksamkeit und bestimmen Speicherung und Retrieval von wahrgenommenen Informationen. Die Suche nach Präzisierungsmöglichkeiten des Kognitionsbegriffs erfolgt durch Ciompi in Anlehnung an den „informationstheoretisch zentralen Begriff des „bit", d.h. (...) kleinsten noch feststellbaren Unterschied" (2005, 51) und unter Rückgriff auf konstruktivistische Sichtweisen auf die individuelle Wirklichkeitskonstruktion[18]. Kognition wird insofern als „die Fähigkeit verstanden, Unterschiede festzustellen und solche Unterschiede (...) weiter zu verarbeiten (ebd., 50). Diese Reizverarbeitung erfolgt nicht zwangsläufig bewusst, enthält jedoch grundsätzlich Informationen über innere und äußere Gegebenheiten. Die Untrennbarkeit von Affekten und Kognitionen im Rahmen von Wahrnehmungsprozessen – über Affekte wird die Aufmerksamkeit auf individuell relevante Informationsinhalte gelenkt, die in Form von Kognitionen verarbeitet werden – wird auch in integrierten Ansätzen deutlich, die „affect as information" begreifen (z.B. Clore 2009; Clore & Huntsinger 2009; Schwarz 1983). In Konsequenz dieser Überlegungen stoßen getrennte Definitionsversuche oder Annahmen über die exklusive Bedeutung des einen oder anderen Konstrukts im Rahmen von Wahrnehmungsprozessen zügig an ihre Grenzen, es ist von integrierten Funktionsmechanismen auszugehen.

In Fortführung dieser Argumentationslinie legt Rausch (2011, 23ff.) im Zuge der Auseinandersetzung mit emotionstheoretischen Grundbegriffen und ihren jeweiligen Bedeutungsumfängen eine Systematisierung aktualgenetischer

---

18 Die experimentalpsychologischen Erkenntnisse zur Wahrnehmbarkeit und zeitlichen Differenzierung unterschiedlicher aufeinanderfolgender Reize (vgl. Kap. 2.4.3) bieten an dieser Stelle aufschlussreiche Hinweise zu den kleinsten Einheiten bewusster Informationsverarbeitung – hier erschließt sich ein erster Anknüpfungspunkt zwischen beiden Theoriesträngen.

emotional-affektiver Konstrukte anhand ihrer Bewusstseinsnähe vor. Es wird dabei im Rückgriff auf ein in Anlehnung an Zimbardo & Gerrig (2004) dreifach gestuftes Bewusstseinsverständnis eine basale Unterteilung in Affekte und Emotionen im weiteren Sinne vorgenommen. Zwischen beiden Instanzen liegt die Bewusstseinsschwelle, die weniger als klare Trennlinie, denn als kontinuierlicher Übergang zwischen biochemischen Erregungszuständen unterschiedlicher Intensitäten verstanden wird. Als nicht bewusstseinsfähig gelten sowohl Affekte im engeren Sinn als auch Affektlagen. Letztere beinhalten in Fortführung der Definitorik des Affektbegriffs (s.o.) unbewusste Bilanzierungen von Einzelaffekten, die in der Gesamtheit zu einer „psycho-physischen Gestimmtheit" (ebd., 21) führen und als basale Bewertungsinstanzen fungieren. Wird aufgrund bestimmter Reizkonstellationen ein gewisser Schwellenwert überschritten, werden diese subjektiven Bewertungsinstanzen der Introspektion durch das Individuum zugänglich und damit bewusstseinsfähig.

Im Bereich der Emotionen im weiteren Sinne wird eine zusätzliche Unterscheidung in die bewusstseinsfähige emotionale Befindlichkeit und die bewusstseinspflichtigen Emotionen im engeren Sinn eingeführt. Die Unterscheidung zwischen emotionaler Befindlichkeit und Emotionen im engeren Sinne weist indes starke inhaltliche Überschneidungen mit der Differenzierung von Emotions- und Stimmungsbegriff auf: Begreift man das Emotionskonstrukt in einem engeren Sinne und begibt sich auf die Suche nach Abgrenzungskriterien zu dem Konstrukt der Stimmung bzw. emotionalen Befindlichkeit[19], so erscheint zunächst das Kriterium „Ausmaß an Objektbezogenheit" unstrittig (Otto, Euler & Mandl 2000, 12f.). Auf einem „grundlegenden Kontinuum emotionaler Prozesse" (ebd., 13) lassen sich Emotionen als stärker auf ein konkretes Objekt hin ausgerichtet interpretieren, während die emotionale Befindlichkeit diesbezüglich eher geringere Ausprägungen aufweist und eher als bilanzierendes, wenn auch „situationsspezifisches Erleben eines Zustandes" verstanden wird (Sembill 1992, 118). Andere Unterscheidungskriterien wie etwa Intensität und Dauer des Erlebens werden vergleichsweise kontroverser diskutiert, in der Tendenz lässt sich jedoch festhalten, dass Emotionen im Vergleich zu Stimmungen bzw.

---

19 Rausch (2011, 23ff.) weist in seiner Systematisierung verschiedener emotionaler Konstrukte anhand des Kriteriums der Bewusstseinsnähe ebenfalls auf die begrifflich-konzeptionelle Verwandtschaft der Konstrukte Stimmung und Befindlichkeit hin und verwendet in seiner Arbeit den Terminus emotionale Befindlichkeit. Jenes Verständnis liegt auch der vorliegenden Arbeit zugrunde, mit dem Begriff der Befindlichkeit seien über den reinen Stimmungsaspekt hinaus auch medizinische (Wohl-)Befindensaspekte verstanden (Seifried & Sembill 2005, 656).

der emotionalen Befindlichkeit als gerichtet, kognitiv repräsentiert und damit sprachlich explizierbar sowie von kürzerer Dauer und höherer Intensität verstanden werden (Scherer 1990; Schmidt-Atzert 1996). Diese Unterscheidung wird oftmals auch bildhaft mittels der sogenannten Figur-Grund-Metapher aus der Gestaltpsychologie illustriert, die den Bereich der Wahrnehmung in vordergründige bzw. gegenständliche und hintergründige bzw. gegenstandslose Felder unterteilt (Ewert 1983). Auf die emotionale Verarbeitung von Erlebnissen angewandt, ließe sich der Stimmungsbegriff eher als formloser und weniger konkreter Hintergrund für den Emotionsbegriff im engeren Sinne verstehen, der wiederum bildhaft mit dem „Figurcharakter" umschrieben wird. Es wird jedoch vielfach darauf hingewiesen, dass aus der Stimmung bzw. emotionalen Befindlichkeit als bewusstseins*fähigem* Konstrukt bei intensiverer Aufmerksamkeit und Veränderung situativer Parameter auch objektbezogene Emotionen werden können, an dieser Stelle erscheint wieder der Gedanke an ein Kontinuum emotionaler Prozesse angebracht. Eine Verortung von Emotionen im engeren Sinne und Befindlichkeiten auf diesem emotionalen Kontinuum zieht Konsequenzen für das Verständnis von Handlungsregulationsprozessen nach sich. Denn während Emotionen im engeren Sinn für das Individuum *unmittelbare* Veränderungsbedarfe anzeigen, ist die emotionale Befindlichkeit als bewusstseins*fähiges* emotionales Phänomen zwar ein bedeutender Teil von Handlungsprozessen, kanalisiert diese aber zeitlich nicht so unmittelbar wie die stärker objektbezogene und intensivere Emotion. Dies bedeutet, für das Individuum stellt sich der Handlungsbedarf als umso dringlicher heraus, je mehr Aufmerksamkeitskapazität das subjektive Erleben für sich beansprucht.

Jenseits der aktualgenetischen emotionalen Zustände oder „States" und entsprechender Definitions- und Systematisierungsversuche werden überdies auch individuelle, zeitlich stabilere emotionale Reaktionsmuster und -tendenzen, sog. „Traits", mit den Begriffen Emotion oder Affekt erfasst. Es handelt sich dabei um emotional akzentuierte Persönlichkeitseigenschaften, Einstellungen oder personentypische emotionale Erlebensmuster, deren Bedeutung für Wahrnehmung und Handeln sich im Sinne von habitualisierten individuellen Merkmalen entfaltet, welche jedoch nicht grundsätzlich unveränderlich sind (s. etwa Götz 2004, 13ff.; Rausch, Scheja, Dreyer, Warwas & Egloffstein 2010, 197f.; Wild, Hofer & Pekrun 2006, 208). Sie entstehen im Rahmen wiederkehrender emotionaler Erfahrungen und Bilanzierungen in Bezug auf strukturell ähnliche Situationen oder Reizkonstellationen und üben als individuelle Reaktionsdispositionen ihrerseits Einfluss auf aktualgenetische Emotionsprozesse, etwa das aktuelle Wohlbefinden aus, wobei über die dominierende Richtung dieser wechselseitigen Wirkung dabei noch nichts ausgesagt ist (vgl. Rusting 1998, 190). In Bezug auf ihre Bedeutung für die situative Emotionsentstehung wird jedoch von einem größeren Einfluss situativer Entstehungskonstellationen ausgegangen (s. etwa Schallberger 2000; Costa & McCrae 1980).

2.5.2 Verwobenheit emotionaler, motivationaler und kognitiver Facetten in Wahrnehmungs- und Handlungsprozessen

Um ein ganzheitliches Verständnis der Bedeutung emotionaler, motivationaler und kognitiver Facetten in Wahrnehmungs- und Handlungsprozessen zu erlangen, ist ein Blick auf die komplexen Wechselwirkungen der beteiligten Instanzen im Rahmen der Handlungsregulation unerlässlich. Für dieses komplexe Zusammenspiel ist in Bezug auf grundlegende Funktionalitäten zunächst festzuhalten, dass emotional-affektive Instanzen Aufmerksamkeitsfilter darstellen und Handlungsbereitschaften kanalisieren, während motivationale Instanzen diese Handlungsbereitschaften entlang konkreter Motiv-Bedürfnis-Konstellationen bzw. Ziele ausrichten und Kognitionen der Organisation und Verarbeitung von Wahrnehmungsinhalten dienen (im Überblick s. z.B. Sembill 1992). In Ergänzung des vorherigen Abschnitts zu den definitorischen Differenzierungsversuchen im emotional-affektiven Bereich ist für das Verständnis des komplexen Zusammenspiels in Wahrnehmung und Handlungsregulation und der Entstehung von Emotionen nun auch die zumindest überblickartige Erörterung der entsprechenden motivationalen und kognitiven Regulationsmechanismen sinnvoll und notwendig.

Die Bedeutung motivationaler Facetten in Handlungsprozessen speist sich zunächst aus der Steuerungswirkung individueller Motiv-Bedürfnislagen und Zielhierarchien. Es handelt sich dabei um verhältnismäßig stabile Handlungstendenzen im Sinne von Traits, welche im Zusammenspiel mit emotional-affektiven Facetten in die Bewertung situativer Reizkonstellationen münden und als solche einen basalen Einfluss auf die resultierende Handlungsrichtung ausüben. Motive werden ausgehend von McClelland (1951) zumeist als zeitlich stabile, positiv konnotierte Zielbündel aufgrund vorhergehender Erfahrungen verstanden und führen zu einer selektiven Bevorzugung von Wahrnehmungsinhalten, die antizipativ eine Passung zu diesen Zielen aufweisen (s. z.B. Kuhl 2001; Rheinberg 2004). In Abhängigkeit der Bewusstheit im Handlungsprozess werden implizite und explizite Motive unterschieden, die nicht zwangsläufig gleichläufig sein müssen und bei entsprechenden Dissonanzen zu Beeinträchtigungen des subjektiven Wohlbefindens führen können (Brunstein 2006, 235ff.). Bedürfnisse als „angeborene Disposition des Menschen" (Schumacher 2002, 79)

71

verweisen auf physiologische oder psychologische Mangelerlebnisse und resultieren grundsätzlich aus einer subjektiv wahrgenommenen Diskrepanz in Soll-Ist-Abgleichen. Infolge wiederholten Erlebens und einer korrespondierenden Gedächtnisrepräsentation finden Bedürfnisse ihren Ausdruck in entsprechenden Handlungsmotiven (Scheffer & Heckhausen 2006, 54; Schmuacher 2002, 80). Letztere ziehen in Abhängigkeit ihrer Qualität unterschiedliche Handlungstendenzen nach sich und lassen sich theoretisch auf einige Ausprägungen verdichten – so differenziert etwa Schumacher (2002, 202ff.) mit dem Macht-, Lern-, Anerkennungs-, Zuneigungs- und Zugehörigkeitsmotiv fünf unterschiedliche Handlungsmotive. Diesen zugrunde liegt ein psychologisches Basismotivsystem jedes Individuums, das auf die Erlangung und Aufrechterhaltung von Kontrolle und Bestimmtheit gerichtet ist und letztlich zu Neugierde und Explorationsbestrebungen führt, die auf die Erweiterung der individuellen Kompetenzen und das Erleben von Selbstwirksamkeit gerichtet sind (z.B. Dörner, Reither & Stäudel 1982, 62f.; Heckhausen & Heckhausen 2006, 2f.; Oesterreich 1981, 147).

In konzeptioneller Nähe dazu identifizieren Deci & Ryan (1985 et passim) im Rahmen ihrer Selbstbestimmungstheorie der Motivation drei psychologische Basisbedürfnisse, die im Falle ihrer Befriedigung zu einer Ausweitung der individuellen Explorationsaktivitäten und positiven emotional-affektiven Situationsbewertungen führen und daher grundsätzlich motivationsunterstützend wirken (differenzierte Begründungen finden sich z.B. bei Scheja 2009, 77ff.): Unterschieden werden (1) das Bedürfnis nach Kompetenzerleben, (2) das Bedürfnis nach sozialer Eingebundenheit und (3) das Bedürfnis nach Autonomieerleben. Ersteres beinhaltet das Streben nach dem Erlebnis eigener Wirksamkeit und ist sowohl auf die gegenwärtige als auch auf die zukünftige Handlungsfähigkeit des Individuums gerichtet (z.B. Deci & Ryan 2000, 229). Das Bedürfnis nach sozialer Eingebundenheit drückt sich in dem individuellen Streben nach der Zugehörigkeit zu sozialen Interaktionsgefügen aus und kann sich auf einzelne Individuen oder Gruppen beziehen, welche in positiver Wertschätzung zu dem entsprechend zugehörigen Individuum stehen (Deci & Ryan 2000, 235). Das Bedürfnis nach Autonomie bezieht sich schließlich auf das individuelle Streben nach eigeninitiativem und selbstbestimmtem Handeln aufgrund der eigenen Zielhierarchien und Wertvorstellungen, schließt jedoch eine Beeinflussung von außen nicht aus (Ryan & Deci 2000, 330).

Neben diesen basalen Motiv-Bedürfnislagen, auf deren Grundlage sich die individuelle Handlungsregulation vollzieht, spielen auch Fragen der unmittelbaren und mittelbaren Handlungsziele in ihrer hierarchischen Strukturierung eine Rolle, die im Rahmen motivationstheoretischer Ansätze näher beleuchtet werden. Individuelle Ziele entstehen infolge der subjektiven Bewertung ihres Nutzens zur Bedürfnis- bzw. Motivbefriedigung (Dörner 1985a). Der Begriff Motivation wird als Ausrichtung der individuellen Handlungsvollzüge auf erstrebenswerte Zielzustände umschrieben (Rheinberg 2004, 17) und ist als „Produkt von Person und Situation" (Heckhausen & Heckhausen 2006, 3) gleichermaßen durch situative und durch personenbezogene Faktoren beeinflusst. Bei der Ausdifferenzierung unterschiedlicher Zielqualitäten im Zuge der Erklärung motivierten menschlichen Handelns wird zwischen eher mittelbaren Zweck- und eher unmittelbaren Vollzugsanreizen unterschieden, was in der Konsequenz in eine Differenzierung unterschiedlicher Motivationsformen mündet (z.B. Deci & Ryan 1985 et passim; Prenzel, Kirsten, Dengler, Ettle & Beer 1996; Prenzel 1997 et passim; Csikszentmihalyi 1985). Eine besondere Bedeutung hat dabei die idealtypische Unterscheidung extrinsischer (Dominanz der Zweckanreize) und intrinsischer (Dominanz der Vollzugsanreize) Motivation erlangt, die jedoch konzeptionell einige Probleme aufwirft und nicht durchgehend tragfähig ist (zur Kritik an den dominierenden Motivationsmodellierungen und Abgrenzung zur Interessentheorie s. Scheja 2009, 47ff.). Ungeachtet dessen hat besonders die Selbstbestimmungstheorie der Motivation als Systematisierungsansatz zur Erklärung unterschiedlich motivierten Handelns auch im Zusammenhang mit Lehr-Lern-Prozessen einen übergeordneten Stellenwert inne.

Über den Versuch der Differenzierung von Ziel- und Anreizkategorien bei der Erklärung und Beschreibung individueller Handlungen hinaus spielen in der Motivationspsychologie verschiedene Prozessmodelle, die die verschiedenen Handlungsphasen und regulierenden Instanzen visualisieren, eine gewichtige Rolle: Heckhausen & Gollwitzer (1986) legen mit dem sog. Rubikon-Modell einen bis heute einflussreichen Modellierungsansatz vor, der den Stellenwert volitionaler Elemente bei der Handlungsgenese zusätzlich zu den motivationalen Aspekten der Zielbildung und -abwägung betont und in ihrer Abfolge darstellt. Es wird dabei deutlich gemacht, dass zur Erklärung der Absichtsgenese und konkreten Handlungsplanung sowie -initiierung intentionale Aspekte berücksichtigt werden müssen (ebd., 1071ff., s. auch Schumacher 2001) – so gelten Handlungen als „Intentionen in Aktion" (Brandstätter & Greve 1999, 190). Diese beziehen sich auf konkrete Absichten und Zielentscheidungen des Individuums, die in Handlungsvorsätze und schließlich in konkrete zielbezogene Handlungen münden. Die Entscheidung für ein bestimmtes Handlungsziel oder Zielsystem im Rahmen der Absichtsbildung impliziert zwangsläufig eine Entscheidung gegen andere Ziele, die infolge des Entscheidungsprozesses aus dem nun verengten Blickfeld der Aufmerksamkeit geraten und durch das Individuum allenfalls im Rahmen der bewussten Handlungsbewertung erneut aufgegriffen werden, in der Regel jedoch keine Rolle mehr spielen (Kuhl 2001, 144). Ungeachtet dessen wird nicht jede Situation auf ein Neues durch das Individuum bewertet, Zielentscheidungen und Handlungsabsichten entstehen und verändern sich vielmehr im Zuge der unterschiedlichen Handlungssituationen, die das Individuum durchlebt und anhand ihrer Ergebnisse bewertet und sind insofern zumindest im Falle längerfristiger Zielsysteme an die Person geknüpft (vgl. das erweiterte Grundmodell der klassischen Motivationspsychologie bei Rausch 2011, 39).

Im Kern ebenfalls einen prozessualen Charakter weisen die sog. Erwartungs-mal-Wert-Modelle auf, die neben konkreten situativen Aspekten Erwartungen der Individuen in Bezug auf Handlungsergebnisse und -folgen berücksichtigen und in der Motivationspsychologie einen übergeordneten Stellenwert innehaben (Krapp & Hascher 2009). Es werden entlang der Prozesskette aus *Situation, Handlung, Handlungsergebnis* und *Handlungsfolgen* unterschiedliche Erwartungstypen (z.B. Handlungs-bei-Situation-Ergebnis-Erwartung, Handlungs-Ergebnis-Erwartung oder Ergebnis-Folge-Erwartung) unterschieden, die sich in unterschiedlicher Kombination auf die subjektive Situationsbewertung beziehen und nicht durchwegs durch das Individuum verursacht werden bzw. beeinflussbar sind (Heckhausen 1977 et passim).

Zu den Wechselwirkungen motivationaler mit emotionalen Facetten im Rahmen der Handlungsregulation ist festzuhalten, dass letztere im Rahmen der Selektion (vgl. Intake bei Aebli 1980) und Bewertung subjektiv relevanter Handlungssituationen zumindest eine mittelbare Wirkung auf das individuelle Handeln (bei unmittelbarer Wirkung auf das Erleben) entfalten, während motivationalen Facetten aufgrund ihres Zielbezugs eine unmittelbare Auswirkung auf Handlungsrepertoires (bei mittelbarer Wirkung auf das Erleben) zugeschrieben wird (Kuhl 2001, 618; s. auch Rausch 2011, 36; Sembill, Rausch & Kögler in press). Emotionale Facetten ermöglichen über kontinuierliche (unbewusste oder bewusste) Rückmeldungen an das Individuum zudem eine zeit- und handlungsnahe Bewertung der Handlungsfolgen und -wirkungen und gehen auf diesem Weg wieder in die erfahrungsbasierte Selektion und Antizipation von Handlungsergebnissen ein.

In diesem Prozess spielen jedoch auch kognitive Facetten eine bedeutende Rolle. Als wichtige Instanzen bei der Verarbeitung und Organisation von Wahrnehmungsinhalten ermöglichen sie die (unbewusste oder bewusste) Suche nach erfahrungsbasierten Handlungsroutinen oder Geschehnis- bzw. Aktionsschemata, die in jeder Wahrnehmungssituation mit dem Ziel einer möglichst kapazitätssparsamen Reiz- und Informationsverarbeitung und Reduzierung der situativen Unbestimmtheit erfolgt (vgl. z.B. Dörner 1985a, 79; Dörner, Reither &

Stäudel 1982, 62f.; Lazarus 1999, 10). Dabei werden bereits vorhandene (Handlungs-)Erfahrungen, die schematisch und in unterschiedlichen Strukturierungsgraden im Gedächtnis repräsentiert sind, auf ihre Relevanz für die vorliegende Situation hin bewertet und anhand einer antizipierten Ergebniserwartung (in Anlehnung an Heckhausen & Heckhausen 2006, 5, s.o.) im Zusammenhang mit den individuellen Motiv-Bedürfnislagen und Zielen überprüft. In diesem Abgleich der situativ zur Verfügung stehenden Schemata mit den jeweiligen individuellen Motiv-Bedürfnislagen und Zielhierarchien und den resultierenden Handlungs-Ergebnis-Erwartungen offenbart sich das Zusammenspiel kognitiver und motivationaler Facetten und ist insofern basal für das Funktionieren der individuellen Handlungsregulation.

Durch das Auftreten von vormals unbekannten situativen Reizkonstellationen oder tatsächlichen Handlungsergebnissen respektive Erfahrungen und entsprechende Einspeicherungen entsteht im Zeitverlauf schließlich eine Gesamtheit von repräsentierten Geschehnis- und Aktionsschemata, welche von Dörner (1976 et passim, auch 2008) als epistemische Kompetenz eines Individuums bezeichnet wird und auf die subjektive Komplexität und Herausforderung der jeweiligen Handlungssituation hinweist[20]. Das Nicht-Vorhandensein adäquater Handlungsroutinen bzw. Schemata in einer konkreten Situation kommt dabei einer vergleichsweise hohen situativen Komplexität bei wahrgenommenem Kontrollverlust gleich und mündet bis zur Identifikation adäquat erscheinender Handlungsoptionen oder Anwendung mentaler Abwehrmaßnahmen des Kompetenzschutzes unter gewissen Umständen in emotionale Beeinträchtigungen (Dörner 1976, 18f.). Positive emotionale Erlebensqualitäten können wiederum im Zusammenhang mit der subjektiven Identifikation ausreichender Fähigkeiten und Fertigkeiten zur Situationsbewältigung verknüpft sein oder auch aus Erfolgserlebnissen im Zuge der Bewältigung zunächst überfordernder Situationen resultieren (vgl. Dörner, Reither & Stäudel 1982, 65ff; Lantermann 1983, 252ff.). Diese Verbindung der kognitiven mit emotionalen Instanzen der Handlungsregulation ist insofern äußerst vielgestaltig und wird im nachfolgenden Abschnitt näher erläutert.

---

20 Im Zusammenspiel mit dem individuellen Zutrauen in die erfolgreiche Situationsbewältigung, das Dörner als heuristische Kompetenz bezeichnet, entsteht das Konstrukt der aktuellen Kompetenz, welches die individuelle Bewältigungsfähigkeit von Individuen in Handlungssituationen darstellt (s. etwa 1985, 84).

2.5.3 Appraisal-Theorien der Emotionsgenese

Vor dem Hintergrund der zuvor rekapitulierten Grundannahmen über die an Wahrnehmungs- und Handlungsprozessen beteiligten Instanzen und die in ihnen ablaufenden unbewussten Mechanismen bis hin zu bewussten Reflexionen hat sich eine Reihe von Theorien entwickelt, die auf die Frage zielen, wie sich die affektgeleiteten Bewertungs- und Informationsverarbeitungsprozesse vollziehen und welche Emotionen daraus resultieren können (z.B. Lazarus, Kanner & Folkman 1980; Ulich, Mayring & Strehmel 1983; Frijda 1986; Scherer 1990 et passim). Der Begriff Appraisal-Theorien nimmt dabei Bezug auf die Bewertungen (*appraisals*), die im Zuge der Situationsbewältigung durch Individuen vor dem Hintergrund ihrer aktuellen Motiv-Bedürfnislagen entstehen und zur Einordnung der betreffenden inneren oder äußeren Reizkonstellation dienen. Es werden meist verschiedene (unbewusste oder bewusste) Verarbeitungsschritte unterschieden, die sich auf die qualitative Einordnung von wahrgenommenen Reizen und die Frage der subjektiven Bewältigungsmöglichkeiten beziehen.

Das aus der Reihe der Appraisal-Theorien weithin bekannt gewordene „transaktionale Stressmodell" von Lazarus und Kollegen (Lazarus, Kanner & Folkman 1980; Lazarus & Folkman 1987; Lazarus & Smith 1988) geht bei der Erklärung von Stress- und Angstentstehung etwa von drei Bewertungsschritten aus: (1.) Im Rahmen des „primary appraisal" wird die Bedeutung der registrierten Reize auf ihre subjektive Relevanz, Gefährlichkeit und Fragen der potentiellen Schädigung bzw. des Ertrags hin bewertet. (2.) Das „secondary appraisal" dient der Einschätzung eigener Handlungspotentiale und Bewältigungsmöglichkeiten in der konkreten Situation, während nach Ausführung entsprechender Bewältigungshandlungen in der Regel ein (3.) „reappraisal" Auskunft darüber gibt, inwiefern die getätigten Maßnahmen zur Bewältigung der Situation geeignet waren – hier kommt es insofern zu einer Neubewertung der veränderten Reizumgebung. In den unterschiedlichen Appraisal-Phasen werden entsprechend der untrennbaren Verflechtung der verschiedenen Instanzen im Rahmen der Handlungsregulation sowohl motivationale als auch kognitive Facetten mitgedacht. Die Entstehung von bewussten Emotionen im engeren Sinne ist eine mögliche, aber nicht notwendige Begleit- bzw. Folgeerscheinung der individuellen Situationsbewertung, vielmehr bleiben die Verarbeitungsschritte im Falle hinlänglich bekannter Reizkonstellationen unbewusst und damit auf Affektebene (z.B. Schumacher 2002, 121), zumindest solange sie die individuelle Bedürfnisbefriedigung respektive Zielerreichung nicht gefährden. Im Anschluss an die Situationsbewertung und gegebenenfalls Entstehung von Emotionen kommt es zu entsprechenden Bewältigungshandlungen. Das sog. Emotionscoping findet immer dann statt, wenn das subjektive Erleben von einem im Rahmen der individuellen Bedürfnis- und Zielhierarchie angestrebten Soll-Zustand deutlich abweicht (z.B. Hascher 2004), an dieser Stelle wird die enge Verknüpfung mit motivationalen Instanzen um ein weiteres Mal deutlich. Copingmaßnahmen können auf die Veränderung der emotionsauslösenden Situation durch Akkomodation oder Assimilation gerichtet sein oder aber die individuelle Umdeutung der Emotion sowie Vermeide- bzw. Fluchtreaktionen zum Ziel haben (ausgehend von Lazarus & Launier 1978). Die Auswahl der Bewältigungshandlung wird durch das subjektive Ausmaß der Bedrohung, den Grad der subjektiven Hilflosigkeit und situativen Ungewissheit sowie das Vorhandensein von Konflikten beeinflusst (vgl. Lazarus & Folkman 1984).

Im Umfeld der Arbeiten von Lazarus und Kollegen entstand in der Folgezeit das ähnlich strukturierte Prozessmodell der Stressverteilung und Bewältigung von Ulich, Mayring & Strehmel (1983, 190ff.), welches ebenfalls von einer wechselseitigen („transaktionalen") Beziehung zwischen Umwelt und Individuum ausgeht und diese mittels sogenannter TOTE-Einheiten (Test-operate-Test-Exit) veranschaulicht. Zudem werden konkrete personen- oder situationsbezogene Einflussfaktoren auf die erste und zweite Bewertung (appraisal) spezifiziert (z.B. Interesse, Belastbarkeit, Ursachenzuschreibungen, Stressoren etc.). Im Falle der subjektiven Identifikation einer Stress auslösenden Situation kommt es zu verschiedenen Bewältigungsversuchen und in der Folge zu einer veränderten Person-Umwelt-Beziehung und entsprechenden Neueinschätzung (reappraisal).

Darüber hinaus erlangte auch das Modell der sog. „stimulus evaluation checks" von Scherer in seiner ursprünglichen Form (z.B. Scherer 1981, 1988, 2001) und verschiedenen Adaptionen bzw. Weiterentwicklungen (z.B. Kuhl 1983; Leventhal & Scherer 1987; Sembill 1992 et passim; Smith & Kirby 2000) einen hohen Verbreitungsgrad. Dies ist besonders auf seine integrierte Sicht auf das Zusammenspiel kognitiver, emotionaler und motivationaler Instanzen im Zuge der individuellen Handlungsregulation zurückzuführen, die sich von den sonstigen Diskussionen um eine Vorrangstellung emotionaler bzw. kognitiver Verarbeitungsschritte deutlich abhebt (vgl. Sembill 1992, 131ff.). Auch in diesem Modell wird von verschiedenen Prüfschritten ausgegangen, in denen (innere oder äußere) Reize auf ihre (1.) Neuartigkeit, (2.) Angenehmheit, (3.) Zielrelevanz, (4.) Bewältigungsmöglichkeit und (5.) Normvereinbarkeit hin analysiert werden. Diese Prüfschritte werden auf drei Regulationsebenen unterschiedlicher Verarbeitungskomplexität durchlaufen, wobei die Informationsverarbeitung nicht zwangsläufig bewusst erfolgen muss und daher auch sehr rasch vonstatten gehen kann. Besonders die beiden Prüfschritte auf Neuartigkeit (Schritt 1) und Angenehmheit (Schritt 2) von Reizen verlaufen oftmals unbewusst auf einer automatisierten bzw. sensumotorischen Regulationsebene (vgl. Scherer 1981, 312; ähnlich auch Hacker 1978, 104), während auf der nächsthöheren Ebene der Ziel-/Bedürfnisbezug (Schritt 3) im Sinne der subjektiven Bedeutung von Reizen für die Person zumeist schematisch verarbeitet wird. Auf einer intellektuellen bzw. konzeptionellen Regulationsebene werden schließlich subjektive Handlungspotentiale und –beschränkungen einer Prüfung zugeführt, es geht um die subjektive Bewältigungsfähigkeit des Individuums (Schritt 4) und die Vereinbarkeit potentieller Handlungen mit dem internen und externen Normensystem, in dem sich das Individuum bewegt (Schritt 5).

Jedem Prüfschritt ist in Folge der bewussten oder unbewussten Verarbeitung zudem die Genese von affektiven oder emotionalen Zuständen und unterschiedlichen Reaktionen zugeordnet. Rausch (2011, 58) nimmt eine Zuordnung affektiv-emotionaler Zustände zu den drei Verarbeitungsebenen (sensumotorisch, schematisch und konzeptionell) entlang seiner Differenzierung von Konstrukten unterschiedlicher Bewusstseinsnähe vor – nicht bewusstseinsfähige Affekte korrespondieren demnach primär mit den Prüfschritten auf der sensumotorischen Ebene, während die bewusstseinsfähige emotionale Befindlichkeit bzw. Affektlage schematischen Verarbeitungsprozeduren zuzuordnen ist und bewusste Emotionen im Zuge einer bewussten Reizverarbeitung auf konzeptioneller Ebene entstehen. Zu der Entstehung von Emotionen im engeren Sinne kommt es in dem Moment, in dem die Ergebnisse der Prüfschritte auf einer der Verarbeitungsebenen eine bewusste Fokussierung der Aufmerksamkeit auf die entsprechende Reizkonstellation nahelegen, etwa weil die routinisierten bzw. schematischen Reaktionsmuster zur Bewältigung der Situation nicht ausreichen (Leventhal & Scherer 1987, 17). Dies lässt sich beispielsweise in akuten subjektiven Gefährdungslagen im Zusammenhang mit der Entstehung von Angst beobachten – ein unerwarteter, aversiver Reiz (z.B. eine fremd aussehende Spinne in der Bananenkiste im Supermarkt) führt zu der Wahrnehmung dringenden Handlungsbedarfs aufgrund einer Gefährdung und im Falle des Nicht-Vorhandenseins strukturell ähnlicher und erfolgreicher Vorerfahrungen zu der Entstehung subjektiv geringer Kontroll- bzw. Eingriffsmöglichkeiten und in der Folge der Entstehung von Angst – hier wird zudem die enge Verflechtung bzw. zwischen den unterschiedlichen Prüfschritten sichtbar. Die entstandene Emotion wird jedoch als fluide Momentaufnahme innerhalb eines zeitlich nicht klar eingrenzbaren emotionalen Prozesses angesehen (Kuhl 1983, 21) und geht wiederum in die nachfolgenden Reizverarbeitungssituationen (im Sinne des reappraisal bei Lazarus) ein. Auf diese Weise entsteht ein komplexes System aus kontinuierlichen Wahrnehmungs-, Erlebens- und Handlungsprozessen, in denen motivationale, emotional-affektive und kognitive Facetten in ihrem Zusammenspiel eine elementare Rolle spielen. Bereits das ursprüngliche Modell von Scherer hat aufgrund seiner Ganzheitlichkeit im Sinne der Integration dieser verschiedenen Facetten und Teilprozesse maßgeblich zu einer Aufklärung der Funktionsweise individuellen Wahrnehmens, Erlebens und Handelns beigetragen und zu dem bis heute anhaltend hohen Stellenwert von Appraisal-Theorien geführt.

Diese Dominanz der Appraisal-Theorien bei der Aufklärung ablaufender Mechanismen der Emotionsgenese und letztlich Handlungsregulation ist besonders in jüngerer Zeit auch durch neurophysiologische Annäherungen an das Themenfeld befeuert worden (z.b. Damasio 2000; LeDoux 1995; Panksepp 2003; Roth 2001, 2007). Sie zeichnen sich durch eine hohe Integrations- und Konsensfähigkeit bezüglich einer ganzheitlichen Sicht auf emotionale, motivationale und kognitive Facetten individuellen Handelns und Erlebens aus. Für das Zusammenspiel dieser unterschiedlichen Facetten lässt sich in der Konsequenz und besonders mit Blick auf die älteren Debatten zu der Vorrangstellung von emotionalen oder kognitiven Instanzen festhalten, dass es weniger auf eindeutige, letztgültige Definitionen und exklusive Funktionszuweisungen anzukommen scheint, denn vielmehr die Integration der verschiedenen, bislang recht isolierten Theoriestränge anzustreben und zu einer Gesamtschau auf das Geschehen der Wahrnehmungs- und Handlungsregulation zu gelangen ist. Dies lässt sich indes nur erreichen, indem die beteiligten Facetten anhand der bis dato existierenden Definitions- und Systematisierungsversuche zunächst analytisch zerlegt und einer getrennten Betrachtung unterzogen werden, wie vorliegend überblickartig geschehen.

2.5.4 Konsequenzen für empirische Zugänge zu Emotionskonstrukten in Unterrichtsprozessen

Eine ganzheitliche Sicht auf das Zusammenspiel emotionaler, motivationaler und kognitiver Facetten bei der individuellen Reizverarbeitung erfordert in der Konsequenz empirische Zugänge, die in der Lage sind, jenes Gefüge ganzheitlich und in seinen Verflechtungen abzubilden, ohne die spezifischen Charakteristika der Einzelfacetten aus dem Blick zu verlieren. Empirische Fragen nach der Entstehung und Wirkung von Emotionen im engeren Sinne stellen sich dabei auch und besonders in pädagogischen Erkenntnisfeldern (z.B. Eder 1995; Pekrun 1998; Schutz & DeCuir 2002; Hascher 2004, 2010, 2012; Knollmann & Wild 2007; Edlinger & Hascher 2008; Sembill 2010). Zunächst schlägt sich die übergeordnete Bedeutung emotionaler Erlebensqualitäten für Lehr-Lern-Prozesse und ihren Erfolg lange in der schwerpunktmäßigen Beforschung der Emotion Angst nieder (z.B. Morris & Liebert 1970; Sembill 1992; Schwarzer 1993; Krohne 1996; zusf. Schnabel 1996), bevor in jüngerer Zeit auch Studien zu anderen Lern- und Leistungsemotionen wie etwa Freude, Stolz oder Erleichterung Eingang in empirische Forschungsarbeiten finden (z.B. Hascher 2004; Frenzel, Goetz, Lüdtke, Pekrun & Sutton 2009; Hagenauer 2011; Hagenauer & Hascher 2011). Unterrepräsentiert sind von einigen Ausnahmen abgesehen nach wie vor Arbeiten zu negativen Emotionen wie etwa Ärger, Trauer oder Langeweile, dies gilt in besonderem Maße für das Forschungsfeld der beruflichen Bildung (Fichten 1993; Grieder 2006).

In methodischer Hinsicht hat sich ein breites Spektrum entwickelt (im Überblick s. z.B. Debus 2000; Hascher 2008; Hascher & Edlinger 2009; Mauss & Robinson 2009): Es werden für die verschiedenen Komponenten emotionalen Erlebens empirische Zugänge zunächst dahingehend unterschieden, ob sie auf physiologische Prozesse[21], emotionsspezifische Expressionen[22] oder subjektive Wahrnehmungsinhalte zielen (Rausch, Scheja, Dreyer, Warwas & Egloffstein 2010, 198ff.). Einen besonderen Stellenwert für die empirische Lehr-Lern-Forschung haben Analysen des subjektiven Erlebens der Probanden

---

21 Im Rahmen neurowissenschaftlicher Experimentalstudien werden zentral- und periphernervöse Prozesse untersucht. Besonders die im Rahmen bildgebender Verfahren erzeugten Ergebnisse fließen jüngst auch in die pädagogisch-psychologische Diskussion ein und werden bisweilen kritisch auf ihre Übertragbarkeit für Lehr-Lern-Prozesse reflektiert (z.B. Herrmann 2006; Sembill im Druck): Angesichts von Emergenzproblemen und der Gefahr naturalistischer Fehlschlüsse sind dabei besonders Ableitungen von didaktischen Handlungsempfehlungen für Unterrichtsprozesse aufgrund experimentell erzeugter Einzelbefunde an Individuen problematisch. Neuere Studien widmen sich daher verstärkt der Analyse von Wechselwirkungen zwischen periphernervösen Prozessen (z.B. Hautleitfähigkeit, Herzratenvariabilität, Blutdruck, Cortisolspiegel), Wahrnehmungsinhalten und Beobachtungsdaten im Forschungsfeld Unterricht, was jedoch bisweilen durch forschungsethische und datenschutzrechtliche Bedenken der Probanden und bildungspolitischen Entscheidungsträger erschwert wird (vgl. Golyszny, Kärner & Sembill 2012). Dieses Forschungsfeld befindet sich daher noch im Aufbau, es sind jedoch gerade für die ganzheitliche physiologische und psychologische Sicht auf Erlebensprozesse im Zusammenhang mit didaktischen Gestaltungsfragen aufschlussreiche Erkenntnisse zu erwarten.

22 Die Frage nach der Emotionsspezifität von Ausdrucksreaktionen ist umstritten – im Rahmen zahlreicher Untersuchungen wird versucht, Gestik, Mimik oder Körperhaltung auf bestimmte emotionale Zustände zurückzuführen (Kaiser & Wehrle 2009, 521ff.). Angesichts forschungsmethodischer Limitationen, aber auch dominanter kulturspezifischer und individueller Einflüsse sind valide und damit unumstrittene Ergebnisse jedoch nur schwer zu erlangen.

mittels Selbstauskunftsverfahren erlangt, die in Abhängigkeit des jeweiligen Konstruktverständnisses und Erkenntnisziels jedoch zu sehr unterschiedlichen Operationalisierungen gelangen. Mayring (2003, 33ff.; s. auch Rausch, Scheja, Dreyer, Warwas & Egloffstein 2010, 200) unterscheidet fünf Arten der Emotionserfassung mittels Erhebung von Selbstauskünften (standardisierte Skalen, Eigenschaftswörterlisten, graphische Methoden, offene Fragebögen und Interviews), die sich entweder stärker der quantitativen oder qualitativen Forschung zurechnen lassen und vielfältige mediale Umsetzungsmöglichkeiten bergen. Darüber hinaus unterscheiden sich die eingesetzten Erhebungsinstrumente und -methoden in Abhängigkeit des Bezugszeitraumes, auf den sich die jeweiligen Items richten (Debus 2000, 413f.) – anhand der Erstreckung des Bezugszeitraums (Minuten, Stunden, Tage oder spezifische tätigkeitsbezogene Zeiträume) lassen sich zeitlich weiträumige Erhebungen bis hin zu sehr situationsnahen, engmaschigen Befragungsintervallen differenzieren. Die Auswahl und Implementierung der jeweils geeigneten Erhebungsinstrumente sollte vornehmlich anhand der zeitlichen Stabilität bzw. vermuteten Volatilität der interessierenden Konstruktfacette und dem jeweiligen Erhebungskontext mit seinen Charakteristika und Limitationen erfolgen.

Unterrichtliche Lehr-Lern-Prozesse zeichnen sich aufgrund der Vielzahl der an ihnen beteiligten Personen und multiplen Gestaltungsparameter durch ihre hohe Dynamik und Komplexität aus. Infolge dessen ergeben sich einige wichtige Konsequenzen für die Erforschung individueller Erlebensqualitäten in Unterrichtsprozessen: Unter Rückgriff auf die Differenzierung von Debus (2000) ist festzustellen, dass für die Erhebung subjektiven Erlebens im Unterricht eher zeitlich stark umgrenzte bzw. prozessnahe Erhebungsverfahren mit eng getakteten Intervallen in Frage kommen, die die hohe Dynamik des unterrichtlichen Geschehens und die Volatilität des Erlebens über Selbstauskünfte der Beteiligten abzubilden vermögen und den Prozessablauf dabei in möglichst geringem Ausmaß stören. Denn je weiter der Erhebungszeitpunkt von dem tatsächlichen Erleben und seinen situationsbezogenen Bedingungsfaktoren entfernt ist, desto größer ist die Gefahr etwaiger Beurteilungsfehler und rekonstruktiver Verzerrungen der Erinnerung (Mauss & Robinson 2009). Dies ist insbesondere bei retrospektiven Untersuchungen des emotionalen Erlebens von Lernenden *nach* dem Unterricht ein wichtiger Kritikpunkt und sollte in die kritische Bewertung der erzeugten Befunde einfließen.

Im Erhebungskontext der beruflichen Bildung hat sich für Untersuchungen im Unterrichtsprozess selbst seit 1992 im Rahmen der Studien zum Selbstorganisierten Lernen der Forschergruppe um Sembill eine feste Taktung von Messzeitpunkten, ein sogenanntes „Continuous State Sampling" als erfolgreich erwiesen, um kontinuierliche Einschätzungen des Unterrichtsgeschehens durch Lehrende oder Lernende zu erhalten (für eine Übersicht der Forschungsergebnisse s. Sembill, Wuttke, Seifried, Egloffstein & Rausch 2007 und die dort zitierte Literatur). Diese Methode basiert auf dem in den 1980er Jahren etablierten Experience-Sampling, bei dem Probanden in verschiedenen Lebens-, Lern- oder Arbeitskontexten aufgefordert sind, Selbstberichte über ihr subjektives Erleben im Zusammenhang mit verschiedenen Aktivitäten oder äußeren Umständen abzugeben (Larson & Csikszentmihalyi 1983, 527; Csikszentmihalyi & Larson 1987; Hormuth 1986; Wild & Krapp 1996; Wild 2001; Scollon, Kim-Prieto & Diener 2003; Sembill, Seifried & Dreyer 2008). Sie werden dabei durch ein zeitlich zufälliges oder exakt programmiertes elektronisches Signal (Zeitsteuerung) oder aber infolge des Auftretens eines bestimmten Ereignisses (Ereignissteuerung) um eine Beantwortung vorgegebener Items auf einer stufenlosen Skala gebeten.

Die Methodik des Continuous-State-Sampling ermöglicht durch die zeitlich regelmäßige und engmaschige Frequenz der Messzeitpunkte tiefgehende Einblicke in das Unterrichtserleben der Beteiligten. Hinsichtlich der zeitlichen Terminierung und Anzahl der Messzeitpunkte sind verschiedene Varianten denkbar und vor dem Hintergrund des jeweiligen Untersuchungsfeldes und Erkenntnisinteresses abzuwägen (vgl. auch Rausch, Scheja, Dreyer, Warwas & Egloffstein 2010, 201ff.). Die Frequenz der Messzeitpunkte variiert in den verschiedenen Studien zwischen fünf und zehn Minuten, zu berücksichtigen ist bei der Entscheidung über die Anzahl der Messzeitpunkte auf der einen Seite, dass sich eine zu hohe Abtastfrequenz störend auf das Unterrichtsgeschehen auswirken kann und auf der anderen Seite, dass bei zu geringer Dichte der Messzeitpunkte das mitunter hochvolatile Erleben des Unterrichts nicht adäquat erfasst oder zügig vergessen wird (zur Problematik des sog. Antialising-Effekts s. Schmitz 1987; Schlittgen & Streitberg 1999; Mauss & Robinson 2009). Das auf diesem Wege generierte Datenmaterial gibt insbesondere Aufschluss über die individuellen Verläufe des Unterrichtserlebens sowie die Interdependenzen zwischen seinen Dimensionen und Messzeitpunkten und ermöglicht zudem die empirische Kopplung der Erlebensprozesse mit den im Unterricht beobachtbaren Gestaltungsparametern in der Außensicht zur Ermittlung systematischer Zusammenhangsmuster (s. z.B. Egloffstein, Kögler & Kärner 2012, 232; Kögler & Wuttke 2012, 79ff.; Rausch, Scheja, Dreyer, Warwas & Egloffstein 2010, 203f.; Seifried 2004, 120ff.; Sembill 2004; Wild 2001, 65ff.; Wolf & Schumacher 2010, 175ff.). Zu berücksichtigen ist bei der Befundinterpretation indes, dass durch engmaschige Befragungsintervalle die Aufmerksamkeit der Probanden eventuell erst auf bestimmte emotionale Prozesse gelenkt und das Emotionserleben damit möglicherweise modifiziert wird (Schleier & Carver 1977, 633).

Über die bisherigen Forschungsbemühungen in Unterrichtskontext hinaus gibt es im Bereich der beruflichen Bildung erste Versuche, die Ganzheitlichkeit des Zusammenspiels aus kognitiven, motivationalen und emotionalen Facetten in arbeitsnahen Problemlöseprozessen empirisch abzubilden und einer *integrierten* Messung zuzuführen. Im Rahmen eines Projekts zur domänenspezifischen Problemlösekompetenz von Industriekaufleuten im Bereich Controlling (Dompl-IK) der BMBF-geförderten Ascot-Initiative zur Unterstützung der Entwicklung technologiebasierter Instrumente für die Kompetenzmessung in der beruflichen Bildung werden erste konzeptionelle Überlegungen zu einer multidimensionalen und simultanen Modellierung aller Facetten angestellt, die bereits in einem konzeptionellen Stadium vielversprechend, wenn auch in der psychometrischen Umsetzung sehr anspruchsvoll erscheinen (Sembill, Rausch & Kögler 2013; Sembill 2012). Denn die simultane Integration auch emotional-motivationaler Facetten bei der Aufklärung von Performanzunterschieden des Problemlöseerfolgs erfordert sowohl wohlbegründete Hypothesen über entsprechende Kompensationseffekte und Wechselwirkungen als auch entsprechend abgestimmte Untersuchungsinstrumente. Dennoch kann diese Komplexität bei der Konzeption von Forschungsdesigns und Messmodellen nicht darüber hinwegtäuschen, dass für eine ganzheitliche Sicht auf Wechselwirkungen zwischen den beteiligten Facetten isolierte Modellierungs- und Messansätze nicht zu den gewünschten Ergebnissen führen. Für die vorliegende Arbeit ist mit Blick auf die empirische Annäherung an das Erleben von Lernenden in Unterrichtsprozessen daher festzuhalten, dass mit dem Continuous-State-Sampling eine Erhebungsmethodik zur Verfügung steht, die bei geeigneter Implementierung nicht nur eine engmaschige, prozessnahe Aufklärung der Erlebensprozesse im Unterricht erlaubt, sondern darüber hinaus auch mehrdimensionalen Untersuchungsansätzen im Sinne der Berücksichtigung unterschiedlicher Sichten auf den Unterricht Raum bietet.

2.6 Zeit und Emotionen – Integration der Theoriestränge und Zwischenfazit

Nach diesen Überlegungen zu der Funktion subjektiver Erlebensprozesse im Rahmen der Handlungsregulation und damit letztlich einer zentralen individuenbezogenen Grundbedingung für das Gelingen von schulischen Lehr-Lern-Prozessen ist noch einmal der Blick zurück zu richten und die Frage nach der Bedeutung der einzelnen Teilabschnitte für den Gesamtzusammenhang der vorliegenden Arbeit aufzuwerfen: Das Konstrukt Zeit entzieht sich selbst bei der ausschließlichen Betrachtung aus einem pädagogisch-psychologischen Blickwinkel heraus einer eineindeutigen Klärung. Durch seine Mehrdimensionalität und multiple Determiniertheit entstand vorliegend die Notwendigkeit einer Systematisierung unterschiedlicher Blickwinkel, für die die Modellierungsansätze von Hasenfratz und Richelle im schulischen Kontext gut geeignet erschienen – die Unterscheidung *intersubjektiver, „objektiver"* und *subjektiver* Zeitkonstruktionen (s. die Kap. 2.1.1 & 2.1.2): Die subjektive Wahrnehmung von Zeit durch Individuen im Kern des Erkenntnisinteresses ist zunächst durch institutionalisierte, intersubjektiv ausgehandelte Rahmenbedingungen beeinflusst, die sich im Zuge gesellschaftlicher Entwicklungen herausbilden und stetig verändern (Kap. 2.2). Die konkreten zeitlichen Strukturen in Schule und Unterricht stellen sich dann aus der Warte der Lernenden als institutionell bzw. lehrerseitig vorgegebene und insofern „objektivierte" Rahmung ihrer Lernprozesse dar (vgl. Kap. 2.3), deren Ausgestaltung sie je nach didaktischem Paradigma[23] mehr oder weniger stark beeinflussen können. Von pädagogischer Bedeutung ist dabei die Frage der Vereinbarkeit objektiver (im Sinne institutionalisierter und aus Sicht des Individuums determinierter) Zeitstrukturen mit dem subjektiven Zeiterleben bzw. der Eigenzeitlichkeit von Lernenden.

Es entsteht insofern ein Spannungsfeld aus institutioneller und individueller Zeitkonstruktion, dessen subjektive Qualität sich über emotionale Bewertungen entäußert. Denn das Problem der Eigenzeitlichkeit und die entsprechenden emotionalen Konnotationen der verschiedenen Beteiligten lassen sich schlicht als Frage der Passung von Bildungsangebot und den jeweiligen individuellen Voraussetzungen begreifen (vgl. ähnliche Gedanken in den Angebot-Nutzungsmodellen von Fend 2006; Helmke 2009). Nähert man sich nun der Bedeutung der Zeit in Bildungsprozessen im Rahmen der

---

23 In handlungsorientierten und schülerzentrierten Lehr-Lern-Umgebungen haben die Lernenden meist mehr zeitliche Denk- und Handlungsspielräume und können insofern in intensiverem Maße über die Gestaltung der Lernzeit bestimmen als in stärker zentral organisierten, lehrergesteuerten Lehr-Lern-Arrangements, in denen die Lehrperson die Nutzung der knappen Lehr-Lernzeit in stärkerem Maße determiniert. Die Frage der Ausbalancierung von systemimmanenter Zeitknappheit und größtmöglicher (zeitlicher) Autonomie der Lernenden lässt sich entlang der Entwicklungslinien der Institution Schule in unterschiedlichen Ausprägungen nachvollziehen und entspringt letztlich unterschiedlichen kulturellen Perspektiven, die sich im Falle der Selbstorganisation auf Ideen Rousseau's und im Falle der Fremdorganisation auf Gedankengut von Locke zurückführen lassen (Sembill 2008a; Kap. 2.2.1).

aktuell dominierenden teleologischen Deutungsmuster (vgl. Kap. 2.2.2), werden objektive und subjektive Zeit zum Gegensatzpaar, das sich im günstigen Fall (und nur dann) durch Lehrende oder Lernende in Einklang bringen lässt – mit entsprechenden Konsequenzen für das subjektive Erleben der Beteiligten und korrespondierende Ergebnisgrößen. Zusätzliche Komplexität erlangt dieser Sachverhalt durch die Vielzahl der Bildungsbeteiligten mit ihrer jeweiligen Eigenzeitlichkeit, also gewissermaßen durch die Konstituierung einer intersubjektiven Zeit durch alle Beteiligten, die Verständigungs- und Anpassungsprozesse notwendig macht.

Das Spannungsfeld aus objektiver und (inter-)subjektiver Zeit wird in kontingenten Bildungsstrategien ohne fest definierte Zielhorizonte und Prozessstrukturen nicht in dieser Intensität virulent. Denn eine Ablehnung der Planbarkeit von Bildungsprozessen impliziert neben der prinzipiellen Ergebnisoffenheit in logischer Konsequenz auch eine Offenheit der ablaufenden Prozesse. Das bedeutet streng genommen, es kann nicht zu einem (bildungspolitisch gewollten) Widerspruch zwischen Eigenzeitlichkeit und institutionellen Zeitrahmen im engeren Sinne kommen, da die beteiligten Individuen ihren Lehr-Lern-Prozess auf der Basis ihrer Eigenzeitlichkeit gestalten können. Während sich hier besonders die Frage nach der Rolle der Lehrkräfte stellt, liegt darüber hinaus der Gedanke nahe, dass die Herausforderung bei dieser Bildungsstrategie darin liegt, die individuellen Lernprozesse zumindest im Ergebnis annähernd vergleichbar zu machen und den Lernenden den Eindruck der Verbindlichkeit zu vermitteln (zum Spannungsfeld aus Autonomie/ Freiheit und Verbindlichkeit/Kontrolle s. auch Sembill 2007, 411). Dies mag auch einer der Gründe für die anhaltende Dominanz teleologischer Herangehensweisen sein, die sich dem Problem der Synchronisierung freilich weniger ergebnis- denn prozessbezogen stellen müssen.

Geht man nun in der Konsequenz davon aus, dass eine mangelnde Passung zwischen „objektiven Zeit-Setzungen" und subjektiver Zeitwahrnehmung im Lehr-Lern-Prozess in der Regel zu individuellen Erlebenseinbußen beispielsweise im Sinne von Langeweile führt, lässt sich zum einen konstatieren, dass ein Aufeinanderprallen objektiver und subjektiver Zeiten mit entsprechenden Folgen in teleologisch ausgerichteten Bildungsgängen mit stark durchstrukturierten Prozessen vermutlich häufiger vorkommt bzw. überhaupt nicht aus den Bildungsprozessen wegzudenken ist[24] und zum anderen die Frage aufwerfen, inwiefern

---

24 Dies heißt aber im Gegenzug natürlich nicht, dass nicht auch in „kontingent" ausgerichteten Lehr-Lern-Prozessen zeitbezogene subjektive Erlebenseinbußen entstehen

dieser Problematik didaktisch zu begegnen ist. An dieser Stelle ist auf das unterrichtsmethodische Kontinuum zwischen offenen handlungsorientierten und lehrerzentrierten Unterrichtsformen und potentielle Konsequenzen für individuelle
Erlebensprozesse zu verweisen (z.b. Kögler, Bauer & Sembill 2011, 16). Doch abgesehen von Fragen nach der didaktischen Gestaltung von Unterrichtsprozessen
sei hier zunächst festgehalten, dass die Divergenz zwischen objektiver und subjektiver bzw. intersubjektiver Zeit im Falle des Auftretens von emotionalen Erlebenseinbußen der Beteiligten offensichtlich wird. Es wird folglich neben der
Bewertung dieser subjektiven Beeinträchtigungen ebenfalls die Frage zu diskutieren sein, wie die Balance zwischen *Unvermeidlichkeit* und *Vermeidung* dieser
Divergenz aus pädagogischer Sicht geartet sein sollte.

Diese grundsätzlichen Überlegungen bei der Analyse des subjektiven Erlebens
von Zeit und entsprechenden emotionalen Konnotationen auszublenden hätte
bedeutet, dem Gesamtkonstrukt und seinen Implikationen für Unterrichtsprozesse
nicht gerecht zu werden. Dennoch steht vorliegend besonders das Verhältnis
zwischen subjektivem Zeiterleben und korrespondierenden emotionalen
Bewertungen im Mittelpunkt des Erkenntnisinteresses. Dessen Bedeutung im
Rahmen von Wahrnehmungs- und Handlungsprozessen wurde in Forschung und
Theoriebildung bislang für beide Bereiche getrennt beleuchtet. Es liegt angesichts
der gemeinsamen Erkenntnisziele und obenstehend aufgezeigten Verbindungen
jedoch nahe, nach Wechselwirkungen und Integrationsmöglichkeiten zu
fragen – denn auch in psychologischer Hinsicht ist „das Erlebnis von Zeit (…)
Ausdruck der Verschränkung von kognitiven und motivational-emotionalen
Prozessen" (Wittmann 2009, 29): Die menschliche Zeitwahrnehmung lässt sich
als komplexes Zusammenwirken von Wahrnehmungs-, Aufmerksamkeits-
und Gedächtnisprozessen begreifen. Für die aktuelle Wahrnehmung kurzer
Zeitdauern ab dreißig Millisekunden bis hin zu drei Sekunden, die uns
aufgrund der Synchronisationsleistung des Gehirns als gleichzeitig und
gegenwärtig erscheinen, werden dabei in Abhängigkeit der situationalen
Reize Aufmerksamkeitsressourcen unterschiedlich stark beansprucht und
entfalten eine mediierende Wirkung auf das (emotionale) Zeiterleben. Bei der
Schätzung längerer Zeitdauern werden Gedächtnisprozesse relevant und stehen
in Abhängigkeit individueller Aktivität und Reizdichte ebenfalls in einem
ausgeprägten Zusammenhang mit dem subjektiven Erleben.

---

können. Auch der pädagogische Wert von gezielt induzierten individuellen Erlebenseinbußen sei hier nicht grundsätzlich bestritten, diese stehen hier allerdings nicht im
Fokus.

Besonders die beiden konträren Erlebensqualitäten Langeweile und Flow[25], die im Falle der Langeweile primär anhand ihrer emotionalen Akzentuierung (s. etwa Robinson 1975; Lohrmann 2008a; Pekrun, Goetz, Daniels, Stupnisky & Perry 2010) und im Falle des Flow-Erlebens vornehmlich im Zusammenhang mit motivationalen Qualitäten (s. etwa Csikszentmihalyi 1975, 1985, 1992; Csikszentmihalyi & Schiefele 1993; Schallberger 2001; Rheinberg 2006) diskutiert werden, fallen aufgrund ihrer charakteristischen zeitlichen Erlebensfacetten ins Auge: In Anerkenntnis der übergeordneten Bedeutung von Emotionen und Zeit als Schlüsselgrößen für schulische Lehr-Lern-Prozesse steht nachfolgend eine subjektive Erlebensqualität im Mittelpunkt der Betrachtungen, die sowohl deutlich emotional akzentuiert ist als auch charakteristische Qualitäten des Zeiterlebens in sich vereint – das Phänomen Langeweile. Die theoretische Beschäftigung mit den verschiedenen Perspektiven auf das Zeitproblem war dabei insofern eine hilfreiche Grundlage, als sie die normative Sicht auf das schulische Problem Langeweile in teleologisch ausgerichteten Bildungsstrategien katalysiert, der Analyse von Strukturen und Mustern unterrichtlicher Zeitnutzung eine analytische Rahmung gibt und zu einer empirisch gestützten Erarbeitung pädagogischer Präventions- und Interventionsansätze beitragen kann.

---

25 Flow wird als charakteristische Erlebensqualität intrinsischer Motivation beschrieben, bei der der Handelnde völlig in der ausgeführten Tätigkeit aufgeht und die bewusste Wahrnehmung des Zeitverstreichens verschwindet, was definitionsgemäß sehr positiv erlebt wird. Subjektiv führt die Kombination aus hohem Anforderungsniveau und hoch ausgeprägten Fähigkeiten zu diesem Erleben, während Langeweile in der Systematik von Csikszentmihalyi aus wahrgenommener Unterforderung und Angst aus Überforderung entsteht (Csikszentmihalyi 1985, 76; Csikszentmihalyi & Schiefele 1993, 209f.).

3. Langeweile als emotionales Erleben ungenutzter Zeitpotentiale: Konstruktverständnis, Modellierungen, Forschungsstand

In dem subjektiven Phänomen Langeweile konvergieren sowohl Qualitäten des individuellen Zeitbewusstseins als auch des emotionalen Erlebens vor dem Hintergrund situativer und personenbezogener Bedingungen. Nach der Beschäftigung mit grundlegenden Mechanismen individueller Zeitwahrnehmung und Emotionsgenese, besteht das Ziel dieses Kapitels in einer Auseinandersetzung mit Definitorik und Abgrenzung des Langeweilekonstrukts, verschiedenen Modellierungen von Entstehungsbedingungen und Wirkung sowie der Würdigung einschlägiger Befunde in (zumeist) schulischen Bildungskontexten. Zunächst wird auf das psychologische Konstruktverständnis von Langeweile als Lernemotion und entsprechende Begründungen und Klassifikationen eingegangen und der Versuch einer Abgrenzung zu anderen emotional-motivationalen Konstrukten unternommen. Ferner werden verschiedene, bereits existierende Modellierungen der Entstehungsbedingungen und Folgen von Langeweile einer intensiven Betrachtung unterzogen und auf ihre Tauglichkeit als Referenzmodelle für die vorliegende Untersuchung hin bewertet. Nach einer anschließenden systematischen Zusammenschau einschlägiger empirischer Befunde und der Identifikation von Forschungslücken wird eine eigene hierarchische Strukturmodellierung des Gegenstandsbereichs vorgestellt, die dem nachfolgenden empirischen Teil dieser Arbeit zugrunde gelegt wird.

3.1 Definition und Abgrenzung des Langeweilekonstrukts

3.1.1 Frühe Definitionsversuche und Minimalkonsens

Die Beschäftigung mit dem Phänomen Langeweile setzt zunächst eine gründliche Definitorik voraus. Es existieren bereits seit den Anfängen der Forschung zum Konstrukt zahlreiche konkurrierende, inhaltlich heterogene Versuche, Langeweile zu definieren (vgl. Fisher, 1993, 395): Eine der gleichermaßen älteren wie für die nachfolgende wissenschaftliche Diskussion bedeutsamen theoretischen Abhandlungen über die Psychologie der Langeweile stammt aus den 1930er Jahren von dem österreichischen Psychoanalytiker Fenichel (1934), der auf die spezifische Vielschichtigkeit und Definitionsproblematik des Konstrukts hinweist. Er konstatiert, dass es vermutlich „psychologisch recht verschiedene Zustände oder Verhaltensweisen" (1934, 270) sind, die unter dem Begriff „Langeweile" geführt werden. In der Konsequenz definiert er Langeweile verhältnismäßig allgemein als „unlustvolles Erleben von Impulslosigkeit" (ebd.), wobei er sich zusätzlich auf eine ältere Begriffsdefinition von Lipps stützt, die Langeweile als „ein Unlustgefühl aus dem Widerstreit zwischen dem Bedürfnis intensiver psychischer Betätigung und dem Mangel der Anregung dazu, bzw. der Unfähigkeit, sich dazu anregen zu lassen" begreift (Lipps zit. nach Fenichel 1934, 270). Als „Hauptproblem der Psychologie der Langeweile" wird von Fenichel die Suche nach „den Hemmungen sowohl des Betätigungsdranges als auch der Bereitschaft, die ersehnten Reize anzunehmen" angesehen (ebd.). Dieses psychoanalytisch geprägte Begriffsverständnis enthält bereits Hinweise auf situative und personenbezogene Bedingungsfaktoren, und es verdeutlicht gleichwohl in anschaulicher Weise die angesprochene Komplexität und Vieldeutigkeit des Phänomens und seine multiplen Erscheinungsformen. Auch lassen sich bereits hier deutliche Bezüge zu emotionalen und motivationalen Facetten der Handlungsregulation identifizieren.

In seiner Habilitationsschrift „Die Psychologie der Langeweile" verweist Revers (1949) in der Folgezeit ebenfalls auf die Subjektbezogenheit und Vielfalt dieser Erlebensqualität und wirft die Frage auf, welches denn nun „die einheitliche psychologische Wurzel all der Langweilen des Volksmundes sei" (ebd., 32). Als unangefochtenes phänomenologisches Wesensmerkmal der Langeweile identifiziert er indes deren zeitliches Begriffsmoment, da „der immer gleiche Begriff, der so unbestimmt angewandt zu werden scheint, stets „Langeweile" heißt, womit zweifellos gesagt wird, daß jedes Mal die Zeit lang wird" (ebd., 32). In Abgrenzung zu Interesse und Muße kommt er zu dem Schluss, dass Langeweile als „Produkt einer leerlaufenden, weil eines Merkdings ermangelnden Wirktendenz oder Strebung" zu definieren (ebd., 44) und als „erfüllungslose Bedürftigkeit" und „zielloses Getriebensein und Streben" ein Zustand des Unbehagens sei (ebd., 62). Somit sind trotz des Fehlens einer eindeutigen Definition drei zentrale, bis heute diskutierte Aspekte in Begriffsverständnis und Phänomenologie der Langeweile bereits in der psychologisch akzentuierten Diskussion des vergangenen Jahrhunderts hinreichend umrissen: das charakteristische zeitliche Erleben der subjektiven Dilatation, die Abwesenheit von Interesse an der betreffenden Reizumgebung und ein verhältnismäßig negatives Gefühlsmoment.

In der englischsprachigen Literatur zum Phänomen Langeweile dominieren zunächst arbeitspsychologische Zugänge, die sich mit der empirischen Aufklärung von Ursachen der Langeweile im zumeist industriellen Arbeitsumfeld beschäftigen und resultierende Produktivitätseinbußen aufgrund der Monotonie im Arbeitsablauf zu erklären versuchen[26] (s. bspw. Davies 1926; Smith 1955; Mc-Bain 1961; Stagner 1975; im Überblick s. Smith 1981). Im amerikanischen Raum wurden insbesondere die experimentellen Arbeiten von Barmack (bspw. 1937, 1938, 1939 a, b) maßgebend, der auch physiologische Aspekte mit einbezog[27] und die experimentelle Erforschung des Konstrukts vorantrieb. Doch auch in der englischsprachigen Literatur wird bereits früh auf das Fehlen einer einheitlichen und eindeutigen Definition oder Theorie von Langeweile hingewiesen (Geiwitz 1966, 592f.; O'Hanlon 1981, 53f.; Leary, Rogers, Canfield & Coe 1986, 968; Fisher 1993, 395) und diese eher phänomenologisch anhand der Charakteristika im zeitlichen und emotionalen Erleben bzw. der charakteristischen Umweltbedingungen umschrieben. In der Konsequenz resultieren Definitionsversuche, die auf dem Vorhandensein eines inneren Konfliktes zwischen den Zielen bzw. Interessen des Individuums und den tatsächlich vorgefundenen Gegebenheiten basieren, Langeweile als Gefühl bzw. Zustand der Antriebslosigkeit begreifen und auf deren negative Folgen hinweisen (z.b. Smith 1981, 338ff.; Fisher 1993, 413f.; Mikulas & Vodanovich 1993, 3ff.). Insgesamt wird Langeweile somit als *verhältnismäßig* negative Erlebensqualität charakterisiert, wobei bereits Fenichel indirekt einräumt, dass Langeweile auch als eine Form der „lustvollen Impulslosigkeit" (1934, 271) zu diskutieren sei[28]. Diese scheinbar widersprüchliche Koexistenz von negativen (z.b. Lustlosigkeit, Desinteresse, Unmut) und positiven Facetten des Langeweileerlebens, letztere etwa in Gestalt schöpferischer Muße

---

26 Seit den 1920er Jahren wurden in England durch das Industrial Fatigue Research Board (später Industrial Health Research Board) zahlreiche Studien durchgeführt, die sich mit der Ermüdung und Langeweile der Arbeiter im Zusammenhang mit deren monotonen und intellektuell wenig fordernden Tätigkeiten beschäftigten und die wirtschaftliche Relevanz des Phänomens Langeweile im Sinne verminderter Produktivität aufzuklären versuchten. Die Befunde führten zu einer kritischen öffentlichen Diskussion über die Arbeitsbedingungen in den Fabriken.

27 Barmack (1937, 1938, 1939a, b et passim) suchte primär nach motivationalen Konflikten für die Entstehung von Langeweile und stellte diese in einen Zusammenhang mit der resultierenden Schläfrigkeit der Probanden. Im Rahmen seiner Experimente verabreichte er diesen Amphetamine bzw. Koffein und wies nach, dass sich die Aufmerksamkeit für eine gewisse Zeitspanne erhöhte und eine reduzierte Fehlerquote resultierte. Er kritisierte die Theorie seiner Vorgänger McDowall und Wells (1927), die die Entstehung von Langeweile vornehmlich auf eine inadäquate Blutzirkulation infolge eintöniger Aufgabe zurückführten und erst dann in einen Zusammenhang mit dem Interesse des Arbeitenden an den Aufgaben stellten.

28 Dies kommt beispielsweise bei Revers eher dem Zustand der Muße gleich und wird weniger von dem Begriff Langeweile umfasst (1949, 49ff.).

und Entspannung oder Selbstreflexion und Inkubation, wird auch in späteren Abhandlungen thematisiert (vgl. z.B. Keen 1993; Harris 2000; Kast 2003; Vodano-vich 2003a; Götz, Frenzel & Pekrun 2007) und ist bis heute nicht hinreichend in die Definitorik, Phänomenologie und Abgrenzung der Langeweile von anderen Konstrukten integriert. Im pädagogischen Kontext besteht indes Einigkeit über potentielle negative Folgen schulischer Langeweile wie beispielsweise Drop-out oder Absentismus in der Schule (Robinson 1975) und die damit einhergehende unzureichende Nutzung von Humanressourcen (bspw. O'Hanlon 1981; Fisher 1993; Götz, Frenzel & Pekrun 2007). Es darf bereits an dieser Stelle in Frage gestellt werden, ob das positive Bedeutungsmoment des Konstrukts nicht auch daraus resultiert, dass sich im Sprachgebrauch und „emotionalen Habitus" für Phasen des Leerlaufs und zeitlichen Unausgefüllt-Seins der Begriff der Muße schlicht weniger etabliert hat als jener der Langeweile[29] und insofern nur letztere

---

29 Für die Dominanz einer verhältnismäßig negativ gefärbten begrifflichen Semantik sprechen auch etymologische Erklärungsansätze. Das Wort Langeweile mit einer der heutigen im weitesten Sinne vergleichbaren Bedeutung wurde erstmals 1537 in einem deutsch-lateinischen Wörterbuch erwähnt. Der Eintrag lautete „Langweil vertreiben – Tempus fallere" (Dasypodius 1537, zit. nach Völker 1975). Er macht in semantischer Hinsicht deutlich, dass jene „Langweil" eigentlich etwas wenig Wünschenswertes ist, das es zu vermeiden gelte. Aus sprachwissenschaftlicher Sicht wird hier ein vormals stärker zeitlich akzentuiertes Wortverständnis (heute am ehesten mit „lange Zeit" zu übersetzen), das sich in der höfischen Sprache des Hochmittelalters in der mittelhoch-deutschen Bezeichnung „lange whîle" oder „langeweil" manifestiert hatte, um einen subjektiv wertenden Aspekt ergänzt (vgl. auch Kessel 2001, 19). Nach dieser erstma-ligen lexikalischen Begriffsverwendung waren beide Wortbedeutungen jedoch noch lange parallel gebräuchlich, wobei die unterschiedlichen Schreibweisen der Worte keinen Aufschluss darüber gaben, ob es sich um den rein zeitlichen Begriff handelte oder das emotional konnotierte Erleben von Langeweile gemeint war. Vielmehr wa-ren beide unterschiedlichen Schreibweisen bereits im Mittelalter im Zusammenhang mit der rein zeitlichen Bedeutung des Wortes bekannt gewesen und wurden bereits zu dieser Zeit unsystematisch verwendet (Völker 1975, 29). In der aktuell gebräuch-lichen Schreibweise und mit einer Bedeutung, die ausschließlich dieser Schreibweise zugeordnet und der heutigen vergleichbar ist, wird das Wort erst seit Ende des 18. Jahrhunderts verwendet. Es wurde seither verstanden als „unangenehme Empfindung einer leeren, geschäftslosen Zeitdauer" (Adelung 1777 zit. nach Kreuzer-Haustein 2001, 101) und beinhaltet in semantischer Hinsicht neben dem deutlich zeitlich ak-zentuierten Bedeutungsmoment auch einen Aspekt des individuellen Verdrusses. In sprachwissenschaftlicher Hinsicht offenbart es somit eine „elliptische Struktur des Bedeutungsfeldes mit zwei semantischen Schwerpunkten" (Völker 1975, 13). Die Ent-wicklung dieser beiden semantischen Schwerpunkte des Langeweilebegriffes vollzog

als Universalbegriff zur Verfügung steht. Etwaige forschungsmethodische Konsequenzen sind bei der Entwicklung von Untersuchungsdesigns und Interpretation von Befunden insbesondere im Zusammenhang mit Selbstauskünften von Probanden zu berücksichtigen.

Auch im jüngeren Schrifttum lässt sich zwar nach wie vor keine einheitliche Definition des Konstrukts und seiner Facetten auffinden, was bisweilen bemängelt wird (Vodanovich & Kass 1990, 297; Fisher 1993, 395), es wird jedoch ein „definitorischer Minimalkonsens" in Gestalt jener beiden Aspekte ausgemacht, über deren Existenz bereits seit dem letzten Jahrhundert weitestgehende Einigkeit herrscht (bspw. Götz & Frenzel 2006, 149): Langeweile ist 1) immer durch ein subjektiv langsames Verstreichen der Zeit im Sinne einer zeitlichen Dilatation und Konzentration der Aufmerksamkeit auf dieses Faktum gekennzeichnet (s. bspw. Fenichel 1934, 280; Revers 1949, 57ff.; Morgenroth 2008, 21f.) und wird 2) als subjektiv *verhältnismäßig* negativ erlebter Gefühlszustand charakterisiert (vgl. bspw. Fenichel 1934, 270; Perkins & Hill 1985, 222; Vodanovich 2003b, 588f.;

---

sich in den europäischen Sprachen in unterschiedlicher Art und Weise. In wörtlichen Übersetzungen insbesondere der romanischen Sprachen steht der Zeitaspekt zunächst nicht so unmittelbar im Vordergrund wie im deutschen Wort Langeweile. So enthält beispielsweise der französische Begriff „ennui" in rein sprachlicher Hinsicht keine spezifisch zeitliche Komponente. Diese hat sich jedoch im Laufe der Zeit semantisch ebenso entwickelt wie jenes negativ akzentuierte Affektmoment, der in der heutigen deutschen Bedeutung des Wortes Langeweile mitschwingt. Die Genese der europäischen Langeweilebegriffe offenbart aus Sicht der Etymologie insofern eine gewisse Gegenläufigkeit – „während der deutsche Langeweile-Begriff vom Moment des Zeiterlebens ausgeht und schrittweise das affektive Moment in sich aufnimmt, verläuft der Weg von ennui in umgekehrter Richtung, vom Verdruss-Affekt zum Länge Empfinden" (Völker 1975, 13; vgl. auch Götze 1943, 369ff.). Betrachtet man die Entstehung der beiden Bedeutungsmomente getrennt voneinander, so stellt man für den Verdruss-Aspekt fest, dass dieser vor der eigentlichen Wortentstehung sehr facettenreich ausgedrückt wurde – die verschiedenen Belegstellen enthalten Ausdrücke, die das Gefühl von „Langeweile" mit Missvergnügen, Unbehagen, Unlust oder Überdruss umschreiben. Interessante Konnotationen finden sich aber auch für den zeitlichen Aspekt – hier werden in den Quellentexten Aspekte wie Ungeduld, Verlangen, Sehnsucht, Angst oder Sorge in einen inhaltlichen Zusammenhang mit dem Erleben von langsam verstreichender Zeit gestellt. Der Facettenreichtum der mitschwingenden Erlebensqualitäten verliert auch nach der Entwicklung des Wortes Langeweile und damit der Verschmelzung der beiden semantischen Momente im 16. Jahrhundert seinen Stellenwert nicht gänzlich. Erst gegen Ende des 18. Jahrhunderts verschwinden die ergänzenden Umschreibungen für den Zeit- oder den Verdrussaspekt zugunsten des Verbreitung des Wortes Langeweile (Völker 1975, 28).

götz, Frenzel & Pekrun 2007, 314). Der zweite Aspekt und damit die Frage nach der Valenz von Langeweile birgt jedoch ungeachtet dieser bestehenden Einigkeit einiges an Diskussionspotential – es lassen sich etwa die Fragen aufwerfen, wie sich die Festlegung auf jenes „verhältnismäßig" negative Erleben mit den vieldiskutierten positiven Erlebensfacetten vereinbaren lässt und ob auch deutlich negativere Erlebenszustände von dieser Definition umfasst sind. Abgesehen von den im Minimalkonsens ausdrücklich benannten Facetten ist in phänomenologischen Langeweilebeschreibungen ein weiterer Widerspruch auszumachen: Sie beinhalten gleichermaßen Aspekte wie Ruhe und Müdigkeit sowie Unruhe und Nervosität – es geht um die Frage nach der Aktivation bzw. dem Arousal von Langeweile, deren Diskussion bisher ebenfalls nicht zu einem letztgültigen Konsens führte. Insofern erweist sich die Verortung des Langeweilekonstrukts in bestehenden psychologischen Theoriesträngen trotz des existierenden Minimalkonsensus als schwierig.

Darüber hinaus wird Langeweile zwar nahezu durchgehend als Emotion eingeordnet und beschrieben (vgl. bspw. Pekrun 1998; Götz, Frenzel & Haag 2006; Lohrmann 2008a, 16ff.), entsprechende Begründungen bzw. Abgrenzungen fallen vor dem Hintergrund der ohnehin verhältnismäßig umstrittenen Emotionstheorie (vgl. Kap. 2.5.1) jedoch spärlich aus und stellenweise unterbleibt die eindeutige Einordnung gänzlich (z.B. Fisher 1993, 397). Angesichts der strittigen Fragen nach Valenz und Arousal sowie bislang nicht hinreichend explorierter Auftretensmuster im Zusammenspiel von Dauer und Intensität – hier steht etwa die Frage im Raum, inwieweit und unter welchen Bedingungen sich das Langeweileerleben mit zunehmender Dauer verstärkt bzw. abschwächt – sind bei der Abgrenzung und Einordnung der Erlebensqualität einige weiter reichende Überlegungen anzustellen. Auch die Nähe zu motivationalen Konstrukten wie Interesse oder Amotivation wird bisweilen betont und die Frage aufgeworfen, inwieweit Langeweile als Antagonist von Interesse zu diskutieren und somit phänomenologisch ähnlich strukturiert sei (z.B. Revers 1949, 40ff.; Farmer & Sundberg 1986, 7ff.; zu den Bedingungen der Interessiertheit am Unterricht s. Todt 1990, 253ff.). Die Einordnung von Langeweile als *ausschließlich* zeitliche Erlebensqualität ungeachtet ihrer emotionalen Konnotation ist hingegen angesichts ihrer ausgeprägten emotional-motivationalen Phänomenologie kaum Ziel führend und im Schrifttum nicht vertreten, wenngleich die charakteristische subjektive Zeitdilatation eines der beiden konstituierenden Merkmale des Langeweileerlebens darstellt und unstrittig ist. An der Schnittstelle zwischen Emotionstheorie und vormals sehr kognitivistisch ausgerichteter experimenteller Zeitpsychologie werden in jüngerer Zeit vermehrt Arbeiten sichtbar, die sich mit der Frage nach den Zusammenhängen des subjektiven Zeiterlebens und seiner emotionalen Konnotation beschäftigen (vgl. Kap. 2.6). Es stellen sich im folgenden Abschnitt in der Konsequenz daher die Fragen, mit welcher Begründung Langeweile als emotionales Konstrukt einzuordnen ist, welche Funktionalität Langeweile für Handlungsprozesse in der Konsequenz innehaben könnte und wie sie von motivationalen Konstrukten abzugrenzen ist.

3.1.2 Verortung des Langeweilekonstrukts im Spektrum emotional-motivationaler Regulationsinstanzen

3.1.2.1 Funktionalistisches Emotionsparadigma und Überlegungen zur Funktionalität von Langeweile

Legt man eine funktionalistische Sicht auf Emotionen[30] zugrunde (z.b. Schachter & Singer 1962; Lazarus 1966; Frijda 1986; zusammenfassend s. etwa Schumacher 2002, 111ff.; Siecke 2007, 147ff.), versteht man Emotionen als Bewertungsinstanzen und Handlungsbereitschaften, deren Funktionalität sich primär auf die Sicherstellung und Überwachung der Befriedigung individueller Motiv-Bedürfnislagen richtet und evolutionär begründbar ist (z.b. Ulich 1992; Holodynski & Friedlmeier 1999; Ciompi 2005). Dieser Gruppe von Emotionstheorien liegt somit der Gedanke zugrunde, dass Emotionen als subjektive Bewertung (*appraisal*) von Situationen oder Reizen für Handlungsprozesse insbesondere eine auslösende bzw. initiierende Funktion innehaben und insofern nach ihrer Entstehung zu

---

30 Emotionstheorien lassen sich mit Blick auf ihre jeweiligen Erkenntnisziele, Menschenbildannahmen oder empirischen Fundamente metatheoretisch klassifizieren und unterschiedlichen Paradigmen zuordnen (Ulich 1992, 1995; Holodynski & Friedlmeier 1999; Schumacher 2002; Siecke 2007). Unterschieden werden in der Regel das *strukturalistische*, das *funktionalistische* und das *kontextualistische* Paradigma (Holodynski & Friedlmeier 1999). Im strukturalistischen Paradigma nähert man sich primär der Struktur und den Komponenten von Emotionen an und versteht diese als immer wiederkehrende Erlebensmuster in einem geschlossenen menschlichen Handlungssystem (z.b. Ekman 1988). Das funktionalistische Paradigma stellt die Frage nach dem Zweck von Emotionen im Zuge der individuellen Handlungsregulation und Interaktion mit Umweltkontexten in den Mittelpunkt des Erkenntnisinteresses und dominiert im Zusammenhang mit handlungstheoretischen Erklärungsansätzen die aktuelle Diskussionslandschaft (Ulich 1995, 125ff.; Siecke 2007, 149f.). Daher wird es im Rahmen der vorliegenden Verortung des Langeweilekonstrukts herangezogen. Kontextualistische Emotionstheorien rücken sozio-kulturelle Aspekte in den Vordergrund und beleuchten zusätzlich die Interaktion verschiedener Individuen und ihre kulturellen Bezüge im Zusammenhang mit der Emotionsgenese (Siecke 2007, 180ff.).

entsprechenden Bewältigungsmaßnahmen führen (s. etwa Leventhal & Scherer 1987; Scherer 1999; s. Kap. 2.5.3) – Unterschiede der funktionalistischen Theorien bestehen indes in der Konzeptualisierung von Struktur und Ablauf dieser Bewertungsprozesse und Entstehung von Handlungsbereitschaften (Schumacher 2002, 112). Motivationale Instanzen im weitesten Sinne spielen im Rahmen der Emotionsgenese und Handlungsregulation insofern eine Rolle, als sie in Gestalt von Motiv-Bedürfnislagen und Zielen auf ihre aktuelle oder prospektive Erfüllung hin bewertet werden (z.b. Sembill 1992, 2010). Ein positives emotionales Erleben führt zu Handlungsbereitschaften, die auf die Aufrechterhaltung des gegenwärtigen Zustandes zielen, weil sie Bedürfnisbefriedigung signalisieren. Negative emotionale Bewertungen offenbaren eine unzureichende Bedürfnisbefriedigung und kanalisieren Handlungen zur Veränderung dieses Zustands (z.b. Frijda 1986). Kuhl (2001, 618) beschreibt die Funktionalitäten von Emotion und Motivation und differenziert zwischen mittelbaren und unmittelbaren Wirkungen auf Erlebens- und Handlungsprozesse. Er konstatiert für Emotionen einen unmittelbaren Einfluss auf das Erleben bei mittelbarer Wirkung auf das resultierende Handlungsspektrum, während Motivation seiner Auffassung nach unmittelbar zu bestimmten Handlungen führe, aber nur mittelbar mit dem individuellen Erleben verknüpft sei. Eine Verortung von Langeweile als subjektive Bewertung von Soll-Ist-Diskrepanzen in Bezug auf individuelle Motiv-Bedürfnislagen muss sich daher die Frage stellen, inwiefern durch ihre Entstehung eine Handlungsbereitschaft zum Ausdruck kommt und welche korrespondierenden Motiv-Bedürfnislagen möglicherweise berührt sein könnten.

Denn unterschiedlichen Emotionen wie beispielsweise Ärger, Angst oder Trauer werden meist klare Funktionalitäten im Rahmen von Handlungsprozessen zugeschrieben. So dient etwa Ärger bzw. Wut der Aktivierung von Angriffs- oder Abwehrreaktionen, während Angst zur Distanzierung von Gefahren und Trauer zur Bindungslösung und Freisetzung neuer Bindungsenergien führt (im Überblick s. Ciompi 2005, 53; Scheja 2009, 34). Das Erleben von Langeweile erscheint angesichts seiner phänomenologischen Nähe zu Müdigkeits- oder Entspannungszuständen, aber auch Hilflosigkeit und Nervosität in seiner funktionellen Bedeutung für die individuelle Handlungsregulation auf den ersten Blick rätselhaft – welcher Zweck sollte (auch aus evolutionärer Sicht) einem derart ambivalenten Erleben unausgefüllter Zeitgefäße zukommen? Welches „Signal" ist damit für das Individuum verbunden und worin bestehen mögliche Zusammenhänge zu Fragen der individuellen Bedürfnisbefriedigung?

Bei der Entstehung von Langeweile wird laut dem bereits erörterten definitorischen Minimalkonsens die Aufmerksamkeit auf das subjektiv zu langsam erscheinende Verstreichen der Zeit gerichtet. In jenem Moment werden die begrenzten individuellen Aufmerksamkeitsressourcen demnach von der Beschäftigung mit anderen Dingen abgezogen. Bestimmte Zeitstrecken erscheinen subjektiv besonders dann als lang, wenn sie von Inaktivität gekennzeichnet sind oder ähnliche Situationsmerkmale wiederholt auftreten (vgl. Kap. 2.4.4). Die korrespondierende subjektive Bewertung kann je nach Ergebnis des Abgleichs mit dispositionalen und aktuellen Motiv-Bedürfniskonstellationen mäßig positiv bis deutlich negativ ausfallen. Vergleichsweise positive emotionale Valenzen könnten in diesem Zusammenhang als Signal dafür zu werten sein, dass die individuelle Bedürfnisbefriedigung (noch) nicht gefährdet ist und insofern kein Handlungsbedarf besteht – Entspannung ist geboten. Mäßig oder stark negative emotionale Bewertungen stünden für erhöhte Handlungsbereitschaften und Bedürfnisgefährdung. Berücksichtigt man zudem, dass Individuen unabhängig von aktuellen Einflüssen ihr Handeln an elementaren Basismotiven ausrichten (Heckhausen & Heckhausen 2006, 1ff.) – sie folgen ihrem angeborenen Streben nach Wirksamkeit, Kontrolle und Bestimmtheit – liegt der Gedanke nahe, Langeweile sei ein Signal für das Individuum, sich Neuem zuzuwenden und die gewohnten Muster zu verlassen, um nicht jene Orientierungs- und Verhaltenssicherheit durch ein zu spätes Eingreifen zu verlieren.

In diesem Zusammenhang ist zudem auf die durch Ryan & Deci (2002 et passim) im Rahmen ihrer Selbstbestimmungstheorie der Motivation postulierten psychologischen Grundbedürfnisse (sog. basic needs) nach Kompetenzerleben, sozialer Eingebundenheit und Autonomie hinzuweisen. Denn die Befriedigung jener drei Grundbedürfnisse führt theoriegemäß zu einer Ausweitung der individuellen Explorationsaktivitäten auf der Suche nach Herausforderungen. Jenes potentielle Erleben eigener Wirksamkeit bzw. Kompetenz ist jedoch bei dauerhafter Inaktivität und fortwährender Wiederholung in Frage gestellt, insbesondere dann, wenn sich für das Individuum nur geringe Eingriffs- und Gestaltungsmöglichkeiten bieten. Denn unter diesen Bedingungen entstehen kaum befriedigende Gelegenheiten, das eigene Wissen und Können im sozialen Kontext zu erproben und auf diesem Wege das angestrebte „psychological growth" (vgl. Ryan & Deci 2000, 70) zu erfahren, so dass die Emotion Langeweile hier ein Signal für Handlungsbedarf darstellen könnte und vermutlich subjektiv eher negativ akzentuiert ist. Für den unterrichtlichen Kontext mit seiner charakteristisch geschlossenen Situation, die den Lernenden nur wenige Ausweichmöglichkeiten lässt, ist Langeweile zudem ein möglicher Ausdruck für ein geringeres Autonomieerleben (z.B. Farmer & Sundberg 1986; Götz 2004). Es lassen sich insofern durchaus mögliche Erklärungsansätze für die Funktionalität der

Emotion Langeweile identifizieren, die auf den ersten Blick vergleichsweise ambivalent und untypisch erscheinen. Abschließend bleibt dennoch festzuhalten, dass in Abhängigkeit situativer Konstellationen unterschiedlich intensive Langeweileausprägungen denkbar sind und besonders im Zusammenhang mit positiv konnotierten Entspannungszuständen die Abgrenzung zwischen Emotion und emotionaler Gestimmtheit bzw. Färbung möglicherweise nicht durchgängig trennscharf ist. Auch die Abgrenzung zu motivationalen Konstrukten ist noch etwas präziser in den Blick zu nehmen.

3.1.2.2 Langeweile als bewusstseinspflichtige Emotion im engeren Sinne

Nachdem ein möglicher Erklärungsansatz zur Funktionalität von Langeweile als Emotion erörtert wurde, ist im Weiteren der Versuch zu unternehmen, Langeweile in das Spektrum emotional-affektiver (State-)Konstrukte einzuordnen. Angesichts der ausgeprägten Heterogenität der existierenden Definitionen (vgl. Kap. 2.5.1) seien mit Bezug auf die von Rausch (2011, 23ff.) diskutierte Systematik noch einmal zentrale Definitionsmerkmale von Emotionen rekapituliert: Emotional-affektive Konstrukte lassen sich demnach anhand ihrer Bewusstseinsnähe systematisieren – Emotionen im engeren Sinne werden dabei als bewusstseinspflichtige Erlebensqualitäten in Abgrenzung zu lediglich bewusstseins*fähigen* oder gar unbewussten Erlebensanteilen wie Stimmung bzw. emotionale Befindlichkeit oder Affektlage verstanden (Rausch 2011, 27). Sie „haben einen der Person bewussten Anlass und stellen im Sinne der gestaltpsychologischen Figur-Grund-Metapher *Figur*-Phänomene dar" (ebd.). Als konstituierende Merkmale werden in Abgrenzung zum Stimmungsbegriff bzw. der emotionalen Befindlichkeit insbesondere auch die kognitive Repräsentation im Sinne eines benennbaren Gefühls wie z.B. Angst, Ärger oder eben auch Langeweile, die Objektbezogenheit und Intensität benannt (Scherer 1986; Frijda 1993; Otto, Euler & Mandl 2000; Kuhl 2001). Demgegenüber zeichnet sich die emotionale Befindlichkeit, die als „emotional-motivational geprägtes, subjektives und situationsspezifisches Erleben eines Zustandes (Sembill 1992, 118) inhaltlich dem Stimmungsbegriff nahekommt, durch ihre Unbestimmtheit, geringere Intensität und längere Dauer aus. Als bewusstseins*fähiges* Konstrukt ist sie der Introspektion grundsätzlich zugänglich, dringt aber als emotionale Tönung mit Grund-Charakter im Sinne eines bilanzierenden „gut" oder „schlecht" nicht in den Vordergrund.

Vor diesem Hintergrund erscheint eine Einordnung des Langeweilekonstrukts als bewusstseinspflichtige Emotion im engeren Sinn zumindest auf den ersten Blick augenfällig: In einer Situation, in der das Individuum den Begriff Langeweile für das subjektive Befinden zum Ausdruck bringen und darüber hinaus entsprechende Ursachen benennen kann, wird dem Erleben eine spezifische Qualität zugewiesen, es dringt zwangsläufig in das Bewusstsein und ist konkret an ein bestimmte auslösende Situation gebunden. Insbesondere anhand des konstituierenden Merkmals der bewussten Wahrnehmung einer subjektiven Zeitdilatation lässt sich unzweifelhaft festmachen, dass es sich bei Langeweile um ein bewusstseinspflichtiges Erleben handelt. Die erhöhte Aufmerksamkeit für das verzögerte Zeitverstreichen zieht zudem Kapazitäten von anderen Wahrnehmungsprozessen ab, „boredom seems to represent a metacognitive judgement about one's attentional activity" (Damrad-Frye & Laird 1989, 320, zum Verhältnis zwischen Aufmerksamkeit und Langeweile s. auch Harris 2000). Ungeachtet der Anschlussfragen nach Gründen und Auslösebedingungen für diese Aufmerksamkeitsverschiebung auf das Verstreichen der Zeit ist zu konstatieren, dass in dem Moment der Bewusstwerdung für den Organismus ein erhöhter Verarbeitungsaufwand zu verzeichnen ist, da Bewusstseinsprozesse energieintensiver sind als unbewusste als solche evolutionär betrachtet einer „Rechtfertigungsnotwendigkeit" unterliegen[31]. Bewusstseinspflichtige Emotionen im engeren Sinne haben für das Individuum Signalwirkung und kanalisieren Handlungsbereitschaften. So lässt sich vor diesem Hintergrund das Erleben von Langeweile auch mit Verweis auf entsprechende Bewältigungshandlungen (für den unterrichtlichen Kontext z.B. Kritzeleien, Unterrichtsstörungen, Nebengespräche) als bewusstseinspflichtige Emotion einordnen.

Ausgehend von den Appraisal-Theorien der Emotionsgenese (Kap. 2.5.3) lässt sich zwar kritisch fragen, inwiefern die Emotion Langeweile, die typischerweise in subjektiv monotonen und damit routinisierten Reizkonstellationen entsteht, mit den Grundannahmen der Emotionstheorie vereinbar ist: Denn im Rahmen der sog. „stimulus evaluation checks" (sensu Scherer 1981 et passim) ist die Bewertung der Neuartigkeit auftretender Reize gerade einer der ersten basalen Prüfschritte im Zuge der Informationsverarbeitung, und eine entsprechende Verneinung sollte die Entstehung bewusster emotionaler Zustände eher verhindern. Unterstellt man hier jedoch die enge Verflechtung emotionaler mit motivationalen Instanzen im Rahmen der Wahrnehmungs- und Handlungsregulation und fragt nach der subjektiven Aussicht auf Bedürfnisbefriedigung

---

31 Diesen Sachverhalt vertieft auch Schwarz (1983, 111ff.) im Rahmen der Ausführungen zu seiner Kapazitätshypothese. Er geht überdies davon aus, dass insbesondere negative Emotionen wenig lernförderlich sind, da sie Aufmerksamkeitskapazität beanspruchen und Lernende von einer Beschäftigung mit dem Lerngegenstand insofern abhalten, als sie nach Erklärungen für ihr beeinträchtigtes Empfinden suchen und dieses zu mildern trachten.

und Zielerreichung, erscheint unmittelbar einleuchtend, dass bei dauerhaft konstanten Reizbedingungen mit geringem Neuheits- oder Attraktivitätscharakter ein bewusstes Erleben resultieren kann: Nämlich dann, wenn die individuellen Motiv-Bedürfnislagen und Ziele anhaltend in Gefahr geraten und eine bewusste Reizverarbeitung in der konkreten Situation geboten erscheint.

Allerdings erscheint das Erleben von Zeitdilatation mit entsprechender positiver oder negativer emotional-affektiver Valenz durchaus in unterschiedlichen Schattierungen denkbar – auch schwächere Ausprägungen mit lediglich bewusstseins*fähiger* „Grund-Gestalt" sind grundsätzlich der Vorstellung zugänglich, wenn auch aus Sicht des Individuums nicht unter dem expliziten Begriff Langeweile. Denn die Bewusstseinsschwelle wird in jüngeren Erklärungsansätzen weniger als klare Grenze im Sinne der Wasserlinie in den klassischen Eisberg-Modellen, denn vielmehr als fließenden Übergang im Sinne eines Kontinuums beschrieben (Tisdale 1998, 33, vgl. die Argumentation bei Rausch 2011, 25). Jene emotionale Tönung ist gewissermaßen als Vorstufe zur Langeweile denkbar, wird jedoch in der jüngeren Literatur nicht mehr diskutiert. Als einziger älterer Vertreter unterscheidet Revers (1949, 54ff.) in seinem Werk indes zwischen einer *gegenständlichen* und einer *zuständlichen* Langeweile. Er bezieht in diese Unterscheidung insbesondere sprachliche Aspekte mit ein und differenziert zwischen „etwas langweilt jemanden" (gegenständlich) und „jemand (selbst) langweilt sich" (zuständlich). Die gegenständliche Langeweile, „die vom Gegenstand ausgeht und die Funktion hat, die Suche nach einem neuen, anderen, nicht enttäuschenden, die Bedürfnisse wirklich befriedigenden Gegenstand zu veranlassen" (ebd., 55) ist dabei von der zuständlichen Langeweile zu unterscheiden. Letztere „bestimmt nicht eine einzelne, auf ein Objekt gerichtete Handlung, sondern die im Subjekt allen Handlungen zu Grunde liegende Grundhaltung der Strebungen" (ebd.), sie ist somit als Zustand an das Individuum gebunden. Ungeachtet der Tatsache, dass die Argumentation von Revers aus heutiger Sicht weniger in die Unterscheidung von Emotionen und Stimmungen denn in die Differenzierung von State- und Trait-Emotionen mündet, charakterisiert Revers die zuständliche Langeweile weiterhin als ungerichtete Stimmung (bzw. „zuständliches Gefühl"). Die gegenständliche Langeweile interpretiert er im Gegenzug jedoch *nicht* als gerichtet, was im Rahmen der aktuell diskutierten Systematik zu einem Verständnis als Emotion im engeren Sinne führen würde. Er weist darauf hin, dass das „Gegenständliche" jener Langeweileform die Leere sei, also die mangelnde Passung zwischen dargebotenem und gewünschtem Erkenntnisobjekt bzw. eine tatsächliche Ereignislosigkeit. Insofern sei auch die gegenständliche Langeweile den „zuständlichen Gefühlen" bzw. Stimmungen zuzurechnen (Revers 1949, 56).

An dieser Stelle ist ein gewisser Widerspruch in seiner Argumentation auszumachen. Denn wenn „etwas" langweilt und sei es auch die beschriebene „Leere" oder Ereignislosigkeit, bezieht sich die betreffende Langeweile unmittelbar auf jenen Erkenntnisgegenstand in seinem Widerstreit mit einem etwaig subjektiv interessanteren. Angesichts dessen ist der Einordnung der gegenständlichen Langeweile als Stimmung nicht zu folgen, sondern vielmehr eine Gerichtetheit und Objektbezogenheit der gegenständlichen Langeweile zu unterstellen und diese damit den Emotionen im engeren Sinne zuzurechnen. In Ermangelung einer tragfähigen und aktuellen Gegenargumentation ist daher für das subjektive Erleben von „Langeweile" davon auszugehen, dass es sich um eine Emotion handelt, wenn auch phänomenologisch ähnliche, vorgelagerte, Stimmungslagen denkbar sind, die zumindest bewusstseinsfähig sind.

3.1.2.3 Diskussion von Langeweile als Antagonist von Interesse

Ungeachtet der verbreiteten Auffassung von Langeweile als Emotion existieren angesichts der ausgeprägten motivationalen Bezüge in der Phänomenologie der Langeweile immer wieder auch Diskussionsansätze zu der Beziehung zwischen den Konstrukten Langeweile und Interesse (z.B. Revers 1949; Vodanovich 2003b; Pekrun, Goetz, Daniels, Stupnisky & Perry 2010; Daschmann, Goetz & Stupnisky 2011). So wird bisweilen versucht, Langeweile als Antagonist von situativem Interesse und damit auf einer einzigen Skala motivationaler Konstrukte zu verorten – besonders Revers (1949, 40ff.) kann diesbezüglich als Wegbereiter gelten. Er versteht „als erste Antithese zur Langeweile das Interesse" (ebd., 40) und beschreibt letzteres als sinnstiftenden Filter des Individuums seiner Umwelt gegenüber. Etwas später gesteht er allerdings ein, dass „der eigentliche Gegensatz des Interesses nicht die Langeweile, sondern die Teilnahmslosigkeit" sei (ebd., 43) und zieht Parallelen zwischen beiden Begriffen. Langeweile wird schließlich als „das Erlebnis einer ziellosen Strebung" (ebd., 44) eingeordnet. An dieser Stelle offenbart sich ein augenfälliger Bezug zu einer (wenn auch strittigen) Definition von Amotivation, die im Rahmen der Selbstbestimmungstheorie angeführt wird: Letztere wird als Zustand ohne gerichtete Lernmotivation bei ausbleibender Handlungsregulation mit den Attributen apathisch, ziellos, chaotisch oder hilflos umschrieben (Deci & Ryan 2000, 237; Prenzel, Kramer & Drechsel 2001, 38) und gilt als Gegenpol von intrinsischer Motivation bzw. Interesse[32] (vgl. die Darstellung, Kritik und Integration einschlägiger

---

32 Das Interessenkonstrukt wird im Rahmen der Interessentheorie von intrinsischer Motivation und damit der Systematik der Selbstbestimmungstheorie der Motivation

Argumentationslinien der Selbstbestimmungs- und Interessenstheorie bei Scheja 2009, 55ff.). Letztlich geht es insofern vorliegend darum, Langeweile als mögliches Synonym von Amotivation zu erörtern. Auf mögliche Parallelen zwischen beiden Konstrukten wird jedoch in der Regel nicht eingegangen. Publikationen jüngeren Datums zielen vielmehr auf die Abgrenzung von Langeweile und Interesse und nehmen diese meist unter Würdigung aktueller Theoriestränge vor. Besonders fallen dabei emotions- oder handlungstheoretische Bezüge ins Auge. Die Argumentationslinien von Götz und Kollegen verstehen Langeweile nicht lediglich als Abwesenheit von Interesse und positiven Emotionen, sondern als Erlebensqualität mit eigenem emotionalem Profil. So erörtern beispielsweise Pekrun et al. (2010) die Beziehung zwischen Langeweile und der Abwesenheit von Interesse oder positiven Erlebensqualitäten. Die Autoren argumentieren mit Blick auf andere negative Emotionen wie Angst oder Ärger und ihre verschiedenen Komponenten, dass es nicht lediglich die Abwesenheit von Interesse oder Freude sein könne, die zu einer Einordnung von Langeweile als „neutral state" und damit als Antagonist von Interesse führe (ebd., 532). Langeweile werde vielmehr durch charakteristische situative Bedingungsfaktoren beeinflusst, weise typische Verläufe auf und könne zu divergierenden motivationalen Konsequenzen führen, während das bloße Fehlen von Interesse per se keine Bewältigungs- oder Vermeidereaktionen auslöse (vgl. auch Daschmann, Goetz & Stupnisky 2011). Auch Vodanovich (2003a, 29) erörtert in seiner Analyse der positiven Aspekte von Langeweile deren motivationale Bezüge. Unter Rückgriff auf ältere Beiträge, die Langeweile als „one of the great motive powers" (Russell 1930 zit. nach Vodanovich 2003a, 29) bezeichnen, verweist er auf den handlungsauslösenden Impuls, der von Langeweile ausgeht. Eine Einordnung als Motivationskonstrukt lässt sich aufgrund dieses Arguments indes schwerlich vornehmen, da über die entsprechende Handlungsrichtung nichts

---

sensu Deci & Ryan (1985 et passim) abgegrenzt. Es zeichnet sich definitionsgemäß durch eine ausgeprägte Gegenstandsspezifität bei großer subjektiver Wertschätzung desselben aus und wird mit positivem emotionalen Erleben konnotiert (Prenzel, Krapp & Schiefele 1986, 166). Die Definition intrinsischer Motivation bezieht sich indes stärker auf Aspekte des in höchstem Maße selbstbestimmten Handelns mit fehlender Ergebnisorientierung – im Rahmen der Selbstbestimmungstheorie lassen sich deutlichere Bezüge zur individuellen Handlungsregulation ausmachen, während die Selbstbestimmungstheorie stärker den Person-Gegenstandsbezug fokussiert. Daher wäre es angesichts der augenfälligen Auslösung von Bewältigungshandlungen im Falle von Langeweile streng genommen stringenter, statt Interesse intrinsische Motivation als Antagonist von Langeweile zu diskutieren.

ausgesagt wird und die bloße Handlungsinitiierung eher der Funktionalität von Emotionen zuzuschreiben ist (vgl. Kap. 2.5.2). Zudem schließt zumindest die Anwesenheit von individuellem Interesse Langeweile nicht zwangsläufig aus, gerade dann können sich Lernende in bestimmten, situativ wenig anregenden Kontexten vermehrt langweilen.

Im Zusammenhang mit der charakteristischen Veränderung der subjektiven Zeitwahrnehmung und der Frage nach dem optimalen Anforderungsniveau wird mitunter auch eine Beziehung von Langeweile zum Flow-Konzept erörtert, wenn auch nicht zwangsläufig unter der expliziten Fragestellung der Konstruktabgrenzung (Csikszentmihalyi 1985; Harris 2000). Aus der heuristischen Gegenüberstellung von Langeweile und dem Flow-Erleben intrinsisch motivierten Handelns ist jedoch keine Verortung von Langeweile als motivationales Konstrukt abzuleiten. Denn ungeachtet der spezifischen Qualität des zeitlichen Erlebens, die Flow-Erleben und Langeweile eint, müsste im Gegenzug schließlich auch die Entstehung von Angst motivational hinterfragt werden. Eine Verortung von Langeweile im Zusammenspiel mit dem motivational akzentuierten Flow-Erleben begründet daher keine Einordnung im Spektrum motivationaler Konstrukte, wenn sich auch einige Parallelen offenbaren.

So führen die skizzierten Argumente in der Summe zu einer Ablehnung der Verortung von Langeweile als reinem Motivations- bzw. Interessenskonstrukt. Die Annahme der strukturellen und inhaltlichen Identität von Langeweile und Amotivation ist insofern nicht überzeugend, als die definitionsgemäß konstituierende Ablehnung der vorgegebenen Lernziele im Zustand der Amotivation nicht zwangsläufig auch auf das Erleben von Langeweile zutrifft. Vielmehr ist beispielsweise für den Unterrichtskontext denkbar, dass die institutionsseitig vorgegebenen Handlungsziele durch das Individuum zwar abgelehnt werden, letzteres aber durchaus eigene Ziele verfolgt und infolge der Langeweileentstehung entsprechende Copingmaßnahmen vornimmt. Es existieren zwischen beiden Konstrukten zweifelsohne Überschneidungen, etwa das Erleben von Apathie und Hilflosigkeit betreffend, als identisch sind sie jedoch nicht anzusehen. Im Ergebnis lässt sich festhalten, dass Langeweile und Interesse als unterschiedliche Konstrukte aufzufassen sind und somit nicht auf einer gemeinsamen Skala alternieren. Entsprechende Abgrenzungsversuche lassen sich mit Verweis auf das funktionalistische Emotionsparadigma und die Handlungstheorie entscheiden. Ungeachtet dessen ist nicht zu übersehen, dass Langeweile nebst anderen charakteristischen Erlebensfacetten mitunter ein sehr geringes situatives Interesse an dem betreffenden Reizangebot mit sich bringt und in einigen phänomenologischen Aspekten eine gewisse Ähnlichkeit zu dem Zustand der Amotivation aufweist. Im nachfolgenden Abschnitt ist daher die Klassifikation von

Langeweile als Emotion zu vertiefen und eine Klärung der verschiedenen, auch motivational gefärbten Emotionskomponenten herbeizuführen.

3.1.3 Langeweile als Emotion – Klassifikationsversuch und Komponenten

Die Einordnung des Langeweilekonstrukts als Emotion zieht die Notwendigkeit einer näheren Charakterisierung ihrer Merkmale und Komponenten nach sich. Anhand von Klassifikationsschemata werden Emotionen üblicherweise mithilfe kategorialer und dimensionaler Merkmale beschrieben – kategoriale Merkmale beziehen sich auf den zeitlichen und gegenständlichen Bezug der Emotion, während Dimensionsmerkmale Fragen nach Valenz, Aktivationsniveau bzw. Arousal, Intensität und Dauer fokussieren (z.b. Pekrun 1998, 234; Titz 2001, 31ff.). Zudem wird in der Regel zwischen Lern- und Leistungsemotionen unterschieden. Langeweile wird üblicherweise als Lernemotion, seltener als Emotion in Leistungskontexten, letzteres meist in Verbindung mit der Problematik der Unterforderung, eingeordnet (Pekrun, Goetz, Daniels, Stupnisky & Perry 2010). Ebenso eindeutig fällt die kategoriale Einordnung von Langeweile als gegenwarts- und sachbezogen aus: Während andere Emotionen wie beispielsweise Ärger vorwiegend in der Retrospektive entstehen oder aber wie Vorfreude prospektiven Charakter haben, weist Langeweile einen ausgeprägten Gegenwartsbezug auf – das Individuum langweilt sich nicht allein aufgrund einer Rückschau oder Erwartung auf langweilige Ereignisse, sondern lediglich in einer konkreten Situation der subjektiven Gegenwart. Dessen ungeachtet existieren unterschiedliche Qualitäten dieses Gegenwartsbezugs von Langeweile – grundsätzlich bewegt sich ihre zeitliche Granularität auf einem Kontinuum zwischen volatiler situationsgebundener Erlebensqualität („state") und stärker habitualisierter Langeweile („trait"), die sich bei wiederholtem Erleben von Langeweile in vergleichbaren situativen Kontexten verfestigt hat und deutlich weniger veränderlich ist (zu dieser Unterscheidung[33] s. z.B. Harris 2000, 577; Kass, Vodanovich & Callender 2001, 318; Vodanovich 2003b, 589; Sparfeldt, Buch, Schwarz, Jachmann & Rost

---

33 Die Unterscheidung zwischen State- und Trait-Langeweile wird unter verschiedenen Begriffsverwendungen auch in zahlreichen geistes- und sozialwissenschaftlichen Publikationen vorgenommen: So wird die State-Langeweile auch als *gegenständliche* (Revers 1949), *alltägliche flüchtige* (Keen 1993) oder *situative* (Doehlemann 1991) Langeweile bezeichnet, während für Trait-Langeweile auch Begriffe wie *manifest zuständlich* (Revers 1949), *strukturell chronisch* (Keen 1993) oder *existentiell* (Doehlemann 1991) gebräuchlich sind.

2009, 17). Auch handelt es sich bei Langeweile nicht um eine sozialbezogene Emotion wie beispielsweise Neid, sondern sie ist in ihrer Entstehung vielmehr sach- bzw. aufgabenbezogen akzentuiert (s. auch Lohrmann 2008a, 16).

Weniger eindeutig fällt indes die Klassifikation anhand der Dimensionsmerkmale aus, wie sich bereits in älteren Definitionsversuchen offenbart (vgl. Kap. 3.1.1). Insbesondere Arousal und Valenz des Langeweileerlebens entziehen sich wie bereits bemerkt einer eindimensionalen Verortung und weisen – vermutlich in Abhängigkeit unterschiedlicher Formen – mitunter gar bipolare Strukturen auf: So besteht hinsichtlich des die Langeweile begleitenden Arousals bis heute keine Einigkeit in Empirie und Theorie (vgl. Hebb 1955; Berlyne 1960/1974; 235ff.; Fisher 1993, 396; Mikulas & Vodanovich 1993, 4f.; Götz & Frenzel 2006, 149), wenn auch in frühen Publikationen einhellig angenommen wird, Langeweile forciere die (dementsprechend mehr oder weniger aktive) Suche nach alternativen Stimuli (vgl. London, Schubert & Washburn 1972, 29). Dennoch wird einerseits von einem niedrigen Arousal ausgegangen und das Erleben von Langeweile mit Trägheit, Müdigkeit oder Gleichgültigkeit in Verbindung gebracht (s. bspw. bei Watson & Tellegen 1985; Titz 2001). Phänomenologisch werden häufiges Gähnen, Zurücklehnen und Abschweifen des Blicks als in diesem Zusammenhang typische nonverbale Verhaltensweisen identifiziert (Titz 2001, 124). Auf der anderen Seite wird das Erleben von Langeweile in die Nähe von Unruhe und Reizbarkeit gerückt und mit erhöhtem Arousal assoziiert (vgl. bspw. London et al. 1972; Watt & Vodanovich 1992; Sommers & Vodanovich 2000). Korrespondierende Ausdrucksmuster beziehen sich insbesondere auf die innere Ruhelosigkeit und den Wunsch nach einem Tätigkeitswechsel und ähneln den Verhaltensweisen im Zustand der Nervosität (vgl. z.B. Harris 2000, 577f.). Zu etwas mehr Einigkeit in der Arousal-Diskussion lässt sich möglicherweise im Rahmen prozessorientierter empirischer Zugänge gelangen, welche sich auf die Abbildung der Dynamik des Erlebens im Zeitverlauf richten. Denn bisweilen wird auch angenommen, Langeweile ginge *zunächst* mit einem geringen Arousal einher, würde sich aber im Verlauf und mit zunehmender Intensität des Erlebens steigern (s. etwa Pekrun, Goetz, Daniels, Stupnisky & Perry 2010, 532).

Auch bezüglich der Valenz von Langeweile existieren widersprüchliche Auffassungen: In der Regel wird zwar davon ausgegangen, dass es sich um eine „verhältnismäßig" negative Empfindung handelt (z.B. Perkins & Hill 1985; Fisher 1993; Götz & Frenzel 2006; Nett, Goetz & Daniels 2010), es finden sich jedoch auch immer wieder Verweise auf positive oder gar äußerst negative Erlebensfacetten, die eine eindeutige und abschließende Verortung als *mäßig* negativ valentes Konstrukt vereiteln (z.B. Harris 2000; Vodanovich 2003a). Dieser Umstand lässt gepaart mit der Debatte um das Arousal des Langeweilekonstrukts den Verdacht aufkommen, es handele sich um eine Emotion mit verschiedenen Erscheinungsformen, die sich bzgl. Arousal und Valenz deutlich unterscheiden und eine pauschale Klassifikation des Konstrukts erschweren. Darüber hinaus ist auch die Abhängigkeit von unterschiedlichen personen- und situationsbezogenen Entstehungsbedingungen ein möglicher Erklärungsansatz für die divergierenden Auffassungen. In diesem Zusammenhang wird auch deutlich, warum sich die beiden übrigen Dimensionsmerkmale Intensität (stark–schwach) und Dauer (kurz–lang) in Bezug auf Langeweile einer eindeutigen Klassifikation entziehen: Es lassen sich ohne Berücksichtigung entsprechender Entstehungskonstellationen und die längerfristige Beobachtung der individuellen Erlebensprozesse keine belastbaren Aussagen über die Intensität und Dauer der Emotion treffen. Auch über vermutete Zusammenhänge zwischen den einzelnen Dimensionsmerkmalen lässt sich ohne das Wissen über konkrete Situationsmerkmale nur wenig aussagen: Denkbar wäre zwar beispielsweise, dass mit zunehmendem Arousal auch die emotionale Färbung zunehmend negativer wird, es sind jedoch auch apathische Langeweilezustände mit äußerst geringer Aktivation bei gleichzeitig ausgeprägtem Überdruss vorstellbar. An dieser Stelle ist ein grundsätzlicher Bedarf an empirischen Forschungszugängen zu konstatieren.

Über den Versuch der Klassifikation einer Emotion hinaus werden üblicherweise verschiedene Emotionskomponenten mit ihren jeweiligen Charakteristika näher spezifiziert, es handelt sich dabei zumeist um eine Unterscheidung von affektiven, kognitiven, physiologischen, expressiven sowie motivationalen Komponenten (z.B. Kleinginna & Kleinginna 1981; Scherer 1981; Pekrun & Jerusalem 1996; Götz, Zirngibl, Pekrun & Hall 2003)[34]. Für die Emotion Langeweile stellt Lohrmann (2008a, 19ff.) schematisch die fünf Komponenten dar und ordnet ihnen typische Ausdrucksmuster zu (vgl. Abbildung 3–1 mit eigenen Modifikationsvorschlägen (kursiv) und Ergänzungen (fettgedruckt))[35]. In Ergänzung zu

---

34 Pekrun (1988, 99) unterscheidet lediglich drei, inhaltlich allerdings etwas weiter gefasste Komponenten: Emotionsspezifische Kognitionen, physiologische Aktivierung und ihre Expression sowie nicht bewusstseinsfähige, zentralnervöse Prozesse, die dem Affektbegriff nahe kommen. Die spätere Erweiterung um motivationale Aspekte ist vermutlich der Weiterentwicklung der Diskussion um die Bedeutung und Abgrenzung von Emotion und Motivation geschuldet.

35 Der in der Darstellung verwendete Begriff der „Reaktionen" (Kursivschrift) suggeriert ebenso wie einige der angeführten Beispiele (ebenfalls kursiv), dass es sich um Copingaktivitäten handele, die infolge der Emotionsentstehung resultieren. Um diesen Eindruck zu vermeiden und die entsprechenden emotionalen Ausdrucksmuster

dieser Darstellung ist zu bemerken, dass eine hinreichende Trennschärfe angesichts der engen Verwobenheit der verschiedenen Emotionskomponenten nicht immer zu erzielen ist und in Konsequenz der Arousal- und Valenzdiskussion auch konträre Ausprägungen zu vergegenwärtigen sind.

Im Bereich der *affektiven* Komponente, welche sowohl bewusste als auch unbewusste Anteile des „emotionsspezifischen subjektiven Erlebens" (Lohrmann 2008a, 20) umfasst, werden sowohl Impulslosigkeit und Leere, als auch ein gewisses Unwohlsein bis hin zu dem Erleben von Apathie verortet. Mit Bezug auf die weniger negativen affektiven Erlebensfacetten lassen sich darüber hinaus noch Indifferenz bzw. Gelassenheit ergänzen. Die *kognitiven* Emotionsbestandteile verweisen besonders auf die charakteristischen zeitfokussierenden Gedanken und die infolgedessen verringerte Aufmerksamkeitsleistung in Bezug auf die aktuelle Tätigkeit oder Aufgabe, während die *motivationale* Komponente durch ein geringes Interesse an der aktuellen Reizkonstellation und den Wunsch nach alternativen Handlungen charakterisiert ist. In *physiologischer* Hinsicht sind im Zusammenhang mit Langeweile insbesondere die Verringerung der Vigilanz des Gehirns (Pattyn, Neyt, Henderickx & Soetens 2008; Wuttke 2010, 313) und die Beruhigung vegetativer Körperfunktionen wie etwa Herzschlag und Blutdruck zu erwähnen. Es sind jedoch in Abhängigkeit des Arousals auch Erregungszustände und ihre korrespondierenden physiologischen Ausdrucksmuster (z.B. erhöhte Herzrate, höherer Blutdruck, Hormonausschüttung etc.) denkbar. Es handelt sich hierbei allerdings nicht um emotionsspezifische physiologische Ausdrucksmuster, diese lassen sich vielmehr auch verschiedenen anderen Emotionen zuordnen (s. auch Lohrmann 2008a, 21). Diese Aussage gilt in ähnlicher Weise für die nonverbalen *Expressionen*, die typischerweise im Zusammenhang mit Langeweile thematisiert werden: Als charakteristisch gelten Gähnen, das ziellose Abschweifen des Blicks oder eine eingefallene Körperhaltung, welche in Teilen jedoch auch bei anderen Emotionen wie etwa Trauer zum Ausdruck kommen können. In der Konsequenz entsteht erst durch die integrale Betrachtung aller Emotionskomponenten das vollständige Bild, welches den Rückschluss auf das Vorhandensein von Langeweile zulässt.

---

als Bestandteile von Langeweile von Maßnahmen ihrer Bewältigung zu trennen, erscheint daher der Ausdruck der „Entäußerung" geeigneter. Zudem werden einige eigene Ergänzungen in der Tabelle fettgedruckt dargestellt.

Abbildung 3–1: Emotionskomponenten und Entäußerungsbeispiele (Lohrmann 2008a, 19 mit Modifikationsvorschlägen und eigenen Ergänzungen).

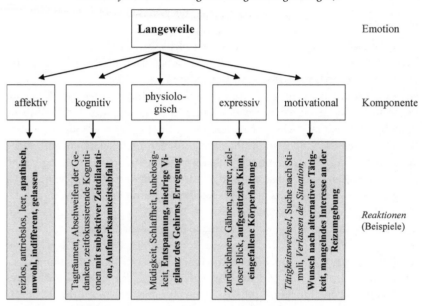

Zusammenfassend lässt sich konstatieren, dass der in Kapitel 3.1.1 beschriebene definitorische Minimalkonsens, der zum einen die subjektive Zeitdilatation und zum anderen eine verhältnismäßig negative affektive Färbung als konstituierende Merkmale von Langeweile annimmt, mit Blick auf die verschiedenen Emotionskomponenten erweitert bzw. modifiziert werden sollte. So ist die Ausprägung des Verdrussmoments vermutlich nicht nur von unterschiedlichen Langeweileformen abhängig, sondern wird ebenso wie das korrespondierende Arousal maßgeblich durch personenbezogene und situative Entstehungskonstellationen beeinflusst. Unstrittig ist hingegen die Existenz zeitfokussierender Kognitionen, die der subjektiven Zeitdilatation im Moment der Langeweile Ausdruck verleihen. In motivationaler Hinsicht lässt sich eine Beeinträchtigung des situativen Interesses an der wahrgenommenen Reizumgebung anführen, auch diese erscheint als Merkmal von Langeweile verhältnismäßig eindeutig. Nachdem Langeweile als sehr facettenreiches Konstrukt mit diversen Erscheinungsformen erscheint und eine eindeutige Klassifizierung auf analytisch-konzeptioneller Ebene bislang nicht abschließend gelungen ist bzw. nur schwerlich gelingen kann, wurden einige wenige Versuche der empirischen Identifikation phänomenologischer

Aspekte von Langeweile unternommen, die der Konstruktklärung dienten und nachfolgend erörtert seien.

3.2 Phänomenologie und Ausdifferenzierung des Langeweilekonstrukts

Phänomenologische Beschreibungen von Langeweile, die auf Facetten wie etwa die charakteristische subjektive Zeitdilatation, die innere Leere und Antriebslosigkeit oder aber den dringenden Wunsch nach Alternativhandlungen verweisen, sind zahlreich und existieren bereits seit den Anfängen der wissenschaftlichen Auseinandersetzung mit dem Konstrukt. So identifiziert etwa revers (1949, 63ff.) verschiedene Arten von Langeweile und spezifiziert auch Übergänge zwischen ihnen: Es wird zwischen *pathischer, dynamischer* und *hektischer* Langeweile differenziert[36], welche sich durch ihr Ausmaß an Objektbezogenheit, die mit ihr eingehende Zielorientierung sowie Aktivation unterscheiden. Eine empirische Annäherung an Charakteristika und Erscheinungsformen der Emotion unterblieb jedoch verhältnismäßig lange. Erst in jüngerer Zeit widmen sich einige wenige Beiträge der Thematik. Harris (2000) identifiziert im Rahmen einer Fragebogenerhebung an N=170 Studierenden zu deren Langeweileneigung mittels einiger abschließender offener Fragen auch phänomenologische Aspekte. Die Items beziehen sich auf die Beschreibung des Gefühls der Langeweile, auf

---

36 Die *pathische* Langeweile wird von Revers (1949, 63ff.) auch als zuständlich und „Langeweile des guten Gewissens" (ebd., 64) bezeichnet und als „offen, spielbereit, ursprünglich erlebt" charakterisiert (ebd., 63). Nach Ansicht des Autors entsteht sie infolge zielloser Untätigkeit und „fordert das Subjekt auf, ein der Spannung angemessenes Ziel aufzufinden" (ebd., 64). Die sogenannte sekundäre, *dynamische* oder gegenständliche Langeweile entsteht infolge meidensorientierter Bewältigungsversuche bei konstantem Reizangebot und „fordert gebieterisch etwas Neues, sie erzeugt ein gedrungenes, gehetztes Interesse, es ist in paradoxer Weise keine Zeit zu verlieren, wenn die Zeit nicht lang werden soll" (ebd., 65). Im Falle der *hektischen* Langeweile oder „Langeweile des schlechten Gewissens" (ebd., 65) geht der Autor wiederum von einer verstetigten, „gewohnheitsmäßigen" Langeweile aus, die sich infolge wiederholt unzureichender Bewältigungsmaßnahmen einstellt. Revers beschreibt auch die nach seiner Ansicht typische Verlaufsspirale der Entstehung der unterschiedlichen Langeweileformen: „Pathische Langeweile – Genuß – dynamische Langeweile – potenzierter Genuß – hektische Langeweile" (ebd., 66) und akzentuiert Genuß in seinem Beitrag als das Gegenteil dessen, was für das gelangweilte Individuum der Pflicht halber zu tun wäre. Es klingen in diesen Beschreibungen nebst dem offenkundigen Zeitgeist der Nachkriegsjahre zumindest indirekt auch unterschiedliche Valenzen und Aktivationsgrade an.

deren Ausmaß im Alltag sowie auf Ursachen, Copingmaßnahmen und wahrgenommene Potentiale. Die Antworten werden inhaltsanalytisch verdichtet und der prozentualen Häufigkeit nach geordnet (ebd., 585ff.). Im Ergebnis gehen die Beschreibungen des Langeweileerlebens beispielsweise mit Attributen wie „unruhig" (26%), „Aufmerksamkeit wechselhaft" (22%), „müde" (17%), „nichts zu tun haben" (17%) oder „frustriert" (10%) einher, weisen aber bei der Frage nach positiven Folgen wiederum auch explizit auf die „Möglichkeit nachzudenken" (44%), „Entspannung" (29%), die „Möglichkeit etwas neues zu versuchen" (8%) oder „Kreativität" (7%) und „Abwesenheit von Stress" (4%) hin. 32% der Befragten sehen indes keine positiven Folgen von Langeweile. Die Befunde von Harris deuten darauf hin, dass sich auch bei empirischer Annäherung keine verallgemeinerbare Antwort auf die Fragen nach Arousal und Valenz des individuellen Langeweileerlebens finden lässt, lassen aber angesichts ihres explorativen Charakters keinen endgültigen Schluss zu. Auch Titz (2001, 123f.) identifiziert im Rahmen einer Fragebogenerhebung zu Phänomenologie, Ausmaß und Intensität verschiedener Emotionen im universitären Kontext sowohl phänomenologische Indikatoren, die für ein hohes als auch solche, die für ein niedriges Arousal von Langeweile sprechen. Die Beschreibung der Valenz ist indes eindeutig negativ, es werden Attribute wie lustlos, leer, frustriert angeführt und die Emotion in phänomenologische Nähe zu Ärger gerückt.

Um die Uneinigkeit über die Entäußerungsformen von Langeweile sowie über Arousal und Valenz ein wenig zu mildern und das Langeweilekonstrukt weiter auszudifferenzieren, wurde schließlich von Götz & Frenzel (2006) im Zuge einer empirischen Untersuchung an 50 Gymnasiasten ein heuristisches Modell verschiedener Formen von Langeweile entwickelt. Die Befragung der Schülerinnen und Schüler im Rahmen qualitativer Interviews beinhaltete zunächst die Bitte um eine Beschreibung des Gefühls Langeweile anhand selbst gewählter Schlagworte, weiterhin die Aufforderung zu einem mentalen Recall einer als langweilig erlebten Unterrichtsstunde sowie die Frage nach begleitenden Kognitionen, wünschenswerten Alternativhandlungen und physiologischen Aspekten der Körperwahrnehmung in der betreffenden Situation. Im Rahmen einer quantitativen Erhebung erfolgte zudem die Befragung der Lernenden nach Arousal und negativer Valenz (mit den Polen ruhig – zappelig/ gar nicht unangenehm – sehr unangenehm) während des Langeweileerlebens (Götz & Frenzel 2006, 150). Die Interviews wurden zu inhaltstragenden Paraphrasen verdichtet und mittels eines reliablen Kategoriensystems (durchschnittliches Cohen's Kappa von .93) ausgewertet. Die resultierende heuristische Modellierung lehnt sich an ältere Circumplex-Modellierungen von Emotionen (Russell 1980, 1167;

Watson & Tellegen 1985, 221) an und unterscheidet mittels der beiden in Bezug auf Langeweile besonders strittigen Dimensionen Arousal (hier Aktivation) und Valenz vier verschiedene Langeweileformen, die zudem auf einem Kontinuum in die phänomenologische Nähe zu anderen, phänomenologisch recht diversen Erlebenszuständen gerückt werden (vgl. Abbildung 3–2).

Abbildung 3–2: Verortung schulischer Langeweileformen (Götz & Frenzel 2006, 152).

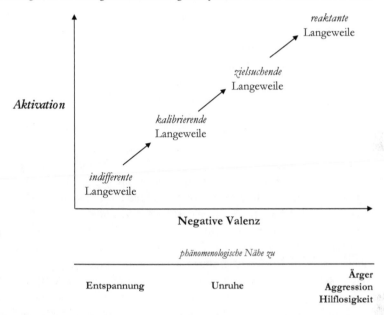

Bei der Beschreibung der Formen nehmen Götz & Frenzel an, dass sich die *indifferente* Langeweile durch eine schwach negative Valenz und geringe Aktivation auszeichnet, diese Form wird deshalb auch „inaktiv-hinnehmende Langeweile" genannt. Im Rahmen der Auswertungsarbeiten der zugrunde liegenden Interviews mit den Schülerinnen und Schülern werden dieser Langeweileform Assoziationen wie „Abschalten", „Desinteresse", „Amotivation", „Gedankenleere" oder „nichts zu tun haben" zugeordnet. Die *kalibrierende* Langeweile ist wiederum durch etwas höhere Valenz- und Aktivationswerte charakterisiert, der sich Langweilende bleibt zwar weitgehend inaktiv, ist aber grundsätzlich offen für Neues. Korrespondierende Schüleraussagen zu dieser Form sind „Abschweifen der Gedanken", „nicht-prospektive Gedanken zu Hobbies, Freizeit, Interessen oder Schule" oder „nicht wissen, was man machen soll". Die *zielsuchende* Langeweile ist von Ruhelosigkeit und der konkreten Suche nach Handlungsalternativen geprägt, ihr werden Schüleraussagen wie „Beschäftigungsdrang" oder „prospektive Gedanken zu Hobbies" zugeordnet. Die höchste Ausprägung hinsichtlich ihrer Aktivation und negativen Valenz bringt nach Ansicht der Autoren die *reaktante* Langeweile mit sich, die phänomenologisch Ärger, Aggression und Hilflosigkeit am nächsten steht und von Schülern insbesondere mit quälenden Gedanken an subjektiv lohnenswertere Tätigkeiten und Aggression in Verbindung gebracht wird (Beschreibung der Formen s. Götz & Frenzel 2006, 152). Auf Basis des empirischen Datenmaterials wird indes durch die Autoren festgestellt, dass im Unterrichtskontext insbesondere die kalibrierende Langeweile dominiert, während reaktante Langeweile von den Probanden vergleichsweise selten genannt wird. Es wird insbesondere dann ein Auftreten von reaktanter Langeweile vermutet, wenn „subjektiv wenig Freiheitsgrade bezüglich einer Modifikation der als langweilig vorhandenen Situation vorhanden sind" (Götz & Frenzel 2006, 152).

In Bezug auf die Frage der Valenz wird im Modell grundsätzlich von einer negativen Ausprägung ausgegangen und auf diesem Wege eine Dimensionsverkürzung der zugrunde liegenden Circumplex-Modelle bewirkt, in denen Langeweile zumeist im Bereich der negativen Emotionen mit niedrigem Arousal verortet wird. Somit werden die potentiellen positiven Facetten der Langeweile im Modell selbst ausgeblendet. Über die Verortung der indifferenten Langeweile in phänomenologischer Nähe zur Entspannung kommen jedoch im Modellzusatz jedoch durchaus positive Aspekte zum Tragen – hier ist ein gewisser Widerspruch erkennbar. Der ansteigenden Anordnung der verschiedenen Langeweileformen liegt weiterhin die Hypothese zugrunde, dass mit zunehmender Aktivation des Gelangweilten dessen Erleben zunehmend negativer gefärbt ist. Die Ausprägungen steigen und fallen auf den beiden Dimensionen miteinander, es ergibt sich insofern im strengen Sinne kein zweidimensionales Modell mit vier Feldern. Mit Blick auf die kognitiven Theorien zur Zeitwahrnehmung (vgl. Kap. 2.4) erscheint es zwar grundsätzlich plausibel anzunehmen, Individuen erlebten das Ausmaß der subjektiven Zeitdilatation – und damit eines der konstituierenden Merkmale von Langeweile – bei eigener Untätigkeit, d.h. entsprechend geringer Aktivation als umso ausgeprägter. Dies jedoch gleichermaßen mit einer zwangsläufig negativen Valenz zu verbinden, würde die vielfach diskutierten positiven Facetten der Langeweile ausblenden. Es erscheint aber unumstritten, dass Phasen der entspannten bzw. kreativ-schöpferischen Zeitdilatation als positiv und inkubierend wahrgenommen werden können. Fraglich ist indes, inwieweit dieses Erleben von den betreffenden Individuen auch als „Langeweile" aufgefasst und benannt würde und ferner, ob diese eher positiv akzentuierten Formen auch in der Schule vorkommen und damit in diesem Untersuchungsfeld empirisch identifizierbar sind. Die Autoren nehmen ferner an, dass die Formen der Langeweile im Zeitverlauf ineinander übergehen und sich insofern hinsichtlich ihrer Aktivation und negativen Valenz intensivieren können, wie durch die aufsteigenden Pfeile verdeutlicht ist. Zu vermuten ist in diesem Zusammenhang allerdings, dass auch zirkuläre Beziehungen existieren – so wäre es nach einer (erfolglosen) Eskalation der reaktanten Langeweile im Unterricht, etwa im Sinne einer Unterrichtsstörung, durchaus denkbar, dass sich bei unverändertem Reizangebot in der Konsequenz eine Art Resignation und apathische Wahrnehmung der Situation gegenüber einstellt, die dennoch anhaltend negativ erlebt wird. Diese Überlegungen führen zu dem Vorschlag einer Modifikation des Modells, bei dem versucht wird, einige der angesprochenen Aspekte aufzugreifen und insbesondere positivere Facetten der Langeweile nicht auszublenden (vgl. Abbildung 3-3).

Abbildung 3-3: Modellierung unterschiedlicher Langeweileformen (eigene Darstellung).

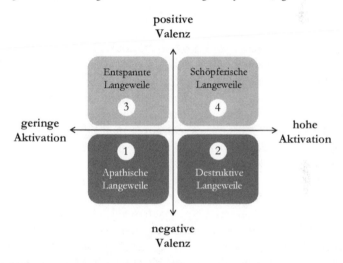

Das vorgeschlagene Modell stellt sich als Vier-Felder-Matrix in enger Anlehnung an die Circumplex-Modellierungen dar. Durch den Einbezug auch positiver Facetten der subjektiven Valenz und die Differenzierung in *hohe* und *geringe* Aktivation entstehen für jede Dimension idealtypisch jeweils zwei Ausprägungen, deren Übergänge jedoch auf einem Kontinuum liegen und insofern fließend sind. Es wird zwischen zwei Langeweileformen mit subjektiv eher negativer Valenz (im Modell dunkelgrau eingefärbt) und zwei Formen mit subjektiv eher positiver Valenz (im Modell hellgrau eingefärbt) unterschieden, was auch durch eine entspreche Benennung der Langeweileformen ausgedrückt werden soll. Während das Modell von Götz & Frenzel bei der Benennung der Formen stärker das korrespondierende Arousal fokussiert, wird vorliegend mehr der Aspekt der subjektiven Valenz in den Vordergrund gerückt: Die *apathische* Langeweile (1), die sich durch eine sehr geringe Aktivation und verhältnismäßig negative Valenz auszeichnet, kennzeichnet einen Zustand der lähmenden Resignation dem als langweilig erlebten Reizangebot gegenüber. Korrespondierende Schülerexpressionen wären etwa das Schlafen während des Unterrichts oder ein nach innen gekehrter leerer Blick, der keine Beschäftigung mit den behandelten Unterrichtsinhalten und -aktivitäten erkennen lässt. Diese Form geht möglicherweise mit dem Zustand der Amotivation in Bezug auf die durch die Lehrkraft vorgegebenen Unterrichtsziele einher und wird von den Betroffenen vermutlich als sehr negativ erlebt. Die *destruktive* Langeweile (2) zeichnet sich ebenfalls durch eine ausgeprägt negative Valenz aus, geht jedoch mit höherer Aktivation einher. Verglichen mit dem Ursprungsmodell lässt sich diese Form mit der *reaktanten Langeweile* bei Götz & Frenzel vergleichen, die von den Autoren mit Aggression und Ärger in Verbindung gebracht wird und wohl am ehesten zu Unterrichtsstörungen führt. Die *entspannte* Langeweile (3) indes zeichnet sich durch eine eher positive Valenz bei geringer Aktivation aus. Beobachtbare Ausdrucksformen ähneln im Kern möglicherweise denen der *apathischen* Langeweile, lediglich die subjektive Färbung ist aufgrund der mangelnden Attraktivität von Alternativhandlungen oder eigener Ziele nicht so negativ ausgeprägt. Denkbar wäre jedoch in dieser Form durchaus auch ein geringfügig erhöhtes Aktivationsniveau, das auf Seiten der Lernenden Verhaltensweisen wie etwa ein weitgehend passives Verfolgen des Unterrichts im Sinne eines „Sich-Berieseln-Lassens" und Mitschreibens zur Folge haben könnte. Die *schöpferische* Langeweile (4) nimmt schließlich den Gedanken an Phasen der kreativen Muße auf und zeichnet sich durch eine hohe Aktivation und positive Valenz aus. Bezogen auf den traditionellen Unterrichtskontext wäre zu vermuten, dass sich die Lernenden von den behandelten Inhalten und dem Unterrichtsgeschehen insgesamt abwenden und ihre Aktivitäten auf subjektiv Interessanteres wie etwa Zeichnungen und Kritzeleien oder andere phantasievolle Nebentätigkeiten richten.

Offen bleibt jedoch in dieser vorgeschlagenen Modellierung, inwiefern die hypothetische Zuordnung von Copingaktivitäten zu den einzelnen Langeweileformen tatsächlich zutrifft und hinreichend trennscharf vorgenommen werden kann. In diesem Zusammenhang ist grundsätzlich einschränkend zu bemerken, dass das vorgeschlagene Modell einer eigenen empirischen Fundierung entbehrt, es handelt sich lediglich um konzeptionelle Überlegungen, deren Plausibilisierung noch aussteht. Zudem sind für eine differenzierte Beschreibung aller denkbaren Facetten des Konstrukts Langeweile vermutlich auch die anderen beiden die Fragen nach deren Intensität und Dauer nötig und hilfreich. Nichtsdestoweniger handelt es sich bei den betrachteten Dimensionen Aktivation und Valenz um die im Schrifttum am meisten umstrittenen, insofern erscheint eine zunächst reduzierte Betrachtung dieser beiden Dimensionen durchaus gerechtfertigt. Darüber hinaus wäre für eine zusätzliche Betrachtung von Intensität und Dauer der Langeweile zunächst die differenzierte Berücksichtigung situativer und personenbezogener Entstehungsbedingungen von Nöten, bevor einzelnen Langeweileformen in einem weiteren Schritt differentielle Ursachen zugeordnet werden. Auch Götz & Frenzel (2006, 153) weisen auf die Notwendigkeit weiterer, insbesondere prozessnaher Forschungsaktivitäten wie etwa State-Erhebungen und Videobeobachtungen im Unterrichtsgeschehen selbst zur weiteren Aufklärung der Phänomenologie der Langeweile hin. Ungeachtet dieses weiteren Forschungsbedarfs lassen sich die bisherigen Auseinandersetzungen möglicherweise auch dahingehend deuten, dass die abschließende Zuschreibung einer einzigen Valenz- und Arousalausprägung vielleicht auch deswegen nicht gelingt, weil sie schlicht nicht existiert – weil Langeweile als gerichtetes emotionales Erleben nicht nur subjektiv vielfältige Valenzen aufweisen kann, sondern in Abhängigkeit ihrer Intensität und Dauer auch unterschiedliche Grade an Aktivierung nach sich zieht. Insbesondere bezogen auf den schulischen Kontext ergeben sich hier vielfältige offene Forschungsfragen.

3.3 Referenzmodelle der Entstehung und Wirkung von Langeweile

Ungeachtet der definitorischen und konzeptionellen Differenzen bei der Annäherung an die Emotion Langeweile und ihre Erscheinungsformen existieren einige Versuche, ihre Entstehung und Wirkung systematisch zu modellieren. Bereits 1975 veröffentlicht Robinson ein empirisch geprüftes Modell, in dem die direkten und indirekten Einflussfaktoren sowie Folgen schulfachbezogener Langeweile ausdifferenziert und in Beziehung zueinander gesetzt werden. Etwas später legen Hill & Perkins (1985) ein aktualgenetisches Modell vor, in dem insbesondere die Unterscheidung von Personen- und Situationsmerkmalen sowie Aufgabenmerkmalen fokussiert wird. Aus dem psychotherapeutischen Kontext stammt von De Chenne & Moody (1987) eine Systematisierung des Zusammenspiels von vier zentralen Variablen bei der Entstehung von Langeweile sowie eine Ableitung von Implikationen für die Psychotherapie. Im Folgenden werden diese Modellierungen dargestellt, die sich in erster Linie mit der Entstehung von

Langeweile und ihren Bedingungsfaktoren beschäftigen. Es werden zunächst jeweils zentrale Grundgedanken der Modelle verdeutlicht, bevor diese kritisch bewertet und abschließend auf ihre Tauglichkeit als Referenzmodelle für die vorliegende Arbeit bewertet werden. Der schulische Kontext dient nur dem Modell von Robinson explizit als gedanklicher Rahmen, nichtsdestoweniger lassen sich auch die übrigen Systematisierungen angesichts ihrer Kontextfreiheit auf dieses Untersuchungsfeld übertragen, so dass deren divergierende Entstehungshintergründe für die vorliegende Betrachtung unschädlich sind.

3.3.1 Modell schulischer Langeweile von Robinson

Die Arbeit von Robinson (1975) fußt auf der Erkenntnis, dass Forschungsstand und Theoriebildung im Bereich schulischer Langeweile in Psychologie und Pädagogik stark unterentwickelt seien, er hebt die Relevanz des Phänomens insbesondere für den Bereich der Sekundarstufe hervor (Robinson 1975, 141). Dieses erste Modell schulischer Langeweile beruht auf einer Sekundäranalyse der Daten aus dem „National Sample of Young School Leavers" (Morton-Williams & Finch 1968 zit. nach Robinson 1975) und veranschaulicht die Wechselwirkungen direkter und indirekter Einflussfaktoren sowie Folgen der schulfachbezogenen Langeweile von Lernenden. Der Autor stützt sich dabei im Wesentlichen auf die sozialkognitive Lerntheorie von Bandura (1963, zusammen mit Walters) und auf frühe theoretische Überlegungen zu Arousal, Neugier und Langeweile von Berlyne (1974, engl. Originaltext erschienen 1960). Zu den unmittelbaren Bedingungsfaktoren zählen im Inneren des Modells die subjektiv wahrgenommene Nutzlosigkeit des Fachs, das Erleben von Monotonie während des Unterrichts und fehlende Ziele der Lernenden. Diese direkten Einflussfaktoren werden indirekt von weiteren Faktoren bedingt, die unten im Modell dargestellt sind (vgl. Abbildung 3–4). Es handelt sich in außerschulischer Hinsicht um sozioökonomische Faktoren des häuslichen Umfelds und der elterlichen Erziehungsbemühungen sowie um den Einfluss der Peergroup. Im Bereich der Schule werden die Lernförderlichkeit der schulischen Infrastruktur und das Interesse der Lehrkraft an Unterricht, Fachinhalt oder Schüler zu den indirekten Einflussfaktoren gezählt.

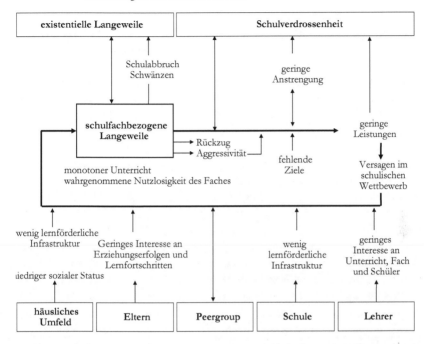

Auch Folgen schulfachbezogener Langeweile werden von Robinson berücksichtigt: Er identifiziert Aggressivität, Rückzug und Leistungsrückgänge als potentielle direkte Folgen und erweitert diese um indirekte Auswirkungen wie Schwänzen, Schulverdrossenheit und existentielle Langeweile bis hin zum Schulabbruch. Diese Folgen determinieren im Rahmen einer Wechselwirkung wiederum die Folgewahrnehmung von Schulfach und Unterricht (Robinson 1975, 142ff.).

Die empirische Überprüfung der postulierten Zusammenhänge erfolgte mithilfe der Bildung eines sog. Bore Score anhand einer Stichprobe aus 4617 Schülern zwischen 13 und 16 Jahren sowie ihren Eltern und Lehrkräften. Die Langeweile der Lernenden wurde mittels eines Fragebogens erhoben. Sie waren angehalten, 17 Schulfächer hinsichtlich ihres Nutzens und ihrer Interessantheit bzw. Langweiligkeit einzuschätzen. Der „Bore Score" resultierte aus dem Verhältnis der Anzahl der als „langweilig" eingeschätzten Schulfächer und der Anzahl aller vom Lernenden belegten Schulfächer. Die Bore Scores wurden vierfach klassiert und mittels Chi-Quadrat-Tests in Beziehung zu schul- und unterrichtsbezogenen Einstellungen und Sichtweisen gesetzt, die im Rahmen von Interviews erhoben worden waren. Dabei ergaben sich insbesondere für die beiden Extremgruppen jeweils signifikante Zusammenhänge zwischen der Einschätzung von Fächern als langweilig bzw. interessant und der wahrgenommenen Monotonie und Nutzlosigkeit der Fächer oder anderen im Modell spezifizierten Determinanten. So war beispielsweise das Erleben von Monotonie im Unterricht insbesondere unter denjenigen Lernenden am weitesten verbreitet, die sich durch besonders hohe Bore Scores auszeichneten, analoge Zusammenhänge finden sich für alle anderen indirekten und direkten Bedingungsfaktoren, so dass das Modell aus Sicht des Autors insgesamt bestätigt wird.

Das Modell zeichnet sich insofern durch seine empirische Fundierung aus und bildet zu seiner Zeit einen wichtigen Meilenstein in der theoretischen und empirischen Auseinandersetzung mit schulischer Langeweile und ihren Bedingungsfaktoren sowie Effekten. Kritisch anmerken ließe sich indes, dass Langeweile aus heutiger Sicht weniger als fachspezifisches, denn als situations- und personenbezogenes Konstrukt diskutiert wird (vgl. Kap. 3.4.2.1), so dass die Fokussierung von Robinson auf schulfachbezogene Langeweile angesichts der aktuellen Befundlage nicht adäquat erscheint. Nicht berücksichtigt werden zudem individuelle Charakteristika der Lernenden wie beispielsweise deren Persönlichkeitsmerkmale oder etwaige Vorwissensbestände, und auch im Bereich der situationsbezogenen Faktoren im Unterricht selbst bleibt die Modellierung relativ rudimentär. So lassen sich streng genommen lediglich die Monotonie im Unterrichtsgeschehen und fehlende Ziele als situative Einflussgrößen identifizieren. Götz, Frenzel & Haag (2006, 117) merken zudem kritisch an, dass „die aufgeführten Langeweileantezedenzien sehr weit gefasst, meist nicht näher spezifiziert und wohl nicht nur für Langeweile, sondern auch für die Entwicklung anderer lern- und leistungsbezogener Emotionen" Geltung entfalten können. Dies lässt sich insbesondere für die indirekten Einflussgrößen bestätigen, deren Wirkweise meist nur sehr rudimentär spezifiziert wird. In der Konsequenz entsteht der Eindruck einer etwas unvollständigen und unausgewogenen Modellierung, auf deren Vorläufigkeit der Autor auch mit Nachdruck hinweist und zudem vor der Interpretation der eingezeichneten Wirkungsbeziehungen im Sinne von Kausalitäten warnt (ebd., 142). Ungeachtet dessen bleibt der Pioniercharakter des Modells hervorzuheben.

3.3.2 Aktualgenese der Langeweile von Hill & Perkins

Eine zweite Modellierung von Langeweile, die allerdings nicht im konkreten Schulkontext entsteht, dient der Zusammenschau personaler, situativer sowie aufgabenspezifischer Bedingungsfaktoren in der Aktualgenese von Langeweile, dem Aufzeigen entsprechender Wirkbeziehungen bei deren Entstehung sowie der Abgrenzung gegenüber dem Erleben von Interesse und Abneigung. Es werden neben kognitiven und affektiven Komponenten am Rande auch physiologische Aspekte berücksichtigt, wenngleich diese nicht im Mittelpunkt der psychologisch akzentuierten Modellierung stehen und von den Autoren angesichts der unzureichenden empirischen Fundierung ausdrücklich als nachrangig angesehen werden (Hill & Perkins 1985, 235). Ferner wird eingangs darauf hingewiesen, dass die Unterscheidung von Abneigung und Langeweile anhand ihrer subjektiven Valenzen und Entstehungskonstellationen nicht nur eine bedeutende sei, sondern in der vorangegangenen experimentellen Forschung vollständig vernachlässigt worden sei (ebd.).

Im Ausgangspunkt der Modellierung steht der Hinweis auf die individuelle Interpretation auftretender Stimuli vor dem Hintergrund aktueller Bedürfnisse und auf der Basis individueller, situationsbezogener Konstrukte. Die Autoren stützen sich damit auf die „Theorie der persönlichen Konstrukte" von Kelly (1955) und weisen darauf hin, dass Situationen von Individuen in unterschiedlicher Art und Weise gedeutet werden, je nachdem, wie vielfältig und differenziert sie wahrgenommen werden und wie viel Aussicht auf Bedürfnisbefriedigung durch das Individuum attribuiert wird. Langeweile entsteht in dieser Denkweise durch subjektiv wahrgenommene Monotonie und einen hohen Frustrationsgrad – hier wird die in den 1980er Jahren noch verhältnismäßig stark dominierende Konzentration auf situative Einflussfaktoren deutlich. Der hohe Frustrationsgrad repräsentiert nach Ansicht der Autoren die affektive Ebene der Langeweile und wird direkt von persönlichkeits- und aufgabenbezogenen Charakteristika beeinflusst (Hill & Perkins 1985, 237). Zusätzliche Bedeutung entfaltet die Suche nach alternativen Stimuli in monoton erlebten Situationen, deren Intensität und Gelingen ebenfalls direkt von Persönlichkeitseigenschaften und situativen Charakteristika beeinflusst wird. Hill & Perkins (ebd., 238) widmen sich hierbei jedoch nur der Darlegung des Zusammenhangs von Extraversion bzw. Neurotizismus in unterschiedlichen sozialen Kontexten sowie der Anfälligkeit für das Erleben von Langeweile. Sie stützen sich dabei auf die Persönlichkeitstheorie von Eysenck (1957; vgl. die daraus hervorgegangenen Konstrukt des „sensation seeking" und der „boredom susceptibility", Kap. 3.4.2.2). Andere potentielle personen- oder situationsbezogene Faktoren werden nicht betrachtet.

Abbildung 3–5: Modell der Langeweileentstehung von Hill & Perkins (1985, 236; eigene vereinfachte Darstellung).

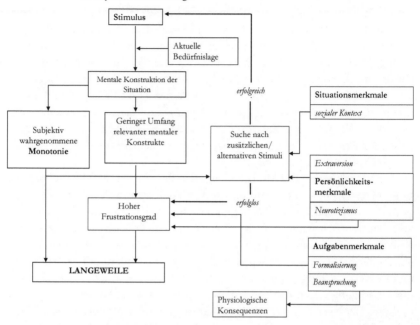

Hinsichtlich der aufgabenbezogenen Faktoren wird davon ausgegangen, dass die Einschränkung des Individuums im Sinne des Formalisierungsgrads der Aufgabe „influence boredom through the affective component by increasing the severity of frustration experienced" (Hill & Perkins 1985, 239). Im Zusammenhang mit den aufgabenbezogenen Merkmalen finden auch physiologische Aspekte Erwähnung – in Abhängigkeit der Beanspruchung während einer Aufgabe wird von einer Veränderung der Herzfrequenz ausgegangen. Jedoch negieren die Autoren angesichts des Mangels an einschlägigen Befunden die Existenz eindeutig mit dem Erleben von Langeweile verbundener physiologischer Reaktionen. Abbildung 3–5 verdeutlicht den Teil der Modellierung, der für das Erleben von Langeweile relevant ist und blendet die Abgrenzung zu Abneigung und Interesse zunächst aus.

Jene Abgrenzung zwischen Langeweile, Abneigung und Interesse erfolgt in kognitiver Hinsicht anhand der Anzahl, Differenziertheit und Bedürfnisnähe der jeweiligen situationsbezogenen Konstrukte (vgl. Abbildung 3–6): Erlebt ein Individuum eine Situation als relativ facettenreich und den eigenen Bedürfnissen entgegenkommend, führt dies nach Ansicht der Autoren in affektiver Hinsicht zu einem hohen Grad von Zufriedenheit und Interesse. Langeweile wird in dieser Modellierung als Antagonist des Interesses verortet und geht mit einer geringen Ausdifferenzierung der Situationswahrnehmung und entsprechend einem hohen Grad an Frustration einher. Abneigung steht zwischen beiden Erlebensqualitäten und wird als eine Art Vorstufe von Langeweile eingeordnet. Charakteristisch für die Entstehung von Abneigung sind nach Ansicht der Autoren eine verhalten differenzierte Situationswahrnehmung und ein vergleichsweise niedriger Grad an Frustration.

Abbildung 3–6: Abgrenzung von Langeweile, Abneigung und Interesse (Darstellung angelehnt an Hill & Perkins 1985.

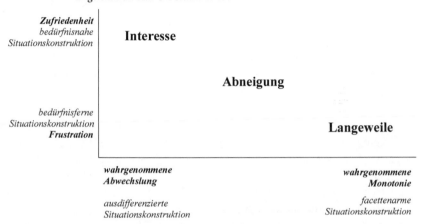

Das Modell entspringt angesichts der klaren Differenzierung der Situationswahrnehmung in vorgelagerte kognitive Komponenten und nachgelagerte affektive Komponenten eindeutig der kognitionstheoretischen Denktradition und ist sehr stark durch zeitgenössische Forschungsbefunde aus dem Bereich der Arbeitspsychologie und Ergonomie beeinflusst (vgl. z.B. Kishida 1973; Hill 1975; Stagner 1975). Die Autoren bezeichnen ihr Modell als „incomplete and provisional" und weisen auf dessen unzureichende empirische Fundierung hin (Hill & Perkins 1985, 239). Es lassen sich in der Tat einige Schwächen bzw. Inkonsistenzen des Modells von Hill & Perkins festhalten: (1) Auftretende Stimuli sind qua Definition bereits Teil der Langeweile auslösenden Situation und werden zudem in ihrer Wahrnehmung von personenbezogenen Faktoren beeinflusst. Dies wird jedoch im Modell nicht berücksichtigt. (2) Die Interaktion der gelangweilten Person mit anderen Individuen bleibt ausgeblendet. Diese kann aber gerade bei der Situationswahrnehmung und der Suche nach alternativen Stimuli – beispielsweise im Unterrichtskontext – eine bedeutende Rolle spielen. (3) Die situations-, personen- und aufgabenbezogenen Bedingungsfaktoren werden nicht hinreichend ausdifferenziert, vielmehr erfolgt jeweils eine Reduktion auf wenige Ausprägungen. Das große Potential einer systematischen Betrachtung verschiedener Gruppen und Aggregatebenen von Einflussgrößen bleibt insofern leider weitgehend ungenutzt. Nichtsdestoweniger ist der Zugang der beiden Autoren zu dem individuellen Erleben von Langeweile über die subjektiv konstruierte Situationswahrnehmung auch aus heutiger Sicht äußerst viel versprechend und für die vorliegende Arbeit insofern eine wichtige gedankliche Grundlage.

3.3.3 Personenbezogene Entstehungskonstellationen von Langeweile von De Chenne & Moody

Aus dem psychotherapeutischen Kontext stammt ferner eine Systematisierung relevanter Personenparameter bei der Langeweileentstehung von De Chenne & Moody (1988; s. auch De Chenne 1988), die ausschließlich auf einer Sichtung einschlägiger Literaturbestände beruht und zudem nicht in eine graphische Darstellung der relevanten Einflussfaktoren mündet, sondern lediglich verbal die entsprechenden Wirkbeziehungen skizziert. Auch werden weniger konkrete Ausprägungen der relevanten Parameter gewürdigt, denn relativ allgemein die Bedeutung von vier, aus Sicht der Autoren zentralen Bedingungsfaktoren gewürdigt. Nichtsdestoweniger wird von den Autoren der Begriff des „Modells" zur Charakterisierung der Systematisierung gewählt. Der psychotherapeutische Entstehungshintergrund mündet dabei im Wesentlichen in eine Konzentration auf personenbezogene Größen. Ausgehend von frühen Überlegungen der Arousaltheorie, nach der für jedes Individuum ein durch Gewöhnung entstandenes optimales Level an Stimulation, Erregung oder Aktivierung existiert (vgl. z.B. Fiske & Maddi 1961, Hebb 1055; Berlyne 1960/1974), identifizieren die Autoren die für die Entstehung von Langeweile zentralen Parameter (1) Aktivation bzw. Arousal (*Activation*), (2) interne oder externe Orientierung (*Orientation*), (3) Bedürfnisse (*Needs*) sowie (4) Fähigkeiten (*Skills*).

Zu (1): Die Aktivation betreffend wird angemerkt, dass das optimale Anregungsniveau individuell divergiere und Langeweile entstünde, wenn das betreffende Reizangebot subjektiv unterhalb dieser Schwelle läge (De Chenne & Moody 1988, 20f.). Situationsbezogene Aspekte werden indirekt in Gestalt der Reizvielfalt und -intensität thematisiert und auf neuropsychologische Mechanismen der Wahrnehmung und Aufmerksamkeit verwiesen. Die inhaltliche Qualität der jeweiligen Stimuli spielt dabei nach Ansicht der Autoren keine Rolle für die Aktivierung des Individuums. Die Autoren stellen die These auf, dass Individuen mit hoher „Aktivationsschwelle" häufiger Langeweile erleben, da eine höhere Wahrscheinlichkeit für inadäquate Reizangebote bestünde, sie jedoch auch oftmals in der Lage seien, ihre Reizumgebung in günstiger Weise zu beeinflussen. Zu (2): Die Unterscheidung zwischen interner und externer Orientierung verweist auf die Quelle der individuell bevorzugten Stimulation innerhalb oder außerhalb des Individuums – die Autoren stellen hier Bezüge zu Persönlichkeitsmerkmalen wie Extraversion bzw. Introvertiertheit her und vermuten eine größere Langeweileanfälligkeit im Bereich der externen Orientierung, da hier eine größere Wahrscheinlichkeit für subjektiv inadäquate Reizumgebungen bestünde. Zu (3): Ferner wird auf die Bedeutung individueller Bedürfnisse hingewiesen. Hier erfolgt nach Ansicht der Autoren eine inhaltliche Bewertung und Selektion des entsprechenden Reizangebots vor dem Hintergrund der individuellen Interessen, Werte und Bedürfnisse – diese kann bewusst oder unbewusst erfolgen. Das Erleben von Langeweile wird in einen Zusammenhang mit der mangelnden Befriedigung oder Unterdrückung individueller Bedürfnisse gestellt. Im Falle einer dauerhaften Unterdrückung individueller Interessen und Bedürfnisse wird von der Existenz habitualisierter bzw. existentieller Langeweile und einer Verschiebung in unbewusste Reaktionsschemata ausgegangen. Zu (4): Der letzte der von De Chenne & Moody angeführten relevanten Parameter bei der Entstehung von Langeweile betrifft individuelle Fähigkeiten. Es wird auf die Bedeutung intellektueller Begabung, kreativer Potentiale und sozialer Fähigkeiten hingewiesen (De Chenne & Moody 1988, 22) – für die Langeweileentstehung ist die Passung zwischen Umgebungsbedingungen und individuellen Fähigkeiten ausschlaggebend. De Chenne & Moody verweisen an dieser Stelle explizit auf die Langeweileanfälligkeit von Kindern und Jugendlichen, die (noch) nicht die notwendigen Fähigkeiten besitzen, um eine Passung gegebenenfalls aus eigener Anstrengung herzustellen, und stellen damit die Bedeutung der Variable Alter für die Entstehung von Langeweile zur Diskussion.

In der Gesamtschau wird darauf hingewiesen, dass das Erleben von Langeweile das Resultat einer spezifischen Interaktion von Person und Situation sei, in der insbesondere Individuen mit einer hohen Aktivationsschwelle, einer bevorzugt externen Orientierung, unbefriedigten Bedürfnissen und geringen Fähigkeiten anfällig seien, diese Emotion zu erleben. Über diese These hinaus werden jedoch keine Bezüge zwischen den vier besprochenen Parametern ausgearbeitet, insbesondere Kompensationsmöglichkeiten und Annahmen über andere Wechselwirkungen bleiben rudimentär. Die Autoren betonen zwar die empirische Fundierung des Modells in der Langeweileforschung, bleiben jedoch auch hier sehr undifferenziert. Auch auf die leichte Operationalisierbarkeit wird indes hingewiesen und einschlägige Skalen und Inventare gewürdigt (ebd., 23). Ausführlich diskutiert werden schließlich psychotherapeutische Implikationen, die sich in Teilen auch auf pädagogische Kontexte übertragen lassen. Ungeachtet des starken Persönlichkeitsbezugs der betrachteten Parameter wird von einer grundsätzlichen Beeinflussbarkeit der Emotion Langeweile ausgegangen und auf die Notwendigkeit der Gestaltung vielfältiger und adaptiver Situationskonstellationen verwiesen – ein Gedanke, der sich auch auf die Gestaltung unterrichtlicher Lehr-Lern-Prozesse übertragen lässt. Das Modell hat jedoch außerhalb des psychotherapeutischen Kontextes keine Bedeutung erlangt. Es bietet besonders angesichts seiner Fokussierung auf personenbezogene Einflussgrößen für die vorliegende Arbeit jedoch einige interessante Anhaltspunkte.

3.3.4 Zusammenfassende Bewertung der Modellierungen

Der Grad der Tauglichkeit der vorgestellten Modellierungen als Referenzrahmen für diese Arbeit bemisst sich primär an ihrer Passung zu den vorliegenden Erkenntniszielen, aber auch an ihrer Qualität und Adaptierbarkeit auf den vorliegend interessierenden Unterrichtskontext. Das Zielspektrum der Arbeit beinhaltet eine Zusammenschau personenbezogener und situativer Entstehungskonstellationen und kurzfristiger Wirkungen der Emotion Langeweile in kaufmännischen Unterrichtsprozessen. Vor diesem Hintergrund ist eine der Erhebung zugrunde liegende Modellierung somit weniger aktualgenetisch und auf die Klärung der nach wie vor offenen Valenz- und Arousaldiskussion auszurichten, denn als synoptischer Gesamtüberblick über relevante personen- und situationsbezogene Bedingungsfaktoren und die Interaktionen zwischen den unterschiedlichen Aggregatebenen im Unterrichtsprozess zu gestalten. Wertvolle Ansatzpunkte dazu sind in allen drei gewürdigten Modelle enthalten, wenngleich sich keines als ausschließlicher Referenzrahmen eignet: Die Modellierung von Robinson (1975) besticht durch ihren expliziten Schulbezug und ihre empirische Fundierung. Kritisch anzumerken ist indes die Prämisse eines klaren Schulfachbezugs von Langeweile, die nicht ohne weiteres nachvollziehbar erscheint und in der nachfolgenden Zusammenschau aktueller Forschungsbefunde zu überprüfen ist. Auch die Zielgröße des Modells, das Langeweilekonstrukt, wird durch die Vermischung von „schulfachbezogener" und „existentieller" Langeweile sowie „Schulverdrossenheit" etwas unscharf. Nichtsdestoweniger lassen sich in Bezug auf den Unterrichtsprozess bereits die Variablen Monotonie und ein mangelndes Anknüpfen an die Lebenswelt der Lernenden sowie der Einbezug der Lehrervariable als zentrale Parameter identifizieren.

In dem Modell von Hill & Perkins (1985) ist der schulische Kontext indes völlig ausgeblendet. Eine Übertragung ist angesichts der geringen

Ausdifferenzierung persönlichkeits-, situations- und aufgabenspezifischer Faktoren zwar durchaus möglich, gerade diese differenzierte Systematisierung wäre aber für die vorliegende Arbeit interessant. Wichtige Vorzüge der Modellierung bestehen in der grundsätzlichen Würdigung des Zusammenspiels situativer mit personenbezogenen Größen und in dem Verweis auf die Bedeutung subjektiv-(re)konstruierender Wahrnehmungsprozesse im Rahmen der Aktualgenese der Emotion Langeweile. So bietet das Modell auch der bereits seit den Anfängen der Langeweileforschung bestehenden Diskussion um Valenz und Arousal einige Anhaltspunkte, wenngleich diese angesichts der mangelnden empirischen Evidenz im Wesentlichen Hypothesen bleiben. Als aktualgenetische Modellierung mit kognitivistischem Einschlag erscheint das Modell allerdings als gedanklicher Rahmen der vorliegenden Arbeit weniger geeignet. Dennoch lassen sich für eine eigene synoptische Zusammenschau relevanter situativer und personenbezogener Größen einige Hinweise gewinnen. In diesem Zusammenhang spielt – wie bereits in der Modellierung von Robinson die Monotonie in der subjektiven Wahrnehmung eine übergeordnete Rolle.

Das Modell von De Chenne & Moody (1988) schließlich stellt keine Zusammenstellung von Determinanten des Langeweileerlebens im eigentlichen Sinne dar, vielmehr handelt es sich um eine übergeordnete Systematisierung von relevanten Persönlichkeitsparametern bei der Entstehung des Phänomens und seiner Behandlung im psychotherapeutischen Kontext. Das Modell fußt zwar auf einschlägigen Forschungserkenntnissen, wird aber durch die Autoren ungeachtet einiger Operationalisierungshinweise keiner empirischen Überprüfung zugeführt. Dennoch können einige Grundgedanken Bedeutung für die vorliegende Arbeit entfalten. Denn die Differenzierung unterschiedlicher Persönlichkeitsmerkmale und personenbezogener Traits war in keinem der Vorgängermodelle so vielfältig vorzufinden, wenngleich die Beziehung der beteiligten Variablen untereinander nicht näher thematisiert wird. Besonders der Einbezug von individuellen Bedürfnissen und Fähigkeiten sowie habitualisierte Wahrnehmungs- und Selbststeuerungspräferenzen erscheint auch für die vorliegende Arbeit aussichtsreich.

Insgesamt bieten somit alle drei Modelle wertvolle Ansatzpunkte für eine eigene Modellierung der Entstehungskonstellationen von Langeweile in Unterrichtsprozessen, wenn sich auch bei der Einzelbetrachtung jedes Modells Limitationen offenbaren, die eine Tauglichkeit als ausschließlicher Referenzrahmen dieser Untersuchung beeinträchtigen. Da es sich zudem um ältere Arbeiten handelt, die lange vor den aktuell diskutierten Forschungsbefunden und auch nicht durchwegs in der schulischen Domäne entstanden sind und insofern zentrale jüngere Erkenntnisse noch nicht integrieren, ist ihre Tauglichkeit als alleinige Referenzmodellierungen für die vorliegende Arbeit zusätzlich eingeschränkt. Es ist daher zunächst die einschlägige Befundlage zu Langeweile im Untersuchungsfeld Schule zu würdigen und im Anschluss daran eine revidierte bzw. ergänzte Modellierung des Gegenstandsbereichs vorzunehmen. Dabei geht es weniger um die Darstellung aktualgenetischer Mechanismen oder die endgültige Klärung von Arousal- und Valenzdiskussion, denn zunächst um eine systematische Zusammenschau und Verdichtung relevanter situations- und personenbezogener Einflussfaktoren auf die Langeweileentstehung.

3.4 Forschungsstand zu Langeweile im Untersuchungsfeld Schule

Die ersten anschlussfähigen empirischen Befunde zu Vorkommen, Bedingungsfaktoren und Bewältigung unterrichtlicher respektive schulischer Langeweile stammen für den deutschsprachigen Raum im Wesentlichen aus den 1990er Jahren et passim (z. B. Fichten 1993; Holler-Nowitzki & Meier 1997; Gläser-Zikuda 2001; Titz 2001) und sind verhältnismäßig rar, während im angloamerikanischen Sprachraum bereits deutlich früher einige viel beachtete Forschungsaktivitäten zu verzeichnen sind (s. bspw. Berlyne 1960/1974; Robinson 1975; Gjesme 1977; Hill & Perkins 1985; Farmer & Sundberg 1986; Larson & Richards 1991). In jüngerer Zeit lässt sich jedoch spätestens mit den Studien von Götz und Kollegen (z. B. Götz 2004; Götz & Frenzel 2006, 2010; Götz, Frenzel & Haag 2006; Nett, Goetz & Daniels 2010; Daschmann, Goetz & Stupnisky 2011; Goetz, Lüdtke, Nett, Keller & Lipnevich 2013; Goetz, Frenzel, Hall, Nett, Pekrun, & Lipnevich, in press) auch im deutschsprachigen Raum ein verstärktes Interesse an der Thematik konstatieren. Eine Differenzierung in Befunde aus dem allgemeinbildenden Bereich und Befunde aus dem Untersuchungsfeld der Berufsbildung ist insofern redundant, als letztere kaum existieren. Wo dies der Fall ist, wird jedoch im Folgenden gesondert darauf hingewiesen. Die Darstellung der empirischen Befundlage zu Langeweile im Untersuchungsfeld Schule (für einen Überblick über den Forschungsstand s. auch Lohrmann 2008a, b) bezieht sich auf folgende zentrale Bereiche: Nach der Zusammenschau von Ergebnissen zu Vorkommen und Ausmaß unterrichtlicher Langeweile wird das Augenmerk auf die Entstehungskonstellationen der Langeweile gerichtet. Die Befunddarstellung berücksichtigt sowohl personenbezogene als auch situative Faktoren bei der Langeweileentstehung und integriert auch spezifische Charakteristika des Zusammenwirkens von personalen und situativen Parametern etwa im Sinne einer Über- oder Unterforderungslangeweile von

Lernenden (zur sog. Kongruenz[37] von Person und Situation s. auch Götz, Frenzel & Haag 2006). Schließlich werden einige zentrale Ergebnisse zu Copingstrategien von Lehrenden und Lernenden gesichtet und auch Folgen der unterrichtlichen Langeweile gewürdigt. Einige der Studien sind angesichts ihres breiteren Erkenntnisinteresses nicht auf einzelne Bereiche beschränkt und erscheinen daher mehrfach. Nach der Darstellung der zentralen Befunde wird jeweils gegen Ende der einzelnen Teilkapitel auf resultierende Forschungsdesiderate verwiesen.

3.4.1 Vorkommen und Ausmaß von Langeweile in Schule und Unterricht

Im Rahmen einer Sichtung der Befundlage zum Ausmaß des Phänomens Langeweile im Kontext Schule wird deutlich, dass nur wenige frühe Studien ausschließlich auf das Konstrukt Langeweile abzielen (s. etwa Vandewiele 1980; Larson & Richards 1991; Shaw, Caldwell & Kleiber 1996), meist ist es Teil einer übergeordneten Fragestellung (z. B. Morton-Williams & Finch 1968; Gläser-Zikuda 2001; Götz 2004; Schneider 2005; Goetz, Lüdtke, Nett, Keller & Lipnevich 2013). Im Wesentlichen handelt es sich bei den Untersuchungen um quantitative Fragebogenerhebungen oder qualitative Interviewstudien. Mit wenigen Ausnahmen – so bedienen sich Larson & Richards (1991), Götz, Frenzel & Pekrun (2007) sowie Nett, Goetz & Hall (2011) und Goetz, Frenzel, Hall, Nett, Pekrun, & Lipnevich (in press) etwa der Experience-Sampling-Methodik – werden zur Feststellung des Ausmaßes schulischer bzw. unterrichtlicher Langeweile kaum prozessorientierte Zugänge realisiert. Die eingesetzten Skalen sind meist verhältnismäßig global, typische Items sind entweder nominal- oder ordinalskaliert[38] und beziehen sich auf die Einschätzung der befragten Schülerinnen und Schüler zu der

---

37 Im Schrifttum wird dabei häufig der Begriff der Kongruenz verwendet, um auf die Passung von situativen und personalen Konstellationen hinzuweisen. Da es sich im Falle der Langeweile jedoch weniger um eine Passung denn um ein verhältnismäßig ungünstiges Zusammentreffen und -wirken der verschiedenen Einflussgrößen handelt, erscheint der Begriff der Koinzidenz geeigneter.

38 So verwendet Vandewiele (1980) beispielsweise ein ordinalskaliertes Item („Do you get bored?") mit einer dreifach gestuften Skalierung der Antworten (often – sometimes – never), auch Valtin, Wagner & Schwippert (2005) setzen ein ordinalskaliertes Item („Meine Schule ist ein Ort, an dem ich mich oft langweile") mit vierfach gestufter Likert-Skala („stimmt gar nicht" bis „stimmt genau") ein. In Bezug auf eine kontextspezifische Erfassung von Langeweile für bestimmte Schulfächer bzw. Lernsituationen weniger aussagekräftig sind indes noch globalere, nominalskalierte Items, die sich nur auf das

Existenz respektive Häufigkeit des Erlebens von Langeweile in der Schule im allgemeinen oder in bestimmten Schulfächern. Sie erlauben damit streng genommen lediglich Tendenzaussagen und kaum exakte Quantifizierungen des Ausmaßes von Langeweile in Schule und Unterricht. Eine differenziertere mathematikspezifische Selbstberichtsskala mit 6 likertskalierten Items, die auf einem Vier-Komponenten-Modell der Emotion fußt, wird indes von Götz, Zirngibl, Pekrun und Hall (2003) vorgelegt, auf ihre Zusammenhänge zu situativen und personenbezogenen Variablen überprüft (z.B. Götz 2004), übersetzt (Pekrun, Götz & Frenzel 2005) und als fachunspezifische Version adaptiert (Pekrun, Götz & Perry 2005). In der Gesamtschau rechtfertigt die Befundlage den Eindruck, dass das Phänomen Langeweile aus der Institution Schule offenbar nicht wegzudenken ist. Einen Überblick über einschlägige Befunde in chronologischer Ordnung gibt Tabelle 3–1.

Tabelle 3–1: Ausgewählte Befunde zu Vorkommen und Ausmaß schulischer Langeweile (Fortsetzung auf den nächsten Seiten)

Studie und Stichprobe	Zentrales Erkenntnisinteresse und Methodik der Studie	Zentrale Ergebnisse zu Vorkommen und Ausmaß der Langeweile
Morton-Williams & Finch (1968): N=4617, 13–16 Jahre Großbritannien	Gründe für vorzeitigen Schulabbruch Fragebogen/Interview	Geschlechtsspezifische Unterschiede bei der Einschätzung von Schulfächern hinsichtlich ihres Nutzens und ihrer Interessantheit: Besonders *langweilige* Unterrichtsfächer aus der Sicht von weiblichen Probanden: Mathematik, Musik, Fremdsprachen Besonders *langweilige* Unterrichtsfächer aus der Sicht von männlichen Probanden: Musik, Religion, Fremdsprachen Ausgeprägteres globales Langeweileerleben bei männlichen Probanden

Vorhandensein von Langeweile beziehen („Langweilst du dich in der Schule?" mit den Antwortmöglichkeiten „ja, nein, weiß nicht", Schneider 2005).

Studie und Stichprobe	Zentrales Erkenntnisinteresse und Methodik der Studie	Zentrale Ergebnisse zu Vorkommen und Ausmaß der Langeweile
Vandewiele (1980): N=694, 13–23 Jahre Senegal	Auftretenshäufigkeit, Phänomenologie und Bewältigung von Langeweile in Schule, Freizeit und Schulferien	22% der Lernenden langweilen sich manchmal in der Schule, größeres Ausmaß an Langeweile in Freizeit (38%) und Ferien (32%)
	Fragebogen	weibliche Probanden langweilen sich durchgehend weniger als männliche Probanden
Freeman (1991): N=210 und N=170, 5–14 Jahre Großbritannien	Hochbegabung und schulisches Lernen, Vergleich Hochbegabte (Einschätzung der Eltern) & Normalbegabte	Keine überzufällige Auftretenswahrscheinlichkeit für Langeweile in Abhängigkeit des Begabungsniveaus
	Fragebogen / Interview	Intensivere Langeweile im Freizeitbereich
		Abnehmende Langeweile im Verlauf der Schulkarriere
Larson & Richards (1991): N=392, 5.-9. Klasse USA	Langeweile in Schule und Freizeit: Ursachen, Ausmaß, Abgrenzung von anderen Emotionen	Langeweile in durchschnittlich 32% der Unterrichtszeit und 23% der Freizeit
	Fragebogen / Interview / Experience-Sampling	Langeweile vornehmlich in Fächern mit abstrakten akademischen Aufgabenstellungen (etwa Fremdsprachen bzw. Naturwissenschaften)
		Signifikant geringere Langeweile in Aktivitäts- bzw. Interaktionsphasen
Shaw, Caldwell & Kleiber (1996): N=73, 15–16 Jahre Kanada	Langeweile und Zeitdruck in schulischem und außerschulischem Alltag Fragebogen / Interview	31,9% der Probanden langweilen sich in der Schule, besonders langweilige Fächer sind Geschichte, Englisch und Mathematik
		keine signifikanten Geschlechterunterschiede, tendenziell geringere Langeweile bei weiblichen Probanden

Studie und Stichprobe	Zentrales Erkenntnisinteresse und Methodik der Studie	Zentrale Ergebnisse zu Vorkommen und Ausmaß der Langeweile
Holler-Nowitzki & Meier (1997): N=3540, 11–17 Jahre Deutschland	Ausmaß und Erscheinungsformen von Gewalt in der Schule: Persönlichkeitsmerkmale und soziale Bedingungsfaktoren Fragebogen	85% der Probanden langweilen sich im Unterricht meistens oder teilweise keine alters- und schulartspezifischen Unterschiede tendenziell ausgeprägtere Langeweile bei weiblichen Probanden
Pekrun (1998)/Pekrun & Hofmann (1999): N=56, 11.-13. Klasse Deutschland	Beziehungen zwischen verschiedenen Emotionen; Zusammenhänge zwischen Emotionen und Lern-/ Leistungsvariablen Interview	Häufiges Auftreten von Langeweile im Unterricht (14% der Nennungen); keine Bedeutung in Prüfungssituationen und im Rahmen von Leistungsrückmeldungen
Harris (2000): N=170 Studierende	Phänomenologie und Personenspezifität von Langeweile Fragebogen	Langeweile pro Person durchschnittlich 1,26mal am Tag; 10% der Probanden gaben an, sich nie zu langweilen
Gläser-Zikuda (2001): N=24, 8. Klasse Deutschland	Emotionen und Lernstrategien in schulischen und außerschulischen Lernsituationen Fragebogen / Interview / Tagebuch	Bericht über Existenz von Langeweile in über der Hälfte der Stichprobe Keine geschlechts- oder fachspezifischen Unterschiede (Deutsch und Physik)

130

Studie und Stichprobe	Zentrales Erkenntnisinteresse und Methodik der Studie	Zentrale Ergebnisse zu Vorkommen und Ausmaß der Langeweile
Götz (2004): 1) N=699, 7.-9. Klasse Hauptschule, Realschule, Gymnasium 2) N=784, 5.-10. Klasse Hauptschule, Realschule, Gymnasium Deutschland	Emotionen und selbstreguliertes Lernen in Mathematik in schulischen und außerschulischen Lern- und Leistungssituationen Fragebogen	Signifikante positive Zusammenhänge von Langeweile mit Ärger, Angst und Hoffnungslosigkeit Hausaufgaben langweiliger erlebt als Unterricht, jedoch Langeweile in Hausaufgabensituationen weniger leistungsrelevant Schulartspezifische Unterschiede: Gymnasiasten deutlich stärker gelangweilt als andere Schularten Erleben von Freude und Langeweile stärker habitualisiert und weniger situativ beeinflusst als Ärger und Angst
Schneider (2005): N=993, 8-9 Jahre Deutschland	Lebenssituationen von Kindern und Jugendlichen und ihre Einflüsse auf die Persönlichkeitsentwicklung Fragebogen	25% der Kinder bejahen die Existenz von Langeweile in der Schule Signifikante geschlechtsspezifische Unterschiede: 31% der Jungen und 21% der Mädchen bejahen die Existenz schulische Langeweile
Valtin, Wagner & Schwippert (2005): nationale IGLU-Erweiterungsstudie N=5943 bis N=7633 je nach Fragestellung, 4. Klasse Grundschule Deutschland	Kompetenzen in den Bereichen Leseverständnis, Mathematik, Naturwissenschaften, Orthographie Schulische Einstellungen, Lernverhalten, Persönlichkeitsmerkmale, häusliche Förderung Fragebogen	25% der Kinder langweilen sich häufig in der Schule ca. 20% der Kinder erleben die Fächer Deutsch, Mathematik und Sachunterricht als langweilig Signifikante geschlechtsspezifische Unterschiede nur beim Lesen: Jungen langweilen sich mehr als Mädchen

Studie und Stichprobe	Zentrales Erkenntnisinteresse und Methodik der Studie	Zentrale Ergebnisse zu Vorkommen und Ausmaß der Langeweile
Götz, Frenzel, Pekrun & Hall (2006): N=721, 7.-10. Klasse Deutschland	Vorkommen und Zusammenhänge verschiedener Emotionen in Unterrichtsfächern Fragebogen	Mittleres Vorkommen von Langeweile in allen Fächern Intensität nach Fächern (absteigend): Englisch, Latein, Mathematik, Deutsch Grad an Fachspezifität bei Lernfreude stärker ausgeprägt als bei Angst und Langeweile
Götz, Frenzel & Pekrun (2007): 1) N=50 Studierende 2) N=50 Berufsschüler 3) N=50 Gymnasiasten 4) N=69 Realschüler, N=42 Hauptschüler	Phänomenologie und Regulationsmuster von Langeweile im Unterricht Experience-Sampling (1/2) Interview (3) qual. Fragebogen (4)	Mentales Recall ergibt durchschnittlich 22.60 Minuten Langeweile pro Unterrichtsstunde; bei Erinnerung an konkrete Stunde 28,31 Minuten
Daschmann, Goetz & Stupnisky (2011): 1380 Lernende (50.1% Mädchen), 5.-10. Jgst. durchschnittl. 12,56 Jahre Hauptschule, Realschule, Gymnasium Deutschland	Häufigkeit und Antezedenzien schulischer Langeweile, Validierung einer entwickelten Langeweileskala	44,3% der Lernenden stimmen der Aussage vollständig oder teilweise zu, in Mathematik oftmals gelangweilt zu sein
Nett, Goetz & Hall (2011)/Lohrmann, Haag & Götz (2011): 1) N=537 Schüler (55,3 % weiblich), 11. Jgst. durchschnittl. 17,15 Jahre 2) N=79 Schüler, 58,2 % weiblich, 11. Jgst. durchschnittl. 17,08 Jahre Deutschland	Exploration von Bewältigungsstrategien bei unterrichtlicher Langeweile (trait/state-Assessment) 1) Fragebogen 2) Experience-Sampling (über 2 Wochen)	58 % der Unterrichtszeit im Fach Mathematik wird als langweilig erlebt

Aufgrund der aufgeführten Befunde lässt sich konstatieren, dass Langeweile eine für den schulischen Bereich typische Emotion zu sein scheint. Die Angaben zu ihrem Ausmaß beziehen sich entweder auf Zeitanteile oder den jeweiligen Anteil an gelangweilten Probanden und variieren je nach Studie zwischen mittleren bis verhältnismäßig hohen Werten: Insgesamt ist davon auszugehen, dass sich zwischen etwa 25% bis weit über 50% der Lernenden in Schule und Unterricht häufig oder gar zumeist langweilen, bezogen auf die jeweils untersuchte Unterrichtszeit kann nach den wenigen prozessnahen, mittels Experience Sampling erhobenen Befunden von Werten zwischen 30% bis knapp 60%-igem Zeitanteil ausgegangen werden. Interessant ist dabei, dass die Erinnerung an konkrete Unterrichtssituationen im Selbstbericht zu höheren Langeweilewerten führt – ein Umstand, der für erinnerungsbedingte Verzerrungen im Zuge retrospektiver Untersuchungen spricht und forschungsmethodisch insofern ein Desiderat nach prozessnahen Untersuchungen aufzeigt.

Ein uneinheitliches Befundmuster offenbart sich bei der Frage nach geschlechtsspezifischen Unterschieden im Langeweileerleben: Einige Studien stellen unabhängig von Altersfragen ein geringeres Ausmaß an schulischer Langeweile bei weiblichen Probanden fest (z.b. Morton-Williams & Finch 1968; Vandewiele 1980; Schneider 2005), in weniger Fällen zeigen sich keine geschlechtsspezifischen Unterschiede oder gar intensivere Langeweileausprägungen bei den weiblichen Probanden (Gläser-Zikuda 2001; Holler-Nowitzki & Meier 1997). Noch größere Uneinigkeit besteht indes hinsichtlich des Fachbezugs. Besonders langeweileanfällig scheinen Fächer zu sein, die auf (vermeintlich) abstrakte akademische Inhalte abzielen wie etwa Mathematik oder Fremdsprachenunterricht (z. B. Larson & Richards 1991; Shaw, Caldwell & Kleiber 1996; Götz, Frenzel, Pekrun & Hall 2006). Dieser Befund bestätigt sich aber keineswegs durchgängig, vielmehr finden sich auch Hinweise auf ein fächerunspezifisches Auftreten von Langeweile (z. B. Gläser-Zikuda 2001), die darauf hindeuten, dass es mehr auf die Lehrperson und die methodisch-didaktische Ausgestaltung des Unterrichtsprozesses sowie auf spezifische Merkmale der Lernenden selbst ankommen könnte.

3.4.2 Entstehungsbedingungen unterrichtlicher Langeweile

Eine zentrale Frage bei der Erforschung der in Schule und Unterricht häufig auftretenden Emotion Langeweile ist diejenige nach ihren Entstehungsbedingungen und Ursachen. Bei der Emotionsentstehung – so auch im Falle von Langeweile – geht es grundsätzlich um die Bewertung subjektiv wahrgenommener Situationsmerkmale vor dem Hintergrund habitueller und aktueller Personenmerkmale sowie korrespondierender Motiv-Bedürfnislagen (vgl. z.B. Leary et al. 1986, 968). Für den Entstehungskontext der schulischen Lehr-Lern-Prozesse wird diese subjektive Bewertung meist in Bezug auf ein adäquates Maß an Aktivierung respektive Stimulation von Lernenden thematisiert (bspw. Larson & Richards 1991, 433f.; Hamilton 1983, 368) – wobei sich die Frage der Adäquatheit eines unterrichtlichen Reizangebots eben nicht unabhängig von den individuellen Motiv-Bedürfnislagen, Persönlichkeitsmerkmalen sowie Fähigkeiten der Lernenden beurteilen lässt. Langeweile kann in logischer Konsequenz dieser Annahme dann entstehen, wenn das wahrgenommene Reizangebot weit unter oder über dem subjektiv optimal empfundenen Niveau liegt, eine Passung zwischen Umwelt- und Personenmerkmalen nicht hinreichend gegeben ist und es zu entsprechenden appraisals des Individuums kommt. Die Beurteilung diser Passung speist sich dabei auch aus dem subjektiven Wert der Situation und ihrer Beherrschbarkeit für das Individuum (zur Bedeutung der Kontroll-Wert-Theorie im Rahmen der Aufklärung von Bedingungsfaktoren unterrichtlicher Langeweile s. etwa Bieg, Goetz & Hubbard 2013). Es herrscht insofern (mittlerweile) Einigkeit darüber, dass Langeweile sowohl spezifischen situativen Einflüssen (vgl. Kap. 3.4.2.1) unterliegt, als auch durch personenbezogene Faktoren (vgl. Kap. 3.4.2.2) beeinflusst wird (z.B. Harris 2000, 577; Larson & Richards 1991, 419). Methodisch gewendet geht es bei der Identifikation personenbezogener Einflussgrößen um eine Aufklärung der Varianz *zwischen* Individuen, während die Isolierung situationsgebundener Faktoren sich auf die Analyse der prozessualen Variabilität der Langeweile *zwischen* verschiedenen Unterrichtseinheiten in der betrachteten Stichprobe bezieht. Es existieren sowohl für situative als auch für personenbezogene Entstehungsbedingungen entsprechende Forschungszugänge, wobei man zu Beginn der Erforschung von Langeweileursachen eher davon ausgeht, dass situationsbezogene Aspekte von maßgeblicher Bedeutung seien, personenbezogene Einflussgrößen werden bis in die 1950er Jahre hinein weitgehend ausgeklammert (s. etwa Smith 1981, 329; Leary et al. 1986, 968). In den 1980er Jahren beginnt man schließlich, die Bedingungen der Langeweileentstehung „im Hinblick auf eine Passung bzw. Interaktion beider Variablen" zu untersuchen (vgl. Götz, Frenzel & Haag 2006, 117f.), und auch in jüngerer Zeit fallen einige Studien auf, die die Entstehung von Langeweile explizit als Koinzidenz langeweilekritischer Person-Situations-Konstellationen analysieren (s. etwa Götz 2004; Lohrmann 2008a; Sparfeldt, Buch, Schwarz, Jachmann & Rost 2009; Götz & Frenzel 2010). Eine separate Untersuchung von personenbezogenen oder situativen Bedingungsfaktoren ist streng genommen auch wenig sinnvoll, da Langeweile als subjektives Erleben von Personen *grundsätzlich* vor dem Hintergrund spezifischer situativer Rahmenbedingungen entsteht – Persönlichkeiten sind zu jedem Zeitpunkt Teilnehmer und Gestalter in Situationen, ihre

Existenz ist zwangsläufig situationsgebunden. Situative Faktoren im Zuge der Ursachenforschung nicht in der Gesamtschau mit den personalen Konstellationen zu analysieren, kann ungeachtet der zeitlichen Nähe oder Entfernung zum Entstehungszeitpunkt zu falschen Interpretationen und Fehlschlüssen führen. Die vorliegende Darstellung der Befundlage orientiert sich ungeachtet dessen an den gängigen Forschungsschwerpunkten und stellt Befunde für beide Faktorengruppen in getrennten Kapiteln dar. Es wird auf das Forschungsdesiderat differentieller Analysen von verschiedenen Person-Situations-Konstellationen hingewiesen.

3.4.2.1 Situative Bedingungsfaktoren

Die frühen Forschungsaktivitäten im Gegenstandsbereich konzentrieren sich zunächst besonders auf spezifische Merkmale langweiliger Situationen in unterschiedlichen Kontexten. Die Erkenntnisse aus den frühen Studien des Industrial Fatigue Research Board zwischen 1920 und 1940 weisen auf die übergeordnete Bedeutung monotoner bzw. abwechslungsarmer Umweltbedingungen für die Entstehung von Langeweile in industrialisierten Arbeitskontexten hin (Davies 1926 et passim). Doch auch mit Blick auf den schulischen Kontext lässt sich das Problem der *Monotonie* als neuralgisch für die Entstehung von Langeweile bezeichnen – einige Befunde älteren und jüngeren Datums verweisen auf deren ausgeprägte Bedeutung im Unterricht (z.B. Morton-Williams & Finch 1968; Perkins & Hill 1985; Fichten 1993; Daschmann, Goetz & Stupnisky 2011; Kögler & Wuttke 2012). Korrespondierende Begründungen beziehen sich dabei auf die Eintönigkeit und starre Rhythmik des situativen Reizangebots, welches den Lernenden zu wenig Stimulation bzw. Abwechslung bietet und auf diesem Wege das Erleben von Langeweile hervorruft. Es muss dabei zwischen inhaltlicher und methodischer Monotonie differenziert werden (s. auch Fichten 1993, 130ff.; Götz, Frenzel & Haag 2006, 124ff.; Kanevsky & Keighley 2003, 22ff.). In inhaltlicher Hinsicht geht es um die Frage der zeitlichen Anordnung von Lerninhalten und Aktivitäten bzgl. ihres Anspruchs und der Qualität entsprechender Schülersowie Lehrertätigkeiten. Als mindestens ebenso bedeutsam wie die Frage der Inhaltlichkeit wird der Aspekt der methodischen Abwechslung angesehen – bereits in den 1970er und 1980er Jahren ging man von einer zentralen Bedeutung regelmäßiger unterrichtlicher Methodenwechsel für den Lernerfolg aus. Diese These wird jedoch mit wenigen Ausnahmen nicht empirisch überprüft (z.B. Miedeck 1981), sondern es wird in der einschlägigen didaktisch-methodischen Literatur vielmehr relativ lapidar auf die Notwendigkeit des Methodenwechsels verwiesen – „die beste Methode ist der Methodenwechsel" (Tütermann 1975, 176). Die sich anschließende Frage nach dem „optimalen Variationswert" (Dauenhauer 1970) führt jedoch aus nachvollziehbaren Gründen nicht zu generalisierbaren Resultaten – die Festlegung einer konstanten Anzahl an Wechseln pro Unterrichtsstunde erscheint angesichts der Unterschiedlichkeit der jeweiligen unterrichtlichen Rahmenbedingungen und inhaltlichen Bezüge in der Unterrichtssituation wenig sinnvoll. Auch ist bei der Festlegung von Anzahl und Zeitpunkt methodischer Wechsel das resultierende Spannungsfeld aus Anregung *und* Unruhe zu berücksichtigen und individuell auf die entsprechende Lernergruppe anzupassen.

Dennoch weisen einige Befunde darauf hin, dass die Frage der Monotonie bei der Langeweileentstehung von Lernenden eine bedeutende Rolle spielt. Auch in der Unterrichtsgestaltung kaufmännischer Fächer scheint grundsätzlich eher eine „methodische Monostruktur" vorzuherrschen als Vielfalt und Abwechslungsreichtum (Hage et al. 1985; Pätzold et al. 2003; Seifried 2009), insbesondere der Rechnungswesenunterricht steht diesbezüglich in der Kritik. Ältere Befunde nähern sich dem Problem der unterrichtlichen Eintönigkeit meist im Rahmen von Fragebogenerhebungen oder Interviewstudien. Morton, Williams & Finch (1968) untersuchen in ihrer Analyse der Gründe für vorzeitige Schulabgänge das Problem der unterrichtlichen Langeweile und befragen N=1489 13 bis 16-jährige Schüler aus England und Wales nach deren Ursachen. 43% der Befragten geben an, sich aufgrund monotoner Unterrichtsgestaltung und zu ausführlichen Stoffwiederholungen zu langweilen. Nur das Problem der Überforderung nimmt mit 44%-iger Probandenzustimmung einen noch bedeutenderen Erklärungsrang ein (ebd., 262), während andere Aspekte wie etwa die subjektive Nutzlosigkeit des Fachs (23%) oder dessen mangelnder Gegenwartsbezug (9%) sowie die Kritik an der Lehrerpersönlichkeit (13%) eine weitaus geringere Bedeutung aufweisen. Robinson (1975, 142) vergleicht häufig gelangweilte Lernende mit selten Gelangweilten in Bezug auf ihre Einschätzung der Unterrichtsgestaltung und findet heraus, dass 66% der häufig gelangweilten Schüler den unterrichtlichen Alltag als monoton erleben, während dieser Aussage nur 39% der selten gelangweilten Lernenden zustimmen. Auch Perkins & Hill (1985, 229ff.) erkennen die situative Monotonie als wichtige Ursache für die Entstehung von Langeweile an, weisen allerdings angesichts empirisch festgestellter interpersoneller Unterschiede in der Situationswahrnehmung darauf hin, dass es sich mehr um ein subjektives Erleben der Lernenden vor dem Hintergrund ihrer persönlichen Interessen und Ziele handele und objektivierbare Situationsmerkmale in der Konsequenz nur schwerlich zu identifizieren sein dürften.

Fichten (1993, 130ff.) kommt im Rahmen der Analyse von Schüleraussagen einer 7. Realschulklasse zu dem Schluss, dass oftmalige Wiederholungen und eine wenig abwechslungsreiche Unterrichtsgestaltung besonders in den Fächern Englisch und Französisch als wichtige Ursachen für Unterrichtslangeweile anzusehen sind. Eine jüngere schriftliche Befragung von 1380 Haupt- und Realschülern sowie Gymnasiasten zu den Prädiktoren der Entstehung von Langeweile und deren Häufigkeit führt Daschmann, Goetz & Stupnisky (2011) zu der Erkenntnis, dass Monotonie (ungeachtet einer leicht beeinträchtigten Reliabilität der betreffenden Skala von α = .69) als wichtiger Risikofaktor für Schülerlangeweile gelten kann. Sie identifizieren jedoch keine signifikanten Zusammenhänge der wahrgenommenen Monotonie in der Unterrichtsgestaltung mit den Schulnoten im Fach Mathematik und weisen auf die Notwendigkeit einer prozessnahen Erhebung der Langeweile hin. Im Rahmen einer prozessorientierten Videobeobachtung generieren Kögler & Wuttke (2012, 81ff.) für den Rechnungswesenunterricht erste Ergebnisse zu der Häufigkeit von Methodenwechseln und den Zusammenhängen eintöniger Unterrichtsphasen mit dem Auftreten von Schülerlangeweile. Sie erzeugen den Befund, dass auch eine besonders hohe Wechseltaktung (der höchste Wert liegt hier bei durchschnittlich 4 Minuten für eine 45-minütige Unterrichtsstunde) in Kombination mit starren didaktischen Mustern zu ausgeprägter Schülerlangeweile beitragen kann: Überzufällig häufig wurden in der analysierten Unterrichtssequenz in Einzelarbeit Übungsaufgaben gelöst und kurz darauf im Klassengespräch gemeinsam mit der Lehrkraft verglichen, was bei den Lernenden offenbar Langeweile induzierte. Auch unterrichtliche Leerläufe wurden von den Lernenden als langweilig erlebt, während Phasen der Stofferarbeitung besonders dann weniger langweilig waren, wenn sie partnerschaftlich statt im Klassenverband mit der Lehrkraft durchgeführt wurden. Lange Wiederholungssequenzen des Unterrichtsstoffs wurden tendenziell dann als langweiliger wahrgenommen, wenn sie im Rahmen der Plenumsarbeit durchgeführt wurden. Die Bedeutung ausführlicher *Wiederholungen* des Unterrichtsstoffs für die Entstehung von Langeweile wird auch in einigen anderen Studien hervorgehoben (z.B. Fichten 1993; Gallagher, Harradine & Coleman 1997; Kanevsky & Keighley 2003; Martin, Sadlo & Stew 2006; Morton-Williams & Finch 1968) und steht in enger Verbindung zu dem Problem der Abwechslungsarmut im Unterrichtsgeschehen, weist aber auch Bezüge zu der Problematik der *Unterforderung* von Lernenden auf. Letztere wird in einigen Studien auch als fehlende Herausforderung der Lernenden problematisiert und bezieht sich insofern sowohl auf die hier diskutierten Aspekte der Unterrichtsgestaltung als auch auf den Bereich der Unterrichtsinhalte in ihrer Passung zu den persönlichen Voraussetzungen der Lernenden (Gallagher, Harradine & Coleman 1997; Kanevsky & Keighley 2003).

Doch neben Monotonie und allzu ausführlichen Stoffwiederholungen spielen auch einige andere Merkmale der Unterrichtsgestaltung für die Entstehung von Langeweile eine zentrale Rolle. So wird insbesondere eine den Lernenden aufgezwungene *Passivität* als neuralgisch angesehen, welche oftmals mit vornehmlich *lehrerzentrierten Unterrichtsphasen* und langen Redezeiten der Lehrkraft einhergeht, die nur geringe Interaktionsspielräume lassen und Lernende somit in einer statischen Rolle fixieren (z.B. Fichten 1993; Götz, Frenzel & Haag 2006; Larson & Richards 1991; Martin, Sadlo & Stew 2006). Der Zusammenhang zwischen aufgezwungener oder selbst gewählter Passivität und dem Erleben von Zeitdilatation und schließlich Langeweile erscheint inhaltlich plausibel, zieht man die Befunde aus entsprechenden Experimentalstudien der Psychologie des Zeiterlebens heran, wonach Probanden besonders Zeiträume eigener Untätigkeit als vergleichsweise lang einschätzen (vgl. Kap. 2.4). Vergleichbare Ergebnisse zu einer Aufwertung emotional-motivationaler Erlebensqualitäten im Zusammenhang mit erweiterten Aktivitätsfreiräumen für Lernende im Rahmen selbstorganisationsoffener Lehr-Lern-Arrangements generiert auch die Forschergruppe um Sembill (Befundlage im Überblick s. Sembill, Wuttke, Seifried, Egloffstein & Rausch 2007). So untersucht beispielsweise Seifried (2004) den Einfluss didaktischer Schwerpunktsetzungen auf das motivationale Erleben des Rechnungswesenunterrichts und findet deutliche Indizien für „die stark motivationsfördernde Wirkung einer aktiven und selbstbestimmten Auseinandersetzung mit Lerninhalten" (ebd., 252). Auch lassen sich in selbstorganisationsoffenen Unterrichtsformen im Vergleich zu lehrerzentrierten traditionellen Pendants positive Effekte auf die Anzahl und Qualität von Schülerfragen feststellen, die wiederum insgesamt mit aufgewerteten subjektiven Erlebenswerten einhergehen (Sembill & Gut-Sembill 2004). Die in geschlossenen und stark durchstrukturierten Unterrichtssettings aus Sicht von Lernenden oftmals empfundene Ausweglosigkeit der Unterrichtssituation und fehlende Mitbestimmung wird in diesem Zusammenhang ebenfalls als langeweilekritisch identifiziert (z.B. Fichten 1993; Holler-Nowitzki & Meier 1997; Kanevsky & Keighley 2003).

Abgesehen von methodisch-didaktischen Schwerpunktsetzungen und damit strukturellen Aspekten der unterrichtlichen Zeitnutzung wird besonders auch eine prozessuale Facette der Unterrichtsqualität in einen Bezug zu Beeinträchtigungen des Schülererlebens gesetzt: das *Klassenmanagement* (für eine Auseinandersetzung mit verschiedenen Ansätzen und ihren Prämissen s. Warwas & Dreyer 2010; vgl. Kap. 2.3.3.2). Eine unzureichende Ausnutzung der vorhandenen Unterrichtszeit, schleppend gestaltete methodische und inhaltliche Übergänge, unterrichtliche Leerläufe und Disziplinschwierigkeiten sowie mangelnde

Klarheit stehen fächerunabhängig im Verdacht, das Auftreten unterrichtlicher Langeweile zu begünstigen bzw. hervorzurufen (z.B. Götz 2004; Kanevsky & Keighley 2003; Lohrmann 2008a; Goetz et al. 2013). Dies erscheint insofern anschlussfähig, als auch einige andere Befunde zu der Bedeutung reibungsloser Unterrichtsabläufe für ein positives Kompetenzerleben der Lernenden bzw. ihr Interesse am Unterricht und die Befriedigung psychologischer Grundbedürfnisse existieren (Kunter, Baumert & Köller 2007; Rakoczy 2007).

Wichtige und seit langem diskutierte Bedingungsfaktoren für die Entstehung von Schülerlangeweile finden sich auch im Bereich der *Unterrichtsinhalte* – es geht dabei um Fragen der Auswahl und Aufbereitung des behandelten Lernstoffs und in der Konsequenz um das resultierende Ausmaß an Involvement im Sinne einer interessierten oder eben ausbleibenden Auseinandersetzung damit. So werden bereits in älteren Befunden insbesondere die wahrgenommene Nutzlosigkeit von Inhalten, ein mangelndes Anknüpfen an der gegenwärtigen Lebenswelt der Lernenden, die ihrerseits die behandelten Inhalte als überflüssig und veraltet wahrnehmen als langeweileinduzierend angesehen (z.B. Morton, Williams & Finch 1968; Robinson 1975; Vandewiele 1980). Doch auch in jüngeren Studien spielen inhaltliche Aspekte eine übergeordnete Rolle: Holler-Nowitzki & Meier (1997, 33) weisen in einer für das Land Hessen repräsentativen Fragebogenerhebung zu Ausmaß, Ursachen und Erscheinungsformen von Gewalt bei Schülerinnen und Schülern auf die Zusammenhänge zwischen dem Erleben von Langeweile und der Frage, wie gut es den Lehrkräften aus Sicht der Schülerinnen und Schüler gelingt, einen Bezug zwischen den Unterrichtsinhalten und den Lebenswelten der Lernenden herzustellen. Auch Anschaulichkeit und Abwechslungsreichtum im Unterricht werden von den Befragten als wichtig zur Vermeidung von Langeweile angesehen. Signifikante Zusammenhänge zwischen dem Auftreten von Langeweile und schulischer Gewalt z.B. im Sinne von Vandalismus werden in dieser Studie entgegen den Befunden anderer Studien (z.B. Niebel, Hanewinkel & Ferstl 1993) indes nicht identifiziert. Lediglich das Auftreten von „durchaus aggressiven Störaktionen" (Holler-Nowitzki & Meier 1997, 33) der Schülerinnen und Schüler lässt sich in einen direkten Zusammenhang mit dem Vorkommen von Langeweile stellen.

In einer Interviewstudie zu den Ursachen emotionalen und motivationalen Erlebens (darunter auch Langeweile) in computerunterstützten kollaborativen Unterrichtssequenzen, die für zwei Probanden auch mit videobasierten Aufzeichnungen ergänzt wird, analysieren Järvenoja & Järvela (2005) etwa 550 Aussagen von 12 bis 15-jährigen Lernenden. Die häufigsten Kategorien, die von den Probanden genannt wurden, bezogen sich entweder auf Aspekte in ihnen selbst (Kategorie „*Self*": 37%) wie z.B. auf fehlende eigene Interessen oder aber den Unterrichtskontext mit seinen methodisch-didaktischen Parametern (Kategorie „*Context*": 32%). Aufgaben- oder leistungsspezifische Ursachen im Sinne von einem mangelnden Sinnbezug der Inhalte oder etwa einer Unterforderung werden in 12% (Kategorie „*Task*") bzw. 11% (Kategorie „*Performance*") der Fälle genannt. Die inhaltsanalytische Auswertung der Interviews wird mit Fallbeschreibungen der beiden gefilmten Probanden illustriert. Götz, Frenzel & Haag (2006) stellen ferner in einer qualitativen Fragebogenerhebung an 42 Haupt- und 69 Realschülern der 9. Jahrgangsstufe fest, dass der Bereich der Unterrichtsinhalte nach der Frage der Unterrichtsgestaltung von Lernenden als zweitwichtigste Langeweileursache genannt wird: Nahezu jeder zweite Schüler sieht die Gründe für das Auftreten von Langeweile in einer konkreten Stunde oder im Unterricht allgemein in der Beschäftigung mit uninteressanten, nutzlosen, zu schwierigen oder zu einfachen Inhalten begründet (ebd., 126f.). Weitere, in der Wichtigkeit abgestufte Antezedenzien liegen im Bereich der Lernenden (z.B. schlechte Leistung, Verständnisprobleme) oder in der Variable der Lehrkraft begründet.

Die *Lehrkraft* und ihr Einfluss auf die Entstehung von Langeweile werden auch in der Studie von Daschmann, Goetz & Stupnisky (2011) untersucht, die eine grundsätzliche Ablehnung der Lehrkraft durch die Lernenden neben einem Mangel an Eingebundenheit als zentrale Langeweileursachen identifizieren. Die Bedeutung der Lehrervariable stellt sich zwar in anderen Studien als etwas weniger zentral heraus (z.B. Götz, Frenzel & Haag 2006; Holler-Nowitzki & Meier 1997; Kanevsky & Keighley 2003), erscheint aber besonders in lehrerzentrierten Unterrichtssettings mit geringen „Ausweichmöglichkeiten" und Aktivitätsfreiräumen der Lernenden nachvollziehbar. Bei dieser Variable scheint es indes weniger um den Aspekt der Lehrerpersönlichkeit[39], denn schlicht um Fragen der Sympathie und Antipathie bzw. konkretes Verhalten in der Lehrer-Schüler-Interaktion zu gehen. In diesem Zusammenhang weisen bereits Leary et al. (1986,

---

39 Das sog. Persönlichkeitsparadigma markiert eine Denk- und Forschungsrichtung in der frühen Unterrichtswissenschaft, bei der man von einer „geborenen Lehrkraft" ausging und versuchte, deren Persönlichkeitseigenschaften zu ermitteln (z.B. Flanders 1970; Tausch & Tausch 1965). Angesichts der unzureichenden empirischen Befundlage wurde dieses Paradigma jedoch bereits nach kurzer Zeit von anderen Ansätzen abgelöst, die sich mehr auf den Zusammenhang zwischen den unterrichtlichen Interaktionsprozessen und korrespondierenden Ergebnissen („Prozess-Produkt-Paradigma"; Shulman 1986; Corno & Snow 1986) oder auf Fragen des Expertenwissens und der Lehrerkognitionen („Expertenparadigma"; Bromme 1997; Weinert, Schrader & Helmke 1990) konzentrierten (im Überblick s. Gruehn 2000, 20ff.)

968f.) auf die wechselseitige Beziehung zwischen dem subjektiven Erleben Einzelner und der Gestaltung von Interaktionsprozessen mit anderen Beteiligten hin. In Bezug auf die Lehrkraft gewinnt diese Frage insofern an Relevanz als deren emotionales Erleben des Unterrichts Einfluss auf die Gestaltung der Lehrer-Schüler-Interaktion nimmt und auf diesem Wege wiederum mittelbaren Einfluss auf die Entstehung von Schülerlangeweile ausüben kann (zur Bedeutung dieses Zusammenhangs für die Entstehung von Lernfreude s. z. B. Frenzel, Goetz, Luedtke, Pekrun & Sutton 2009). Arbeiten zur Emotionsgenese bei Lehrkräften (z.B. Frenzel & Götz 2007; Schutz & Zembylas 2009) stehen in Ergänzung zu dem bereits durch Robinson (1975) angedeuteten, Einfluss der Lehrkraft auf die Emotionen respektive die Langeweile der Schüler. Auch Frenzel, Götz & Pekrun (2008) stellen in diesem Bereich einige Überlegungen zur Diskussion. Es wird dabei von einem reziproken Modell ausgegangen. Die Autoren konstatieren, dass Lehrkräfte Emotionen aufgrund der subjektiv wahrgenommenen Eindrücke von Schülerlernerfolg, Schülermotivation und Schülerdisziplin erleben und diese Emotionen wiederum in einem zumindest mittelbaren Zusammenhang mit den Schüleremotionen stehen. Es finden sich darüber hinaus erste Hinweise darauf, dass die Emotionen von Lehrkräften in einem Zusammenhang mit deren Unterrichtsstil und -erfolg stehen: Positive Emotionen gehen mit einem engagierten, abwechslungsreichen Unterricht einher, der sich kompetenz- und motivationsförderlich auf die Schüler auswirkt und zudem positive Auswirkungen auf deren Lernzielorientierung und Problemlöseverhalten zeigt (z.B. Kunter, Tsai, Brunner & Krauss 2005 zit. nach Frenzel & Götz 2007, 283). Negative Emotionen wirken entgegengesetzt (Frenzel, Götz & Pekrun 2008; Frenzel, Götz, Stephens & Jacob 2009). Auf die Lernenden übertragen setzt sich dieser Zusammenhang weiter fort: Die Beurteilung der wahrgenommenen Unterrichtsgestaltung durch Lernende erfolgt nicht isoliert von der Wahrnehmung der Person und des Verhaltens des Lehrers (vgl. Fichten 1993, 136), es scheint sich hierbei insofern zumindest um eine wichtige Moderatorvariable zu handeln.

Mit Blick auf die Domänen- und Situationsspezifität von Emotionen sowie ältere Modellierungen der Bedingungsfaktoren von Langeweile (z.B. Robinson 1975) werden abgesehen von Spezifika konkreter Unterrichtssituationen auch *fachspezifische Bedingungsfaktoren* für Langeweile erwogen. Götz, Frenzel & Haag (2006, 129f.) gelangen allerdings zu der Erkenntnis, dass es weder sinnvoll noch möglich erscheint, prinzipiell langeweileanfällige Fächer zu identifizieren oder diese im Hinblick auf die in ihnen erlebte Langeweile in eine Rangreihe zu bringen. Das langweilige Fach per se scheint nicht zu existieren, wenn sich auch vereinzelt Hinweise auf ein gehäuftes Auftreten von Langeweile in bestimmten

Fächer finden lassen (Morton, Williams & Finch 1968; Shaw, Caldwell & Kleiber 1996). Lohrmann (2008a, 143) bestätigt diese Hypothese im Rahmen einer Fragebogenstudie mit offenen und geschlossenen Frageformaten und kommt zu dem Ergebnis, dass Lernende nicht bestimmte Fächer an sich langweilig finden, sondern jeweils auch situationsspezifische Aspekte für das Auftreten von Langeweile entscheidend sind (ähnlich auch Gläser-Zikuda 2001). Ungeachtet dessen wird vielfach auf die „Domänenspezifität" von Emotionen im Sinne ihrer Bezogenheit auf einzelne Unterrichtsfächer bzw. spezifische Entstehungskontexte hingewiesen, die bei einer empirischen Annäherung in die Gestaltung der Erhebungsinstrumente einfließen müsse (z.B. Götz, Frenzel, Pekrun, Hall & Lüdtke 2007, 728).

Die Frage nach situationsbezogenen Bedingungsfaktoren der Langeweile wurde für die Bereiche Unterrichtsfach, Unterrichtsgestaltung, Unterrichtsinhalte und Lehrperson jeweils getrennt betrachtet. Dabei spielen in der Rückschau weniger Fachspezifika eine Rolle, wenn es auch empirische Hinweise auf besonders langweileanfällige Schulfächer gibt (vgl. Kap. 3.4.1), entscheidender sind konkrete situationsspezifische Merkmale im Unterricht selbst. Die Frage der Unterrichtsgestaltung spielt dabei eine zentrale Rolle für die Entstehung von Langeweile – inhaltliche und methodische Monotonie, der mangelnde Einbezug und die Passivität von Lernenden sowie ein schlechtes Klassenmanagement im Sinne zahlreicher Leerläufe und Disziplinschwierigkeiten erweisen sich aus empirischer Sicht als prominente Bedingungsfaktoren. Unterrichtsinhalte werden besonders dann als langweilig empfunden, wenn sie in zu geringem Ausmaß an der Lebenswelt der Lernenden anknüpfen und aus deren Sicht im Verdacht der Nutzlosigkeit stehen, aber auch dann, wenn sie als zu anspruchsvoll oder wenig fordernd erscheinen. In den meisten Studien etwas weniger zentral, aber keineswegs unbedeutende Faktoren für das Auftreten von Langeweile sind schließlich Lehrerpersönlichkeit und -verhalten – so beeinflussen die Frage der Sympathie und das wahrgenommene Engagement und Interesse an den Lernenden deren Entstehung zumindest mittelbar. Bemerkenswerterweise sind viele der genannten Faktoren bereits in der ersten empirischen Untersuchung zu Schülerlangeweile von Illge (1929), der eine Inhaltsanalyse von Schüleraufsätzen vornahm, als neuralgisch identifiziert worden.

Der Befundlage mangelt es insgesamt jedoch an prozessorientierten Untersuchungen, die über Beobachtungsverfahren in Kombination mit Selbstauskünften der Lernenden zu ihrem Langeweileerleben eine Validierung der bislang im Wesentlichen über Fragebogenerhebungen und Interviewstudien gewonnenen Erkenntnisse herbeiführen können. In diesem Zusammenhang besteht insbesondere ein Interesse an der Identifikation langeweilekritischer Person-Situations-Konstellationen. Es wird zwar bereits in einigen Studien die mangelnde Passung zwischen methodisch-didaktischer Unterrichtsgestaltung und den individuellen Merkmalen respektive Fähigkeiten der Lernenden thematisiert – diese mangelnde Passung führt zu Über- oder Unterforderung und gilt als eine wichtige Entstehungskonstellation für Unterrichtslangeweile (z.B. Acee, Kim, Kim, Kim, Chu, Kim, Cho & Wicker 2010; Götz & Frenzel 2010; Larson & Richards 1991). Eine empirische Annäherung im Sinne differentieller Analysen von Person-Situations-Konstellationen erfolgte bislang jedoch nur vereinzelt (s. etwa Götz 2004; Lohrmann 2008a).

3.4.2.2 Personenbezogene Bedingungsfaktoren

Die Annahme eines Einflusses personenbezogener Faktoren auf die Entstehung von Langeweile impliziert zunächst nichts anderes, als dass Individuen in unterschiedlichem Maße anfällig für Langeweile sein können – verschiedene Personen langweilen sich in ähnlichen situativen Konstellationen unterschiedlich intensiv (s. auch O'Hanlon 1981, 54). Die spezifische Bedeutung dispositionaler und anderer personenbezogener Einflussgrößen für das Langeweileerleben wird mitunter auch über ausgeprägte Zusammenhänge zwischen dem Auftreten schulischer und außerschulischer Langeweile begründet, d.h. Personen, die sich im Unterricht ausgiebig langweilen, geben auch an, sich in der Freizeit häufiger zu langweilen (z.B. Larson & Richards 1991; Shaw, Caldwell & Kleiber 1996). Im Folgenden werden zentrale dispositionale sowie personenbezogene Einflussgrößen und korrespondierende empirische Befunde dargestellt.

Die dispositionale Langeweileneigung bzw. -anfälligkeit („boredom proneness"/„boredom susceptibility") ist ein relativ intensiv beforschtes Konstrukt und wird in den Stand eines facettenreichen Persönlichkeitsmerkmals erhoben (Larson & Richards 1991, 431ff.; Harris 2000, 577; Culp 2006, 1000). Im Schrifttum existieren zur Langeweileneigung von Individuen insbesondere zwei Skalen, die Boredom Proneness Scale von Farmer & Sundberg (1986) und die Boredom Susceptibility Scale, die als Subskala dem Konstrukt des „sensation seeking"[40]

---

40 Das sog. sensation seeking bezeichnet die dispositionale Tendenz von Individuen, gezielt nach stimulierenden Reizen bzw. aufregenden Erlebnissen und Abwechslung zu suchen, um ein bestimmtes optimales Erregungsniveau aufrecht zu erhalten (vgl. Zuckerman 1979a,b et passim). Die korrespondierende Skala beinhaltet vier Subskalen – (1) Thrill and adventure seeking, (2) Experience seeking, (3) Disinhibition und (4) Boredom susceptibility (Zuckerman 1979a, 95ff.). Finden sich in der Umwelt

(Zuckerman, Eysenck & Eysenck 1978; Zuckerman 1979a,b et passim; Hoyle, Stevenson, Palmgreen, Lorch & Donohew 2002) entstammt. Jedoch bestehen zwischen den beiden Skalen erstaunlicherweise nur geringe Zusammenhänge (Farmer & Sundberg 1986, 9). Zudem wies die Boredom Susceptibility Scale in der Vergangenheit eine verhältnismäßig geringe interne Konsistenz und Test-Retest-Reliabilität sowie Limitationen in ihrer theoretischen Fundierung auf (Vodanovich 2003b, 585f.; Zuckerman 1979a, 121), so dass vorliegend eine Verengung des Fokus auf die zudem weiter verbreitete Skala von Farmer & Sundberg (1986) legitim erscheint.

Die Autoren verstehen unter dem Konstrukt der boredom proneness in Bezug auf das Erleben von Langeweile eine „predisposition with important individual differences" (ebd., 4) bzw. "a tendency to experience tedium and lack of personal involvement and enthusisasm, to have a general or frequent lack of sufficient interest in one's life surroundings and future" (Sundberg, Latkin, Farmer & Saoud 1991, 210). Sie diskutieren Bezüge zu verschiedenen anderen Variablen wie etwa Geschlecht, kultureller Herkunft, Intelligenz und Lernleistung, Lebenszufriedenheit, Depressivität, Hoffnungslosigkeit oder Einsamkeit (Farmer & Sundberg 1986, 10ff.).

Die ursprüngliche, vielfach adaptierte Skala beinhaltet 28 dichotome Items (z.B. „It is easy for me to concentrate on my activities"/"Many people would say that I am a creative or imaginative person"), die eine große inhaltliche Nähe zu Facetten der individuellen Selbststeuerungsfähigkeit, Kreativität oder Extraversion aufweisen und auch die habitualisierte Zeitwahrnehmung des Individuums erfassen. Ihr wird in der Folgezeit mittels einer meist 7-stufigen Likertskala über verschiedene Studien hinweg eine verhältnismäßig gute interne Konsistenz von .72 bis .79 und Test-Retest-Reliabilität von .79 bis .83 zugesprochen (Vodanovich 2003b, 570; Watt 1991, 324). Innerhalb der Literatur zur Boredom Proneness Scale (BPS) existieren jedoch sehr unterschiedliche Vorstellungen über deren Faktorenstruktur, die bislang empirisch identifizierten Lösungen unterscheiden sich deutlich (Vodanovich 2003b, 571f.; Culp 2006, 1000). So divergieren die Varianten von zwei bis acht Faktoren, die sich beispielsweise auf Aspekte wie Zeitwahrnehmung, das Bedürfnis des Individuums nach externer oder interner Stimulation, Kreativität, Geduld und Selbstregulation beziehen (s. bspw.

---

nicht genügend stimulierende Reize, neigen sog. sensation seeker eher dazu, sich zu langweilen und auf die Suche nach Stimulation zu gehen (Zuckerman 1979a, 19f.). Die zugrunde liegende Hypothese des Konstrukts geht mit der Arousaltheorie davon aus, dass für jedes Individuum in Abhängigkeit des basalen Erregungsviveaus ein subjektiv optimales Erregungsniveau existiert, das mit Wohlbefinden einhergeht.

Vodanovich & Kass 1990; Vodanovich, Watt & Piotrowski 1997; Gana & Akremi 1998). Lediglich die beiden Faktoren interne und externe Stimulation bestätigen sich wiederholt (Vodanovich 2003b, 572). Als Begründung für diese inkonsistente Befundlage wird der explorative Charakter des Instruments angeführt und auf das Fehlen einer hinreichend explizierten theoretischen Grundlage hingewiesen (Vodanovich 2003b, 582). Diese Erklärung lässt sich angesichts der ebenso unterschiedlichen wie augenfälligen theoretischen Bezüge der Skala zu anderen, konzeptionell elaborierteren Konstrukten nachvollziehen.

Nichtsdestoweniger wurden unter Einsatz dieser Skala bislang zahlreiche Variablen auf ihre Beziehung zur Langeweileneigung untersucht (im Überblick s. Vodanovich 2003b, 574ff.). Zentrale Befunde verweisen auf *positive* Zusammenhänge der Langeweileneigung mit Depression (Farmer & Sundberg 1986; Gana & Akremi 1998; Sommers & Vodanovich 2000), Prokrastination (Vodanovich & Rupp 1999), mentalen und gesundheitlichen Beeinträchtigungen (Sommers & Vodanovich 2000), Introspektion und erhöhter Selbstaufmerksamkeit (Gana, Deletang & Metais 2000), Neurotizismus (Hill 1975), Ärger, Angst und Aggression (Rupp & Vodanovich 1997; Gordon, Wilkinson, McGown & Jovanovska 1997; Dahlen, Martin, Ragan & Kuhlmann 2004, 2005) sowie subjektiver Zeitdilatation (Watt 1991; Watt & Davis 1991). *Negative* Zusammenhänge finden sich beispielsweise für Need for cognition (Seib & Vodanovich 1998; Watt & Blanchard 1994), Lebens- und Arbeitszufriedenheit (Watt & Ewing 1996; Kass, Vodanovich & Callender 2001), Extraversion und Offenheit (Culp 2006), Selbstsicherheit (Gordon et al. 1997), Interesse und Aufmerksamkeit (Farmer & Sundberg 1986) sowie Persistenz (Leong & Schneller 1993). Auch Genderfragen werden erörtert – die Langeweileneigung erweist sich in den meisten Studien bei männlichen Probanden als höher (z.B. Vodanovich & Kass 1990; s. auch Götz, Frenzel & Haag 2006, 119). In der Gesamtschau erscheint das Konstrukt der Langeweileanfälligkeit in seinem Wechselspiel mit anderen Persönlichkeitsmerkmalen als verhältnismäßig gut erforscht. Insbesondere die ausgeprägten Zusammenhänge mit Depression, Neurotizismus und subjektiver Zeitdilatation auf der einen Seite bzw. Lebens- und Arbeitszufriedenheit und positiven Affekten auf der anderen Seite spielen dabei offenbar eine zentrale Rolle. Offen bleibt indes in vielen Studien, in welchem Zusammenhang die Langeweileneigung mit dem tatsächlichen Auftreten und Ausmaß von Langeweile steht. Denn dieser Zusammenhang wird nur in wenigen Untersuchungen explizit erhoben, Farmer und Sundberg (1986, 7) sowie Harris (2000, 583) berichten auf der Basis von Selbstauskünften der Probanden jedoch erwartungskonform über signifikante positive Zusammenhänge von $r=.67$ ($p<.001$) bzw. $r=.56$ ($p<.001$). Mann und Robinson (2009) identifizieren die Langeweileneigung für die hochschulische Bildung als zentrale Moderatorvariable für das Erleben von Langeweile in Lehrveranstaltungen, und van Tilburg und Igou (2011) berichten über einen signifikanten Zusammenhang (r=.48, p<.01) zwischen der Boredom Proneness Scale und dem selbstberichteten Erleben von Langeweile. In der Mehrzahl der Studien wird implizit oder ausdrücklich ein positiver Zusammenhang zwischen der Langeweileneigung und dem Erleben von Langeweile angenommen, mitunter werden die beiden Konstrukte gar gleichgesetzt (z.B. Tolor 1989; Watt 1991; Leong & Schneller 1993; Kass, Vodanovich & Callender 2001).

Jenseits der Studien zum Konstrukt der Langeweileneigung und dessen Einfluss als Mediatorvariable auf das Erleben von Langeweile wird jedoch angesichts der angemahnten theoretischen Mängel in der Konstruktdefinition auch die direkte Beziehung zwischen verschiedenen anderen personenbezogenen Variablen und dem Auftreten von Langeweile untersucht. Diese Variablen lassen sich in Persönlichkeitsmerkmale im engeren Sinne und andere personenbezogene trait-Variablen, die im weiteren Sinne in einem Zusammenhang mit dem schulischen Lehr-Lern-Prozess stehen, differenzieren. Unter letzteren werden insbesondere fach- und inhaltsspezifische Fähigkeiten (Vorwissen) und Interessen der Lernenden sowie deren Anstrengungsbereitschaft und subjektiv relevante Ziele sowie habitualisierte Lern- und Leistungsemotionen als bedeutsame Einflussgrößen bei der Langeweileentstehung angesehen (s.u.).

Der Aspekt des Vorwissens bzw. die Bedeutung des Vorhandenseins inhaltlich einschlägiger Kenntnisse wird seit den Anfängen der Erforschung von Langeweile einhellig als bedeutsamer Bedingungsfaktor erachtet (z.B. Illge 1929; Morton-Williams & Finch 1968; Fichten 1993; Götz, Frenzel & Haag 2006; Sparfeldt, Buch, Schwarz, Jachmann & Rost 2009) – Lernende mit Verständnisproblemen aufgrund mangelnder Vorkenntnisse erleben mehr Langeweile als andere Lernende, es wird jedoch – wenn auch bedeutend seltener – auch der andere Fall diagnostiziert, dass Lernende sich aufgrund ihrer im Vergleich zu dem im Unterricht geforderten Niveau bereits besonders ausgereiften Kenntnisse langweilen. Eine für die Entstehung von Langeweile ebenso zentrale Variable ist das fach- bzw. inhaltsspezifische Interesse von Lernenden, das von einer Vielzahl an Studien in den Fokus genommen wird (z.B. Götz 2004; Larson & Richards 1991; Pekrun & Hofmann 1999; Pekrun, Goetz, Titz & Perry 2002; Robinson 1975; Sparfeldt et al. 2009; Sparfeldt et al. 2011; Titz 2001). Die korrespondierenden Befunde belegen mitunter einen so stark ausgeprägten (negativen) Zusammenhang zwischen dem Langeweile- und dem Interessenskonstrukt, dass bisweilen diskutiert wird, ob es sich nicht um Extrema eines einzigen Konstrukts handeln könnte, Langeweile somit als strukturell wesensgleicher Antagonist von Interesse zu begreifen sei (z.B. Todt 1990; Sparfeldt et al. 2009). Diese Ansicht hat sich im Schrifttum jedoch nicht durchgesetzt, Langeweile wird ungeachtet definitorischer Unschärfen als emotionales Konstrukt aufgefasst (vgl. Kap. 3.1.2). Dessen ungeachtet ist von einer übergeordneten Bedeutung des Interessenkonstrukts für die Langeweileentstehung auszugehen, die sich inhaltlich insbesondere daraus speist, dass die für das Interessenkonstrukt charakteristische intensive „Austauschbeziehung zwischen einer Person und ihrer sozialen und gegenständlichen Umwelt" (Krapp 1998, 213) sowie die besondere Wertschätzung für den interessierenden Gegenstand im Falle von Langeweile in der Regel nicht vorhanden sind. Im Bereich der relevanten motivationalen Konstrukte stellen sich darüber hinaus verschiedene Facetten der Motivation (z.B. Barnett & Wolf Klitzing 2006; Götz 2004; Larson & Richards 1991; Titz 2001) und die selbst eingeschätzte Anstrengung der Lernenden (Götz 2004; Pekrun & Hofmann 1999; Pekrun, Goetz, Titz & Perry 2002; Robinson 1975; Titz 2001) übereinstimmend als relevant heraus: Je geringer Motivation und Anstrengung ausgeprägt sind, desto intensiver bzw. häufiger sind die jeweils befragten Lernenden gelangweilt, es handelt sich um durchwegs signifikante Zusammenhänge von bis zu $r=-.61^*$ (intrinsische Motivation) und $-.51^*$ (Anstrengung).

Und schließlich stehen auch bereits habitualisierte Emotionen (trait-Emotionen) in Bezug auf Fächer oder Lernsituationen in einem Zusammenhang mit der Entstehung von Langeweile – so werden mittels der Skalen des Academic Emotions Questionnaire (AEQ; s. Pekrun, Goetz, Titz & Perry 2002; Pekrun, Goetz, Frenzel, Barchfeld & Perry 2011) und seinen Adaptionen im Rahmen von Fragebogenerhebungen besonders in jüngerer Zeit umfangreiche Befunde zu den Zusammenhängen mit positiven und negativen Lern- und Leistungsemotionen wie etwa Freude ($-.47^* < r < -.75^*$), Stolz ($r=-.14^*$), Angst ($.09 < r < .59^*$) oder Ärger ($.31^* < r < .82^*$) generiert (im Überblick s. Lohrmann 2008a, 36ff.). Wenngleich sich hier angesichts der im Wesentlichen ungerichteten Hypothesen keinesfalls von Kausalitäten, sondern lediglich von Wechselwirkungen bzw. Entstehungsbedingungen ausgehen lässt, werfen die Ergebnisse doch ein eindeutiges Licht auf die Diskussion der Valenz von Langeweile im schulischen Bereich. Im Hinblick auf die personenbezogene, habitualisierte Wahrnehmung von Schule und Unterricht im allgemeinen stellt Gjesme (1977) weiterhin einen ausgeprägten negativen Zusammenhang zwischen Schulzufriedenheit und Langeweile fest, und auch der Aspekt der Lehrerpersönlichkeit im Sinne der schülerseitig wahrgenommenen Sympathie oder Antipathie für die Lehrkraft stellt sich in einigen Studien als bedeutsam heraus (vgl. z.B. Morton-Williams & Finch 1968; Farrell, Peguero,

Lindsey & White 1988; Fichten 1993; Götz, Frenzel & Haag 2006; Daschmann, Goetz & Stupnisky 2011).

Mindestens ebenso bedeutsam wie diese habitualisierten Sichtweisen auf Schule und Unterricht scheinen jedoch Persönlichkeitsmerkmale im engeren Sinne zu sein. In entsprechenden Forschungsansätzen kommt insbesondere Konstrukten wie dem Fähigkeitsselbstkonzept und der Selbstwirksamkeitserwartung sowie der Fähigkeit zur Selbststeuerung eine große Bedeutung zu, während die Bedeutung der Intelligenz bei der Langeweileentstehung indes nicht abschließend geklärt ist. Die wenigen existierenden Befunde deuten eher auf eine geringe Relevanz hin – so stellt Robinson (1975, 148) im Rahmen von Extremgruppenvergleichen fest, dass begabtere Schüler sich weniger intensiv langweilen, der Effekt ist jedoch nur von geringer statistischer Bedeutsamkeit. Gjesme (1977, 127ff.) identifiziert einen moderaten negativen Zusammenhang zwischen der Problemlösefähigkeit von Jungen und ihrer Langeweile, für Mädchen ließ sich der Befund jedoch nicht replizieren. Die Entstehung von Über- und Unterforderung im Zusammenhang mit Hochbegabung untersuchen Gallagher, Harradine & Coleman (1997) und berichten in der Gesamtschau zunächst über Hinweise auf eine häufige Unterforderung begabter und hochbegabter Lernender und einen Mangel an Wettbewerb für diese Lernende in der Schule sowie auf die Notwendigkeit stärkerer innerer Differenzierung in heterogenen Schulklassen. Lediglich der Mathematikunterricht und verschiedene freiwillige Arbeitsgemeinschaften werden von Hochbegabten aller Schulformen als adäquat fordernd erlebt, während Sozialkunde, Sprachen, Kunst und naturwissenschaftliche Fächer von der Hälfte der Lernenden als eher unterfordernd eingestuft werden. Die Autoren diskutieren Umsetzungsvorschläge für eine stärkere Differenzierung, würdigen dabei Möglichkeiten und Risiken kooperativer Lernformen sowie des Team Teaching und weisen insbesondere auf die Rolle der Lehrperson hin. Sparfeldt, Buch, Schwarz, Jachmann & Rost (2009, 22) stellen im Rahmen einer Untersuchung im Primarschulbereich für das Fach Mathematik fest, dass Intelligenz zwar in einem signifikant negativen Zusammenhang (r=-.19) mit der Langeweile beim Rechnen steht, aber auch hier finden sich nur kleine Effekte und der identifizierte Zusammenhang bestätigt sich bei geschlechtsgetrennter Untersuchung lediglich für die Jungen. Ein Erklärungsansatz dafür bezieht sich auf die moderierende Wirkung kognitiver Repräsentationen der individuellen Leistungen und Fähigkeiten – es komme bei der Langeweileentstehung weniger auf die tatsächlichen Fähigkeiten der Lernenden, denn auf ihre subjektive Einschätzung derselben an (ebd., 18).

In diesem Kontext kommt daher besonders in jüngerer Zeit der Untersuchung des Fähigkeitsselbstkonzepts in seinem Wechselspiel mit Emotionen wie Langeweile eine entsprechend große Bedeutung zu. Entsprechende Ideen zur Gestalt dieses Zusammenhangs finden sich bereits im Kontext der Appraisal-Theorien zur Emotionsgenese (vgl. Scherer, Schorr & Johnstone 2001) und der Forschung zum Konstrukt der Selbstwirksamkeit (Bandura 1977 et passim). Goetz, Cronjaeger, Frenzel, Lüdtke & Hall (2010) nehmen die Beziehung zwischen akademischem Selbstkonzept und der Entstehung von positiven und negativen Emotionen für verschiedene Unterrichtsfächer wie Mathematik, Deutsch, Englisch oder Physik in den Blick und untersuchen dabei auch den moderierenden Einfluss des Alters. Sie identifizieren erwartungsgemäß moderate bis starke negative Zusammenhänge der Langeweile mit dem Selbstkonzept für alle untersuchten Schulfächer, wobei sich zwischen den einzelnen Fächern und Altersklassen Unterschiede erkennen lassen, die auf eine Fach- und Altersspezifität des Zusammenhangs zu den untersuchten Emotionen hindeuten. So stellt sich in dieser Studie der Zusammenhang in stark formalisierten Fächern wie Mathematik und Physik sowie bei älteren Schülern als stärker heraus (ebd., 49ff.). Dieses Ergebnis ist indes für die Emotion Langeweile angesichts anderer Befunde differenziert zu betrachten, denn Götz & Frenzel (2010, 124) berichten über konträre Zusammenhänge des Fähigkeitsselbstkonzeptes mit Langeweile, je nachdem, ob es sich um Unterforderungs- oder Überforderungslangeweile handelt: Im Falle der Überforderungslangeweile wird von einem negativen Zusammenhang ($r=-.71^*$) ausgegangen, im Falle der Unterforderung von einem positiven ($r=.58^*$). Die Differenzierung von Entstehungsbedingungen für die Langeweile scheint insofern eine bedeutende Rolle zu spielen, das akademische Selbstkonzept nimmt hier die Rolle eines wichtigen Mediators zwischen der Leistung und dem Geschlecht von Lernenden und ihrer Überforderungs- bzw. Unterforderungslangeweile ein, denn ohne seinen Einbezug stellen sich die entsprechenden Zusammenhänge grundsätzlich anders dar. Auch Sparfeldt et al. (2011) unterscheiden zwischen der Langeweile aus Über- oder Unterforderung und stellen für das Fach Mathematik ähnliches in Gestalt eines negativen Zusammenhangs der Überforderungslangeweile mit dem mathematischen Selbstkonzept der Lernenden fest (ebd., 60f.). Die Langzeitwirkungen einer dauerhaften Gruppendifferenzierung von Lernenden nach ihrer Intelligenz auf das akademische Selbstkonzept und die Entstehung von Langeweile im Unterricht untersuchen Preckel, Götz & Frenzel (2010) mithilfe von Selbstberichtsdaten und einem IQ-Test. Sie gelangen für das Fach Mathematik weitgehend hypothesenkonform zu dem Schluss, dass sich das akademische

Selbstkonzept der Lernenden in besonders begabten Lernergruppen negativ entwickelt und das Erleben von Langeweile in der begabten Gruppe über die drei Erhebungswellen leicht ansteigt, insgesamt jedoch unter den regulären Klassen bleibt. Eine Differenzierung nach Über- und Unterforderungslangeweile führt zudem zu der Erkenntnis, dass die Überforderungslangeweile zwar in allen Klassen leicht ansteigt, jedoch in regulären Klassen weit höher liegt, während die Unterforderungslangeweile in begabten Klassen zunächst relativ häufig erlebt wird, im Zeitverlauf jedoch deutlich abnimmt.

Für die Selbstwirksamkeitserwartung als ein Konstrukt mit großen Überschneidungsbereichen zum Fähigkeitsselbstkonzept (s. z.B. Bong & Clark 1999) lassen sich durchgehend ähnliche Ergebnisse konstatieren, lediglich stellenweise ist die Stärke der signifikanten Zusammenhänge mit dem Langeweileerleben etwas geringer ausgeprägt – Götz (2004) identifiziert einen Zusammenhang von $r=-.30^*$, ähnliches berichten Pekrun & Hofmann (1999). Ein weiteres relevantes, jedoch nur selten im Zusammenhang mit dem Erleben von Langeweile untersuchtes Konstrukt ist die Fähigkeit zur Selbststeuerung und Selbstbestimmung beim Lernen – das Vermögen von Individuen, sich selbst Ziele zu setzen und diese aufmerksam und konzentriert zu verfolgen, ohne sich dabei ablenken zu lassen oder prokrastinative Verhaltensweisen zu zeigen, ist indes eng mit den Grundgedanken der sog. Boredom proneness und auch mit Fragen der Aufmerksamkeitsfähigkeit verwandt. Erwartungsgemäß zeigen sich signifikante negative Zusammenhänge zu den Angaben der Lernenden über das Erleben von Langeweile (Titz 2001; Götz 2004). Titz (2001) identifiziert im Rahmen einer Fragebogenerhebung für den hochschulischen Kontext zudem einen hochsignifikanten Zusammenhang ($r=.46^{**}$) zwischen Aufmerksamkeitsstörungen der Lernenden und dem Auftreten von Langeweile in Lehrveranstaltungen.

Insgesamt führt die Analyse der unvermittelten Beziehung zwischen einzelnen personenbezogenen Variablen und dem Auftreten von Langeweile zu der Erkenntnis, dass neben bereits habitualisierten Emotionen und Sichtweisen auf Schule, Lehrkräfte und Unterricht das Interesse an den betreffenden Inhalten, das fachspezifische Vorwissen sowie das individuelle Selbstkonzept bzw. die Selbstwirksamkeit als neuralgische Merkmale anzusehen sind. Weniger entscheidend, wenn auch nicht gänzlich unbedeutend, scheinen indes sozio-demographische Faktoren wie die soziale Herkunft, die Familiengröße oder das elterliche Interesse an der Schule zu sein. Die Bedeutung situativer Aspekte darf in diesem Kontext jedoch nicht ausgeklammert werden. So verweisen bereits Hill & Perkins (1985, 238f.) am Beispiel der Extraversion darauf, dass Zusammenhänge zwischen Langeweile und Persönlichkeitsmerkmalen nur sinnvoll im

Zusammenhang mit der Analyse situativer Aspekte untersucht werden können, und auch einige andere Studien beziehen den situativen Kontext explizit in ihre Erhebungen mit ein (z.B. Titz 2001, der zwischen Lehrveranstaltungen und selbstgesteuerten Lernsituationen unterscheidet). Denn die Untersuchung der Zusammenhänge verschiedener Persönlichkeitskonstellationen mit der Langeweileneigung bzw. dem subjektiven Erleben von Langeweile erfolgt naturgemäß vor dem Hintergrund bestimmter (mitgedachter) situativer Gegebenheiten, die ihrerseits ebenfalls eine Wirkung auf die Wahrnehmung der Beteiligten entfalten (s.o.). Angesichts der geringen Anzahl an Studien, die diesen Aspekt untersuchen und dessen überwiegend bilanzierender, retrospektiver Erfassung, ist jedoch insbesondere für das Zusammentreffen situativer und personenbezogener Bedingungsfaktoren im Sinne differentieller Person-Situations-Konstellationen ein Forschungsdesiderat auszumachen.

3.4.3 Strategien der Bewältigung von Langeweile im unterrichtlichen Kontext

Die Konsequenzen der nachweislich häufig auftretenden unterrichtlichen Langeweile für das Gelingen von Lehr-Lern-Prozessen werden entscheidend durch die Frage beeinflusst, welche Strategien zu ihrer Bewältigung von den Betroffenen eingesetzt werden. So lässt sich nicht ohne weiteres pauschal von negativen Konsequenzen ausgehen, denn mittels effektiver Bewältigungsstrategien lassen sich jüngeren Befunden zufolge offenbar gelegentliche emotional-motivationale Einbußen weitgehend abmildern und negative Effekte auf Lernleistungen verhindern (z. B. Lohrmann, Haag & Götz 2011, 115). Unklar ist dabei allerdings die Wirkungsrichtung – denn es ist auch denkbar, dass Lernende mit besseren schulischen Leistungen insgesamt weniger Langeweile erleben und im entsprechenden Fall eher in der Lage sind, günstige Copingstrategien anzuwenden (Nett, Goetz & Daniels 2010, 636). Insofern wird auf die Notwendigkeit einer theoriebasierten und systematischen Erforschung der Bewältigungsstrategien von Lernenden und ihrer Wechselwirkungen mit Leistungsmaßen hingewiesen (ebd., 633ff.). Die empirische Befundlage zu verschiedenen Bewältigungsstrategien schulischer bzw. unterrichtlicher Langeweile durch Schülerinnen und Schüler sowie Lehrkräfte kann jedoch insgesamt noch als verhältnismäßig überschaubar bezeichnet werden. Nicht alle Studien beziehen sich explizit auf schulische Lehr-Lern-Prozesse, strukturell werden jedoch zumeist dieselben Strategien unterschieden und inhaltlich vergleichbare Ergebnisse erzeugt: So stützen sich die Untersuchungen zur Bewältigung von Langeweile zumeist im Kern auf die von Lazarus & Folkman (1987) im Zusammenhang mit dem transaktionalen Stressmodell etablierte Unterscheidung von (1) problemorientierten, (2) emotionsorientierten und (3) meidensorientierten Bewältigungsstrategien[41]. Einen Überblick über die Befundlage gibt Tabelle 3–2.

Insgesamt ist festzuhalten, dass die Auswahl und Anwendung der entsprechenden Copingstrategie in Abhängigkeit personen- und situationsspezifischer Charakteristika erfolgt und unterschiedlich Erfolg versprechend ist (so haben etwa nicht alle Lernenden den Mut, die Lehrkraft um eine modifizierte Darstellung der Lerninhalte zu bitten bzw. es wird sich nicht jede Lehrkraft auf die entsprechende Aufforderung verständnisvoll und entgegenkommend reagieren). Auch die Frage nach der Lernförderlichkeit und dem Ausmaß der gewünschten Verringerung des Langeweileerlebens bei der Anwendung von Bewältigungsstrategien lässt sich nicht pauschal beantworten, wenn auch den meidensorientierten Strategien hinsichtlich der konstruktiven Auseinandersetzung mit den Lerninhalten in der Regel die geringsten Lernpotentiale zugesprochen werden. Jüngere Studien gehen allerdings meist von der Prämisse aus, dass sich die unterrichtliche Langeweile von Lernenden nicht gänzlich vermeiden lässt und es insofern darauf ankommt, Lernende dazu zu befähigen, mit der Langeweile produktiv umzugehen. In diesem Zusammenhang wird bisweilen dem emotionsorientierten Coping im Sinne der konstruktiven Umdeutung der Situation und der – wenn auch extrinsisch motivierten – Beschäftigung mit den Lerninhalten die größte Lernförderlichkeit zuerkannt (Nett, Goetz & Daniels 2010, 635f.). In der Gesamtbetrachtung scheinen insofern besonders die Strategien Erfolg

---

41 Dabei werden unter *problemorientierten* Strategien Verhaltensweisen verstanden, die auf eine aktive Situationsänderung abzielen (im Fall der unterrichtlichen Langeweile etwa durch verstärktes Self-Monitoring, die gezielte/willentliche Aufrechterhaltung der Aufmerksamkeit oder die Bitte an die Lehrkraft, den Unterricht anders zu gestalten; z. B. Götz, Frenzel & Pekrun 2007, 315f.). Problemorientierte Strategien gelten durch die konstruktive Hinwendung zu den Lerninhalten meist als lernförderlich, sind aber hinsichtlich der Überwindung des subjektiven Langeweileerlebens unter Umständen weniger wirkungsvoll. *Emotionsorientierte* Bewältigungsstrategien setzen hingegen bei der Emotion selbst an und versuchen diese durch Umdeutung oder gezielte Aktivierung gegensätzlicher Emotionen zu verändern, ohne die konkrete Situation gedanklich oder physisch zu verlassen. Gelangweilte Lernende würden sich etwa auf das kreative Potential der Langeweile besinnen oder bewusst an angenehmere Facetten des aktuell behandelten Lerninhalts denken (z. B. Mikulas & Vodanovich 1993, 6). *Meidensorientierte* Copingstrategien beziehen sich auf ein psychisches oder körperliches Verlassen der emotionsauslösenden Situation, etwa durch ein ablenkendes Ratespiel mit dem Sitznachbarn, Tagträumereien oder das Verlassen des Klassenzimmers unter einem Vorwand (z. B. Wuttke 2008, 172).

versprechend zu sein, die den subjektiven Wert der Situation für das Individuum verändern, in Bezug auf den Unterrichtskontext zu einer modifizierten Situationsbeurteilung und anderen Einstellung zu den Lerninhalten führen. Die Befundlage offenbart jedoch eher eine Dominanz wenig lernförderlicher meidensorientierten Strategien, bei denen die langweilige Situation entweder kognitiv oder behavioral verlassen wird (z. B. Fichten 1993; Götz & Frenzel 2006; Wuttke 2008) oder gar ein Unterlassen von Regulationsaktivitäten im Sinne eines schlichten „Aushaltens" (Götz, Frenzel & Pekrun 2007, 326f.).

Tabelle 3–2: Zentrale empirische Befunde zu Bewältigungsstrategien schulischer und unterrichtlicher Langeweile (Fortsetzung auf den folgenden Seiten)

Studie und Stichprobe	Zentrales Erkenntnisinteresse und Methodik der Studie	Zentrale Ergebnisse zu Bewältigungsstrategien von Langeweile
Fichten (1993): N=90 (Orientierungsstufe, Gymnasium, Berufsschule) 6. Jgst. – Berufsschule Deutschland	Wahrnehmung von Unterricht aus der Sicht von Lernenden Fragebogen / Interview	Unterscheidung von Schülertaktiken und Nebentätigkeiten im Umgang mit Langeweile Dominanz von (meidensorientierten) Nebentätigkeiten im Phasen geringer methodischer Variabilität
Valtin, Wagner & Schwippert (2005): nationale IGLU-Erweiterungsstudie N=5943 bis N=7633 je nach Fragestellung, 4. Klasse Grundschule Deutschland	Kompetenzen in den Bereichen Leseverständnis, Mathematik, Naturwissenschaften, Orthographie Schulische Einstellungen, Lernverhalten, Persönlichkeitsmerkmale, häusliche Förderung Fragebogen	Über die Hälfte der Lernenden wendet meidensorientierte Strategien im Sinne von Nebentätigkeiten an Jungen wenden in allen untersuchten Fächern (Lesen, Mathematik, Sachunterricht) häufiger meidensorientierte Strategien an

Studie und Stichprobe	Zentrales Erkenntnisinteresse und Methodik der Studie	Zentrale Ergebnisse zu Bewältigungsstrategien von Langeweile
Götz & Frenzel (2006): N=50 Gymnasiasten 9. Jgst., durchschn. 14,86 Jahre Deutschland	Phänomenologie und Bewältigung von Unterrichtslangeweile Interviews und Fragebogen	Wunsch nach Einflussnahme auf das Unterrichtsgeschehen oder Alternativhandlungen: 52% Wunsch nach Verlassen der Situation: 32% kognitive Bewältigung: 34% mentale Flucht 22% Fokus auf Zeitverstreichen 16% schulbezogene Gedanken 26% Gedankenleere/ Herumschweifen
Götz, Frenzel & Pekrun (2007): 1) N=50 Studierende 2) N=50 Berufsschüler 3) N=50 Gymnasiasten 4) N=69 Realschüler, N=42 Hauptschüler Deutschland	Phänomenologie und Regulationsmuster von Langeweile im Unterricht Experience-Sampling (Studie 1/2) Interview (Studie 3) qual. Fragebogen (Studie 4)	Wunschhandeln im Fall von Langeweile bezieht sich im besonders auf Ablenkung (38%), Flucht (32%) oder Einwirkung auf das Unterrichtsgeschehen (26%) Tatsächliches Handeln: Primär Einsatz von meidensorientierten und problemorientierten Regulationsstrategien oder überhaupt keine Regulierung Keine Unterschiede in Abhängigkeit der Schulart
Lohrmann (2008c, 2009a,b): N=423, 3. Klasse Grundschule Deutschland	Exploration der Vielfalt von Copingstrategien gegen Langeweile Interviews / Fragebogen	Mitmachen, vorgetäuschtes Zuhören und Tagträumen als häufigste Reaktionen auf Langeweile in Fächern Deutsch und Mathematik Seltener angewandte Bewältigungsmuster: Mitteilung an die Lehrkraft, Nebentätigkeiten 83% der Kinder wollen nicht, dass ihre Langeweile bemerkt wird, befürchten Sanktionen und Beeinträchtigung der Lehrer-Schüler-Beziehung

Studie und Stichprobe	Zentrales Erkenntnisinteresse und Methodik der Studie	Zentrale Ergebnisse zu Bewältigungsstrategien von Langeweile
Wuttke (2008): N=178 (n=40 Hauptschüler, n=54 Realschüler, n=84 Berufsschüler), 98 männlich, 80 weiblich durchschnittl. 16,08 Jahre Deutschland	Exploration der Ursachen, Wahrnehmung und Bewältigung von unterrichtlicher Langeweile qualitative Inhaltsanalyse von Schüleraufsätzen	Starke Dominanz meidensorientierter Strategien (Schiffe versenken, Nebenunterhaltungen, Briefe schreiben etc.); geringere Bedeutung emotionsorientierter Strategien (ertragen, erholen, verbergen) Problemorientierte Strategien spielen nur eine geringe Rolle (7,3 %)
Nett, Goetz & Daniels (2010): N=976 Schüler (51% weiblich) 5.-10. Jgst., Mathematik durchschn. 14,25 Jahre Deutschland	Exploration und Effektivitätsbewertung von Copingstrategien gegen Langeweile auf den Dimensionen: Annäherung versus Vermeidung und kognitive versus behaviorale Bewältigung Fragebogen	Faktoranalytische Identifikation von drei Copingtypen: „Neubewerter", „Kritiker" und „Vermeider" Neubewerter erleben insgesamt weniger oft Langeweile, bevorzugen kognitive Bewältigungsmuster und erreichen die besten schulischen Leistungen Vermeider haben das geringste Interesse an Mathematik, offenbaren im Vergleich die schlechtesten Leistungen und weisen defizitäre Selbstkonzepte auf

Studie und Stichprobe	Zentrales Erkenntnisinteresse und Methodik der Studie	Zentrale Ergebnisse zu Bewältigungsstrategien von Langeweile
Wuttke (2010): N= 28 Lehrkräfte der Berufsschule (11 weiblich, 17 männlich)	Diagnose, Ursachen und Interventionsmöglichkeiten im Falle von Schülerlangeweile aus der Sicht von Lehrkräften	Lehrkräfte erkennen Schülerlangeweile an deren Bewältigungsstrategien (z.B. gähnen, schlafen, Nebenaktivitäten, Disziplinstörungen)
durchschnittl. 42 Jahre Deutschland	Leitfadeninterviews	Dominanz meidens- und emotionsorientierter Strategien bei Lernenden aus Sicht von Lehrkräften Annähernde Gleichverteilung von Bewältigungsmustern der Lehrkräfte für Schülerlangeweile (problemorientierte, emotionsorientierte und symptomorientierte Bewältigung)
Nett, Goetz & Hall (2011)/Lohrmann, Haag & Götz (2011): 1) N=537 Schüler (55,3% weiblich), 11. Jgst. durchschnittl. 17,15 Jahre 2) N=79 Schüler, 58,2 % weiblich, 11. Jgst. durchschnittl. 17,08 Jahre Deutschland	Exploration von Bewältigungsstrategien bei unterrichtlicher Langeweile (trait/state-Assessment) 1) Fragebogen 2) Experience-Sampling (über 2 Wochen)	1) Faktoranalytische Identifikation: Copingstrategien auf den Dimensionen: Annäherung versus Vermeidung und kognitive versus behaviorale Bewältigung zwei dominierende Copingtypen: Vermeider und Neubewerter Vermeider erleben höheres Ausmaß an Langeweile, sind extrovertierter und weniger gewissenhaft als Neubewerter 2) Häufige Anwendung kognitiv-annähernder Bewältigungsstrategien große Bedeutung situativer Charakteristika für die Auswahl der Copingstrategie im Gegensatz zu dispositionalen Faktoren

Bezüglich der eingesetzten Instrumente zur Feststellung von Copingstrategien dominieren im Wesentlichen Interviews und schriftliche Befragungen. Bereits relativ zu Beginn der einschlägigen Forschungsbemühungen entwickeln Hamilton, Haier & Buchsbaum (1984) eine 10-Item-Skala zum Verhalten in langweiligen Situationen, die allerdings aufgrund ihrer fehlenden theoretischen Fundierung intensiv kritisiert wird (Vodanovich 2003b, 584; Nett, Goetz & Daniels 2010, 628). In der Folge wird von Nett, Goetz & Daniels (2010) ein Instrument entwickelt, das auf gängigen theoretischen Modellierungen des Copings von Stress auf den Dimensionen Annäherung/Vermeidung und kognitive/behaviorale Reaktion basiert (s. Holahan, Moos & Schaefer 1996; Moos & Holahan 2003) und im Zuge faktoranalytischer Überprüfungen gute Fit-Indizes aufweist (ebd., 630ff.). In einer der wenigen prozessnahen Untersuchungen mittels der Experience-Sampling Methode zeigt sich indes die herausragende Bedeutung situativer Charakteristika für die Auswahl der Bewältigungsstrategie (Nett, Goetz & Hall 2011, 56f.). Die individuell jeweils bevorzugten Copingmuster scheinen zwar durchaus stabil zu sein, werden jedoch in ihrer Variabilität stark durch die Situation beeinflusst. Dies lässt sich als Indiz dafür werten, dass auch für das *Auftreten* von Langeweile in stärkerem Maße situative Aspekte eine Rolle spielen als vielfach durch Lehrkräfte angenommen. In der Gesamtschau kann die methodische Anreicherung des Forschungsstandes um prozessorientierte Untersuchungen und Beobachtungsverfahren daher als Desiderat gelten.

Auch zur Diagnose von und dem Umgang mit Schülerlangeweile durch Lehrkräfte existiert bislang wenig empirisch gesichertes Wissen. Wuttke (2010) stellt zur Wahrnehmung der Schülerlangeweile mit ihren Ursachen und pädagogischen Interventionsmöglichkeiten durch Lehrkräfte im Rahmen einer explorativen Interviewstudie fest, dass die Schülerlangeweile zwar durchaus differenziert wahrgenommen wird und deren Ursachen von Lehrkräften zu einem gewissen Anteil durchaus in der eigenen Unterrichtspraxis verortet werden (ebd., 317). Allerdings existieren verhältnismäßig wenig elaborierte Interventionsvarianten, Lehrkräfte beschränken sich zumeist darauf, ihre Lernenden zu ermahnen oder ihnen Zusatzaufgaben zu geben. Bemerkenswert ist in dieser Studie insbesondere das Auseinanderklaffen der Sichtweisen auf Langeweileursachen von Lehrkräften und Lernenden: Während Lernende die zentrale Ursache ihrer Langeweile zu allererst in der Unterrichtsgestaltung sehen, halten Lehrkräfte Faktoren auf Seiten der Lernenden (etwa mangelndes Vorwissen oder Interesse an den Lerninhalten) für vorrangig bedeutsam. Abgesehen davon, dass diese gegenseitige Ursachenzuschreibung aus pädagogischer Sicht wenig nutzbringend erscheint (s. auch Lohrmann, Haag & Götz 2011, 113ff.), wirft sie doch ein Licht auf die

Tabuisierung der alltäglichen Unterrichtslangeweile und ihre Bewältigung sowie auf potentielle negative Folgen für den Bildungsprozess.

3.4.4 Begleiterscheinungen und Wirkungen von Langeweile in Schule und Unterricht

Angesichts dessen, dass etwaige positiven Facetten und kreativen Potentiale des Erlebens von Langeweile im schulischen Kontext nahezu keine Rolle zu spielen scheinen, dominieren bezüglich der diskutierten Begleiterscheinungen und Folgen von Langeweile besonders die Beiträge, welche auf negative Aspekte verweisen. So werden im Zusammenhang mit dem Erleben von Langeweile Problemfelder wie geringe Schulzufriedenheit und Lernfreude (Gjesme 1977; Pekrun & Hofmann 1999; Götz 2004; Götz, Frenzel, Pekrun & Hall 2006), emotionale Beeinträchtigungen wie Angst und Ärger beim Lernen (Larson & Richards 1991; Pekrun & Hofmann 1999; Harris 2000; Titz 2001; Götz 2004), Disziplinschwierigkeiten (Holler-Nowitzki & Meier 1997), Leistungsbeeinträchtigungen (Fogelman 1976; Farmer & Sundberg 1986; Larson 1990; Larson & Richards 1991; Harris 2000; Laukenmann & Rhöneck 2003; Götz & Frenzel 2010; Götz, Cronjäger, Frenzel, Lüdtke & Hall 2010), Aggressivität (Robinson 1975; Holler-Nowitzki & Meier 1997), Absentismus (Robinson 1975; Wasson 1981), Schulabbruch (Morton-Williams & Finch 1968; Robinson 1975; Farrell, Peguero, Lindsey & White 1988; Harris 2000; Wegner, Flisher, Chikobvu, Lombard & King 2008) und sogar pathologische Phänomene wie Drogenmissbrauch, Übergewicht, Depression sowie andere Suchterscheinungen (z.B. Farmer & Sundberg 1986) thematisiert. Zu differenzieren ist dabei allerdings zwischen Publikationen, die sich der Begleiterscheinungen und Folgen von Langeweile empirisch annähern (s.o.) und Beiträgen, in denen auf analytischer Ebene über die Auswertung vorhandener Literatur oder eigene Überlegungen zu einem Ergebnis gelangt wird (z.B. Drews 1997; Kast 2003; Vodanovich 2003a; Breidenstein 2006). Die empirische Befundlage erscheint – wie auch der Forschungsstand zu anderen Facetten der Emotion Langeweile – für den schulischen Bereich insgesamt noch relativ überschaubar[42]. Deutungsprobleme ergeben sich mitunter daraus, dass oftmals

---

42 Zu den Folgen von Langeweile im Arbeitskontext existiert indes einiges mehr an empirischen Ergebnissen (s. z.B. Thackray 1981; O'Hanlon 1981; Fisher 1993; Kass, Vodanovich & Callender 2001). Frühe Studien beschäftigen sich insbesondere mit dem Problem eintöniger Fließbandarbeit und korrespondierenden Produktivitätseinbußen (s. hierzu die Arbeiten des Industrial Fatigue Research Board; Davies 1926; Smith 1955; McBain 1961; Stagner 1975; im Überblick s. Smith 1981), während aktuelle

die Wirkungsrichtung des jeweiligen Zusammenhangs nicht eindeutig feststellbar ist, bzw. es sich vielfach um Wechselwirkungen zwischen dem Erleben von Langeweile und entsprechenden Begleiterscheinungen handelt. Bezüglich differentieller Analysen der kurz- und langfristigen *Folgen* unterrichtlicher respektive schulischer Langeweile besteht insofern Nachholbedarf. Dies ist allerdings methodisch sehr komplex, weil für eine zuverlässige Überprüfung gerichteter Hypothesen längsschnittliche Zugänge unter Kontrolle möglichst vieler Randbedingungen realisiert werden müssen, was bildungspolitisch und ökonomisch angesichts des kurzfristigen Interesses an verwertbaren Ergebnissen oftmals schwer durchzusetzen ist.

Die wenigen existierenden Befunde zu den Zusammenhängen von Langeweile mit Lernleistungen auf der Grundlage von zumeist ungerichteten Hypothesen lassen dennoch die Vermutung aufkommen, dass Langeweile sowohl auf das Verhalten in leistungsrelevanten Situationen als auch auf Lernleistungen selbst einen moderat negativen Einfluss auszuüben scheint – so wird die infolge der Langeweile verminderte Aufmerksamkeit, Anstrengung und das mangelnde Involvement ein sowie unzureichender Einsatz von Lernstrategien oftmals als leistungskritisch angesehen (Farmer & Sundberg 1986; Watt & Vodanovich 1999; Jarvis & Seifert 2002; Pekrun, Goetz, Daniels, Stupnisky & Perry 2010). Goetz, Pekrun, Hall & Haag (2006) berichten über Zusammenhänge der subjektiven Langeweile von Lernenden mit Selbsteinschätzungen zu ihren schulischen Leistungen, auch aus der Sicht von Schülerinnen und Schülern scheint das Erleben von Langeweile demnach in gewissem Maß mit Leistungseinbußen zusammenzuhängen. Darüber hinaus existieren zum direkten Zusammenhang zwischen Leistungsmaßen und Langeweile widersprüchliche Befunde: Teils wird ein (wenn auch nur schwach) positiver Zusammenhang angenommen (z.B. Larson & Richards 1991), meist von einem moderat negativen Zusammenhang ausgegangen (z.B. Goetz, Frenzel, Pekrun, Hall & Lüdtke 2007; Sparfeldt, Buch, Schwarz, Jachmann & Rost 2009; Pekrun, Goetz, Daniels, Stupnisky & Perry 2010; Pekrun, Goetz, Frenzel, Barchfeld & Perry 2011). Götz & Frenzel (2010) unterscheiden bezüglich der Folgen zwischen Überforderungs- und Unterforderungslangeweile und

---

Beiträge unter dem Stichwort „Boreout" vermehrt das Problem der Unterforderung am Arbeitsplatz diskutieren und auf ein Job Enrichment bzw. eine Humanisierung der Arbeit abzielen (z.B. Rothlin & Werder 2007). Hier ergeben sich inhaltlich interessante Anknüpfungspunkte zur breit diskutierten Problematik des Burnout – die sprachliche Parallelität ist nicht zufällig entstanden – bereits früh wurde erkannt, dass Arbeitsaufgaben, die zwar eine erhöhte Wachsamkeit erfordern, inhaltlich aber eintönig sind, im Ergebnis Stress verursachen (Thackray 1981).

stellen fest, dass beide Langeweileformen nur insofern in keinem statistisch bedeutsamen Zusammenhang mit der Leistung (oder dem Geschlecht) stehen, als man als Mediator das akademische Selbstkonzept der Lernenden in die Betrachtung integriert (ebd., 126). Im Zusammenhang mit der Frage nach Moderatoren oder Mediatoren des Zusammenhangs zwischen Langeweile und Lernleistungen wurde auch die Bedeutung außerunterrichtlicher Lernaktivitäten von Schülerinnen und Schülern, etwa in Gestalt von Hausaufgaben oder der Vorbereitung auf Prüfungssituationen, bislang nicht systematisch gewürdigt. Gerade hier besteht aber die Hoffnung einer weiteren Aufklärung der Variabilität von Lernleistungen im Zusammenhang mit individuellen Erlebenseinbußen während des Unterrichts und der Frage der außerschulischen Kompensation dieser insofern mutmaßlich nur schlecht genutzten Unterrichtszeit. Denn die Analyse resultierender Lernleistungen wird ohne die Kenntnis der korrespondierenden außerschulischen Lernprozesse keine umfassenden Aussagen über die Relevanz unterrichtlichen Erlebens zulassen.

In der Konsequenz lässt sich ungeachtet der zahlreichen Forschungsdesiderate[43] von (mäßig) negativen Folgen der Langeweile für den Leistungskontext ausgehen. Das Erleben von Langeweile wird demnach insgesamt angesichts seiner bislang empirisch identifizierten und recht negativen Begleiterscheinungen als vermeidenswerte Verschwendung von Zeit und Humanressourcen verstanden (s. bspw. Götz, Frenzel & Pekrun 2007, 314). Auch andere Indizien wie die festgestellten Zusammenhänge des (häufigen) Erlebens von Langeweile mit problematischen Persönlichkeitskonstellationen und/oder negativen Lern- und Leistungsemotionen (im Überblick s. Lohrmann 2008a,b; s. Kap. 3.4.2.2) sind in der Lage, diese Hypothese zu stützen. Jedoch existieren auch Stimmen, die – wenn auch bislang im Wesentlichen auf analytischem Wege – die positiven Aspekte der Langeweile betonen. Vodanovich (2003a, 29ff.) verweist in seinem Beitrag über den potentiellen Nutzen der Langeweile auf die Initiierung motivationaler Effekte infolge des Langeweileerlebens, „boredom as a motivational force" (ebd., 29), und berichtet auch über Forschungsbefunde, die die Langeweileneigung von Individuen („boredom proneness") in einen Zusammenhang mit

---

43 Die Forschungsdesiderate beziehen sich insbesondere auf die mangelnde theoretische Fundierung der älteren, zumeist im Rahmen explorativer Zugänge gewonnenen Erkenntnisse – so wird auf die Notwendigkeit einer integrativen Theorie hingewiesen, die systematisch für unterschiedliche Bedingungsfaktoren des Langeweileerlebens mögliche Folgen für Lernergebnisse formuliert (Pekrun, Goetz, Daniels, Stupnisky & Perry 2010, 534). Doch auch Längsschnittanalysen und experimentelle Zugänge unter Nutzung neurophysiologischer Messgrößen werden angemahnt (ebd., 546).

stark ausgeprägter Selbstreflexivität und Neigung zur Introspektion stellen (vgl. Seib & Vodanovich 1998; Gana, Deletang & Metais 2000). Auch die Hinwendung zu Neuem und der Wunsch nach Veränderung infolge der Langeweile wird in diesem Zusammenhang als positiv angesehen (Vodanovich & Kass 1990, 121). Selbstauskünfte gelangweilter Studierender, die in der Langeweile durchaus einen Nutzen für sich erkennen, weil sie in ihr Zeit für Reflektion und Entspannung finden (Harris 2000, 590f.f), sind in diesem Kontext ebenfalls anzuführen. Ungeachtet der nachvollziehbaren, wenn auch bislang meist noch nicht hinreichend empirisch belegten Thesen zu den positiven Facetten der Langeweile lässt sich in Bezug auf den Befund von Harris (2000) konstatieren, dass die Zeit für Entspannung und Muße in den heute gängigen Unterrichtsentwürfen meist nicht vorgesehen ist. Wenn sich nun aber Lernende in der ohnehin knappen respektive stofflich überladenen Unterrichtszeit langweilen, bedeutet dies oftmals, dass sie sich nicht aktiv mit den Lerninhalten auseinandersetzen. Ob und inwiefern diese versäumte aktive Lernzeit außerhalb des Unterrichts nachgeholt wird und damit etwaige negative Folgen der Langeweile auf Lernleistungen kompensiert werden können, bleibt in bisherigen Forschungsansätzen offen – es besteht insofern ein wichtiges Forschungsinteresse an diesem fehlenden Mosaik.

3.5 Entstehung und Wirkung unterrichtlicher Langeweile – Zusammenfassung und mehrebenenanalytische Modellierung des Gegenstandsbereichs

Die Auseinandersetzung mit den theoretischen Grundlagen (Kap. 3.1 und 3.2) und Referenzmodellen zum Langeweilekonstrukt (Kap. 3.3) mündet in diesem Abschnitt nach der vorangegangenen systematischen Sichtung des Forschungsstandes (Kap. 3.4) in eine kurze Zusammenfassung wesentlicher Erkenntnisse zum Langeweilekonstrukt[44] und den Ansatz einer mehrebenenanalytischen Strukturierung des Gegenstandsbereichs (sensu Gigerenzer 1981). Diese Strukturmodellierung bildet die analytische Grundlage für die empirische Untersuchung von Bedingungsfaktoren der Entstehung und Wirkung[45] von

---

44 Im Rahmen dieser kurzen Zusammenfassung wird auf die erneute Angabe von Literaturstellen bzw. Herkunftsnachweisen verzichtet. Es sei hiermit auf die jeweiligen Teilkapitel verwiesen, in denen die Ausführungen ausführlich mit Quellenangaben belegt sind.

45 Wenn vorliegend von Wirkungen oder Folgen der Unterrichtslangeweile gesprochen wird, sind nicht kausale Wirkungsbeziehungen längerer Dauer, sondern allenfalls kurzfristige Begleiterscheinungen und ihre entsprechenden Bedingungsfaktoren

Schülerlangeweile in Unterrichtsprozessen und integriert zentrale methodische Desiderate des Forschungsfeldes.

In inhaltlicher Hinsicht lassen sich die zentralen Erkenntnisse zu dem Phänomen Langeweile folgendermaßen verdichten: Charakteristisch für das Erleben von Langeweile sind zeitbezogene Kognitionen im Sinne einer subjektiven Zeitdilatation, ein ausgeprägtes Desinteresse für das aktuelle Reizangebot, das mit einem mehr oder weniger dringlichen Wunsch nach Alternativhandlungen einhergeht, sowie eine mehr oder weniger intensive Beeinträchtigung des subjektiven Wohlbefindens. Physiologisch wird Langeweile mit einer deutlichen Verringerung der Vigilanz des Gehirns in Verbindung gebracht und in die Nähe von Müdigkeits- und Entspannungszuständen mit niedrigem Arousal gerückt, es lassen sich jedoch auch konträre Positionen ausmachen, die infolge andauernder Langeweile von einem erhöhten Arousal ausgehen. Im Spannungsfeld individueller Motiv-Bedürfnislagen, Persönlichkeitskonstellationen und situativen Entstehungsbedingungen kann Langeweile verschiedene Formen annehmen, die im Unterrichtsalltag in unterschiedlichem Maße augenfällig werden und bislang nicht abschließend ausdifferenziert werden konnten. Typische allgemeine Expressionen des Langeweileerlebens im Unterricht sind beispielsweise Gähnen, das offenkundige Abschweifen der Lernenden, der lustlose Blick aus dem Fenster oder die spielerische Suche nach Ablenkung, etwa gemeinsam mit dem Sitznachbarn. Hinweise auf Begründungen für die Vielschichtigkeit des Phänomens Langeweile, das sich einer abschließenden Einordnung bisher streng genommen entzieht, finden sich möglicherweise im Rahmen einer Betrachtung seiner Entstehungsbedingungen und Wirkungen. Wie die Durchsicht der Forschungslage gezeigt hat, lassen sich vielfältige Ursachenkonstellationen in Person *und* Situation identifizieren, die vermutlich gleichermaßen für die Langeweileentstehung verantwortlich zeichnen und daher integrierter Analysen bedürfen. Empirische Aussagen zu den gemeinsamen Wirkungen personenbezogener und situativer Entstehungsfaktoren sind jedoch verhältnismäßig rar. Insbesondere Merkmale der Koinzidenz von Umwelt- und Personenmerkmalen in der konkreten Unterrichtssituation wurden bislang nur in geringem Ausmaß gemeinsam und simultan betrachtet. Die vorliegende Arbeit macht es sich zur Aufgabe, diesem Forschungsfeld neue Erkenntnisse zuzuführen.

---

gemeint. Unidirektionale kausale oder auch längerfristige Beziehungen lassen sich angesichts der Vielzahl interagierender Variablen, der Dynamik in Unterrichtsprozessen und dem Fehlen von Langzeituntersuchungen nicht zweifelsfrei abbilden.

Dabei wird ein besonderes Augenmerk auf die Frage der zeitlichen Strukturen und Muster im Unterrichtsprozess gelegt. Denn situative Langeweile ist auch eine (Ent-)Äußerung über die subjektive Qualität der eigenen Zeitnutzung – ob nun wie in der Schule durch andere Personen (z.B. die Lehrkraft) und institutionelle Regeln determiniert oder in Eigenregie gestaltet. Insbesondere das Problem der Monotonie und Abwechslungsarmut ist im Zusammenhang mit der Unterrichtsgestaltung zu berücksichtigen und wird als bedeutender Einflussfaktor für subjektive Zeitdilatation gehandelt. Das Konstrukt Monotonie bezieht sich sowohl auf inhaltliche als auch auf methodische Aspekte und lässt sich analytisch in mehrere Facetten zerlegen: So kann etwa eine lang andauernde abwechslungsarme Sequenz, aber auch eine stetig wiederkehrende Abfolge ähnlicher oder gleicher didaktischer Elemente zu dem subjektiven Eindruck der Monotonie führen – neuere Befunde konnten zeigen, dass insofern auch pauschalen Empfehlungen zur methodischen Abwechslung im Unterricht offenbar mit Vorsicht zu begegnen ist. Doch abseits dessen spielen auch Fragen der unterrichtsmethodischen Akzentuierung im Sinne von Sozialformen und Aktivitätsverteilungen auf Lehrkraft und Lernende eine Rolle – anhaltende Passivität von Lernenden bei entsprechend ausgeprägten Redephasen der Lehrkraft erwiesen sich bislang als Langeweile induzierend, und auch die experimentellen Befunde zur subjektiven Zeitwahrnehmung im Falle von Passivität weisen in diese Richtung. Darüber hinaus werden Aspekte des Klassenmanagements der Lehrkraft und Fragen der inhaltlichen Ausgestaltung des Unterrichts (z.B. Umgang mit Stoffschwierigkeit, Lebensweltbezug) als wichtige Bedingungsfaktoren gehandelt. Im Bereich der personenbezogenen und damit stärker habitualisierten Entstehungskonstellationen werden bislang besonders Persönlichkeitsmerkmale und Vorwissensbestände sowie Leistungsbereitschaften und Interessen der Lernenden in den Vordergrund gerückt. Auch bezüglich der Wirkungen von Langeweile ergibt sich ein recht differenziertes Befundbild, das angesichts der nachgewiesenen Beeinträchtigungen etwa der Leistungen und Sichtweisen der Lernenden auf Schule und Unterricht vermehrt auf negative Konsequenzen von schulischer Langeweile hindeutet – auf forschungsmethodische Limitationen, die den Nachweis längerfristiger Effekte bislang nicht ermöglichten, wurde an entsprechender Stelle bereits hingewiesen.

Nachdem der Forschungsstand auf seine inhaltlichen Akzente hin untersucht wurde, ergeben sich zudem in forschungsmethodischer Hinsicht einige Forschungslücken: Methodisch dominieren bislang retrospektive Erhebungen auf Basis von Selbstauskünften der Lernenden die Forschungsbemühungen.

Prozessorientierte und situationsnahe Zugänge, die auch Elemente der Unterrichtsbeobachtung integrieren und etwa einer empirischen Kopplung mit den Selbstauskünften der Lernenden zuführen, sind stark unterrepräsentiert. Die bestehenden Ergebnisse entbehren insofern neben dem Fehlen einer Analyse der konkreten Lehr-Lern-Prozesse einer multiperspektivischen bzw. mehrebenenanalytischen Annäherung, wie sie etwa in der Unterrichtsforschung angemahnt wird (s. bspw. Clausen 2002; Ditton 1998). Es ist insgesamt eine Notwendigkeit komplexer, prozessorientierter Untersuchungen zu konstatieren, die bei der Analyse der Bedingungsfaktoren von Schülerlangeweile simultan personenbezogene und situative Konstellationen berücksichtigen. Diese könnten zu einer weiteren Ausdifferenzierung der Befunde zu den prozessualen Entstehungsbedingungen und -formen von Langeweile im Unterricht führen und haben sich in anderen Untersuchungskontexten bereits bewährt (vgl. etwa die Studien zum Selbstorganisierten Lernen der Forschergruppe um Sembill oder die Arbeiten von Wild et al.). Natürlich unterliegen entsprechende Forschungszugänge gewissen Einschränkungen und implizieren komplex angelegte Untersuchungsdesigns: Denn es erscheint angesichts der großen Vielzahl an denkbaren Konstellationen und der Problematik situativer Emergenz unmöglich, alle Varianten bzw. Kombinationen abschließend auf ihre Wirkung hin durchzuspielen.

Nichtsdestoweniger könnten sich bestimmte Person-Situations-Konstellationen für die Langeweileentstehung als bedeutsam erweisen. Besonders in Gestalt prozessnaher Kopplungen von Beobachtungs- und Erlebensdaten lässt sich Potential für die Identifikation langeweilekritischer Konstellationen vermuten. Diese Kopplung birgt jedoch komplexe methodische Anforderungen und impliziert mehrebenenanalytische Vorgehensweisen, die eine simultane Berücksichtigung von Einflussfaktoren auf verschiedenen Hierarchieebenen zulassen. Denn die prozessnahe und systematische Identifikation situativer Einflussfaktoren erfolgt entlang von (sinnvollerweise äquidistant strukturierten) Messintervallen des Langeweileerlebens und damit auf einer *Ebene der Messzeitpunkte*, während personenbezogene Einflussfaktoren auf die Langeweileentstehung den Individuen zugeordnet sind, die in den betreffenden Situationen agieren und daher jeweils mehrere solcher Messintervalle in sich vereinen (*Ebene der Individuen*). Darüber hinaus ließen sich unter Umständen Einflüsse auf das individuelle Erleben von Langeweile vermuten, die auf höheren Aggregationsebenen wie etwa die der Schulklasse oder Schule oder gar außerhalb des schulischen Wirkungsbereichs liegen. Mit Blick auf die zur Verfügung stehenden Ressourcen und den inhaltlichen Fokus auf die situationsnahe Analyse von Unterrichts*prozessen* wird dieses Erkenntnisziel jedoch für die vorliegende Untersuchung ausgeklammert. Vielmehr wird zur Aufklärung der Variabilität im subjektiven Erlebensprozess versucht, innerhalb der situationsnahen Messgrößen eine weitere Aggregationsebene einzuziehen und die untere Ebene der Messzeitpunkte über eine Zusammenfassung mehrerer Messintervalle zu größeren Sinnabschnitten (*Ebene der Unterrichtseinheiten*) weiter zu verdichten. Der Gegenstandsbereich der vorliegenden Arbeit lässt sich insofern hierarchisch bzw. mehrebenenanalytisch strukturieren (Abbildung 3–7). Diese Struktur besteht aus mehreren, in sich geschachtelten Aggregationselementen und sollte nach Möglichkeit auch im Rahmen der Datenanalyse aufgegriffen werden.

Abbildung 3–7: Mehrebenenanalytische Modellierung des Gegenstandsbereichs (schematisiert).

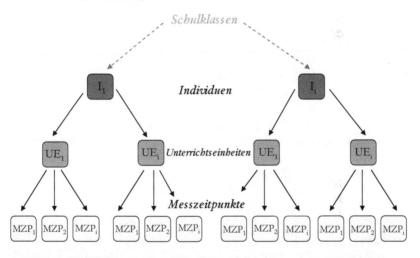

Die hierarchische Systematisierung der drei Modellebenen vollzieht sich nach folgender Logik: Die einzelnen, möglichst prozessnah und äquidistant getakteten Messzeitpunkte des Schülererlebens (Ebene 1) werden zu Aggregatwerten für einzelne Unterrichtseinheiten zusammengefasst (Ebene 2) und sind wiederum in Individuen geschachtelt (Ebene 3), welche an diesen Unterrichtsstunden teilgenommen haben. Die Quellen für die Variabilität des subjektiven Erlebens können auf allen Ebenen liegen – so sind zum einen *inter*personelle Unterschiede des subjektiven Erlebens, zum anderen aber auch Unterschiede *zwischen* und *innerhalb* der analysierten Unterrichtseinheiten sowie etwaige Messfehler denkbar. In Kenntnis dieser potentiellen Varianzquellen lassen sich auf den unterschiedlichen Aggregationsebenen jeweils vermutete Einflussfaktoren auf die Entstehung und Wirkung von Schülerlangeweile systematisieren – als abhängige Variablen stehen das Langeweileerleben und seine kurzfristige Wirkung auf schulische Leistungen und Wissenserwerbe im Fokus. Dabei werden die in der einschlägigen Befundlage als zentral identifizierten Prädiktoren näher in den Blick genommen:

(1) Auf der Ebene der *Messzeitpunkte* sind potentielle Einflussfaktoren anzusiedeln, denen aufgrund theoretischer Vorannahmen ein situationsnaher, kurzfristiger Einfluss auf das Erleben von Langeweile zuerkannt wird. Hierzu zählen insbesondere situativ variable Aspekte der methodisch-didaktischen und inhaltlichen Unterrichtsgestaltung und unterrichtlichen Zeitnutzung (z.B. Sozialformen, Aktivitätsschwerpunkte, Monotonie, Interaktionsprozesse).

(2) Auf der Ebene der *Unterrichtseinheiten* könnten Erklärungsansätze für divergierende Langeweilewerte von Lernenden zwischen den beobachteten Stunden in stabileren methodisch-didaktischen Mustern der einzelnen Lehrkräfte, Fragen der inhaltlichen Stundenausgestaltung, aber auch individuellen Tagesformen der Individuen zu finden sein.

(3) Interindividuelle Unterschiede im Ausmaß der Langeweile auf der Ebene der *Individuen* werden theoriegemäß mittels habitualisierten, personenspezifischen Faktoren wie etwa Persönlichkeitsmerkmalen, emotional-motivationalen traits, Vorwissensbeständen oder Sichtweisen auf Schule und Unterricht aufgeklärt. Auch sozio-ökonomischer Hintergrund der Lernenden und bisherige schulische Erfahrungen bzw. der individuelle Leistungstand im beobachteten Unterrichtsfach könnten hier eine Rolle spielen.

Der Einfluss der verschiedenen Bedingungsfaktoren auf das mittlere Langeweileerleben kann mithilfe eines mehrebenenanalytischen Vorgehens simultan über alle Ebenen hinweg untersucht werden. Zusätzlich lassen sich auch Hypothesen über Interaktionen der Bedingungsfaktoren auf den unterschiedlichen Ebenen einer Überprüfung zuführen (vgl. auch Ditton 1998, 16). Die Vorteile mehrebenenanalytischer Verfahren liegen insbesondere darin begründet, dass sie die möglichen Ergebnisverzerrungen (z.B. Standardfehlerbias, Alpha-Fehler-Risiko, ökologische Fehlschlüsse, zu eng geschätzte Konfidenzintervalle) separater Analysen vermeiden und die existierende statistische Information vollständig ausschöpfen, ohne durch manuelle Aggregationen Varianz zu beseitigen (z.B. Hochweber & Hartig 2012, 4ff.; Geiser 2011, 200). Insbesondere wird der Abhängigkeit der einzelnen Beobachtungseinheiten Rechnung getragen. Allerdings stellt diese Methodik gewisse Anforderungen an die Stichprobengröße und Fallzahlen auf den einzelnen Ebenen, wie im Rahmen der nachfolgenden Beschreibung des gewählten Operationalisierungsansatzes und der korrespondierenden Erhebungs- und Auswertungsverfahren darzulegen sein wird.

4. Zielsetzung und Methodik der empirischen Untersuchung

4.1 Zielspektrum der Studie und forschungsmethodische Implikationen

Aus der Zusammenschau der einschlägigen Forschungsbefunde zu Langeweile in Schule und Unterricht ergeben sich Hinweise auf den Bedarf an prozessnahen, mehrperspektivischen Untersuchungen auch und besonders im Bereich der beruflichen Bildung. Darüber hinaus wird anhaltend auf fachdidaktisch-methodische Kritikpunkte am Rechnungswesenunterricht und dessen generelle Reformbedürftigkeit hingewiesen (z.B. Preiss 2001; Seifried 2003; Seifried 2004, 28ff.), so dass dieses Unterrichtsfach besonders im Hinblick auf die Untersuchung emotionaler Erlebensqualitäten von Schülerinnen und Schülern als lohnenswertes Erhebungsfeld erscheint (vgl. etwa die Arbeiten der Forschergruppen um Sembill 2004). Mit der vorliegenden empirischen Untersuchung sind daher nachfolgende Ziele verbunden, die bei der Analyse von Schülerlangeweile mit ihren Entstehungsfaktoren und Wirkungen in Unterrichtsprozessen des kaufmännischen Kernfaches Rechnungswesen erstrebenswert erscheinen und unterschiedliche forschungsmethodische Implikationen mit sich bringen:

(1) Identifikation struktureller und prozessualer Muster der Zeitnutzung im Rechnungswesenunterricht. Angesichts der ausgeprägten zeitlichen Erlebensfacette der Emotion Langeweile stellt sich die Frage, inwieweit ihr Erleben in situativer Hinsicht (auch) durch spezifische strukturelle und prozessuale Parameter der unterrichtlichen Zeitnutzung bedingt wird – von besonderem Interesse im Zusammenhang mit der Entstehung von Langeweile sind hier besonders eine abwechslungsarme methodisch-didaktische Gestaltung, ausgeprägte Lehrerzentrierung oder auch ineffektive Ausnutzung der Unterrichtszeit. Vor der Klärung dieser Wirkbeziehungen ist jedoch zunächst eine deskriptive Analyse der beobachteten strukturellen und prozessualen Parameter in der Unterrichtsgestaltung angezeigt, um gegebenenfalls wiederkehrende methodisch-didaktische Muster und Leerläufe zu identifizieren. In forschungsmethodischer Hinsicht sind strukturierte Beobachtungsverfahren auf der Basis von Videoaufzeichnungen geeignet, um jene Muster in der Gestaltung des Rechnungswesenunterrichts aufzudecken und ihnen jeweils ein zeitliches Gewicht zuzuordnen: Mittels sogenannter Time-sampling- bzw. Event-sampling-Verfahren lassen sich Unterrichtsbeobachtungen anhand theoretisch relevanter Kategorien strukturieren und quantifizieren und sind damit einer empirischen Kopplung mit anderen

Datenquellen (vorliegend den Erlebensdaten der Lernenden) zugänglich (z.B. Aufschnaiter & Welzel 2001; Seidel 2003 et passim; Seifried 2004, 2009; Sembill 1984 et passim; Wild 2000, 2001; Wuttke 1999 et passim).

(2) Exploration von Ausmaß und prozessualer Variabilität von Langeweile im Fach Rechnungswesen. In einem nächsten Schritt ist zu klären, ob und in welchem Ausmaß der Rechnungswesenunterricht von Lernenden als langweilig erlebt wird, wie heterogen diese Wahrnehmungen dabei innerhalb von Klassenverbänden sind und welche situationsbedingte Variabilität das Auftreten von Langeweile über verschiedene Unterrichtseinheiten bzw. Messzeitpunkte hinweg aufweist. Diese gezielte Identifikation unterschiedlicher Varianzquellen im Langeweileerleben von Lernenden gibt zum einen Hinweise auf eine potentielle Bedeutung personenbezogener und situativer Einflüsse und bildet insofern die Grundlage für eine nachfolgende möglichst differenzierte Analyse der verschiedenen Bedingungsfaktoren. Zum anderen wird gewährleistet, dass nicht lediglich isolierte und aggregierte Momentaufnahmen der Unterrichtslangeweile entstehen, sondern möglichst auch Aussagen über längere unterrichtliche Sinnabschnitte möglich werden. Dieses Erkenntnisziel impliziert in forschungsmethodischer Hinsicht eine möglichst situationsnahe Erhebung der Schülerlangeweile über einen gewissen Zeitraum hinweg, um die potentiellen Erinnerungsverzerrungen retrospektiver Erhebungen zu vermeiden und prozessuale Veränderungen sichtbar machen zu können (vgl. Mauss & Robinson 2009, 213). Vor diesem Hintergrund sind Selbstauskünfte der Schülerinnen und Schüler ein probates Mittel zur Exploration der bewussten Erlebensprozesse im Unterricht (z.B. Debus 2000, 409). Diese Prozessdaten zu Langeweile und anderen emotional-motivationalen Erlebensqualitäten sollten vorliegend in zeitlich möglichst engmaschigen und äquidistanten Abständen im Unterrichtsprozess erhoben werden, um eine hinreichend genaue Annäherung an die Erlebensprozesse der Lernenden zu gewährleisten. Zu berücksichtigen ist dabei jedoch insbesondere, dass nicht alle das individuelle Verhalten begleitenden internen Erlebensprozesse dem Bewusstsein zugänglich sind und eine zu engmaschige Taktung der Erhebungszeitpunkte zudem den Unterrichtsverlauf beeinträchtigen oder gar verfälschen kann (s. etwa Damasio 1994; Schallberger 2000).

(3) Mehrebenenanalyse von Bedingungsfaktoren der Schülerlangeweile. Im Mittelpunkt der empirischen Untersuchung steht die (simultane) Analyse von situativen und personenbezogenen Bedingungsfaktoren der Schülerlangeweile im Rechnungswesenunterricht. Inhaltlich geht es dabei letztlich um die Frage, ob und inwiefern sich das Spannungsverhältnis aus institutionellem Zeitdruck und individuellen Erlebenseinbußen an Parametern der Unterrichtsgestaltung oder

personalen Charakteristika festmachen lässt. Zu diesem Zweck müssen die zuvor mittels Befragung von Lernenden und Beobachtung von Unterrichtseinheiten gewonnenen Erkenntnisse einer empirischen Kopplung[46] auf unterschiedlichen Ebenen zugeführt werden. Denn in Anerkenntnis der Tatsache, dass Unterrichtsprozesse und ihre Wahrnehmung durch Individuen sich angesichts der Vielzahl an veränderlichen Umweltbedingungen und beteiligten Interaktionspartnern durch eine enorme Komplexität und Dynamik auszeichnen, sind nicht nur verschiedene Perspektiven einzunehmen, sondern auch innerhalb der Perspektiven mehrere Ebenen beobachtbar und Ziel führend miteinander zu kombinieren (vgl. Sembill 1997). Dabei spielen auf der situationalen Ebene (oft auch Verhaltensebene oder Außensicht, s. etwa Seifried 2004, 113) etwa strukturelle und prozessuale Parameter der unterrichtlichen Zeitnutzung (in unterschiedlicher zeitlicher Aggregation) wie etwa die methodisch-didaktische Akzentuierung und entsprechende Interaktionsprozesse zwischen den beteiligten Akteuren eine Rolle, während auf der Individualebene (bzw. Erlebensebene oder Innensicht) das subjektive Erleben der beteiligten Schülerinnen und Schüler im Mittelpunkt der Analyse steht. Über die Erhebung und systematische Kopplung der unterschiedlichen situationsnahen Prozessdaten hinaus sind zur Einordnung und Berücksichtigung individueller Eingangsvoraussetzungen und Lernresultate aber auch verschiedene Produktdaten von Relevanz (zur Differenzierung zwischen Prozess- und Produktdaten siehe beispielsweise Brophy & Good 1976; Seel 2000; Merkens 2001): Auf der Ebene der Individuen sind neben divergierenden Eingangsvoraussetzungen etwa im Bereich des Vorwissens insbesondere auch Unterschiede in den zeitstabileren Persönlichkeitskonstellationen der Lernenden in die Analyse zu integrieren. Eine *simultane* Analyse der unterschiedlichen Prädiktorengruppen ist bei geeigneter Operationalisierung im Rahmen mehrebenenanalytischer Vorgehensweisen zu erreichen. Es lassen sich unter gewissen Verfahrensvoraussetzungen dann sowohl Haupteffekte der Prädiktoren auf den einzelnen Ebenen als auch Interaktionen zwischen Prädiktoren unterschiedlicher Ebenen analysieren (Ditton 1998, 16; Radisch 2012, 59; Hochweber & Hartig 2012, 17).

(4) Feststellung kurzfristiger Wirkungen des Langeweileerlebens. Schließlich stehen auch Wirkungen der Schülerlangeweile im Unterrichtsprozess im Fokus der

---

46 Diese Kopplung von Beobachtungsdaten und Selbstberichten zum subjektiven Erleben von Lernenden hat bereits in der beruflichen Bildung insbesondere im Rahmen der „Prozessanalysen Selbstorganisierten Lernens" der Forschergruppe um Sembill zu umfassenden Ergebnissen geführt (z.B. Wuttke 1999, 2005; Schumacher 2002; Sembill 2004; Seifried 2004, 2009; Santjer-Schnabel 2002).

Untersuchung und runden das im Rahmen dieser empirischen Arbeit erzeugte Befundbild ab. Angesichts limitierter Forschungsressourcen sind dabei weniger längerfristige Wirkungen der Langeweile denn kurzfristige Effekte auf die Wissenserwerbe der Schülerinnen und Schüler und ihre emotional-motivationale Bilanz des Unterrichtsgeschehens sowie ihre Einschätzung der Unterrichtsqualität und generelle Zufriedenheit mit der Lehrkraft unmittelbar nach der videographierten Unterrichtsphase von Interesse. Denn im Ergebnis stellt sich durchaus auch die Frage nach einem Rückbezug der Ergebnisse auf Qualitätskriterien für Unterrichtsprozesse in unterschiedlichen methodischen Settings und entsprechenden Konsequenzen für den Output im Sinne des Lernerfolgs. Jene Rückschlüsse sind allerdings aufgrund der begrenzten zeitlichen Reichweite der vorliegenden Ergebnisse nur sehr zurückhaltend zu formulieren. In forschungsmethodischer Hinsicht sind retrospektiv erhobene Test- und Selbstberichtsdaten ein adäquates Mittel, um die angestrebten Untersuchungsziele zu erreichen.

4.2 Präzisierung der Forschungsfragen und Hypothesen

Für die soeben skizzierten Erkenntnisziele der vorliegenden Untersuchung sind vor dem Hintergrund der einschlägigen theoretischen Diskussionslinien und empirischen Befunde konkrete, erkenntnisleitende Forschungsfragen bzw. Hypothesen abzuleiten, bevor im Anschluss daran die Vorgehensweise bei der Operationalisierung, Erhebung und Auswertung der unterschiedlichen Datenquellen dargestellt wird. Bei der Formulierung von Forschungsfragen oder Hypothesen wird je nach dem Elaborationsgrad der empirischen Befundlage und dem Stand der Theoriebildung für den betreffenden Untersuchungsabschnitt eine hypothesengenerierende oder hypothesenprüfende Vorgehensweise gewählt (zu dieser Unterscheidung s. etwa Bortz & Döring 2006, 30ff.).

Zu (1): Der erste Untersuchungsabschnitt zeichnet sich durch eine explorativ-deskriptive Vorgehensweise aus. Es geht zunächst um die Beschreibung zeitlicher Muster in den zu beobachtenden Unterrichtseinheiten, um in einem nachfolgenden Arbeitsschritt deren Bedeutung für die subjektive Langeweileentstehung feststellen zu können. Begründungen für diese Annahme des Zusammenhangs zwischen „objektiver" zeitlicher Unterrichtsgestaltung und subjektiver Zeitdilatation finden sich besonders in der experimentalpsychologischen Forschung zu Bedingungen und Ausprägungen der individuellen Zeitwahrnehmung. Die subjektive Wahrnehmung von Zeit hängt demnach insbesondere mit Fragen der individuellen Aktivität im zeitlichen Bezugssystem und der subjektiven Leere von erlebten Zeitintervallen zusammen (vgl. Kap. 2.4). In inhaltlicher Konsistenz zu diesen Befunden wird im Zusammenhang mit der unterrichtlichen Langeweile von Schülerinnen und Schülern besonders auf das Problem der Monotonie bzw. Abwechslungsarmut im Unterrichtsgeschehen, eine übermäßige Lehrerzentrierung und Schülerpassivität sowie Facetten des Klassenmanagements im Sinne ineffizienter unterrichtlicher Zeitnutzung hingewiesen (vgl. Kap. 3.4.2.1). Für den Rechnungswesenunterricht gibt es diesbezüglich einige Forschungsergebnisse, die auf methodisch-didaktische Monokulturen im Sinne einer ausgeprägten Dominanz lehrerzentrierter Lehr-Lern-Formen und geringer Schüleraktivierung hinweisen, im allgemeinbildenden Bereich wird allerdings bisweilen auch über einen beginnenden Trend hin zum Methodenpluralismus berichtet (vgl. Kap. 2.3.3). Nichtsdestoweniger ist die prozessnahe und zeitbasierte Erhebung von unterrichtlichem Abwechslungsreichtum und Monotonie mittels strukturierter Beobachtungsverfahren in der empirischen Befundlage bislang unterrepräsentiert, bestehende Erkenntnisse basieren im Wesentlichen auf retrospektiven Selbstberichten der Lernenden. Folgende Forschungsfragen werden daher bei der Exploration der Unterrichtsgestaltung fokussiert – sie beziehen sich sowohl auf methodisch-didaktische Sichtstrukturen der Unterrichtsgestaltung als auch auf prozessuale Facetten der Lehrer-Schüler-Interaktion und die Frage der Effizienzorientierung bei der unterrichtlichen Zeitnutzung:

(1) *Wie hoch ist das Ausmaß unterrichtlicher Leerläufe und Wartezeiten für die Lernenden?*

(2) *Wie abwechslungsreich ist der beobachtete Rechnungswesenunterricht gestaltet?*

(3) *Welche Interaktionsschwerpunkte lassen sich im beobachteten Rechnungswesenunterricht feststellen?*

Es ist für die zweite und dritte Forschungsfrage zu erwarten, dass sich auch im Zuge der strukturierten Beobachtung immer wiederkehrende methodisch-didaktische Muster identifizieren lassen und das Unterrichtsgeschehen sehr stark durch die Lehrperson dominiert ist. So ist etwa davon auszugehen, dass es typische Sequenzen aus Lehrervortrag, Aufgabenbearbeitung der Lernenden in Einzel- oder Partnerarbeit und dem Zusammentragen der Ergebnisse im Klassengespräch geben wird, da es sich im Falle von Rechnungswesen um ein sehr übungslastiges, schemaorientiertes Fach handelt. Ungeachtet der bestehenden handlungsorientierten und ganzheitlicheren Unterrichtsentwürfe, die mit dem Selbstorganisierten Lernen sensu Sembill (1999 et passim) und dem wirtschaftsinstrumentellen Rechnungswesen (Preiss 2001 et passim) als Gegenentwurf zur traditionellen Bilanzmethode vorgelegt wurden, ist das Gros des in den Schulen durchgeführten Rechnungswesenunterrichts anhaltend traditionell und lehrerzentriert geprägt (s. etwa Seifried 2004), so dass auch für die vorliegende Stichprobe, in der kein methodisch-didaktisches Treatment zum Einsatz kam, davon auszugehen ist. Bezüglich des Ausmaßes der unterrichtlichen Leerläufe ist zu erwarten, dass diese nur einen geringen Anteil der Unterrichtszeit ausmachen und es sich dabei längstenfalls um wenige Sekunden handelt, die für arbeitsvorbereitende Maßnahmen (z.B. Zettel austeilen) oder Rüstzeiten (z.B. Computer hochfahren) anfallen.

Zu (2): In dem nachfolgenden Abschnitt der Untersuchung geht es um die Exploration von Ausmaß und Variabilität unterrichtlicher Langeweile im Fach Rechnungswesen. Besondere Aufmerksamkeit wird dabei auf die Identifikation unterschiedlicher Varianzquellen des individuellen Schülererlebens innerhalb und zwischen den Unterrichtseinheiten in einem inhaltlichen Sinnabschnitt hinweg gerichtet, um für die nachfolgende differentielle Analyse von Bedingungsfaktoren eine hinreichende Systematik zu bieten. Bislang ließ sich im Rahmen einschlägiger Studien kein eindeutiger Fachbezug der Emotion Langeweile nachweisen, hier scheinen eher individuelle Präferenzen der Lernenden, fachinhaltliche Einflüsse und die Person der Lehrkraft eine Rolle zu spielen (vgl. Kap. 3.4.2). Das Fach Rechnungswesen gilt bei Lehrkräften und Lernenden als anspruchsvoll und zeichnet sich besonders bei Anwendung der Bilanzmethode durch seine klare inhaltliche Strukturierung und Schemaorientierung aus. Es gilt didaktisch als reformbedürftig und wird vielfach in traditioneller methodischer Engführung und ausgeprägter Lehrerzentrierung unterrichtet (z.B. Seifried 2004, 2009; Sembill & Dreyer 2009) – in der Summe ein vielversprechendes Untersuchungsfeld im Zusammenhang mit der Entstehung von Langeweile. Im Einzelnen stellen sich folgende Forschungsfragen mit dem Ziel der Hypothesengenerierung:

(1) *In welchem Ausmaß langweilen sich Lernende im Rechnungswesenunterricht?*

(2) *Lassen sich in den Verläufen der Schülerlangeweile über den Untersuchungszeitraum hinweg lineare Trends identifizieren?*

(3) *Gibt es systematische Varianz des Langeweileerlebens zwischen den Gruppen auf den Untersuchungsebenen?*

   a. *Wie stark divergiert das Erleben von Langeweile zwischen den befragten Schülerinnen und Schülern (Variabilität zwischen Individuen)?*

   b. *Welcher Anteil der Variabilität der Schülerlangeweile entfällt auf Unterschiede zwischen den beobachteten Unterrichtseinheiten (Variabilität zwischen Unterrichtseinheiten)?*

c. Wie stark divergieren die individuellen Wahrnehmungen unterrichtlicher Langeweile in einer Unterrichtseinheit (Variabilität innerhalb von Unterrichtseinheiten)?

Befunde aus Studien zum Ausmaß unterrichtlicher Schülerlangeweile legen die Vermutung nahe, dass *mindestens* ein Drittel der Unterrichtszeit von Lernenden als langweilig erlebt wird. Für den berufsbildenden Bereich gibt es indes kaum gesicherte Erkenntnisse, dies gilt auch und insbesondere für Studien mit prozessnahen Erhebungsmethoden oder längeren Beobachtungsintervallen. Denkbar wäre außerdem, dass es im Verlauf der untersuchten Sequenz zu einem Anstieg der Langeweilewerte kommt, da gegen Ende einer inhaltlich abgeschlossenen Unterrichtssequenz in der Regel Wiederholungsphasen überwiegen und das Unterrichtsgeschehen insofern vergleichsweise weniger Abwechslung bietet. Bezüglich der Variabilität der Langeweile ist zu erwarten, dass sie sowohl *inter*-individuell als auch *intra*-individuell von Situation zu Situation sehr ausgeprägt ist, sich jedoch in der vergleichenden Betrachtung zwischen Unterrichtseinheiten weniger ausgeprägte Unterschiede offenbaren, da diese strukturell aufgrund des hohen Schematisierungsgrads im Fach RW einander relativ ähnlich sind.

Zu (3): In diesem Untersuchungsteil werden ausgehend von der einschlägigen Befundlage zu den situativen und personenbezogenen Einflussfaktoren auf die Entstehung von Schülerlangeweile verschiedene Hypothesen formuliert, die im Rahmen einer mehrebenenanalytischen Datenauswertung einer Überprüfung zugeführt werden sollen. Diese Hypothesen beziehen sich auf die Bedeutung situativer *und* personenbezogener Bedingungsfaktoren auf den betrachteten Untersuchungsebenen. Das mehrebenenanalytische (=simultane) Vorgehen empfiehlt sich hier besonders deshalb, weil die meisten der existierenden Forschungsansätze schwerpunktmäßig eine Gruppe von Bedingungsfaktoren in den Fokus nehmen und somit entweder auf personenbezogene oder situative Einflüsse abstellen. Auch wird die Entstehung von Langeweile zumeist mittels retrospektiv erhobener Schülerurteile erfasst (vgl. Kap. 3.4). Das komplexe Zusammenspiel unterschiedlicher Faktoren im Unterrichtsprozess selbst konnte aufgrund dieser Vorgehensweise jedoch nicht hinreichend aufgeklärt werden und blieb in der Konsequenz bislang vernachlässigt. Die Überprüfung der Forschungshypothesen erfolgt vor dem Hintergrund der folgenden grundlegenden Erkenntnis leitenden Fragestellungen:

(1)   Spielen bislang theoretisch einschlägige situative Prädiktoren auch im Rahmen eines prozessorientierten Forschungszugangs eine Rolle bei der Varianzaufklärung?

(2)   Entfalten situative Prädiktoren der Langeweile divergierende Wirkungen je nach ihrer Prozessnähe?

(3)   Lassen sich Unterschiede in der Vorhersagekraft situativer und personenbezogener Prädiktoren identifizieren, die auf Unterschiede in der Wichtigkeit einer der Prädiktorengruppen hindeuten?

Im Zuge der Analyse wird zunächst anhand des bereits beschriebenen Strukturmodells des Gegenstandsbereichs versucht, Einflussfaktoren unterschiedlicher Prozessnähe zu systematisieren und einer Überprüfung zuzuführen: Auf der unteren Messzeitpunktebene (Ebene 1) stehen kurzfristig variable situative Einflüsse auf das subjektive Erleben von Langeweile im Fokus. Die verhältnismäßig hohe Volatilität und Variabilität des subjektiven Erlebens verschiedener Unterrichtsbeteiligter ist bereits in älteren prozessorientierten Untersuchungsansätzen aufgefallen und gibt insofern Anlass zu einer Suche nach situationsnahen Prädiktoren auch in der vorliegenden Untersuchung. Im Einzelnen stehen folgende Hypothesen zur Überprüfung:

H1:   Das Ausmaß an unterrichtlichen Leerläufen beeinflusst die Entstehung von Langeweile – je häufiger Wartezeiten für die Lernenden entstehen, desto ausgeprägter ist ihre unterrichtliche Langeweile..

H2:   Ausführliche Wiederholungsphasen begünstigen die Langeweileentstehung.

H3:   Je länger die Lehrperson am Stück monologisiert, desto ausgeprägter ist die Langeweile der Lernenden.

Leerläufe und Wartezeiten für die Schülerinnen und Schüler, ausgeprägte Stoffwiederholungen und Lehrermonologe und eine mangelnde Einbindung der Lernenden stellen vielfach identifizierte Prädiktoren der Entstehung von Langeweile betreffend die Unterrichtsgestaltung dar (s. Kap. 3.4.2.1). Die besondere Herausforderung liegt vorliegend darin begründet, diese Prädiktoren im Rahmen der Unterrichtsbeobachtung zu operationalisieren und insofern einer Messung abseits von retrospektiven, selbst berichteten Schülerurteilen über den Unterrichtsverlauf zuzuführen.

Darüber hinaus spielen in der prozessnahen Betrachtung aber auch subjektive Situationseinschätzungen zur Passung von Person und Situation der Lernenden vermutlich eine Rolle bei der Varianzaufklärung: So wird ausgehend von Appraisal-Theorien der Emotionsentstehung und den bislang bekannten Prädiktoren der Schülerlangeweile angenommen, dass das Verständnis der Unterrichtsinhalte, das Erleben einer sinnvollen Tätigkeit und ein angemessenes Unterrichtstempo mit ausreichend Nachdenkzeit die Entstehung von Langeweile verhindern (s. Kap. 3.4.2.1). Diese Prädiktoren spiegeln die subjektive Passung der betreffenden Person-Situation-Konstellation wider, lassen sich mittels niedrig-inferenter Verfahren jedoch nicht sinnvoll beobachten. Ein prozessnaher Forschungszugang sollte daher eine möglichst engmaschige Erhebung von Selbstberichtsdaten im Unterricht beinhalten. Es stehen folgende Hypothesen zur Überprüfung:

H4: *Die subjektiv wahrgenommene Sinnhaftigkeit der eigenen Tätigkeiten innerhalb von Unterrichtseinheiten steht in einem negativen Zusammenhang mit dem Erleben von Langeweile.*

H5: *Ein ausgeprägtes Verständnis der Unterrichtsinhalte innerhalb von Unterrichtseinheiten steht in einem negativen Zusammenhang mit dem Erleben von Langeweile.*

H6: *Das subjektive Vorhandensein von ausreichend Zeit zum Nachdenken über die Unterrichtsinhalte steht innerhalb von Unterrichtseinheiten in einem negativen Zusammenhang mit dem Erleben von Langeweile.*

Auf der Individualebene lassen sich weiterhin einige zentrale personenbezogene Prädiktoren aus der Literatur isolieren, die eine neuralgische Bedeutung für die Entstehung von Langeweile haben. So werden etwa vielfach das Vorwissen der Lernenden, habitualisierte Lernemotionen und die Selbstwirksamkeit als wichtige Einflussfaktoren gehandelt (s. Kap. 3.4.2.2) und sollen daher vorliegend in die Betrachtung einfließen.

H7: *Je ausgeprägter das Vorwissen der Lernenden, desto höher ist die unterrichtliche Langeweile.*

H8: *Die negativen habitualisierten Lernemotionen Angst und Langeweile üben einen bedeutsamen Einfluss auf die Entstehung von Langeweile aus.*

H9: *Hoch selbstwirksame Lernende langweilen sich unabhängig von situativen Konstellationen weniger als niedrig selbstwirksame.*

Nach der Erweiterung der Hypothesenprüfung um die Effekte personenbezogener Prädiktoren geht es auf der Ebene der Unterrichtseinheiten (Ebene 2) um Einflussfaktoren, die eine größere zeitliche Stabilität aufweisen und deren Wirkung sich infolgedessen auch über mehrere Unterrichtseinheiten hinweg und nicht lediglich innerhalb von Unterrichtseinheiten entfaltet. Von Interesse sind dabei Aggregationen von methodisch-didaktischen Parametern und subjektiven Bilanzierungen der Person-Situation-Konstellationen aus Sicht der Lernenden. Da die Emotion Langeweile nicht wie andere diskrete Emotionen unmittelbar nach dem Auftreten eines singulären Entstehungsreizes resultiert, sondern sich langsam aufbaut und vermutlich eine gewisse kritische Reizschwelle langsamer überschritten wird, ist zunächst davon auszugehen, dass sich auch die Wirkung der Prädiktoren über die Zeit hinweg verändert. Daher soll die Wirkung der prozessnahen Prädiktoren auf Ebene 1 in aggregierter Form auch auf Ebene 2 untersucht werden, um entsprechende zeitlich verschobene Effekte aufdecken zu können.

H10: *Die Effekte der situativen Prädiktoren verstärken sich sukzessive mit zunehmender Dauer ihres Wirkens über Unterrichtseinheiten hinweg.*

Anzunehmen ist darüber hinaus, dass die Einflüsse der personenbezogenen Faktoren wiederum einen stabilen Einfluss auf die Entstehung von Schülerlangeweile im Unterricht haben und sich in ihrem Zusammenwirken mit situativen Faktoren unterschiedlicher Prozessnähe nicht in ihrer Wirkung verändern. Die Begründung dafür lässt sich in der größeren zeitlichen Stabilität der betreffenden Trait-Konstrukte verorten. Denn entgegen der situativen Dynamik im Unterricht weisen jene Persönlichkeitskonstellationen und habitualisierte Erlebensmuster nur eine verhältnismäßig langfristige Variabilität auf.

H11: *Personenbezogene Prädiktoren bleiben in ihrer Richtung für die Entstehung von Schülerlangeweile in unterschiedlichen situativen Konstellationen stabil.*

Zu (4): In diesem Abschnitt geht es schließlich um kurzfristige Wirkungen der Schülerlangeweile auf Wissenserwerbe und die emotional-motivationale Bilanzierung des Unterrichtsgeschehens sowie Schülerurteile über die Unterrichtsqualität und die globale Zufriedenheit der Lernenden mit ihrer Rechnungswesenlehrkraft. Ausgehend von der überschaubaren Befundlage zu den Wirkungen von Langeweile im schulischen Kontext ist zunächst davon auszugehen, dass sich in der kurzfristigen Betrachtung allenfalls moderate Einflüsse der Langeweile auf Lernleistungen nachweisen lassen.

H12: *Unter Kontrolle der emotionalen und kognitiven Eingangsvoraussetzungen sowie der unterrichtlichen und außerunterrichtlichen Lerngelegenheiten lassen sich moderate Effekte der unterrichtlichen Langeweile auf die Wissenserwerbe der Lernenden nachweisen.*

Begründen lässt sich diese Hypothese im Zusammenhang mit dem Wissensaufbau insbesondere über die Bedeutung von Aufmerksamkeitsprozessen für erfolgreiches Lernen. Je mehr Aufmerksamkeitsressourcen für den Wissensaufbau und die Beschäftigung mit den Unterrichtseinheiten bereit stehen, desto erfolgreicher verlaufen Lernprozesse. Im Falle der Langeweile wird zumindest ein Teil der Aufmerksamkeit auf das Verstreichen der Zeit gerichtet, so dass bei

Ausbleiben unterrichtlicher Lerngelegenheiten und außerunterrichtlicher Kompensationsmaßnahmen Beeinträchtigungen des Wissenserwerbs zu erwarten sind (Hommel 2012, zum Verhältnis zwischen Aufmerksamkeit und Langeweile s. auch Damrad-Frye & Laird 1989, 320; Harris 2000, zur Kapazitätshypothese s. Schwarz 1983, 111ff.). Der lediglich moderate Effekt ist jedoch insofern begründbar, als das Erleben von Langeweile nicht die gänzliche Aufmerksamkeit der Lernenden beansprucht wie das etwa bei anderen Emotionen wie Angst oder Ärger der Fall ist und insofern noch Kapazitäten für die – wenn auch emotional beeinträchtigte – Beschäftigung mit den Unterrichtsinhalten bleiben. Darüber hinaus handelt es sich bei der Größe Wissenserwerb um ein derart multipel beeinflusstes Konstrukt, dass es schwer fallen dürfte, große Erklärungsanteile für eine einzige Variable zu identifizieren.

Über den Wissenserwerb hinaus stellt die emotional-motivationale Bilanz der Lernenden nach dem Unterricht insofern eine wichtige Größe dar, als sie gleichermaßen als entsprechende Erwartungshaltung für nachfolgende Unterrichtseinheiten fungiert. Ungeachtet der Kritik an retrospektiven Selbstberichten dürfte das verdichtete Urteil über den erlebten Unterricht insofern mit dem Erleben im Unterricht selbst in einem deutlichen Zusammenhang stehen. Anhand dieses Zusammenhangs ließe sich in der Konsequenz die *prozessnahe* Erhebung von Erlebensqualitäten einer Validierung zuführen und insofern legitimieren.

H13: Es besteht ein positiver Zusammenhang zwischen der Schülerlangeweile im Unterrichtsprozess und der emotional-motivationalen Bilanz zum Erleben von Langeweile nach dem Unterricht.

Der Einfluss prozessualer Langeweile auf das Globalurteil „Der erlebte Unterricht in Rechnungswesen war langweilig" ist jedoch zusätzlich im Hinblick auf die emotionalen und kognitiven Eingangsvoraussetzungen sowie den Wissenserwerb zu kontrollieren, da von möglichen Einflüssen über das prozessuale Geschehen hinaus auszugehen ist. Besonders in Anbetracht der bereits langjährigen Erfahrung der Lernenden mit dem Fach Rechnungswesen ist davon auszugehen, dass sich bereits bestimmte emotionale Erwartungshaltungen gebildet haben, die die Emotionsbilanz mindestens genauso stark beeinflussen wie das prozessuale Erleben. Es lässt sich insofern folgende Hypothese formulieren:

H14: Unter Kontrolle der emotionalen und kognitiven Eingangsvoraussetzungen sowie der Nutzung unterrichtlicher Lerngelegenheiten und des Wissenserwerbs mündet die mittlere Höhe von Langeweile im Unterrichtsprozess in eine entsprechende emotionale Bilanzierung nach dem Unterricht.

Es ist jedoch ungeachtet der angenommenen Zusammenhänge zwischen prozessualer und bilanzierter Langeweile davon auszugehen, dass die prozessuale Variabilität des Erlebens im Sinne der relativen Häufigkeit von Wertänderungen nicht hinreichend durch das Globalurteil abgedeckt ist. An dieser Stelle würde sich der Mehrwert prozessnaher Untersuchungen offenbaren, die auch in der Lage sind, emotionale Beeinträchtigungen in ihrer Volatilität in der Situation selbst zu erfassen und auf ihre Entstehung hin zu analysieren.

H15: *Die prozessuale Variabilität der Schülerlangeweile korrespondiert unter Kontrolle emotionaler und kognitiver Eingangsvoraussetzungen sowie der Nutzung unterrichtlicher Lerngelegenheiten und des Wissenserwerbs nicht mit der emotionalen Bilanzierung des Unterrichts als langweilig.*

Für das abschließende Urteil der Lernenden über die Interessantheit des Unterricht im Sinne einer motivationalen Bilanzierung ist angesichts der inhaltlichen Nähe der Konstrukte davon auszugehen, dass sich unter Kontrolle relevanter Eingangsvoraussetzungen und Prozessmerkmale wiederum ein deutlicher Effekt der prozessualen Langeweile nachweisen lässt. Denn Interessiertheit impliziert die Abwesenheit von Langeweile, wenn es sich bei den beiden Konstrukten auch nicht um Antagonisten auf ein und demselben Kontinuum handelt (Kap. 3.1.2.3).

H16: *Unter Kontrolle der emotionalen und kognitiven Eingangsvoraussetzungen sowie der Nutzung unterrichtlicher Lerngelegenheiten und des Wissenserwerbs mündet die prozessuale Langeweile in ein negatives Globalurteil betreffend die Interessantheit des Unterrichts.*

Darüber hinaus ist davon auszugehen, dass die emotional-motivationale Bilanz der Lernenden sich in der betrachteten Prädiktorenkonstellation maßgeblich aus dem Erleben von Langeweile im Prozess speist. Dieser Umstand lässt sich damit begründen, dass Langeweile unter den negativen Erlebensfacetten im Unterricht vermutlich die präsenteste ist. Es lassen sich insofern folgende Hypothesen formulieren.

H17: *Unter Kontrolle der emotionalen und kognitiven Eingangsvoraussetzungen sowie der Nutzung unterrichtlicher Lerngelegenheiten und des Wissenserwerbs leistet die prozessuale Langeweile den größten Aufklärungsbeitrag für die negative emotional-motivationale Bilanz der Lernenden nach dem Unterricht.*

H18: *Unter Kontrolle der emotionalen und kognitiven Eingangsvoraussetzungen sowie der Nutzung unterrichtlicher Lerngelegenheiten und des Wissenserwerbs leistet die prozessuale Langeweile keinen Aufklärungsbeitrag für die positive emotional-motivationale Bilanz der Lernenden nach dem Unterricht.*

Die retrospektive Einschätzung der Unterrichtsqualität durch die Lernenden und ihre Zufriedenheit mit der Lehrkraft wiederum sind insofern wichtige globale retrospektive Erfolgskriterien für den Unterrichtsprozess, als sie ein stark verdichtetes Urteil der Lernenden über den Unterricht bei der entsprechenden Lehrperson darstellen und als solche korrespondierende Erwartungshaltungen für nachfolgende Unterrichtseinheiten bilden. Angesichts der überwiegend negativ konnotierten Erlebensqualität der Emotion Langeweile (s. Kap. 3.1) ist davon auszugehen, dass Beeinträchtigungen des Schülererlebens im Sinne unterrichtlicher Langeweile zu einer geringeren Zufriedenheit mit dem Unterricht und einem negativen Urteil über die Unterrichtsqualität führen.

H19: *Die prozessuale Langeweile der Lernenden mündet unter Kontrolle der emotionalen und kognitiven Eingangsvoraussetzungen sowie der Nutzung unterrichtlicher Lerngelegenheiten und des Wissenserwerbs in eine negative Einschätzung über die Unterrichtsqualität.*

H20: *Die prozessuale Langeweile der Lernenden mündet unter Kontrolle der emotionalen und kognitiven Eingangsvoraussetzungen sowie der Nutzung unterrichtlicher Lerngelegenheiten und des Wissenserwerbs in eine geringere Zufriedenheit der Lernenden mit ihrer Lehrkraft.*

4.3 Methodik

Nachfolgend werden sowohl die empirische Untersuchung und Stichprobe beschrieben, als auch die eingesetzten Erhebungsinstrumente und -methoden zur Generierung der Datenbasis näher erläutert sowie Beobachtungskategorien zur Deskription der Unterrichtsgestaltung vorgestellt. Das Kapitel endet mit einer kurzen Darlegung der eingesetzten Auswertungsverfahren und ihrer jeweiligen Anwendungsvoraussetzungen.

4.3.1 Untersuchungsdesign

Die empirische Untersuchung wurde im Frühjahr 2009 in einer städtischen Wirtschaftsschule[47] in Franken durchgeführt und beinhaltete neben der Erhebung

---

47 Die bayernspezifische Schulform Wirtschaftsschule mündet als berufliche Vollzeitschule in den mittleren Schulabschluss und zeichnet sich im kaufmännischen Zweig neben den allgemeinbildenden Inhalten durch ein hohes Ausmaß an

von Produktdaten im Wesentlichen eine prozessorientierte Vorgehensweise. Das Hauptaugenmerk der auf die Initiative der Schule hin durchgeführten Untersuchung richtete sich zunächst auf Fragen der Qualität und Wirkung von *computerunterstützten* gegenüber *traditionellen* Unterrichtsprozessen: Die Studie fokussierte neben der IKT-Integration im Unterrichtsprozess insbesondere das Unterrichtserleben der Schülerinnen und Schüler und stellte dieses in Beziehung zu der mediendidaktischen Ausgestaltung des Unterrichts und resultierenden Lernleistungen (Egloffstein, Dreyer & Kärner 2011). Jenes Erkenntnisinteresse der Schule entstand vor dem Hintergrund der Einführung von Notebookklassen im Jahre 2003 als schulinternes Projekt in Eigeninitiative und ohne gesonderte Fortbildungsmaßnahmen für die Lehrkräfte. In jeder Jahrgangsstufe entstanden dabei jeweils zwei Notebookklassen – mangels staatlicher oder städtischer Förderung beteiligten sich die Eltern der Schülerinnen und Schüler an der Finanzierung der Notebooks, was zudem mittels spezieller Kreditkonditionen durch ein örtliches Finanzinstitut unterstützt wurde, um auch finanziell Benachteiligten die Möglichkeit der Teilnahme nicht zu nehmen. Über die Zuteilung von Lernenden zu den Notebookklassen wurde aufgrund des großen Interesses zu Schulbeginn grundsätzlich in Form von Losverfahren entschieden. Klassenwechsel über die Schulzeit hinweg gibt es nicht, die Klassen werden über die gesamte Dauer mit oder ohne Notebook-Unterstützung unterrichtet, wobei die IKT-Integration in den einzelnen Schulfächern und in Abhängigkeit der beteiligten Lehrpersonen variieren kann.

Aufgrund der konzeptionellen Nähe der Untersuchungsfelder und aus wirtschaftlichen Erwägungen heraus wurde das vorliegende Erkenntnisinteresse in das Zielspektrum der beschriebenen Studie integriert, so dass für die vorliegende Analyse unterrichtlicher Langeweile eine umfangreiche Datenbasis zur Reanalyse zur Verfügung steht: Es wurde in vier Klassen einer neunten Jahrgangsstufe (N=96 Lernende) der Unterricht in den Fächern Rechnungswesen (RW) und Betriebswirtschaft (BW) über einen Zeitraum von jeweils insgesamt vier Unterrichtswochen begleitet. In Rechnungswesen stand im Erhebungszeitraum die

---

wirtschaftskundlichen Fächern aus (z.B. Wilbers 2011). Sie kann entweder in kaufmännischer oder mathematisch-naturwissenschaftlicher Ausrichtung im Rahmen unterschiedlicher zeitlicher Modelle und durchlaufen werden – das vierjährige Modell knüpft an die 6. Jahrgangsstufe der Hauptschule an, das dreijährige Modell an die 7. Jahrgangsstufe, und die zweijährige Variante führt im Anschluss an den qualifizierenden Hauptschulabschluss zur mittleren Reife. Die Schulform wird aber auch von Realschülern oder Gymnasiasten besucht, was zu verhältnismäßig heterogenen Klassengemeinschaften führen kann.

Einführung des Inhaltsgebietes Lohn- und Gehaltsbuchungen auf dem Lehrplan, in Betriebswirtschaft ging es während der Studie um die Thematik der Lohnsteuer. Die Mehrzahl der beobachteten Unterrichtseinheiten wurde entlang der sog. Wochenplanarbeit gestaltet (z.b. Huschke 1996; Vaupel 2008; Kögler, Bauer & Sembill 2011; kritische Sicht s. Huf 2008; Huf & Breidenstein 2009), die von verschiedenen Lehrerteams innerhalb der Schule in Eigeninitiative für einige Fächer konzeptualisiert und ausgearbeitet worden war. Dabei werden zu Beginn jeder Unterrichtswoche Wochenpläne an die Lernenden ausgegeben, auf denen die entsprechenden Lernziele verbindlich festgehalten und in gangbare Arbeitsschritte und -aufgaben aufgeteilt sind. Das Erreichen der im Rahmen dieser verhältnismäßig starken Strukturierung zu absolvierenden Lernschritte wird in den untersuchten Klassen mithilfe von Lernverträgen und regelmäßig stattfindenden Lernkontrollen überprüft. Abgesehen von jener didaktischen Rahmensetzung gestalten die Lehrkräfte ihren Unterricht in methodischer Hinsicht nach ihren eigenen Vorstellungen. In Bezug auf das vorliegende Erkenntnisinteresse ist dies insofern von Vorteil, als bzgl. der subjektiv wahrgenommenen Langeweile und ihren Entstehungsbedingungen auch graduelle Unterschiede in der Unterrichtsmethodik berücksichtigt werden können. Die Datenanalyse der vorliegenden Arbeit beschränkt sich auf jeweils acht Unterrichtseinheiten im Fach Rechnungswesen pro untersuchter Klasse.

Drei der vier beteiligten Klassen durchliefen die Wirtschaftsschule im Rahmen des vierjährigen Modells bis zum mittleren Schulabschluss mit kaufmännischwirtschaftlicher Akzentuierung, eine der vier Klassen (9D) absolvierte ihren mittleren Bildungsabschluss innerhalb von drei Jahren. Zwei der untersuchten Klassen waren seit ihrem Schuleintritt Notebookklassen (NBK), in denen jeder Lernende über einen tragbaren Computer verfügte, die anderen beiden Klassen wurden in traditionellen Klassenzimmern unterrichtet. Die Klassenzimmer der Notebookklassen waren mit interaktiven Whiteboards, Spezialtischen und individuellem Internetzugang ausgestattet, zeichneten sich allerdings durch eine traditionelle Sitzordnung mit Blick nach vorne aus, nur der Lehrercomputer wurde nicht *vor* der Klasse, sondern *hinter* den Arbeitsplätzen der Lernenden ebenfalls mit Blickrichtung auf das interaktive Whiteboard positioniert. Angesichts der sehr rudimentären Nutzung der Notebooks im Wesentlichen als Schulheftoder Schulbuchersatz – die Potentiale des Mediums werden bislang aufgrund fehlender mediendidaktischer Fortbildung der Lehrkräfte nicht ausgenutzt (Egloffstein, Dreyer & Kärner 2011, 232ff.) – wird die *medien*didaktische Ausgestaltung der Unterrichtseinheiten in der vorliegenden Arbeit ausgeblendet. Sollten sich zwischen Notebookklassen und Nicht-Notebookklassen systematische

Ergebnisvariationen abzeichnen, wird dies bei der Diskussion der Ergebnisse jedoch entsprechend berücksichtigt.

Abbildung 4–1: Design der Untersuchung im Rechnungswesenunterricht.

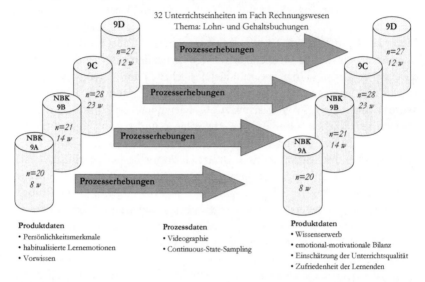

Die Untersuchung wurde als Produkt-Prozess-Produkt-Design konzipiert und durchgeführt (s. Abbildung 4–1). Im Fach Rechnungswesen wurden 32 Unterrichtseinheiten per Videographie aufgezeichnet und das Unterrichtserleben von Lehrenden und Lernenden im Prozessverlauf alle sieben Minuten dokumentiert. Vor der Videographie des Unterrichts erfolgte eine Eingangserhebung, die die Eingangsvoraussetzungen der Lernenden wie etwa deren Vorwissen, Interesse an wirtschaftlichen Problemstellungen und verschiedene Persönlichkeitsmerkmale erfasste (zur Operationalisierung von Produkt- und Prozessdaten s. die Kap. 4.3.3 und 4.3.4). Darüber hinaus gab es im Anschluss an die zweiwöchige Inhaltssequenz in Rechnungswesen einen lernzielorientierten Wissenstest sowie eine Ausgangserhebung, im Rahmen derer abschließende Einschätzungen der Lernenden zu den Unterrichtseinheiten erhoben wurden.

4.3.2 Stichprobe

Die Stichprobe für die vorliegenden Auswertungen umfasst in den vier Klassen der neunten Jahrgangsstufe insgesamt 96 Schülerinnen und Schüler (vgl. Tabelle 4–1). Die Lernenden haben einen relativ homogenen Bildungshintergrund: Über 75%

der untersuchten Lernenden wechselten von der Hauptschule auf die Wirtschaftsschule, in Klasse 9B besuchte allerdings etwa ein Drittel der Lernenden zuvor ein Gymnasium. In einem χ^2-Test (χ^2=22.348, p=.001) erweist sich diese abweichende Verteilung als signifikant, diesem Umstand ist bei der Ergebnisinterpretation daher besondere Rechnung zu tragen.

Tabelle 4–1: Zusammensetzung der Stichprobe

Klasse	Biographische Merkmale	Vorherige Schule
NBK 9A n=20	Geschlecht: 12 m, 8 w Durchschnittsalter: 14,7 Altersspanne: 14 bis 16 Jahre	Hauptschule: 18 Realschule: 1 Gymnasium: 1
NBK 9B n=21	Geschlecht: 7 m, 14 w Durchschnittsalter: 14,6 Altersspanne: 14 bis 16 Jahre	Hauptschule: 12 Realschule: 2 Gymnasium: 7
9C n=28	Geschlecht: 5 m, 23 w Durchschnittsalter: 15 Altersspanne: 14 bis 17 Jahre	Hauptschule: 26 Realschule: 1 Gymnasium: 1
9D n=27	Geschlecht: 15 m, 12 w Durchschnittsalter: 15,3 Altersspanne: 14 bis 18 Jahre	Hauptschule: 17 Realschule: 6 Gymnasium: 1

Die Altersstrukturen in den Klassen unterscheiden sich nicht wesentlich, gleichwohl ist die Altersspanne in der 9D etwas breiter. Das Geschlechterverhältnis ist in den einzelnen Klassen jedoch nicht gleich verteilt – in der 9C überwiegen die weiblichen Lernenden mit 23 Schülerinnen deutlich (χ^2=12.088, p=.007). Dies wäre im Falle der Überprüfung etwaiger Gendereffekte entsprechend zu berücksichtigen.

4.3.3 Operationalisierung der Produktdaten

4.3.3.1 Erhebung individueller Eingangsvoraussetzungen

Die Eingangsvoraussetzungen wurden in den beteiligten Klassen mittels schriftlicher Befragung bzw. Testung vor der Videographie erhoben. Sie erstrecken sich über Konstrukte, die als personenbezogene Prädiktoren auf der Individualebene eine Wirkung auf das Erleben von Langeweile entfalten können, ihre Auswahl erfolgte entlang der einschlägigen Befundlage zu bedeutenden Prädiktoren von Langeweile im Unterricht (s. Kap. 3.4.2.2). Im Bereich der kognitiven Eingangsvoraussetzungen spielt insbesondere das Vorwissen bei der Entstehung von Unterrichtslangeweile eine bedeutende Rolle, es wird vorliegend zwischen dem allgemeinen Vorwissen im Fach Wirtschaft und dem fachbezogenen Vorwissen in Rechnungswesen unterschieden. In der vorliegenden Stichprobe sind im Rahmen der Eingangserhebung geringe bis sehr geringe Vorwissensbestände der Lernenden aufgefallen.

Tabelle 4–2: Tests zur Erfassung kognitiver Eingangsvoraussetzungen

Test	Zahl der Items (erreichbare Punkte)	Cronbachs α[48]	M	SD	Min	Max
Vorwissen im Bereich Wirtschaft (in Anlehnung an *Beck & Krumn 1990*)	6 (6)	–	1.84	1.10	0.00	4.00
Fachbezogenes Vorwissen Rechnungswesen (Lernzielorientierter Test)	12 (32.5)	–	2.59	1.41	0.00	6.00

Die personenbezogenen emotional-motivationalen Eingangsvoraussetzungen wie das Interesse an Wirtschaft und die schulbezogene Selbstwirksamkeit oder auch habitualisierte Lernemotionen wurden mittels verschiedener adaptierter Standardskalen erfasst (s. Tabellen 4–3 und 4–4). Die interne Konsistenz der Skalen ist für nahezu alle eingesetzten (Sub-)Skalen größer als .70 und damit zufriedenstellend bis gut (vgl. Nunally 1978, 245).

Tabelle 4–3: Skalen zur Erfassung von wirtschaftlichem Interesse und Selbstwirksamkeit

Skala	Zahl der Items	Cronbachs α	M	SD
Interesse an wirtschaftlichen Fragestellungen (*Wild & Winteler 1990; adaptiert*)	10	.84	3.37	.78
Schulbezogene Selbstwirksamkeit [1] (*Schwarzer & Jerusalem 1999, adaptiert*)	7	.84	3.76	.89

[1] Sechsstufiges Antwortformat (von 1 = trifft gar nicht zu bis 6 = trifft sehr zu)

Die Betrachtung der Interkorrelation für Interesse und Selbstwirksamkeit ergibt einen erwartungs- und theoriekonform signifikanten jedoch in der Höhe moderaten Zusammenhang (Tabelle 4–4). Schülerinnen und Schüler, die

---

48 Zum jetzigen Zeitpunkt der Reanalyse der Daten liegen nurmehr aggregierte Punktzahlen für die Probanden vor, so dass eine Reliabilitätsberechnung auf Basis der Einzelitems leider nicht möglich ist.

angaben sich für Wirtschaft zu interessieren, waren in Bezug auf ihre schulischen Aufgaben höher selbstwirksam als andere.

Tabelle 4-4: Interkorrelation und Beispielitems für die Skalen Interesse an wirtschaftlichen Problemstellungen und Selbstwirksamkeit

Skala	1	2	Beispielitem
(1) Interesse an wirtschaftlichen Fragestellungen			*Schon vor der Wirtschaftsschule habe ich mich intensiv mit wirtschaftlichen Problemstellungen beschäftigt.*
(2) Schulbezogene Selbstwirksamkeit	.243*		*Ich kann auch die schwierigen Aufgaben im Unterricht lösen, wenn ich mich anstrenge.*

* Die Korrelation ist auf dem Niveau von .05 (2-seitig) signifikant.

Zur Erhebung der habitualisierten (Trait-)Lernemotionen im Fach Rechnungswesen kam eine adaptierte und gekürzte Version des AEQ (Academic Emotions Questionnaire) von Pekrun, Götz & Frenzel (2005) zum Einsatz. Ein Beispielitem zur Erhebung der Trait-Langeweile ist *„In den Stunden in Rechnungswesen langweile ich mich"*, für Trait-Angst etwa *„Aus Angst vor Rechnungswesen würde ich lieber nicht in die Schule gehen"* (Tabelle 4–6). Die Reliabilitäten der Subskalen sind mit Cronbach's Alphas zwischen .86 und .94 zufriedenstellend bis sehr gut (Tabelle 4–5).

Tabelle 4–5: Skalen zur Erfassung habitualisierter Lernemotionen im Fach Rechnungswesen

Skala	Zahl der Items	Cronbachs α	M	SD
Freude im Fach Rechnungswesen (Academic emotions questionaire, AEQ; *Pekrun, Götz & Frenzel 2005; adaptiert*)	6	.94	2.45	.91
Angst im Fach Rechnungswesen (Academic emotions questionnaire, AEQ; *Pekrun, Götz & Frenzel 2005; adaptiert*)	9	.92	2.16	.88
Ärger im Fach Rechnungswesen (Academic emotions questionnaire, AEQ; *Pekrun, Götz & Frenzel 2005; adaptiert*)	5	.86	2.04	.84
Langeweile im Fach Rechnungswesen (Academic emotions questionnaire, AEQ; *Pekrun, Götz & Frenzel 2005; adaptiert*)	6	.91	2.07	1.10
Hoffnungslosigkeit im Fach Rechnungswesen (Academic emotions questionnaire, AEQ; *Pekrun, Götz & Frenzel 2005; adaptiert*)	5	.90	1.98	.88

Auch zwischen den verschiedenen Trait-Emotionen der Lernenden ergeben sich durchwegs signifikante und erwartungskonforme Zusammenhänge. Aufgrund der ausgeprägten Stärke des Zusammenhangs zwischen Hoffnungslosigkeit und Angst wird für die nachfolgenden Analysen lediglich die Subskala Angst herangezogen.

Tabelle 4–6: *Interkorrelationen und Beispielitems für die habitualisierten Lernemotionen in Rechnungswesen*

Skala	1	2	3	4	Beispielitem
(1) Freude					*Ich freue mich auf die Stunden in Rechnungswesen.*
(2) Angst	-.497**				*Aus Angst vor Rechnungswesen würde ich lieber nicht in die Schule gehen.*
(3) Ärger	-.637**	.722**			*Im Unterricht in diesem Fach werde ich vor Ärger ganz unruhig.*
(4) Langeweile	-.687**	.448**	.708**		*In den Stunden in Rechnungswesen langweile ich mich.*
(5) Hoffnungslosigkeit	-.560**	.893**	.769**	.515**	*Während einer Prüfung in Rechnungswesen würde ich am liebsten aufgeben.*

** Die Korrelation ist auf dem Niveau von .01 (2-seitig) signifikant.
* Die Korrelation ist auf dem Niveau von .05 (2-seitig) signifikant.

4.3.3.2 Erfassung von Lernleistungen

Zur Überprüfung etwaiger Einflüsse des Langeweileerlebens auf die Leistungen der Lernenden wurden verschiedene Variablen herangezogen: Es standen zum einen die Resultate der von den Lehrkräften jeweils durchgeführten schulischen Leistungsmessungen (in Form von Stegreiftests, Referaten oder Klassenarbeiten) sowie resultierende Halbjahresnoten zur Verfügung. Zum anderen wurde in Ergänzung dieser schulischen Leistungsbeurteilungen das Faktenwissen der Lernenden im Rahmen der Studie mit Vorwissens- bzw. lernzielorientierten Tests (teilweise in Anlehnung an Beck & Krumm 1990; Seifried 2004, 2009) erhoben. Die Tests sind etwa für die Dauer einer Viertelstunde konzipiert und enthalten Multiple-Choice-Fragen, Rechen- bzw. Buchungsaufgaben sowie offene Antwortformate. Sie bestehen jeweils aus drei Teilen – Teil A beinhaltet Aufgaben aus dem allgemeinen Wissensgebiet Wirtschaft, in Teil B werden Aufgaben zu

Wissensbeständen der Lernenden im jeweiligen Fachbereich (also vorliegend Rechnungswesen) gestellt, während in Teil C das Wissen aus der begleiteten Unterrichtseinheit getestet wird. Abbildung 4–2 beinhaltet für Fach Rechnungswesen beispielhafte Multiple-Choice-Items aus den Teilen A und B des lernzielorientierten Tests.

Abbildung 4–2: Beispielhafte Multiple-Choice-Items für das Fach Rechnungswesen.

Rechnungswesen, Teil A, Aufgabe 1

Wenn die Vereinigten Staaten Weizen gegen Öl nach Saudi-Arabien liefern,

A. profitieren beide Länder... [ ]
B. machen beide Länder Verluste.. [ ]
C. profitieren die Vereinigten Staaten und Saudi-Arabien macht Verluste................. [ ]
D. profitiert Saudi-Arabien und die Vereinigten Staaten machen Verluste................. [ ]

Rechnungswesen, Teil B, Aufgabe 9

Welcher Geschäftsvorfall könnte folgendem Buchungssatz zugrunde liegen?
Warenverkauf: Soll 10.000,00 €
Umsatzsteuer: Soll 1.600,00 € - Forderungen: Haben 11.600,00 €

A. Warenverkauf auf Ziel... [ ]
B. Ein Kunde erhält einen Preisnachlass in Höhe von 11.600,00 €........................... [ ]
C. Stornobuchung einer Warenausgangsrechnung über 11.600,00 €........................ [ ]
D. Wareneinkauf auf Ziel.. [ ]

Die videographierte Unterrichtseinheit in Rechnungswesen beschäftigte sich mit dem Inhaltsgebiet der Lohn- und Gehaltsbuchungen. Entsprechend mussten die Lernenden im Teil C des lernzielorientierten Tests unter anderem zunächst selbstständig eine Gehaltsberechnung vornehmen und dann entsprechende Buchungssätze niederschreiben.[49] Im Rahmen der Auswertungen werden Teil B und C als fachbezogenes Wissen zusammengefasst.

Die lernzielorientierten Tests wurden in drei Erhebungswellen durchgeführt: Zur Erhebung des Vorwissens fand die erste Erhebungswelle unmittelbar vor der gefilmten Unterrichtseinheit statt, eine zweite wiederum direkt nach der gefilmten Unterrichtseinheit, und die dritte Erhebungswelle lag zeitlich etwa sechs bis acht Wochen nach der Unterrichtseinheit, um etwaige Vergessens- bzw. Nachhaltigkeitseffekte aufzudecken. Zu erwähnen ist an dieser Stelle freilich, dass die jeweiligen unterrichtlichen Rahmenbedingungen vor der letzten Testung nicht

---

49 Die vollständigen Testaufgaben für das Fach Rechnungswesen befinden sich in einem Dokumentationsband, der von der Autorin bezogen werden kann.

mehr kontrolliert wurden, weshalb für den vorliegenden Zweck lediglich die Testung unmittelbar nach der Unterrichtseinheit herangezogen wird.

Durch die Möglichkeit der integrierten Betrachtung der durch unterschiedliche Instanzen festgestellten Lernleistungen ergibt sich ein vielschichtiges Bild auf den schulischen Lernerfolg der beteiligten Lernenden. Zu vergessen ist dabei aber natürlich nicht, dass es sich vorliegend lediglich um wissensbasierte Erfolgsgrößen handelt und ganzheitlichere Lernziele wie bspw. komplexe Problemlösefähigkeit und Handlungskompetenz ausgeblendet bleiben. Es besteht kein Zweifel darüber, dass jene komplexeren Erfolgsgrößen besonders in der beruflichen Bildung im schulischen Zielspektrum verortet sein sollten, um Lernende zu befähigen, in zunehmend komplexen und dynamischen Lebens-, Lern- und Arbeitsumfeldern bestehen zu können. In der vorliegenden Untersuchung wurde jedoch angesichts der starken Prozessorientierung weniger auf Lernergebnisse denn auf die direkt im Prozess wirksamen Bedingungsfaktoren in Bezug auf das Fachwissen abgestellt, so dass die Lernleistungen insgesamt eine weniger bedeutende Rolle spielen. Darüber hinaus wurde vor dem Hintergrund limitierter Ressourcen ein für die Veränderung komplexer Lernerfolgsgrößen vergleichsweise kurzer Zeitraum beobachtet, so dass bezüglich ganzheitlicherer Kompetenzerwerbe keine nennenswerten Veränderungen zu erwarten gewesen wären. Insofern sei die vorliegende Konzentration auf wissensbasierte Variable als Minimalkonsens der zu erreichenden Lernergebnisse verstanden.

4.3.3.3 *Erhebung von retrospektiven Bilanzierungen des Unterrichtsgeschehens*

Nach der Videographie der beiden Unterrichtswochen wurden die Lernenden zu ihrem emotional-motivationalen Erleben während des erlebten Unterrichts sowie nach ihrer Einschätzung der Unterrichtsqualität und Zufriedenheit mit der Lehrkraft gefragt. Dies erfolgte in Anlehnung an ein Standardinstruments zu motivationsrelevanten und motivationalen Bedingungen sowie emotionalen Bilanzierungen des erlebten Unterrichtsgeschehens (Prenzel 1994). Die Reliabilitäten der eingesetzten Skalen sind durchwegs in einem zufriedenstellenden bis guten Bereich (Tabelle 4–7).

Tabelle 4–7: Skalen zur Erfassung retrospektiver Bilanzierungen des Unterrichtsgeschehens

Skala	Zahl der Items	Cronbachs α	M	SD
Positive emotionale Bilanzierung	6	.92	3.24	1.21
Negative emotionale Bilanzierung	6	.92	3.18	1.17
Relevanz der Unterrichtsinhalte	4	.80	4.27	1.08
Interesse im Rechnungswesenunterricht	3	.88	3.20	1.31
Amotivation im Rechnungswesenunterricht	3	.73	3.02	1.17
Überforderung	3	.89	3.27	1.39
Einschätzung der Unterrichtsqualität	7	.83	4.21	.859
Zufriedenheit mit der Lehrkraft	3	.89	4.82	1.33

Alle Skalen haben ein sechsstufiges Antwortformat von 1 = trifft gar nicht zu bis 6 = trifft sehr zu

Die Zusammenhänge zwischen den Skalenmittelwerten der Lernenden offenbaren sich als nahezu durchwegs signifikant und von mittlerer Stärke (Tabelle 4–8). Erwartungskonform gehen positive emotionale Bilanzierungen des Unterrichts mit hohem Interesse und einer positiven Einschätzung der Unterrichtsqualität einher, während sich die Zusammenhänge bei negativen emotionalen Bilanzierungen und Amotivation bzw. wahrgenommener Überforderung als negativ darstellen.

Die enge Verwobenheit emotionaler und motivationaler Erlebensfacetten wird insbesondere durch die Wechselwirkungen zwischen dem retrospektivem Interesse an den Unterrichtsinhalten und den emotionalen Bilanzierungen dokumentiert. Das Globalurteil der Zufriedenheit mit der Lehrkraft scheint sich gleichermaßen aus emotionalen und motivationalen Bilanzierungen zu speisen, besonders ausgeprägt ist der Zusammenhang im Falle der negativen emotionalen Bilanzierung. Im Folgenden wird nun die Operationalisierung der Prozessdaten näher beleuchtet.

Tabelle 4–8: Interkorrelationen und Beispielitems für retrospektive Bilanzierungen des Unterrichtsgeschehens

Skala	1	2	3	4	5	6	7	Beispielitem
1) Positive emotionale Bilanzierung								Das Lernen und Arbeiten im Unterricht empfand ich als reizvoll.
2) Negative emotionale Bilanzierung	-.606**							Das Lernen und Arbeiten im Unterricht empfand ich als unangenehm.
3) Relevanz der Unterrichtsinhalte	.377**	-.187						Das Lernen und Arbeiten im Unterricht empfand ich als wichtig für mich persönlich.
4) Interesse im Rechnungswesenunterricht	.746**	-.514**	.268*					Im Unterricht hat mich die Sache so fasziniert, dass ich mich voll einsetzte.
5) Amotivation im Rechnungswesenunterricht	-.422**	.506**	-.355**	-.337**				Im Unterricht war mir alles egal.
6) Überforderung	-.434**	.639**	-.308**	-.361**	.672**			Im Unterricht war der Stoff zuviel.
7) Einschätzung der Unterrichtsqualität	.419**	-.479**	.394**	.403*	-.317**	-.247*		Im Unterricht waren Darstellungen und Erklärungen klar und verständlich
8) Zufriedenheit mit der Lehrkraft	.298**	-.466**	.310**	.352**	-.455**	-.443**	.343**	Mit unserem Fachlehrer bin ich sehr zufrieden.

** Die Korrelation ist auf dem Niveau von .01 (2-seitig) signifikant.
* Die Korrelation ist auf dem Niveau von .05 (2-seitig) signifikant.

4.3.4 Operationalisierung der Prozessdaten

4.3.4.1 Systematische Beobachtung des Unterrichtsgeschehens

Das Unterrichtsgeschehen wurde in jeder Klasse mit jeweils drei Kameras gefilmt, wobei eine schwenkbare Kamera die Lehrperson begleitete und zwei statische Schülerkameras das Geschehen in der Klasse aufzeichneten (zum technischen

Vorgehen im Rahmen von Videostudien s. beispielsweise Prenzel et al. 2001). Um die Lernenden möglichst wenig zu stören und ein möglichst reales Bild der Unterrichtssituation zu erhalten, wurden die beiden statischen Kameras bereits vor dem Beginn der Aufzeichnungen ausgerichtet, und lediglich die schwenkbare Kamera wurde von einem Mitglied des Forschungsteams bedient. Auf diese Weise und angesichts der geringen Größe der Kameras und Stative stellte sich sowohl bei den Schülerinnen und Schülern als auch bei der Lehrkraft eine rasche Gewöhnung an die Erhebungssituation ein (zum Vorgehen s. auch Seifried 2004). Die entsprechenden Audioaufzeichnungen erfolgten mit digitalen Diktiergeräten, jeweils ein Gerät befand sich dabei auf einem Arbeitstisch von zwei Lernenden. In den vier Untersuchungsgruppen wurden insgesamt jeweils 8 Unterrichtseinheiten in Rechnungswesen aufgezeichnet. Somit ergibt sich eine Datenbasis von 32 Einheiten Rechnungswesenunterricht, demnach eine nominelle Beobachtungszeit von 1440 Minuten Videomaterial. Für einzelne Lernende weicht der Wert aufgrund von Fehlzeiten in einzelnen Unterrichtseinheiten nach unten ab, die durchschnittliche Versäumnisquote lag bei einer Unterrichtseinheit. Ein Lernender der Klasse 9D wurde aufgrund seines vollständigen Fehlens von zwei Unterrichtswochen im Fach Rechnungswesen gänzlich aus der Analyse ausgeschlossen.

Die Analyse des Geschehens im Unterricht wurde im Nachgang zur Videographie im Rahmen einer nicht-teilnehmenden (=indirekten), systematischen Beobachtung (Friedrichs 1980, 272f.) mit dem Programm Videograph (Rimmele 2002, 2011) vorgenommen. Vor der Erörterung der entsprechenden Beobachtungskategorien sei jedoch zunächst darauf hingewiesen, dass das Unterrichtsgeschehen letztlich zu komplex ist, um es erschöpfend zu beschreiben (Reyer 2004, 20). Es sind nie alle Hintergrundvariablen einer vollständigen Erfassung zugänglich, und auch die internen Prozesse der Lernenden bleiben größtenteils verdeckt (Wild 2001, 63). Dennoch lassen sich strukturelle und prozessuale Muster der Unterrichtsgestaltung mittels systematischer Beobachtungsverfahren adäquat nachzeichnen und auf diesem Wege zu begründeten Aussagen gelangen.

Der Frage der Ausnutzung der nominellen Unterrichtszeit wird mittels der Kategorie *Klassenorganisation* nachgegangen. Die Ausprägung „Kein Unterricht" wird kodiert, wenn durch Verspätungen (der Lehrkraft) oder Unterbrechungen keine inhaltsbezogene Nutzung der Unterrichtszeit erfolgt. Explizit ausgenommen sind hierbei natürlich die Ausfallzeiten, die durch die Datenerhebung entstanden sind. Die methodische und didaktische Gestaltung des Unterrichts (=Sichtstrukturen) wurde mittels der Kodierung von Sozialform und didaktischer Arbeitsphase nachgezeichnet (Kategorisierung in Anlehnung an Seidel,

Dalehefte & Meyer 2001; Tabelle 4–9). Bei der Kategorie *Sozialform* wurde dabei von den üblichen Kategorisierungen ausgegangen und darüber hinaus die oftmals verwendete Ausprägung „Keine" in „Leerlauf" präzisiert. Letztere Ausprägung wurde kodiert, wenn im Unterrichtsgeschehen keine Sozialform erkennbar war, z.B. weil die Lehrkraft sich mit einzelnen Lernenden unterhielt, während es für den Rest der Klasse zu einem Leerlauf kam. Auch Rüstzeiten für vorbereitende Maßnahmen wie etwa das Austeilen von Arbeitsblättern oder das Hochfahren des Lehrercomputers während der Unterrichtszeit fallen unter diese Ausprägung. Mittels der Kategorie *didaktische Arbeitsphase* wurde die Frage nach Neuartigkeit oder der Bekanntheit von Unterrichtsinhalten berücksichtigt. Auch hier wurde die Ausprägung „Keine" kodiert. Im Unterschied zu der entsprechenden Ausprägung in der Kategorie *Sozialform* wurden hier Zeiträume berücksichtigt, in denen keine inhaltsbezogene Tätigkeit erkennbar war, die Lehrkraft sich aber im Rahmen einer Sozialform mit der Klasse beschäftigte, etwa durch die Besprechung organisatorischer Fragen im Plenum oder das Erzählen von Anekdoten. In der Regel überschneiden sich die beiden Ausprägungen für methodische und didaktische Leerläufe, es gibt aber wie beschrieben auch divergierende Anwendungsfälle, so dass die beiden Kategorien unabhängig voneinander kodiert werden. Mit jenen beiden Hauptkategorien *Sozialform* und *didaktische Arbeitsphase* werden die zentralen methodisch-didaktischen Prädiktoren im Zusammenhang mit der Langeweileentwicklung von Lernenden einer Analyse zugänglich.

Tabelle 4–9: Kategorien zur Erfassung unterrichtlicher Sichtstrukturen

Kategorie	Ausprägungen
Klassenorganisation	1) Kein Unterricht, 2) Unterricht
Sozialform	1) Leerlauf, 2) Plenumsarbeit, 3) Gruppenarbeit, 4) Partnerarbeit, 5) Einzelarbeit, 6) Schülerpräsentation
Didaktische Arbeitsphase	1) Keine, 2) Wiederholung bereits bekannter Inhalte, 2) Erarbeitung neuer Inhalte, 3) Ergebnissicherung

Im Zuge eines Time-Sampling-Verfahrens auf der Basis eines zehnsekündigen Kodierintervalls gingen in den vier Klassen insgesamt 7275 Intervalle für Rechnungswesen in die Analyse des Unterrichts ein. Die aufwändige Kodierung der Sichtstrukturen wurde durch ein vierköpfiges, vorab geschultes Kodiererteam vorgenommen. Über den Einsatz des Time-Sampling-Verfahrens in dieser zeitlichen Granularität lassen sich im Nachgang zur Kodierung nicht nur absolute zeitliche Anteile für die einzelnen Subkategorien ermitteln, sondern auch Reihenfolgebeziehungen abbilden und auf diesem Wege etwa monotone Unterrichtssequenzen identifizieren.

Der Begriff Monotonie erscheint auf den ersten Blick ohne weiteres eingängig und unmissverständlich – er wird im Rahmen von retrospektiven Fragebogenerhebungen offenbar als unmissverständlicher Teil des Sprachgebrauchs der Probanden angesehen und als solches nicht in verschiedene Bedeutungsfacetten zerlegt (vgl. z.B. Daschmann, Goetz & Stupnisky 2011). Bei Operationalisierungsansätzen im Rahmen von prozessorientierten Untersuchungen sind jedoch einige Mehrdeutigkeiten zu bewältigen respektive Begriffsdimensionen zu identifizieren (Kögler & Wuttke 2012, 79): So kann der Begriff Monotonie analytisch mindestens (a.) auf die absolute Dauer einer bestimmten Sequenz bis zum jeweils nächsten Referenzpunkt (hier: Langeweile-Messzeitpunkt) oder (b.) auf die relative Häufigkeit wiederkehrender Sequenzmuster verweisen.

Abbildung 4–3: Zentrale Bedeutungsdimensionen des Begriffs Monotonie.

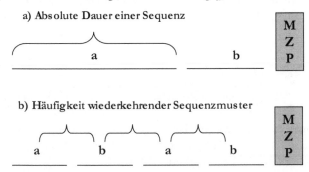

Die Bedeutung häufiger Leerläufe oder ausgedehnter Wiederholungsphasen sowie überzufälliger didaktischer Kombinationen für die Langeweileentstehung der Lernenden kann somit über die Anzahl konstanter Ausprägungen am Stück und die Häufigkeit wiederkehrender Sequenzmuster zwischen den einzelnen Messzeitpunkten des Schülererlebens ermittelt werden – es ergeben sich letztlich metrische Prädiktoren, die in die Analyse der Bedingungsfaktoren einfließen können.

Um die Reliabilität der Kodierungen zu ermitteln, wurde ein Drittel des Videomaterials unabhängig voneinander doppelt kodiert und als Maß für die Beobachterübereinstimmung das sog. Cohen's Cappa berechnet. Hierbei wird unter Bereinigung der zufälligen Übereinstimmungen darauf abgestellt, in welchem Ausmaß die mehrfach vorgenommenen Kodierungen tatsächlich übereinstimmen – als befriedigend gelten Werte ab .70 (Bortz & Döring 1995, 252ff.). Vorliegend boten die Kategorien einen verhältnismäßig geringen Interpretationsspielraum, dementsprechend konnten die geforderten

Kappawerte erreicht werden (*Klassenorganisation* .97; *Sozialform* .92; *Didaktische Arbeitsphase* .74).

Die Redezeiten der Lehrkraft wurden mittels eines Event-Sampling-Verfahrens und der Kodierung von sog. Turns analysiert. Dabei wurde die Redezeit der Lehrkraft nach ihren jeweiligen Adressaten differenziert erhoben: Zur Unterscheidung kamen (1) klassenöffentliche Redezeit, Gespräche mit (2) Schülergruppen und (3) einzelnen Lernenden sowie (4) externen Personen. Es lassen sich auf diesem Weg für die einzelnen Ausprägungen Absolutwerte pro Unterrichtseinheit errechnen. Die Zuweisung von Lerngelegenheiten an Lernende wurde ebenfalls im Event-Sampling-Verfahren ermittelt. Unterschieden wurde hierbei nach der Frage, ob die Schülerinnen und Schüler auf eigene Initiative hin einen Beitrag einbrachten oder vom Lehrer (mit oder ohne eine vorhergehende Meldung) aufgerufen wurden (Tabelle 4–10). Auch Meldungen, die ohne Wortbeitrag im Sande verliefen, wurden kodiert.

Tabelle 4–10: Erfassung der Interaktionshäufigkeit der Lernenden

Kategorie	Ausprägungen
Einbindung der Lernenden	1) Drangenommen, 2) Initiativbeitrag, 3) Aufruf mit Meldung, 4) Meldung ohne Wortbeitrag

Im Anschluss daran wurden die korrespondierenden Interaktionsbeiträge der Lernenden als Teil der sog. IRF-Sequenzen (vgl. Kap. 2.3.3.2) kodiert. Die durch die Lernenden entäußerten Fragen oder Antworten wurden nach ihrer Komplexität unterschieden (Tabelle 4–11).

Tabelle 4–11: Kategoriensystem zur Kodierung der Lerngelegenheiten

Kategorie	Ausprägungen
Qualität der Lerngelegenheiten	1) Kurzfrage, 2) Deep-Reasoning-Frage, 3), Ja-/Nein-Antwort 4) Ergebnismitteilung, 5) Beschreibung/Erklärung

Schließlich standen die Rückmeldungen der Lehrkraft infolge der Interaktionsbeiträge von den Lernenden im Fokus der Kodierung. Auch hier wurde auf bewährte Kategorisierungen zurückgegriffen und das Feedback der Lehrkräfte in vereinfachter Form zunächst danach unterschieden, ob es sich um eine (1.) Kurzbestätigung oder (2.) Kurzkorrektur einer gegebenen Antwort handelte. Falls eine ausführlichere Rückmeldung erfolgte, ließen sich die (3.) Bestätigung mit Lösungsweg und die (4.) Korrektur mit Lösungsweg unterscheiden. Schließlich wurden (5.) Lob und (6.) Tafel im Zuge der Kodierungen erfasst.

4.3.4.2 Prozessbegleitende Erhebung des Unterrichtserlebens von Lehrenden und Lernenden

Bei der Erhebung von Erlebensqualitäten ist der Rückgriff auf Selbstberichtsdaten der Probandinnen und Probanden ein probates Mittel, um an valide Informationen zu gelangen. Vorliegend macht zudem das Erkenntnisinteresse der Studie eine möglichst prozessnahe Vorgehensweise notwendig. Denn die mit der zeitlichen Dynamik des Unterrichtsgeschehens korrespondierenden Erlebensfacetten retrospektiv zu erfassen, brächte unweigerlich das Risiko falscher Schlüsse aufgrund von Erinnerungsverzerrungen und Bilanzierungen der Beteiligten mit sich.

In der Konsequenz wurden die Prozesserhebungen des Unterrichtserlebens von Lehrkraft und Lernenden mit der in vorhergehenden Studien vielfach erprobten Continuous-State-Sampling-Methode durchgeführt (für einen Überblick s. Sembill, Seifried & Dreyer 2008). Das Erleben von Langeweile und anderen Erlebensfacetten der Lehrenden und Lernenden wurde in siebenminütigen Intervallen mit speziell programmierten Handheld-Geräten (PDA Palm Tungsten© E2) erfasst[50], so dass sich nominell für eine 45-minütige Unterrichtseinheit 6 Messzeitpunkte, für eine 90-minütige Einheit 12 Messzeitpunkte ergaben. Es kamen dabei sechs Items zum Einsatz, bei denen auf einer stufenlosen Skala von 0 bis 100 der Grad der Zustimmung der Probanden abgefragt wurde (Abbildung 4–4). Neben dem zentralen Item *„Mir ist langweilig"* zur Abbildung der abhängigen Variable wurden fünf weitere Items formuliert, die sich etwa auf das kognitive Verständnis der Unterrichtsinhalte (*„Verstehe, worum es gerade geht"*), den Sinnbezug der eigenen Tätigkeit (*„Mache gerade etwas Sinnvolles"*) oder die Frage nach der Adäquatheit des Unterrichtstempos im Sinne der zur Verfügung stehenden Nachdenkzeit (*„Nachdenkzeit reicht mir"*) bezogen. Die Items der Lehrenden waren dabei jeweils korrespondierend formuliert, fließen aber nicht in die vorliegende Analyse ein. Über den gesamten Untersuchungszeitraum von zwei Unterrichtswochen hinweg ergab sich auf diesem Wege eine Vielzahl an

---

50 Die siebenminütige Erhebungsfrequenz hat sich bereits in einer vorangegangenen Prozessuntersuchung als gangbarer Weg zur Vermeidung des Antialising-Effekts durch eine inadäquate Abtastfrequenz erwiesen (Seifried 2009). Die Unterbrechungen des Unterrichts halten sich bei dieser Taktung in einem vertretbaren Rahmen, insbesondere nach einer kurzen Eingewöhnungsphase nimmt die Datenerhebung ohnehin nur noch einen Zeitraum von wenigen Sekunden in Anspruch, und die Erlebensprozesse sind hinreichend detailgetreu nachzuzeichnen.

Messzeitpunkten, die komplexe Auswertungen der Messreihen erlaubt (Bortz & Döring 1995, 531).

Abbildung 4-4: Items zur Erhebung des Unterrichtserlebens von Lernenden und Lehrkraft.

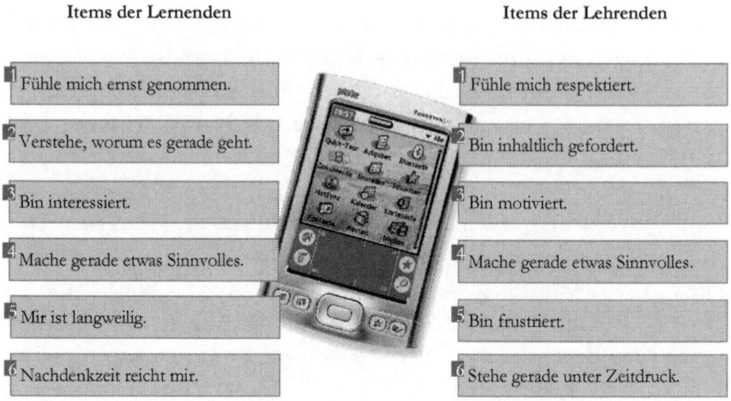

Items der Lernenden   Items der Lehrenden

Items der Lernenden	Items der Lehrenden
1 Fühle mich ernst genommen.	1 Fühle mich respektiert.
2 Verstehe, worum es gerade geht.	2 Bin inhaltlich gefordert.
3 Bin interessiert.	3 Bin motiviert.
4 Mache gerade etwas Sinnvolles.	4 Mache gerade etwas Sinnvolles.
5 Mir ist langweilig.	5 Bin frustriert.
6 Nachdenkzeit reicht mir.	6 Stehe gerade unter Zeitdruck.

In Klasse 9A konnten nach der Bereinigung der Daten um Messzeitpunkte außerhalb des tatsächlich stattgefundenen Unterrichts und andere unterrichtliche Störungen, die eine Eingabe verhinderten, für das Fach Rechnungswesen insgesamt 50 Messzeitpunkte generiert werden, ein ähnlicher Wert wie auch in Klasse D mit 51. Nominell wären bei einer Zugrundelegung von sechs Messzeitpunkten pro Unterrichtseinheit und acht videographierten Unterrichtseinheiten 48 MZP zu erwarten (s.o.). Die höhere tatsächliche Anzahl ergibt sich hierbei durch teilweises Überziehen der Lehrkräfte in die Pausen hinein, demnach die Verlängerung der nominellen Unterrichtszeit. In Klasse B waren es mit 46 MZP etwas weniger, in Klasse C ergaben sich ebenfalls 46 Messzeitpunkte (Tabelle 4-12).

Tabelle 4-12: Anzahl der verwertbaren Datensätze pro Klasse.

Klasse	Videographierte Unterrichtseinheiten	Messzeitpunkte im Untersuchungszeitraum	Anzahl vollständiger Schülerzeitreihen nach multipler Imputation
9A	8	50	20
9B	7	46	21
9C	8	46	28
9D	8	51	26
Σ	31	193	95

Für die Analyse der Erlebensprozesse von entscheidender Bedeutung und zugleich in länger andauernden Erhebungsphasen mit hoher Abtastfrequenz ein immanentes Problem ist die Frage der Antwortquote bzw. der fehlenden Werte. Vorliegend ergaben sich für die individuellen Messreihen Ausfälle an Einzelwerten von bis zu 8% bei *anwesenden* Probanden. Ein Teilnehmer wurde wegen fehlender Werte aufgrund hoher Fehlzeiten von mehr als 50% gänzlich aus der Analyse genommen (s.o.). Die fehlenden Werte in den Zeitreihen wurden im Anschluss durch einen Statistiker mittels multipler Imputation (vgl. etwa Rässler, Rubin & Schenker 2008) und einem speziellen Algorithmus auf Basis der Angaben aus der Eingangserhebung und der existierenden Werte ersetzt. Im Zuge des aufwändigen Rechenverfahrens ergaben sich in der Konsequenz jeweils drei Ersetzungsvarianten, die zur Ermittlung der finalen Parameter gemittelt wurden. Die Kopplung der Erlebensdaten mit den situativen Faktoren im Unterrichtsgeschehen und personenbezogenen Prädiktoren auf Schülerseite lässt einen bedeutenden Beitrag zur Aufklärung der unterrichtlichen Entstehungsbedingungen von Langeweile erwarten. Insbesondere der Erklärungsgehalt von individuellen Eingangsvoraussetzungen der Lernenden und Parametern der Unterrichtsgestaltung sowie etwaigen systematischen Kovariationen steht im Fokus der Betrachtung.

4.3.4.3 Erhebung der außerunterrichtlichen Lernzeitnutzung

Über die Video- und Audiographie des Unterrichtsgeschehens und die Erhebung des subjektiven Erlebens von Lehrenden und Lernenden während der Unterrichtszeit hinaus wurde das außerunterrichtliche Lernverhalten im Erhebungszeitraum durch die Lernenden selbst in vorstrukturierten Lerntagebüchern protokolliert. Auf diesem Wege lassen sich etwaige Zusammenhänge zwischen unterrichtlicher Zeitnutzung, dem Erleben von Langeweile im Unterricht und den außerunterrichtlichen Lernaktivitäten aufdecken (zu den Potentialen von Tagebuchverfahren zur Abbildung von Lernprozessen und entsprechenden Gestaltungsoptionen s. Rausch, Kögler & Laireiter 2012).

Es wurden dazu für verschiedene standardisiert vorgegebene Lernaktivitäten (*Hausaufgaben, Lernen für Wochentest, Lernen für Schulaufgabe, Wiederholung des Unterrichtsstoffes, Sonstiges*) die außerschulische Arbeitsdauer, personelle Unterstützung und eingesetzte Arbeitsmittel erfragt[51]. Im Anschluss daran

---

51 Die Konzeption der Lerntagebücher lehnte sich betreffend die Vorgabe der verschiedenen Lernaktivitäten und unterstützenden Personen(gruppen) an ein Instrument von Spiel & Wagner (in Wagner 2005, 167ff.) an. Ein exemplarisches Tagebuchblatt

gaben die Lernenden Einschätzungen über das erreichte Pensum, die benötigte Arbeitsdauer und die empfundene Schwierigkeit des Stoffes ab, mithilfe derer die selbst wahrgenommene Effizienz und Effektivität bei der Zielerreichung ermittelt werden können. Es wurde eine ordinale Skalierung verwendet – Abbildung 4–5 zeigt die drei Items, die den Lernenden dabei vorgelegt wurden.

Abbildung 4–5: Einschätzungen der Lernenden im Lerntagebuch.

Wie viel von dem, was du schaffen wolltest, hast du heute tatsächlich erreicht?					
[ ] nichts	[ ] viel weniger	[ ] etwas weniger	[ ] exakt so viel	[ ] etwas mehr	[ ] viel mehr
Wie lange hast du dafür gebraucht – verglichen mit deiner Erwartung?					
[ ] viel länger	[ ] etwas länger	[ ] wie geplant	[ ] etwas kürzer	[ ] viel kürzer	
Wie schätzt du die Schwierigkeit des Stoffs für dich ein?					
[ ] viel zu hoch	[ ] etwas zu hoch	[ ] genau richtig	[ ] etwas zu niedrig	[ ] viel zu niedrig	

Ferner wurden die Lernenden gebeten, zum einen ihre generelle Stimmung an dem betreffenden Tag und zum anderen ihr Befinden während des Lernens auf einer vorgegebenen ordinalen Skala aus verschiedenen Smileys anzugeben (Abbildung 4–6). An jedem Sonntag im Erhebungszeitraum wurde schließlich gefragt, wie viel in der vergangenen Woche im Vergleich zu anderen Wochen gelernt und gearbeitet wurde.

Abbildung 4–6: Skalierung der Smileys zur Erhebung der Stimmfärbung.

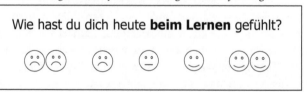

Die Antwortmöglichkeiten auf den Tagebuchblättern waren mit Ausnahme des Zeitraumes, in dem gearbeitet wurde, jeweils vorgegeben und mussten nur durch Ankreuzen in der entsprechenden Zeile und Spalte markiert werden. Somit hielt sich der tägliche Aufwand für die Lernenden in einem zeitlich begrenzten Umfang von wenigen Minuten, was bei einem Erhebungszeitraum von vier Unterrichtswochen nicht unerheblich für die Datenvollständigkeit und -qualität ist. Bei der Konzeption der Lerntagebücher wurde zudem bedacht, dass im Falle leerer Tagebuchblätter die Unterscheidung zwischen Tagen, an denen nicht

---

für das Fach Rechnungswesen befindet sich in einer Datendokumentation, die bei der Autorin bezogen werden kann.

gelernt wurde und Tagen, an denen zwar gelernt wurde, aber das Lerntagebuch-blatt nicht ausgefüllt wurde, also schlicht fehlenden Werten, nicht unproble-matisch sein würde. Um diese Unterscheidung zumindest etwas zu erleichtern, waren die Lernenden angehalten, mit einem durchgezogenen Strich auf dem Tagebuchblatt kenntlich zu machen, dass sie an diesem Tag überhaupt nichts für das entsprechende Fach gelernt oder gearbeitet hatten. Es ergeben sich in den beiden Fächern über den Erhebungszeitraum hinweg für jeden Lernenden 14 Erhebungszeitpunkte im Fach Rechnungswesen. Fehlende Werte wurden ange-sichts der enormen Komplexität der Datenstruktur – durch die Möglichkeit der Angabe von Mehrfachantworten im Sinne mehrerer unterschiedlicher Lernak-tivitäten pro Proband ergab sich eine mehrfach geschachtelte Datenstruktur – bislang nicht ersetzt. Als Cut-off-Kriterium für den Ausschluss von Teilnehmern aus der Analyse wurde die 50%-Marke festgelegt und zudem die Frage des syste-matischen Fehlens überprüft. Insgesamt war die Anzahl fehlender Werte in den bearbeiteten Lerntagebüchern verhältnismäßig gering, sie schwankte im Mittel um 4%, allerdings mussten 18 Probanden aufgrund der Nichtbearbeitung des Lerntagebuchs gänzlich aus der Datenanalyse ausgeschlossen werden. Da eine mögliche Ergebnisverzerrung durch diese fehlenden Daten nicht ausgeschlossen werden kann, sind die Ergebnisse bis zur aufwändigen multiplen Imputation der Daten mit Vorsicht zu interpretieren.

4.3.5 Verfahren der Datenanalyse

Die statistische Datenauswertung wird mit SPSS 22. durchgeführt. Im Rahmen der Auswertungen kommen verschiedene Verfahren zur Anwendung, die nach-folgend kurz anhand Ihrer Einsatzgebiete, Voraussetzungen und Interpretati-onsmöglichkeiten skizziert werden. Grundsätzlich gelten dabei für die Angabe von Signifikanzniveaus die gängigen Grenzwerte und Symbole – signifikante Er-gebnisse auf dem 1%-Niveau werden mit ** markiert, signifikante Ergebnisse auf dem 5%-Niveau mit einem *. Die Existenz von Tendenzen wird bei einem Signi-fikanzniveau von kleiner als 10% angenommen. Um die Ergebnisse unabhängig von der Stichprobengröße interpretieren zu können, sind bei der Prüfung von Unterschieden über Signifikanzniveaus hinaus auch Maße der Effektstärke her-anzuziehen. Diese erlauben den Schluss auf die praktische Bedeutsamkeit und Größe der gefundenen Effekte. Dabei wird vorliegend auf das verbreitete Maß η^2 zurückgegriffen, bei dem der prozentuale Anteil der Varianzaufklärung durch den jeweiligen Effekt berechnet wird (Cohen 1977; 273ff.; Bühner 2006, 121). Eine gebräuchliche Klassifikation des Maßes in kleine, mittlere und große Effek-te findet sich bei Cohen (1977, 284ff.). Dabei gelten Effekte von $\eta^2 > .01$ als klein,

Effekte von $\eta^2 > .06$ als mittel, und bei $\eta^2 > .14$ wird von großen Effekten ausgegangen. Bei der Bearbeitung der einzelnen Forschungsfragen und Hypothesen kommen folgende Verfahren zum Einsatz:

- Die Normalverteilungsannahme wird mit dem Kolmogorov-Smirnov-Test überprüft, der sich besonders für große Stichproben eignet. Dabei wird die Nullhypothese überprüft, dass die Werte der Untersuchungsvariablen in der Grundgesamtheit normalverteilt sind (BROSIUS 2011, 405) – ein signifikantes Ergebnis führt somit zur Verwerfung jener Nullhypothese und bedeutet eine Verletzung der Normalverteilung.
- Mittels Chi-Quadrat-Test wird – im Falle kategorialer Skalenniveaus z. B. bei Unterrichtskodierungen – die Abweichung der tatsächlichen Häufigkeitsverteilung von der erwarteten Verteilung (in der Regel Gleichverteilung) überprüft.
- Zusammenhänge werden bei Vorliegen metrischer Messniveaus mittels Produkt-Moment-Korrelationen nach Pearson bzw. bei Verletzung der Normalverteilung mit dem Rang-Korrelationskoeffizienten nach Spearman berechnet. Brosius (2011, 523) bietet eine Orientierungshilfe bei der Interpretation des Koeffizienten an, wonach Werte zwischen .20 bis .40 als schwach gelten, Werte zwischen .40 bis .60 als mittlerer Zusammenhang und Werte zwischen .60 und .80 als starke Korrelation bezeichnet werden. Im Falle nominaler Messniveaus wird zur Überprüfung von Assoziationen das auf der Chi-Quadrat-Statistik basierende Zusammenhangsmaß Cramer's V verwendet, das maximal den Wert 1 annehmen kann (Janssen & Laatz 2010, 278).
- Zur Überprüfung des Effekts von einem oder mehreren Prädiktoren auf eine abhängige Variable und die Identifikation des Anteils an erklärter Varianz kommt die (lineare) Regressionsanalyse zum Einsatz, die sich auch für Trendanalysen eignet. Anwendungsvoraussetzungen sind Normalverteilung, – das Verfahren ist jedoch ab einer Stichprobengröße von n ≥ 40 robust gegenüber Verletzungen der Normalverteilungsannahme (Bortz 2005, 450) – Linearität in den Beziehungen zwischen den interessierenden Variablen, Homoskedastizität (konstante Varianz der Residuen für alle Werte der Prädiktoren) sowie Abwesenheit von Multikollinearität und Autokorrelationen. Multikollinearität als Korrelation zwischen zwei oder mehr Prädiktoren lässt sich mittels der VIF-Koeffizienten (variance inflation factor) ermitteln, die unter 10 liegen sollen. Der besonders für Paneldaten bedeutsame Test auf Autokorrelation wird mit dem Durbin-Watson-Koeffizient durchgeführt – hierbei wird überprüft, ob zwischen den einzelnen Residuen benachbarter Fälle Unabhängigkeit besteht. Als Faustregel für akzeptable Werte des

Durbin-Watson-Koeffizienten, welcher zwischen 0 und 4 liegen kann, gelten Werte zwischen 1,5 und 2,5 (Brosius 2011, 579).

- Mittelwertsunterschiede, etwa zwischen den vier untersuchten Klassen, werden varianzanalytisch auf ihre Signifikanz geprüft. Das Verfahren gilt als robust gegen die Verletzung der Anwendungsvoraussetzungen, sofern die Zellbesetzungen in den betrachteten Gruppen annähernd gleich sind (Backhaus, Erichson, Plinke & Weiber 2003, 157ff.). Für den Fall der Verletzung der Anwendungsvoraussetzungen kommt der verteilungsfreie H-Test von Kruskal-Wallis zur Anwendung. Im Rahmen der Post-Hoc-Tests zur Prüfung der Mittelwertsunterschiede zwischen den einzelnen Gruppen wird in diesem Fall der Tamhane-T2-Test eingesetzt, ansonsten wird der konservative Scheffé-Test herangezogen.

- Die Überprüfung der Effekte verschiedener Prädiktoren(-gruppen) auf unterschiedlichen Ebenen wird mittels Mehrebenen-Regression durchgeführt. Das Verfahren ist im Falle hierarchischer Datenstrukturen angezeigt und eignet sich auch für Paneldaten in Messwiederholungsdesigns wie dem vorliegenden (s. etwa Ditton 1998; Göllner, Gollwitzer, Heider, Zaby & Schröder 2010; Hochweber & Hartig 2013; Keller 2007). Die Mehrebenen-Regression kann „als Verallgemeinerung der (multiplen) Regressionsanalyse auf den Fall mehrerer Ebenen" (Hochweber & Hartig 2013, 3) verstanden werden. Es lassen sich sowohl Effekte von Individual- und Aggregatvariablen auf den einzelnen Ebenen als auch Cross-level-Interaktionen untersuchen (Ditton 1998, 16) Die Durchführung der Mehrebenenanalyse setzt neben den bereits angesprochenen Voraussetzungen für regressionsanalytische Verfahren, für die es jedoch in Einzelfällen wie etwa der Annahme der Homoskedastizität (noch) keine Prüfverfahren gibt, eine kontinuierliche und intervallskalierte abhängige Variable und eine verhältnismäßig große Stichprobe voraus: Für eine nahezu unverzerrte Schätzung der Standardfehler werden in der Regel *mindestens* 30 Einheiten auf der obersten Ebene gefordert (Maas & Hox 2005). Die optimale Stichprobengröße hängt jedoch von der verfolgten Fragestellung ab, für die Untersuchung von Cross-Level-Interaktionen werden etwa mehr Untersuchungseinheiten gefordert als für die Überprüfung von Haupteffekten (Hochweber & Hartig 2013, 17f.). Im Zuge des Modellaufbaus wird zunächst ein sog. Nullmodell ohne jegliche Prädiktoren berechnet, um die Varianzanteile auf den verschiedenen Ebenen zu ermitteln und die Notwendigkeit der Integration von Prädiktoren nachzuweisen (zur Vorgehensweise beim Modellaufbau s. Hox 1995, 20ff.). Als Daumengröße für die dafür nötige Höhe der Intraclass-Correlation (ICC) gilt ein Wert von >10% (Anteil der Gesamtvarianz, der auf Unterschiede zwischen den Einheiten zurückzuführen ist; Hox 1995, 20). Weiterhin werden zunächst unter Annahme konstanter Steigungsparameter (fixed slopes) schrittweise Prädiktoren auf der unteren Ebene in das Modell eingefügt. Die Zulässigkeit der Annahme konstanter Slopes kann in einem weiteren Schritt für einzelne Prädiktoren überprüft werden, bevor auf der nächsthöheren Ebene Prädiktoren eingeführt bzw. Interaktionseffekte über die Ebenen hinweg untersucht werden. Insgesamt ist darauf zu achten, möglichst sparsame Modelle lediglich mit den theoretisch einschlägigen Prädiktoren zu spezifizieren (Hochweber & Hartig 2013, 21). Tabelle 4–13 zeigt die eingesetzten Verfahren der Datenanalyse noch einmal im Überblick.

Tabelle 4–13: Die Verfahren der Datenanalyse im Überblick

Untersuchungsabschnitt	Analyseverfahren
5.1 Strukturelle und prozessuale Muster der Zeitnutzung im Rechnungswesenunterricht	Deskriptive Statistik, Chi-quadrat-Test, Assoziationsmaß Cramer's V
5.2 Ausmaß und Variabilität unterrichtlicher Langeweile im Fach Rechnungswesen	Deskriptive Statistik, Chi-Quadrat-Test, Varianzanalyse, Trendanalyse mittels linearer Regression, Korrelation, Mehrebenen-Regression
5.3 Bedingungsfaktoren der Schülerlangeweile im Unterrichtsprozess	Deskriptive Statistik, Korrelation, Varianzanalyse, Mehrebenen-Regression
5.4 Wirkungen des Erlebens von Langeweile	Deskriptive Statistik, Varianzanalyse mit Messwiederholung, Korrelation, Multiple Regression

5. Empirische Befunde

Die Darstellung der empirischen Befunde gliedert sich in vier Sinnabschnitte, die an die zentralen Erkenntnisziele der Untersuchung anknüpfen: (1.) Ein erster Teil beschäftigt sich mit der Identifikation struktureller und prozessualer Muster der Zeitnutzung im beobachteten Rechnungswesenunterricht. Dabei stehen besonders langeweilekritische Parameter wie die Frage der Ausnutzung der zur Verfügung stehenden Unterrichtszeit, monotone Phasen oder auch die Verteilung der Interaktionsschwerpunkte auf Lehrkraft und Lernende im Mittelpunkt der Betrachtung. (2.) Im zweiten Untersuchungsabschnitt geht es um das Ausmaß und die prozessuale Variabilität der Schülerlangeweile. Es werden zunächst Ergebnisse zum Vorkommen der Emotion in den beobachteten Unterrichtseinheiten dargestellt, bevor sowohl inter-individuelle Unterschiede als auch intra-individuelle Muster der Langeweile innerhalb von und zwischen Unterrichtseinheiten aufgedeckt werden. (3.) Die Analyse der Bedingungsfaktoren der Schülerlangeweile steht im Fokus des dritten Teilabschnitts. Es wird dabei ein mehrebenenanalytischer Auswertungsansatz gewählt, der auf jeder Aggregatebene den Einfluss verschiedener Faktoren auf die Langeweileentwicklung berücksichtigt und im Rahmen mehrerer Modellrechnungen Veränderungen in den Effekten der Prädiktoren in Abhängigkeit ihrer Prozessnähe aufzeigt. (4.) Im vierten Abschnitt geht es schließlich um die Darstellung von Befunden zu den kurzfristigen Wirkungen der Schülerlangeweile auf Wissenserwerb und emotional-motivationale Bilanzierungen sowie ihre Zufriedenheit mit der Lehrkraft.

5.1 Strukturelle und prozessuale Muster der Zeitnutzung im Rechnungswesenunterricht

5.1.1 Ausnutzung der Unterrichtszeit

Dieser erste Untersuchungsabschnitt ist insbesondere der Bearbeitung der Frage nach dem Ausmaß unterrichtlicher Leerläufe und Wartezeiten für die Lernenden gewidmet, zeichnet aber gleichwohl ein Gesamtbild der methodisch-didaktischen Ausgestaltung der begleiteten Unterrichtseinheiten, um entsprechende Ergebnisse auch hinreichend einordnen zu können. Im Zuge der Bearbeitung dieser erkenntnisleitenden Fragestellung ist die für die Analyse des Unterrichtsgeschehens zur Verfügung stehende Datenbasis zu ermitteln. Von Bedeutung ist dabei eine sorgfältige Berücksichtigung der durch die wissenschaftliche Begleitung verursachten Verzögerungen bzw. zeitlichen Ausfälle. Insbesondere für die

Erhebung des Unterrichtserlebens mittels Continuous-State-Sampling-Methode (CSSM) wird der Unterricht mehrfach kurz unterbrochen – im Mittel handelt es sich dabei um Intervalle von etwa 30 bis maximal 50 Sekunden pro Messzeitpunkt (ein Kodierintervall = 10 Sekunden). Tabelle 5–1 offenbart ausgehend von der nominell geplanten Erhebungsdauer von 8 Unterrichtseinheiten à 45 Minuten (entspricht 2160 zehnsekündigen Kodierintervallen) über die zum Abzug kommenden Intervalle für CSSM-Messzeitpunkte die schließlich zur Analyse stehende kodierbare Unterrichtszeit. Dabei zeigt sich zunächst, dass von der nominellen Erhebungsdauer durchschnittlich etwa 93% videographiert werden konnten. Diese Differenz entstand im Zuge organisatorischer Gegebenheiten – so stand bisweilen für den Wechsel des Klassenzimmers und den Auf- und Abbau der Kameras sowie das Verteilen der mobilen Datenerhebungsgeräte lediglich eine kurze Pause zur Verfügung. Eine Veränderung des Stundenplans für die Erhebung war nicht möglich, zumal sich dann für die vier Klassen unterschiedliche Erhebungszeiträume ergeben hätten und die Vergleichbarkeit der behandelten Inhalte verloren gegangen wäre. Der Unterricht begann jedoch erst nach den Aufbaumaßnahmen bzw. nach dem Eintreffen der Lehrkraft. Abzüglich der durch die Datenerhebung verursachten Unterbrechungen stehen in der Konsequenz im Mittel 85% der nominellen Erhebungsdauer zur Analyse.

Tabelle 5–1: Datenbasis für die Analyse des Unterrichtsgeschehens

	Klasse 9A	Klasse 9B	Klasse 9C	Klasse 9D
nominelle Erhebungsdauer *(in Kodierintervallen)*	2160	2160	2160	2160
videographierte Unterrichtszeit *(in Kodierintervallen)*	2003	2020	1863	2127
Unterbrechung durch CSSM *(in Kodierintervallen)*	159	159	185	235
mittlere Dauer der Unterbrechung durch CSSM *(in Kodierintervallen)*	3.2	3.5	4.0	4.6
kodierbare Unterrichtszeit *(in Kodierintervallen)*	1844	1861	1678	1892

Die strukturelle Verteilung der Unterrichtszeit lässt sich im Zuge der Kodierung von *Klassenorganisation, Sozialform* und *didaktischer Arbeitsphase* nachzeichnen (Tabelle 5–2). In der Klasse 9A wird die zur Verfügung stehende (kodierbare) Unterrichtszeit zu 96.6% für unterrichtliche Zwecke genutzt, lediglich 3.4% der Zeit entfallen auf Verspätungen der Lehrkraft oder sonstige Unterbrechungen, die ein Unterrichten unmöglich machen (z.B. Durchsagen, Tests). Ähnliche Werte werden in Klasse 9B erreicht. Für die beiden übrigen Klassen liegen die Werte etwas höher, in Klasse 9C werden 8.0% der zur Verfügung stehenden Unterrichtszeit nicht für das Unterrichten genutzt. Ursächlich sind hier in der Regel zeitliche Verzögerungen zu Unterrichtsbeginn, die allerdings *nicht* auf die wissenschaftliche Begleitung zurückzuführen sind oder regelmäßig durchgeführte kurze Tests zu Beginn der neuen Woche. Darüber hinaus fallen in der eigentlichen Unterrichtszeit weitere Leerläufe in den Kategorien *Sozialform* und *didaktische Arbeitsphase* an: Leerläufe ohne jeglichen Sozialformeinsatz (etwa für Einzelgespräche der Lehrkraft mit den Lernenden oder technische Rüstzeiten) fallen insbesondere in Klasse 9B auf, hier wird ein beträchtlicher Wert von 10.6% erreicht. In den übrigen Klassen nehmen die Leerläufe deutlich geringere Zeitanteile ein. Phasen, in denen bzgl. der *didaktischen Arbeitsphase* keine inhaltsbezogene Unterrichtsarbeit erkennbar war (etwa für die Beschäftigung mit organisatorischen Fragen im Plenum), nehmen mit 15.3% ebenfalls in Klasse 9B einen deutlich größeren Zeitanteil ein als in den übrigen Klassen. Mittels Chi-Quadrat-Test lässt sich diese Ungleichheit in der Verteilung statistisch nachweisen (χ^2=2478.61, p=.000).

Tabelle 5–2: Verteilung der Unterrichtszeit in den untersuchten Klassen

Kategorie	Klasse 9A absolut (Anzahl Int.)	Klasse 9A relativ (in %)	Klasse 9B absolut (Anzahl Int.)	Klasse 9B relativ (in %)	Klasse 9C absolut (Anzahl Int.)	Klasse 9C relativ (in %)	Klasse 9D absolut (Anzahl Int.)	Klasse 9D relativ (in %)
Klassenorganisation								
kein Unterricht	63	3.4	59	3.2	134	8.0	105	5.6
Unterricht	1781	96.6	1802	96.8	1544	92.0	1787	94.4
Gesamt	**1844***	**100.0**	**1861***	**100.0**	**1678***	**100.0**	**1892***	**100.0**
Sozialform								
Leerlauf	65	3.7	191	10.6	31	2.0	15	0.8
Plenumsarbeit	859	48.2	1023	56.8	1021	66.1	1348	75.4
Gruppenarbeit	0	0	0	0	0	0	0	0
Partnerarbeit	290	16.3	246	13.7	53	3.4	30	1.7
Einzelarbeit	529	29.7	342	19.0	439	28.4	394	22.1
Schülerpräsentation	38	2.1	0	0	0	0	0	0
Gesamt	**1781****	**100.0**	**1802****	**100.0**	**1544****	**100.0**	**1787****	**100.0**

	Klasse 9A		Klasse 9B		Klasse 9C		Klasse 9D	
Arbeitsphase								
Keine	123	6.9	276	15.3	37	2.4	15	0.8
Wiederholung	798	44.8	665	36.9	652	42.2	886	49.6
Erarbeitung	602	33.8	583	32.4	548	35.5	715	40.0
Ergebnissicherung	258	14.5	278	15.4	307	19.9	171	9.6
Gesamt	**1781**[**]	**100.0**	**1802**[**]	**100.0**	**1544**[**]	**100.0**	**1787**[**]	**100.0**

[*] nach Abzug der für die Datenerhebung benötigten Zeit (s. Tabelle 5–1)
[**] nach Abzug der nicht genutzten Unterrichtszeit (s. Kategorie Klassenorganisation)

Bezüglich der methodischen Ausgestaltung des Unterrichts zeichnet sich ab, dass in allen Klassen zu einem beträchtlichen Anteil lehrerzentriert unterrichtet wurde (Tabelle 5–2): Für die Ausprägung „Plenumsarbeit" werden Werte zwischen 48.2% (Klasse 9A) und 75.4% (Klasse 9D) erreicht. Besonders in Klasse 9D nimmt die Arbeit im Plenum somit einen immensen Stellenwert ein. Die übrigen Zeitkontingente werden in dieser Klasse im Wesentlichen für „Einzelarbeit" (22.1%) genutzt. In den anderen Klassen wird die Plenumsarbeit ebenfalls in umfangreichem Ausmaß durch Einzelarbeitsphasen ergänzt, die „Partnerarbeit" spielt allen falls in Klasse 9A eine gewisse Rolle (16.3% der Unterrichtszeit). Ebenfalls in dieser Klasse wird Schülerinnen und Schülern die Möglichkeit gegeben, eigene Aufgabenlösungen dem Plenum vorzustellen – für die Kategorie „Schülerpräsentation" fallen in dieser Klasse 2.1% der Unterrichtszeit an. In den übrigen Klassen taucht diese methodische Facette nicht auf. Die Verteilung der einzelnen Ausprägungen weicht auch hier signifikant von der Gleichverteilung ab (χ^2=8608.59, p=.000).

Bei der Verteilung der Unterrichtszeit auf die verschiedenen *didaktischen Arbeitsphasen* ist zu konstatieren, dass „Wiederholung bekannter Inhalte" etwa ein Drittel bis zur Hälfte der Zeitkontingente ausmachen. Ein besonders hoher Wert wird auch hier in Klasse 9D erreicht (49.6%). Nimmt man die Phasen der „Ergebnissicherung", die sich auf die Zusammenfassung der in der betreffenden Stunde erstmals behandelten Inhalte beziehen, hinzu, ist festzustellen, dass in nahezu allen beobachteten Klassen allenfalls ein Drittel der Unterrichtszeit für die Erarbeitung neuer Inhalte genutzt wird. Insgesamt lässt sich festhalten, dass die methodisch-didaktische Vielfalt in den untersuchten Gruppen mit Ausnahme der Klasse 9A nicht besonders hoch ausfällt. Die Lernenden werden im Wesentlichen durch die Lehrkraft gesteuert und haben kaum Gelegenheit, im Rahmen kollaborativer Phasen mit anderen zu arbeiten – Gruppenarbeitsphasen werden in keiner der Untersuchungsgruppen eingesetzt.

Weiterhin ist von Interesse, wie sich die verschiedenen Ausprägungen für Sozialformen und Arbeitsphasen auf den beobachteten Unterrichtszeitraum verteilen. Es wurden zwei Unterrichtswochen mit jeweils 8 Unterrichtsstunden pro Klasse videographiert, in allen Klassen wurde somit dasselbe Stoffgebiet über dieselbe Zeitspanne hinweg behandelt. Denkbar wäre in diesem Zugriff beispielsweise, dass besonders in der zweiten Hälfte der Stoffsequenz Wiederholungsphasen dominieren oder aber zur Einübung des Stoffes schülerzentrierte Arbeitsformen gewählt werden. Im Zuge der Auswertungen wird zur besseren Vergleichbarkeit eine analytische Trennung von Doppelstunden vorgenommen, da diese in den untersuchten Klassen zu unterschiedlichen Zeitpunkten auftraten. Zudem werden lediglich die dominierenden Ausprägungen in den beiden Kategorien betrachtet, da sich für selten eingesetzte Formen wie etwa die Schülerpräsentation ohnehin kein Verlauf beobachten ließe. Die Darstellungen beziehen sich auf die für die einzelnen Ausprägungen von Sozialform bzw. Arbeitsphase ausgezählten Kodierintervalle. Für jede Ausprägung einzeln wird die prozentuale Verteilung im Untersuchungszeitraum ermittelt. Bezugsgröße ist dabei jeweils die Gesamtanzahl der Kodierungen für diese Ausprägung und *nicht* die Gesamtanzahl an Kodierungen für die gesamte Kategorie. Die Ergebnisse lassen sich daher nicht als relative Anteile der Unterrichtszeit in einer Stunde interpretieren, sondern geben lediglich darüber Auskunft, in welchen Stunden des Untersuchungszeitraumes sich bestimmte Ausprägungen konzentrierten.

Die Verteilung der Sozialformen über den Untersuchungszeitraum ist verhältnismäßig heterogen (Tabelle 5–3). In der Klasse 9A fällt auf, dass sich die Partnerarbeit ausschließlich auf die ersten beiden Unterrichtseinheiten konzentriert. Angesichts der sehr geringen Zeitanteile für Plenumsarbeit in diesen Stunden ist davon auszugehen, dass die Lernenden wussten, welche Inhalte und Aufgaben zu erarbeiten waren und keine längeren Erläuterungen der Lehrkraft notwendig waren. Ab der dritten Stunde im Untersuchungszeitraum nehmen die Phasen der Plenumsarbeit deutlich größeren Raum ein. Partnerarbeit wird nicht mehr eingesetzt, stattdessen arbeiten die Lernenden insbesondere in den Stunden 4 und 6 viel allein. In Klasse 9B verteilt sich die Plenumsarbeit annähernd gleich auf alle beobachteten Unterrichtsstunden – der größte Anteil liegt mit 16.2% in Stunde 5. Auch in dieser Klasse befindet sich der Schwerpunkt der Partnerarbeitsphasen in der ersten Stunde, 40.7% aller Kodierintervalle für Partnerarbeit sind dort auszumachen. Einzelarbeitsphasen konzentrieren sich in dieser Klasse besonders auf Stunde 3. Auffallend ist, dass die Lehrkraft Einzel- und Partnerarbeitsphasen offenbar von Stunde zu Stunde alternierend einsetzt.

In Klasse 9C ist festzustellen, dass lediglich in einer Stunde Partnerarbeit eingesetzt wird. Es handelt sich dabei um einen Zeitraum von 53 Kodierintervallen, das entspricht etwa neun Minuten. Ansonsten arbeiten die Lernenden in nahezu allen Stunden einzeln, Einzelarbeitsphasen werden besonders in den Stunden 1, 2 und 4 eingesetzt. In der Verteilung der Plenumsarbeit auf die Stunden im Untersuchungszeitraum lässt sich kein systematisches Muster ausmachen – allenfalls in der letzten Stunde ist ein sehr geringer Anteil für die Arbeit im Plenum zu verzeichnen. Für Klasse 9D ist Ähnliches zu konstatieren – auch hier gibt es nur in einer Stunde eine kurze Partnerarbeitsphase von 5 Minuten, ansonsten wird besonders in den Stunden 2 und 7 still gearbeitet. Bezüglich der Verteilung der Plenumsarbeit lässt sich auch hier kein eindeutiges Muster ausmachen, der größte Anteil aller Plenumsarbeitsphasen liegt allerdings mit 18.0% in der letzten beobachteten Unterrichtsstunde.

Tabelle 5-3: Verteilung der dominierenden Sozialformen über den Untersuchungszeitraum

Sozialformen	Klasse 9A		Klasse 9B		Klasse 9C		Klasse 9D	
	absolut (Anzahl Int.)	relativ (in %)	absolut (Anzahl Int.)	relativ (in %)	absolut (Anzahl Int.)	relativ (in %)	absolut (Anzahl Int.)	relativ (in %)
Plenumsarbeit								
Stunde 1	1	0.1	81	7.9	94	9.2	137	10.2
Stunde 2	65	7.6	159	15.5	132	12.9	167	12.4
Stunde 3	141	16.4	143	14.0	174	17.0	161	11.9
Stunde 4	125	14.6	117	11.4	114	11.4	185	13.7
Stunde 5	157	18.3	166	16.2	170	16.6	168	12.5
Stunde 6	73	8.5	149	14.6	143	14.0	187	13.9
Stunde 7	147	17.1	118	11.5	142	13.9	100	7.4
Stunde 8	150	17.5	90	8.8	52	5.1	243	18.0
Gesamt	**859**	**100.0**	**1023**	**100.0**	**1021**	**100.0**	**1348**	**100.0**
Partnerarbeit								
Stunde 1	185	63.8	100	40.7	0	0.0	0	0.0
Stunde 2	105	36.2	31	12.6	0	0.0	0	0.0
Stunde 3	0	0.0	0	0.0	0	0.0	0	0.0
Stunde 4	0	0.0	56	22.8	0	0.0	0	0.0
Stunde 5	0	0.0	7	2.9	0	0.0	0	0.0
Stunde 6	0	0.0	0	0.0	53	100.0	30	100.0
Stunde 7	0	0.0	20	8.1	0	0.0	0	0.0
Stunde 8	0	0.0	32	13.0	0	0.0	0	0.0
Gesamt	**290**	**100.0**	**246**	**100.0**	**53**	**100.0**	**30**	**100.0**

	Klasse 9A		Klasse 9B		Klasse 9C		Klasse 9D	
Einzelarbeit								
Stunde 1	0	0.0	7	2.0	100	22.8	54	13.7
Stunde 2	0	0.0	41	12.0	78	17.8	88	22.3
Stunde 3	72	13.6	120	35.1	37	8.4	19	4.8
Stunde 4	122	23.1	28	8.2	82	18.7	72	18.3
Stunde 5	29	5.5	48	14.0	23	5.2	37	9.4
Stunde 6	133	25.1	43	12.6	0	0.0	8	2.0
Stunde 7	72	13.6	28	8.2	51	11.6	89	22.6
Stunde 8	101	19.1	27	7.9	68	15.5	27	6.9
Gesamt	529	100.0	342	100.0	439	100.0	394	100.0

Bei der Verteilung der auf die einzelnen Ausprägungen der dominierenden didaktischen Arbeitsphasen entfallenden Kodierungen zeigen sich indes deutlichere Muster (Tabelle 5–4): Wiederholungsphasen konzentrieren sich in allen beobachteten Klassen besonders in der zweiten Hälfte des Untersuchungszeitraumes, während das Ausmaß der Stofferarbeitung in diesem Zeitraum deutlich nachlässt. Auch die Ergebnissicherung dominiert (mit Ausnahme der Klasse 9A) in den ersten vier Stunden. Auffallend ist, dass es bei der Erarbeitung neuer Lerninhalte etwa in den Klassen 9A oder 9D in Stunde 6 noch einmal einen Anstieg gibt – nach der ersten ausführlichen Stofferarbeitung wird offenbar zunächst etwas Zeit in dessen Festigung investiert, bevor dann nochmals einige neue Aspekte behandelt werden.

Tabelle 5-4: Verteilung der dominierenden Arbeitsphasen über den Untersuchungszeitraum

	Klasse 9A		Klasse 9B		Klasse 9C		Klasse 9D	
Arbeitsphasen	absolut (Anzahl Int.)	relativ (in %)	absolut (Anzahl Int.)	relativ (in %)	absolut (Anzahl Int.)	relativ (in %)	absolut (Anzahl Int.)	relativ (in %)
Erarbeitung								
Stunde 1	186	30.9	111	19.0	133	24.3	156	21.8
Stunde 2	0	0.0	126	21.6	92	16.8	168	23.5
Stunde 3	30	5.0	108	18.5	36	6.6	78	10.9
Stunde 4	117	19.4	80	13.7	72	13.1	158	22.1
Stunde 5	0	0.0	85	14.6	14	2.6	0	0.0
Stunde 6	117	19.4	34	5.8	91	16.6	145	20.3
Stunde 7	69	11.5	37	6.3	110	20.1	0	0.0
Stunde 8	83	13.8	2	0.3	0	0.0	10	1.4
Gesamt	602	100.0	583	100.0	548	100.0	715	100.0

	Klasse 9A		Klasse 9B		Klasse 9C		Klasse 9D	
Wiederholung								
Stunde 1	0	0.0	0	0.0	0	0.0	2	0.2
Stunde 2	209	26.2	45	6.8	88	13.5	0	0.0
Stunde 3	186	23.3	0	0.0	62	9.5	83	9.4
Stunde 4	0	0.0	88	13.2	120	18.4	67	7.6
Stunde 5	177	22.2	107	16.1	179	27.5	205	23.1
Stunde 6	29	3.6	150	22.6	2	0.3	80	9.0
Stunde 7	140	17.5	128	19.3	81	12.4	189	21.3
Stunde 8	57	7.1	147	22.1	120	18.4	260	29.3
Gesamt	**798**	**100.0**	**665**	**100.0**	**652**	**100.0**	**886**	**100.0**
Ergebnissicherung								
Stunde 1	0	0.0	59	21.1	57	18.6	33	19.3
Stunde 2	0	0.0	52	18.7	30	9.8	87	50.9
Stunde 3	0	0.0	138	49.6	111	36.2	19	11.1
Stunde 4	125	48.5	8	2.9	4	1.3	32	18.7
Stunde 5	0	0.0	18	6.5	0	0.0	0	0.0
Stunde 6	58	22.5	3	1.1	103	33.6	0	0.0
Stunde 7	8	3.1	0	0.0	2	0.7	0	0.0
Stunde 8	67	26.0	0	0.0	0	0.0	0	0.0
Gesamt	**258**	**100.0**	**278**	**100.0**	**307**	**100.0**	**171**	**100.0**

Die beobachteten zeitlichen Muster in den beobachteten Stunden führen zu dem Gesamteindruck einer in weiten Teilen traditionellen methodisch-didaktischen Gestaltung des Rechnungswesenunterrichts: Es überwiegen Phasen der Plenumsarbeit, schülerzentrierte Formen werden lediglich in geringem Ausmaß eingesetzt. Im Folgenden liegt der Schwerpunkt der methodisch-didaktischen Analyse auf der Frage nach dem Ausmaß abwechslungsarmer Phasen im Unterrichtsgeschehen.

5.1.2 Monotonie und Abwechslungsreichtum im Unterrichtsprozess

Das auf den ersten Blick unmissverständliche Konstrukt Monotonie lässt sich im Rahmen der systematischen Beobachtung von Unterrichtsprozessen mittels umfangreicher Datenrestrukturierungen einer Analyse zugänglich machen. Seine beiden Bedeutungsfacetten beziehen sich auf 1.) Unterrichtsphasen mit konstanten methodischen bzw. didaktischen Ausprägungen (z.B. ausgedehnte Lehrermonologe) und 2.) typische, immer wiederkehrende methodisch-didaktische Kombinationen (z.B. Erarbeitung von Inhalten im Plenum, Durchführung von Übungen in Einzelarbeit). Doch selbst vor dem Hintergrund dieser Operationalisierung bleibt Monotonie in ihrer Wirkung auf das Individuum ein subjektives

Konstrukt, das sich streng genommen einer objektiven Einordnung entzieht. Ungeachtet dessen lassen sich abwechslungsarme Phasen der Unterrichtsgestaltung quantifizieren und in eine Beziehung zu dem Erleben von Lernenden setzen. Zunächst rückt in diesem Abschnitt die erste Bedeutungsfacette in den Mittelpunkt der Betrachtung: Auswertungstechnisch wurde dabei jeweils die längste Phase konstanter Kodierungen am Stück vor dem jeweiligen Messzeitpunkt ermittelt. Die maximale und mittlere Dauer dieser konstanten Phasen sind für die beiden Kategorien *Sozialform* (Tabelle 5–5) und *didaktische Arbeitsphase* (Tabelle 5–6) nachfolgend dargestellt.

Der Blick auf Zeiten des Leerlaufs in beiden Kategorien offenbart, dass die jeweils längsten Phasen etwa zwischen 2.5 und 5 Minuten dauerten, während in der Durchschnittsbetrachtung nur wenige Sekunden lang nichts passierte (statistisch gesehen scheinen insofern einige wenige längere Leerläufe zahlreichen sehr kurzen gegenüberzustehen). Die Klasse 9A fällt dabei mit verhältnismäßig niedrigeren Werten auf. Innerhalb der Sozialformen nimmt die Plenumsarbeit erwartungsgemäß den größten Raum ein – in Klasse 9D dauerte die längste Phase am Stück 29 Minuten. Im Mittel dauerten die Phasen der Plenumsarbeit zwischen 3 und 9.4 Minuten. Partnerarbeitsphasen werden in der Regel kurz gehalten, lediglich in Klasse 9A hatten die Lernenden in einem Fall 31 Minuten lang die Gelegenheit miteinander zu arbeiten. Die maximale Länge der Einzelarbeitsphasen fällt hingegen in allen vier Klassen ähnlich aus. Der Maximalwert der Schülerpräsentation von einer Minute offenbart, dass es sich dabei nicht um ein längeres Referat handelte, sondern lediglich um einen kurzen Ergebnisvortrag am Lehrer-PC.

Tabelle 5-5: Konstante Phasen in der Gestaltung der Sozialformen

Kategorie	Klasse 9A		Klasse 9B		Klasse 9C		Klasse 9D	
	längste Phase (in Min.)	*mittlere Länge (in Min.)*	*längste Phase (in Min.)*	*mittlere Länge (in Min.)*	*längste Phase (in Min.)*	*mittlere Länge (in Min.)*	*längste Phase (in Min.)*	*mittlere Länge (in Min.)*
Sozialform								
Leerlauf	2.3	0.2	4.0	0.6	5.3	0.4	5.2	0.2
Plenumsarbeit	14.2	3.0	20.3	6.5	25.5	6.9	29.0	9.4
Gruppenarbeit	0	0	0	0	0	0	0	0
Partnerarbeit	31.0	2.7	16.7	1.4	8.8	0.4	5.0	0.1
Einzelarbeit	19.5	2.6	14.3	1.4	16.7	2.6	14.8	1.9
Schülerpräsentation	1.0	0.5	0	0	0	0	0	0

Tabelle 5–6: Konstante Phasen in der didaktischen Gestaltung

Kategorie	Klasse 9A		Klasse 9B		Klasse 9C		Klasse 9D	
	längste Phase (in Min.)	*mittlere Länge (in Min.)*	*längste Phase (in Min.)*	*mittlere Länge (in Min.)*	*längste Phase (in Min.)*	*mittlere Länge (in Min.)*	*längste Phase (in Min.)*	*mittlere Länge (in Min.)*
Arbeitsphase								
Keine	4.7	0.3	5.2	1.1	5.3	0.5	5.2	0.2
Wiederholung	34.8	6.4	17.8	4.7	29.2	5.3	45.2	10.2
Erarbeitung	31.0	4.2	16.7	3.2	22.2	4.0	27.0	5.5
Ergebnissicherung	9.7	0.9	10.0	1.0	17.2	1.8	6.7	0.9

Im Bereich der Arbeitsphasen liegt der längste Maximalwert mit 45.2 Minuten „Wiederholung" am Stück in der Klasse 9D, gefolgt von 34.8 Minuten in Klasse 9A. Durchschnittlich wird zwischen 4.7 (Klasse 9B) und 10.2 Minuten (Klasse 9D) am Stück wiederholt. Betrachtet man die durchschnittliche Länge der konstanten Phasen für die „Ergebnissicherung" am Ende der Stunde, so fallen diese deutlich kürzer aus. Bei den Erarbeitungsphasen von neuen Inhalten dauerte die längste Phase am Stück 31.0 Minuten (Klasse 9A), im Mittel lag die Länge der Erarbeitungsphasen zwischen drei und fünf Minuten.

Insgesamt lässt sich für die beobachteten Unterrichtseinheiten festhalten, dass besonders Stoffwiederholungen und Phasen der Plenumsarbeit auffällig lange am Stück durchgeführt werden. Es ist hierbei zu vermuten, dass die Werte der beiden Kategorien nicht unabhängig voneinander sind, sondern bestimmte methodische Rahmenbedingungen überzufällig oft mit bestimmten didaktischen Phasen kombiniert werden. Die zweite Facette der Analyse von Monotonie und Abwechslungsreichtum im Unterricht bezieht sich daher auf wiederkehrende methodisch-didaktische Muster.

Die entsprechenden Auswertungen und deren Darstellung werden im Folgenden getrennt für die vier Klassen vorgenommen. In Klasse 9A ist zunächst festzustellen, dass sich lediglich die Plenumsarbeit auf *alle* vier didaktischen Arbeitsphasen verteilt – so entfallen nahezu zwei Drittel dieser Sozialform auf die Beschäftigung mit bekannten Inhalten im Sinne von Wiederholungsphasen (Abbildung 5–1), 7% der Plenumsarbeit wird für die Erarbeitung neuer Stoffinhalte genutzt und etwa ein Viertel für die Ergebnissicherung. Ebenfalls 7% der Plenumsarbeit verstreichen ohne eine Beschäftigung mit den Unterrichtsinhalten. In dieser Klasse wird das Gros der Erarbeitungsphasen entweder in Partner- oder Einzelarbeit verbracht, während Phasen der Wiederholung oder Ergebnissicherung in allen Sozialformen realisiert werden. Schülerpräsentationen dienen ausschließlich

der Wiederholung und Einübung der Stoffinhalte. Die Überzufälligkeit des Auftretens verschiedener didaktisch-methodischer Kombinationen in dieser Klasse ist
statistisch signifikant (Cramer's V = .524, p =.000). In der Folge stellt sich die Frage
nach der relativen Bedeutung der verschiedenen methodisch-didaktischen Muster
im Unterrichtsgeschehen: Eine Reihung der typischen Kombinationen nach ihrer
relativen Häufigkeit (in % an den 1781 kodierten Unterrichtsintervallen in dieser Klasse) führt zu der Erkenntnis, dass 30.0% jener kodierten Intervalle auf die
Kombination Plenumsarbeit und Wiederholung entfallen. Auf die darauffolgende
Kombination aus Einzelarbeit und Erarbeitung entfallen noch 20.4%, gefolgt von
Ergebnissicherung im Plenum (11.4%) und Erarbeitung in Partnerarbeit (10.4%).
Die übrigen Kombinationen liegen im einstelligen Bereich und sind damit nicht
ganz so typisch für den Unterricht in dieser Klasse.

Abbildung 5–1: Methodisch-didaktische Muster in Klasse 9A.

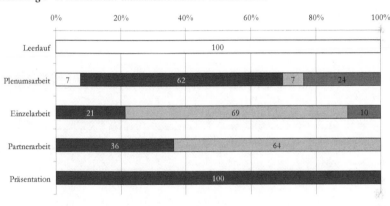

□ kein Inhaltsbezug ■ Wiederholung ▨ Erarbeitung ■ Ergebnissicherung

In Klasse 9B ergibt sich bezüglich der Aufteilung der Plenumsarbeit auf die verschiedenen didaktischen Arbeitsphasen ein ähnliches Bild wie zuvor (Abbildung
5–2): Mehr als die Hälfte der Zeitanteile für diese Sozialform wird für Wiederholungsphasen genutzt. Auf die Ergebnissicherung entfallen dann noch einmal 24 %,
während 16% der Arbeit im Plenum für die Erarbeitung neuen Stoffes verwendet
werden. Auch in dieser Klasse werden Erarbeitungsphasen im Wesentlichen in
Einzel- oder Partnerarbeit durchgeführt – diese Arbeitsformen spielen allerdings
auch bei der Wiederholung eine Rolle. Zeiten des Leerlaufs werden zu 100% für
Tätigkeiten ohne Inhaltsbezug genutzt – eine Tatsache, die in allen untersuchten Klassen zutrifft. Der Zusammenhang zwischen den Variablen *Sozialform*
und *didaktische Arbeitsphase* kann auch für Klasse 9B statistisch belegt werden

(Cramer's V = .566, p =.000). Auf Basis der diesen Daten zugrunde liegenden Kreuztabelle lässt sich ebenfalls eine Rangreihe der häufigsten didaktisch-methodischen Kombinationen bilden (Grundgesamtheit N=1802 Unterrichtskodierungen): So stellt mit 29.1% aller Kodierungen auch in dieser Klasse die Kombination aus Plenumsarbeit und Wiederholung das häufigste Muster dar. Darauf folgt die Kombination aus Plenumsarbeit und Ergebnissicherung mit 13.7% aller Kodierungen und Partnerarbeit in Kopplung mit Erarbeitungsphasen (11.9%) sowie Einzelarbeit in Kombination mit Erarbeitungsphasen (11.1%). Mit 10.5% aller im Unterricht vorgenommenen Kodierungen stellt die Kombination aus Leerlauf und „kein Inhaltsbezug" zudem einen bedeutenden Anteil am Unterrichtsgeschehen in Klasse 9B dar.

Abbildung 5–2: Methodisch-didaktische Muster in Klasse 9B.

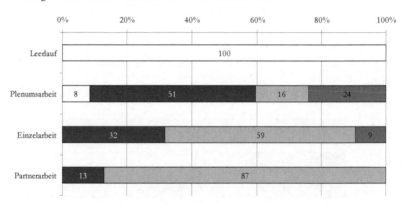

Leichte Abweichungen ergeben sich bei der Analyse der didaktischen Kombinationen in Klasse 9C (Abbildung 5–3). Hier wird die Partnerarbeit zu 100% für die Erarbeitung neuer Inhalte genutzt, Wiederholungen des Unterrichtsstoffes werden nur in Plenums- oder Einzelarbeit durchgeführt. Die Plenumsarbeit verteilt sich wiederum auf alle vier Ausprägungen der didaktischen Arbeitsphasen – lediglich 1% der Plenumsarbeit (in der Abbildung ganz links abgetragen) verläuft ungenutzt, während zusammen genommen 79% für Wiederholung und Ergebnissicherung anfallen. Weniger als ein Viertel der Plenumsarbeit wird für die Erarbeitung genutzt. Das Auftreten der beschriebenen didaktisch-methodischen Muster ist systematisch überzufällig (Cramer's V = .606, p =.000). Die Rangreihe der relativen Häufigkeiten typischer methodisch-didaktischer Muster wird in dieser Klasse ebenfalls von der Kombination aus Plenumsarbeit und

Wiederholung angeführt (32.8% der Grundgesamtheit von N=1544 Kodierungen). Die zweithöchste Häufigkeit der Muster liegt auch hier bei der Kombination aus Plenumsarbeit und Ergebnissicherung (19.4%), gefolgt von Einzelarbeit und Erarbeitung (18.5%) sowie Plenumsarbeit und Erarbeitung (13.5%). Die übrigen Kombinationen liegen indes im einstelligen Prozentbereich.

Abbildung 5–3: Methodisch-didaktische Muster in Klasse 9C.

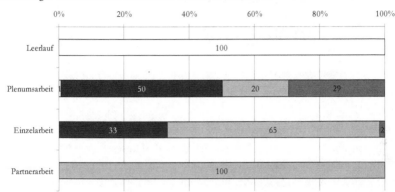

In Klasse 9D verändern sich die Muster hinsichtlich der didaktischen Nutzung von Partnerarbeitsphasen: Hier wird jene Sozialform ausschließlich für Wiederholungs- und Übungszwecke genutzt (Abbildung 5–4) Die Verteilung der übrigen Arbeitsphasen auf die Sozialformen ähnelt der in den anderen Klassen – auch hier wird das Gros der Plenumsarbeit für die Wiederholung verwendet. Allerdings entfallen deutlich größere Zeitanteile der Arbeit im Plenum auf die Erarbeitung neuer Inhalte. Ein signifikanter Zusammenhang zwischen den Variablen *Sozialform* und *didaktische Arbeitsphase* lässt sich auch für Klasse 9 D statistisch absichern (Cramer's V = .586, p =.000). Die Reihenfolge der relativen Häufigkeiten didaktisch-methodischer Muster stellt sich für diese Klasse folgendermaßen dar: Mit 38.4% aller Unterrichtskodierungen (N=1787 für Klasse 9D) führt auch hier die Kombination aus Plenumsarbeit und Wiederholungen die Rangliste an. Auf dem zweiten Rang liegt die Kombination aus Plenumsarbeit und Erarbeitung (28.9%), alle übrigen Muster liegen weit dahinter: Lediglich die Kombination aus Einzelarbeit und Erarbeitung liefert mit 11.1% der Kodierungen noch zweistellige Werte. In der Konsequenz lässt sich der Unterricht in dieser Klasse als äußerst lehrerzentriert beschreiben – über zwei Drittel der Unterrichtsgestaltung verlaufen im Plenum.

Abbildung 5–4: Methodisch-didaktische Muster in Klasse 9D.

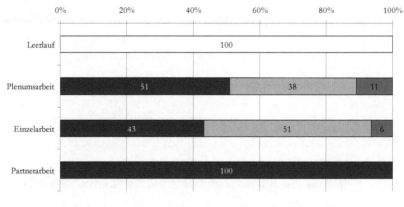

□ kein Inhaltsbezug ■ Wiederholung ▣ Erarbeitung ■ Ergebnissicherung

Im Gesamtüberblick ist festzuhalten, dass es in den untersuchten Klassen über-
zufällige methodisch-didaktische Kombinationen gibt, die immer wiederkeh-
ren. Typischerweise wird die Plenumsarbeit für Phasen der Wiederholung und
Ergebnissicherung verwendet, während in Partner- und Einzelarbeitsphasen in
leicht divergierendem Ausmaß schwerpunktmäßig Neues erarbeitet und einge-
übt wird. In drei von vier Klassen liegen die relativen Häufigkeiten für didaktisch-methodische Muster unter Beteiligung der Plenumsarbeit auf den oberen
Plätzen der gebildeten Rangreihe und sind somit von zentraler Bedeutung für
die Unterrichtsgestaltung.

5.1.3 Interaktionsschwerpunkte

Zur Beantwortung der Forschungsfrage nach Interaktionsschwerpunkten im
Unterrichtsgeschehen wird zunächst ein Überblick über die Redezeitverteilung
zwischen Lehrkraft und Lernenden angestrebt. Dazu werden im Event-Sampling-
Verfahren die entsprechenden relativen Anteile an der videographierten Unterrichtszeit ermittelt. Es zeigt sich insbesondere bei der Kontrastierung von
klassenöffentlichen Lehrkraftredezeiten (im Sinne von Monologen oder kurzen
Erklärungen) mit Redezeiten der Lernenden in den vier untersuchten Klassen
ein recht heterogenes Bild (Tabelle 5–7): Während in Klasse 9A lediglich 19.2%
der Unterrichtszeit auf klassenöffentliche Redezeiten der Lehrkraft entfallen, liegen die Werte in den übrigen drei Klassen deutlich höher. Der höchste Wert für
klassenöffentliches Sprechen der Lehrkraft wird mit 52.4% der Unterrichtszeit in
Klasse 9D erreicht. Das entsprechend entgegen gesetzte Bild offenbart sich bei

der Betrachtung der Sprechzeiten der Lernenden: Hier liegt der Wert in Klasse 9A mit 40.9% der Unterrichtszeit am höchsten, während etwa in Klasse 9D nur 19.9% der Unterrichtszeit auf Sprechzeiten der Lernenden entfallen. Darüber hinaus liegen die Werte in den übrigen Kategorien in vergleichbarer Höhe, lediglich in Klasse 9C wird deutlich mehr Redezeit der Lehrkraft für Gespräche mit einzelnen Lernenden verwendet (12.4% der Unterrichtszeit) als in den übrigen Klassen. Bezüglich der Sprechpausen, die etwa in Einzelarbeitsphasen oder zwischen den einzelnen Wortbeiträgen entstehen, ist zu bemerken, dass diese in Klasse 9C besonders wenig Raum einnehmen (9.1%). Dies wird aber nicht durch entsprechend hohe Redeanteile der Lernenden ausgeglichen, sondern vielmehr durch ausgeweitete Sprechanteile der Lehrkraft. Zusammenfassend lässt sich für diese Betrachtung konstatieren, dass in der Mehrzahl der Klassen die Sprechanteile der Lehrkraft das Unterrichtsgeschehen dominieren, während die Lernenden im Gegenzug nur in verhältnismäßig geringerem Ausmaß das Unterrichtsgeschehen aktiv mitgestalten können.

Tabelle 5–7: Verteilung der Redezeiten

	Klasse 9A	Klasse 9B	Klasse 9C	Klasse 9D
Kategorie	*relative Häufigkeiten in % der videographierten Unterrichtszeit*			
Lehrkraft klassenöffentlich	19.2	32.8	47.0	52.4
mit Schülergruppe	1.1	1.4	3.5	2.9
mit Einzelschüler	6.6	7.4	12.4	6.9
mit externer Person	0.2	1.7	1.6	1.8
Lernende (gesamt)	40.9	29.1	26.4	19.9
Sprechpausen	32.0	27.6	9.1	16.1
Gesamt	**100**	**100**	**100**	**100**

In einem nächsten Schritt werden die Lehrer-Schüler-Interaktionen einer näheren Betrachtung unterzogen. Die Zuweisung der Lerngelegenheiten durch die Lehrkraft und die entsprechende Qualität der Interaktionsbeiträge und Rückmeldungen stehen im Fokus der Analyse. Bei der Betrachtung der Ausprägungen in der Kategorie *Zuweisung von Lerngelegenheiten* lässt sich zunächst festhalten, dass besonders in der Klasse 9D viele Meldungen der Lernenden ohne

Aufruf im Sande verliefen (Tabelle 5–8), während dies in der 9C im gesamten Untersuchungszeitraum deutlich seltener vorkam. Allerdings ist die Interaktionsdichte in der Klasse 9D insgesamt höher als in den übrigen Klassen. Eine ähnlich große Streubreite weisen die Werte für die Ausprägung „Initiativbeitrag", also der freie Wortbeitrag von Lernenden ohne vorhergehende Meldung oder Aufruf durch die Lehrkraft, auf. Die Zuweisungspraxis der untersuchten Lehrkräfte in den Ausprägungen „Drannehmen" und „Aufrufen" sind indes etwas homogener. Hinsichtlich der *Art der Lerngelegenheit* fällt auf, dass die Lernenden im gesamten Untersuchungszeitraum gemessen an der Gesamtanzahl der Interaktionen nur äußerst wenig Fragen stellen (Tabelle 5–8).

Tabelle 5–8: Häufigkeiten für IRF-Sequenzen in den Lehrer-Schüler-Interaktionen

	Klasse 9A	Klasse 9B	Klasse 9C	Klasse 9D
Kategorie	*absolute Häufigkeiten im Untersuchungszeitraum*			
Zuweisung von Lerngelegenheiten				
Drannehmen	93	140	110	135
Initiativbeitrag	125	73	48	235
Aufrufen	187	291	236	333
Meldung ohne Beitrag	190	268	28	316
Art der Lerngelegenheit				
Kurzfrage	10	15	56	147
Deep-Reasoning-Frage	31	32	39	59
Ja-/Nein-Antwort	8	26	10	7
Ergebnismitteilung	308	391	243	441
Beschreibung/Erklärung	48	40	46	49
Art der Rückmeldung				
Kurzbestätigung	324	398	273	542
Kurzkorrektur	28	58	75	115
Bestätigung mit Lösungsweg	34	35	30	43
Korrektur mit Lösungsweg	19	13	16	3
Lob	26	34	22	12
Tadel	0	14	1	0

Es dominieren dabei in der Absolutbetrachtung mit Ausnahme der Klasse C die Fragen, die auf ein tieferes Verständnis der Unterrichtsinhalte (deep reasoning) gerichtet sind. Ja-/Nein-Antworten der Lernenden kommen nur sehr selten vor, den größten Anteil an den Lerngelegenheiten nehmen mit Abstand die Ergebnismitteilungen infolge von Übungsaufgaben ein. Auch die lernwirksameren Erklärungen oder Beschreibungen der Lernenden kommen im Verhältnis dazu deutlich seltener zum Tragen. Die Betrachtung der Rückmeldungen der Lehrkräfte führt schließlich zu einem kongruenten Bild der zugewiesenen Lerngelegenheiten: Es dominieren Kurzbestätigungen der Lehrkräfte auf getätigte Äußerungen der Lernenden, die sich in der Mehrzahl offenbar auf Übungsaufgaben bezogen. Auch Kurzkorrekturen machen einen – wenn auch geringen – Anteil an den Rückmeldungen aus. Erläuterungen der Lehrkräfte zu Lösungswegen im Zuge der Ergebnisbestätigung oder -korrektur sind insgesamt verhältnismäßig selten. Auffallend ist zudem, dass besonders in Klasse 9D, in der eine hohe Interaktionsdichte herrscht, besonders selten gelobt oder getadelt wird, während in geringem Ausmaß zumindest lobende Rückmeldungen an die Lernenden in den übrigen Klassen vorkamen.

Die Analyse der mittleren Interaktionshäufigkeit der einzelnen Lernenden in den beobachteten Unterrichtseinheiten und Kategorien offenbart auf den ersten Blick eine immense Variabilität (Tabelle 5–9): So sind die Standardabweichungen der einzelnen Werte für nahezu alle Ausprägungen sehr hoch, was darauf hindeutet, dass die Lernenden in sehr divergierendem Ausmaß in das Interaktionsgeschehen eingebunden sind.

Tabelle 5–9: Mittlere Interaktionshäufigkeit der Lernenden im Untersuchungszeitraum

Kategorie	Klasse 9A (n=20)		Klasse 9B (n=21)		Klasse 9C (n=28)		Klasse 9D (n=26)	
	M	SD	M	SD	M	SD	M	SD
Zuweisung von Lerngelegenheiten								
Drannehmen	4.7	4.0	6.7	4.1	3.9	2.9	5.0	3.7
Initiativbeitrag	6.3	8.8	3.4	5.2	1.7	1.9	8.7	11.7
Aufrufen	9.4	9.5	13.9	11.4	8.4	6.7	12.3	10.2
Meldung ohne Beitrag	9.5	11.7	12.8	15.3	1.0	1.8	11.7	12.6
Art der Lerngelegenheit								
Kurzfrage	0.5	1.3	0.7	1.7	2.0	2.0	5.4	5.1
Deep-Reasoning-Frage	1.6	2.3	1.5	1.9	1.4	2.1	2.2	3.2
Ja-/Nein-Antwort	0.4	0.8	1.2	1.2	0.4	0.6	0.3	0.7
Ergebnismitteilung	15.4	14.7	18.6	11.3	8.7	6.5	16.3	13.1
Beschreibung/Erklärung	2.4	3.2	1.9	2.0	1.6	2.3	1.8	2.5
Art der Rückmeldung								
Kurzbestätigung	16.2	15.8	19.0	13.3	9.8	7.1	20.1	15.6
Kurzkorrektur	1.4	2.3	2.8	2.4	2.7	3.0	4.3	4.6
Bestätigung mit Lösungsweg	1.7	2.2	1.7	1.7	1.1	1.7	1.6	1.8
Korrektur mit Lösungsweg	1.0	1.6	0.6	1.0	0.6	1.1	0.1	0.3
Lob	1.3	1.4	1.6	1.7	0.8	1.1	0.4	0.7
Tadel	0.0	0.0	0.7	0.7	0.1	0.2	0.0	0.0

Es gibt zudem in jeder Klasse Lernende, die überhaupt nicht aktiv am Unterricht teilhaben. Auch in der Durchschnittsbetrachtung fällt die verhältnismäßig hohe Interaktionsdichte in Klasse 9D auf. In Kombination mit dem Befund, dass in dieser Klasse die Redeanteile der Lehrkraft besonders ausgeprägt sind und besonders viele Kurzbestätigungen auftreten, deutet dies darauf hin, dass die einzelnen Interaktionsbeiträge äußerst kurz ausfallen.

Die Verteilung der Interaktionsschwerpunkte betreffend lässt sich für die beobachteten Klassen schlussendlich konstatieren, dass sich das im Zuge der Auswertung der Sichtstrukturen erzeugte Befundbild auch hier erneut bestätigt. Die beobachteten Unterrichtseinheiten sind stark auf die Lehrkräfte bezogen, ihre Redezeit dominiert das Interaktionsgeschehen in den Klassen. Die Interaktionsbeiträge der Lernenden konzentrieren sich auf kurze Antwortbeiträge oder bei Unklarheiten vereinzelte tiefer gehende Fragen. Die Variabilität in den Häufigkeiten der Interaktionsbeiträge bei den Lernenden ist dabei immens hoch, es gibt in jeder Klasse sowohl Lernende, die überhaupt nicht eingebunden werden, als auch Lernende, die das Geschehen dominieren.

5.2 Ausmaß und Variabilität unterrichtlicher Langeweile im Fach Rechnungswesen

5.2.1 Ausmaß von Langeweile im Unterrichtsprozess

Die Forschungsfrage nach Vorkommen und Ausmaß der Schülerlangeweile im Unterrichtsprozess lässt sich aus verschiedenen Perspektiven beantworten. Es sind zum einen zeitbasierte Quantifizierungen – so etwa die Frage nach dem Anteil langweiliger Phasen an der Unterrichtszeit – zum anderen personenbasierte Quantifizierungen wie etwa die Frage nach dem Anteil gelangweilter Lernender in der Klasse möglich. Nichtsdestoweniger besteht grundsätzlich die Notwendigkeit bzw. gleichermaßen Schwierigkeit, der stufenlosen Skala von 0 bis 100 eine *normative* Aussage über den etwaigen Problemgehalt des jeweiligen Langeweilewertes für das Individuum zu entnehmen. Denn die Werte entstehen vor dem Hintergrund divergierender Persönlichkeitskonstellationen und unterscheiden sich demgemäß in ihrer Höhe und normativen Konnotation durch den Lernenden – ein Umstand, dem sich statistisch unter anderem mittels Z-Standardisierungen beikommen lässt – jedoch ist auch dann aus den vergleichbaren Werten zunächst noch keinerlei Information über die subjektive Brisanz des individuellen Erlebens zu entnehmen. Dieser Umstand lässt sich im Zuge einer zusätzlichen sog. Ipsativierung der Werte zumindest ein wenig umgehen, indem der Fokus der Analyse weniger auf die Vergleichbarkeit der Höhe der Werte in der Gesamtpopulation denn auf die Größe der Wertänderung im Verhältnis zu einer individuellen Bezugsgröße gelegt wird.

Im Zuge der explorativen Datenanalyse sind jedoch im ersten Schritt vergleichende Betrachtungen auf Basis aller eingegebenen Messwerte möglich. In einem ersten überblicksartigen Zugriff werden die Absolutwerte der Lernenden in den untersuchten Klassen zu einem Aggregatwert über den gesamten Untersuchungszeitraum zusammengefasst und miteinander verglichen. Die resultierenden Durchschnittswerte für alle Lernenden und alle Messzeitpunkte liegen zwischen 25.25 (Klasse 9C) und 49.16 (Klasse 9B) und damit in der unteren Hälfte der stufenlosen Skala von 0 bis 100. (Tabelle 5–10). Auffallend sind die immens hohen Standardabweichungen, die bereits in dieser aggregierten Betrachtung auf eine ausgeprägte Heterogenität der Wahrnehmungen hindeuten. Eine einfaktorielle Varianzanalyse offenbart für alle Paarvergleiche mit Ausnahme der 9A und 9D signifikante Mittelwertunterschiede mit einer mittleren Effektstärke ($F=122.13$, $p=.000$, $\eta^2 = .074$).

Tabelle 5–10: Aggregation der Schülerlangeweile über alle Lernenden und Messzeitpunkte

	Klasse 9A		Klasse 9B		Klasse 9C		Klasse 9D	
Aggregation der Langeweile	*M*	*SD*	*M*	*SD*	*M*	*SD*	*M*	*SD*
… für den gesamten Erhebungszeitraum	39.83	32.22	49.16	34.14	25.25	27.28	41.56	30.69

Auf Basis jener Aggregatwerte lässt sich jedoch nur ein verhältnismäßig grobes Bild der Langeweile zeichnen. Insbesondere individuelle Unterschiede im Antwortverhalten sowie die Stufenlosigkeit der Skala erschweren die Interpretation der Absolutwerte. Um dieser Problematik zu begegnen, werden die Einzelwerte der Lernenden zunächst für jeden Messzeitpunkt am individuellen Mittelwert relativiert, um eine Baseline der individuellen Langeweile im Erhebungszeitraum zu ermitteln. Im Zuge dieser sogenannten Ipsativierung wird der individuelle Mittelwert jeder Messreihe auf dem Wert 0 fixiert; positive Werte sind in der Folge überdurchschnittlich, negative Werte liegen unter dem Mittelwert und sind insofern unterdurchschnittlich – im Verhältnis aller durch das Individuum eingegebenen Werte zu seiner individuellen Baseline. Diese Erzeugung ipsativer Werte hat den Vorteil, dass individuelle Unterschiede im Antwortverhalten auf das Langeweile-Item nivelliert werden und somit nicht ins Gewicht fallen. Weiterhin lässt sich auf Basis dieser Baselines eine Quantifizierung über- und unterdurchschnittlicher Langeweile in allen Messzeitpunkten und Klassen vornehmen (Tabelle 5–11) und der Problematik begegnen, dass auf einer stufenlosen Skala mit Werten von 0 bis 100 nicht objektiv klärbar ist, wann ein individueller Wert als langweilig gelten soll und wann (noch) nicht. Allerdings verliert man auf diesem Wege die statistische Möglichkeit die Höhe der Werte in der Gesamtpopulation miteinander zu vergleichen, da durch das Vorgehen die Verteilungsform der Werte verändert wird und jedes Individuum eine eigene Baseline erhält. Daher eignet sich das Vorgehen insbesondere zur Bestimmung des Ausmaßes der Langeweile im Sinne subjektiv über- und unterdurchschnittlich langweiliger Situationen. Ist man wie vorliegend in einem weiteren Schritt an aber einer Aufklärung der Bedingungsfaktoren der Schülerlangeweile interessiert, bietet es sich eher an, die Variabilität der *Werthöhe* einer Aufklärung durch verschiedene Prädiktoren zuzuführen und nicht auf ipsative Werte zurückzugreifen.

Tabelle 5–11: Häufigkeiten über- und unterdurchschnittlicher Langeweile-Messzeitpunkte

Langeweile	Klasse 9A		Klasse 9B		Klasse 9C		Klasse 9D	
	absolut (Anzahl)	*relativ (in %)*	*absolut (Anzahl)*	*relativ (in %)*	*absolut (Anzahl)*	*relativ (in %)*	*absolut (Anzahl)*	*relativ (in %)*
Messzeitpunkte unterdurchschnittlich	535	53.5	475	49.2	802	62.3	700	52.8
überdurchschnittlich	465	46.5	491	50.8	486	37.7	626	47.2
Gesamt	**1000**	**100.0**	**966**	**100.0**	**1288**	**100.0**	**1326**	**100.0**

Die Betrachtung der Ergebnisse für diesen Analyseschritt offenbart verhältnismäßig viele überdurchschnittlich langweilige Messzeitintervalle im Unterrichtsgeschehen: Die Werte in den Klassen divergieren zwischen 37.7% (9C) und 50.8% (9B) überdurchschnittlich langweilig erlebter Messintervalle. Die vorgenommene Quantifizierung der Messzeitpunkte lässt sich somit als der Anteil an der Unterrichtszeit interpretieren, der als besonders langweilig wahrgenommen wurde. Die Ungleichheit der Verteilung lässt sich mit einem Chi-Quadrat-Test statistisch absichern (χ^2=44.195, p=.000). Nach diesen ersten Analyseschritten zeichnet sich ab, dass in Klasse 9B offenbar besonders viel Langeweile auftrat, während die Klasse 9C im Untersuchungszeitraum weniger belastet war.

In einem nächsten Schritt stellt sich die Aufgabe, die von den Schülerinnen und Schülern als überdurchschnittlich langweilig erlebten Messzeitpunkte einer näheren Analyse zu unterziehen, um an prozessbezogene Informationen im eigentlichen Sinne zu gelangen. Zu diesem Zweck wurde daher zunächst für jeden Messzeitpunkt in den vier beteiligten Klassen ermittelt, wie viele der Lernenden pro Klasse diesen als überdurchschnittlich langweilig erlebten (Abbildung 5-5 bis 5-8). Die gestrichelte Linie in den Abbildungen verdeutlicht dabei für jede Klasse die 50%-Marke. Bereits auf den ersten Blick werden auch in dieser Analyseform die Unterschiede zwischen den Klassen deutlich: Während in den Klassen 9B und 9D in besonders vielen Messzeitpunkten mehr als die Hälfte der Lernenden überdurchschnittlich gelangweilt ist, trifft dies in Klasse 9C nur auf einen Messzeitpunkt (MZP 13) zu.

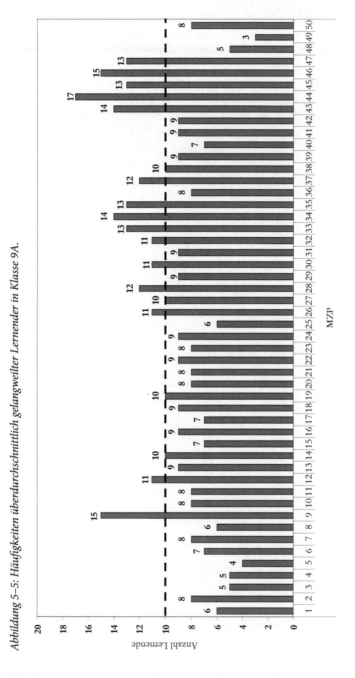

Abbildung 5–5: Häufigkeiten überdurchschnittlich gelangweilter Lernender in Klasse 9A.

Abbildung 5-6: Häufigkeiten überdurchschnittlich gelangweilter Lernender in Klasse 9B.

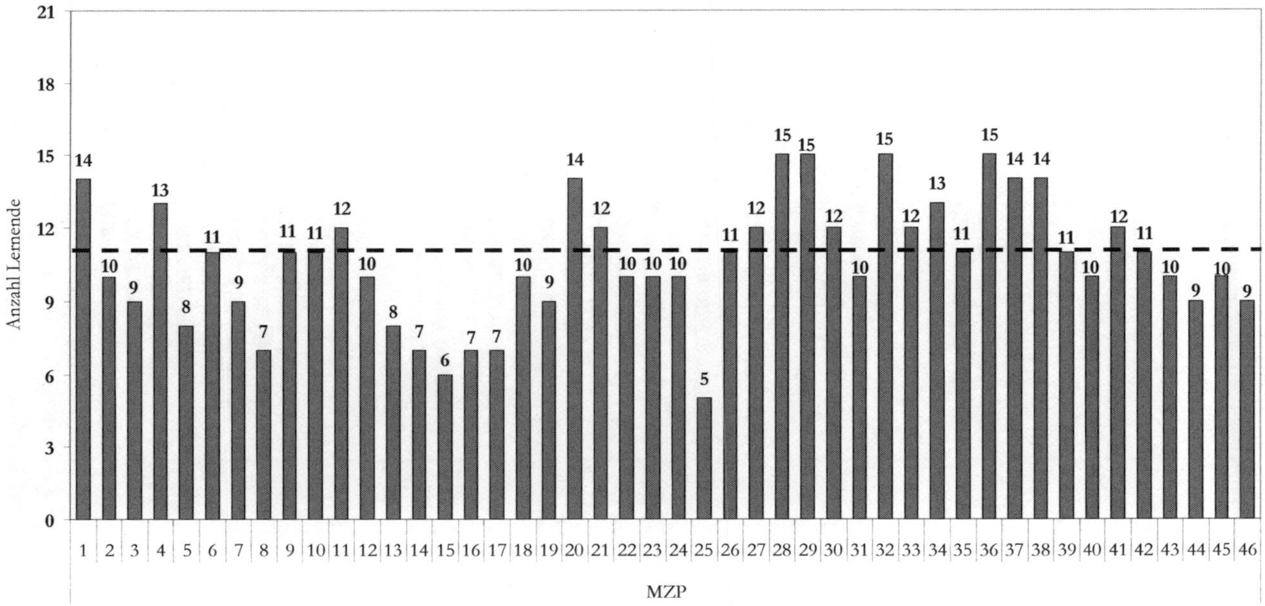

Abbildung 5–7: Häufigkeiten überdurchschnittlich gelangweilter Lernender in Klasse 9C.

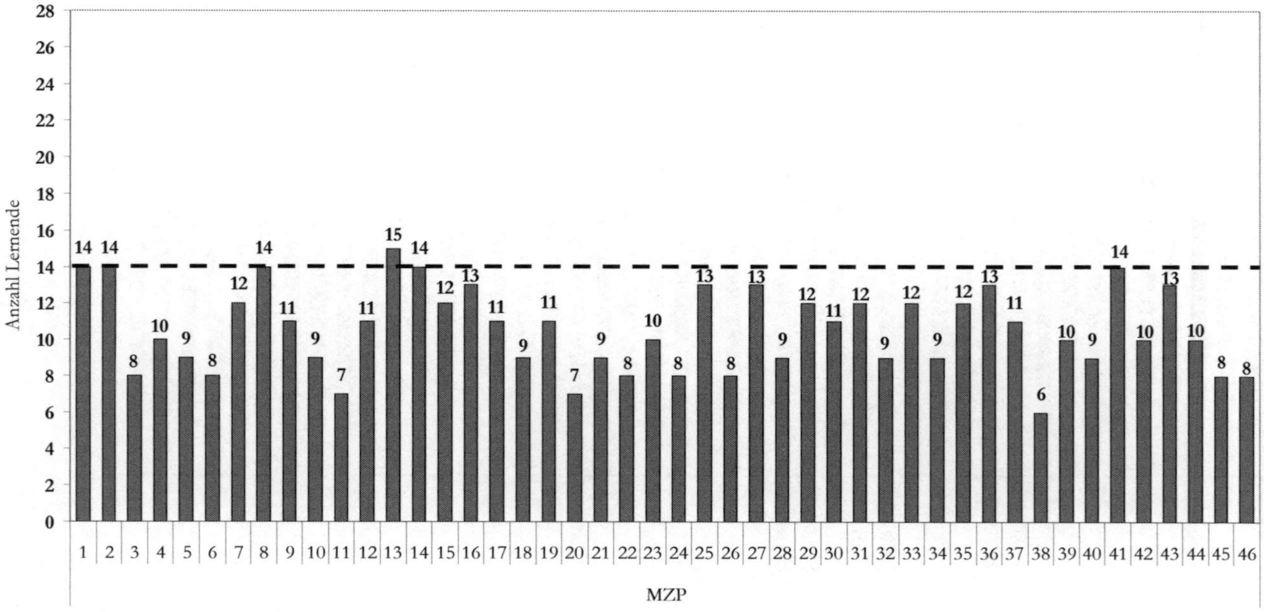

Abbildung 5–8: Häufigkeiten überdurchschnittlich gelangweilter Lernender in Klasse 9D.

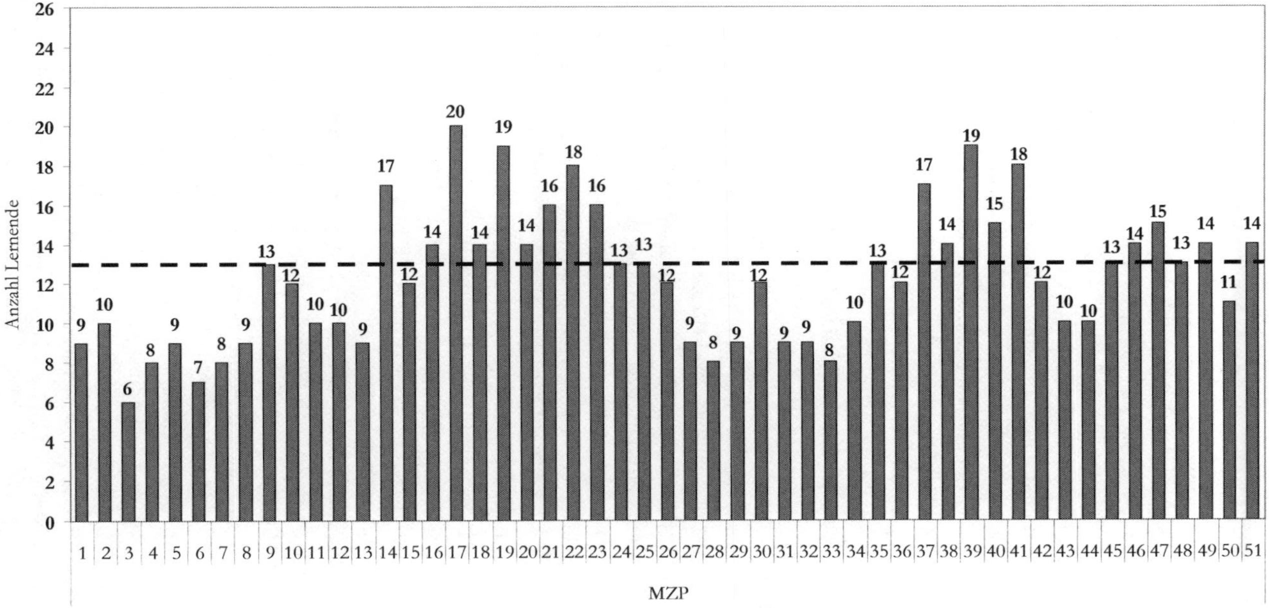

Doch nicht nur die Häufigkeit, sondern auch die Verteilung der für mehr als die Hälfte der Lernenden überdurchschnittlich langweiligen Messzeitpunkte, offenbart ein interessantes Bild. So nimmt diese etwa in Klasse 9D einen wellenförmigen Verlauf, während sich in den Klassen 9A und 9B besonders in der zweiten Hälfte des Untersuchungszeitraumes viele besonders langweilige MZP befinden. In Klasse 9C ist die Verteilung dagegen relativ homogen, es ließe sich per Sichtbefund allenfalls das Intervall zwischen MZP 13 und 17 als zusammenhängende, kritische Unterrichtsphase identifizieren. Eine erste deskriptive Analyse der in den kritischen Phasen verwirklichten methodisch-didaktischen Profile ergab im Vergleich zu den unkritischen Unterrichtssequenzen keine augenfälligen Unterschiede bzw. systematischen Muster. Allenfalls der Mangel an methodisch-didaktischer Ausgewogenheit stellte sich im Falle langeweilekritischer Phasen oftmals als evident heraus.

In Ermangelung einer normativen Aussage zu der subjektiven Brisanz der durch die Lernenden jeweils eingegebenen Langeweilewerte ist im Folgenden eine entsprechende Setzung vorzunehmen. Letztlich geht es um die Frage, ab wann eine Unterrichtssituation hinsichtlich der Entstehung von Langeweile bei den Schülerinnen und Schülern als kritisch einzustufen ist. Diese Setzung ist notwendig, um für die nachgeordnete methodisch-didaktische Analyse der entsprechenden Unterrichtssituationen einem klar definierten Auswahlmodus folgen zu können. Es wird im Rahmen einer restriktiven Auslegung bestehender Forschungsbefunde davon ausgegangen, dass eine Unterrichtssituation dann besonders kritisch im Hinblick auf das Ausmaß der Schülerlangeweile ist, wenn sich mehr als die Hälfte der Lernenden überdurchschnittlich in ihr langweilt. Im Mittelfeld befinden sich Messzeitpunkte, in denen mehr als 25 % bis zu 50 % der Lernenden über besonders ausgeprägte Langeweile berichten, während Messzeitpunkte dann als unkritisch gelten, wenn sich 25% oder weniger der Klassenmitglieder überdurchschnittlich langweilen.

Tabelle 5–12 stellt die entsprechenden Häufigkeiten in den vier Klassen dar. Es zeigt sich, dass in Klasse 9C zwar lediglich ein Messzeitpunkt als kritisch einzustufen ist, jedoch die Mehrzahl der Messzeitpunkte immerhin im Mittelfeld liegt. Das bedeutet, dass sich in 91.3 % der Unterrichtszeit nicht weniger als ein Viertel bis zur Hälfte der Lernenden überdurchschnittlich langweilt. Nichtsdestoweniger lässt sich das Ausmaß der Schülerlangeweile in dieser Klasse als bedeutend unkritischer bezeichnen als in den übrigen drei untersuchten Klassen. In der 9B, die in den vorhergehenden Analyseschritten stets durch ein hohes Ausmaß an Langeweile auffiel, zeigt diese Betrachtung, dass 37% der Unterrichtszeit als besonders kritisch bezüglich des Ausmaßes an Schülerlangeweile sind und lediglich 4.3% der gemessenen Intervalle als unkritisch einzuordnen sind. Doch auch in den übrigen Klassen liegen nur wenige Messzeitpunkte im unkritischen Bereich. Die Klasse 9A fällt hier mit dem höchsten Wert von 10.0% auf.

Tabelle 5–12: Häufigkeiten langeweilekristischer Messzeitpunkte

Messzeitpunkte	Klasse 9A (n=20)		Klasse 9B (n=21)		Klasse 9C (n=28)		Klasse 9D (n=26)	
	absolut (Anzahl)	*relativ (in %)*	*absolut (Anzahl)*	*relativ (in %)*	*absolut (Anzahl)*	*relativ (in %)*	*absolut (Anzahl)*	*relativ (in %)*
kritisch (>50% der TN überdurchschnittlich gelangweilt)	15	30.0	17	37.0	1	2.2	18	35.3
Mittelfeld (25>x≤50% der TN überdurchschnittlich gelangweilt)	30	60.0	27	58.7	42	91.3	31	60.8
unkritisch (≤25% der TN überdurchschnittlich gelangweilt)	5	10.0	2	4.3	3	6.5	2	3.9
Gesamtanzahl MZP	**50**	**100.0**	**46**	**100.0**	**46**	**100.0**	**51**	**100.0**

Im Folgenden wird die prozessuale Dynamik der Schülerlangeweile einer näheren Betrachtung unterzogen. Es steht dabei die Fragen im Fokus, ob und inwiefern sich in den untersuchten Klassen zeitliche Muster, etwa im Sinne linearer Trends feststellen lassen.

5.2.2 Lineare Verläufe der Langeweile im Untersuchungszeitraum

Zur Identifikation etwaiger linearer Verläufe in den Zeitreihen der Schülerlangeweile wird in einem ersten Schritt zunächst die Visualisierung der Zeitreihen in den vier Klassen angestrebt (zum Vorgehen s. Backhaus, Erichson, Plinke & Weiber 2011, 124ff.). Zur besseren Vergleichbarkeit werden die Einzelwerte der Lernenden über alle Klassen hinweg z-standardisiert und in einem Verlaufsdiagramm dargestellt. Im Rahmen der z-Standardisierung wird der Mittelwert der Population auf 0 normiert. Kurvenverläufe über dem Mittelwert kennzeichnen überdurchschnittliche Langeweile im betreffenden Messzeitpunkt, unter dem Wert 0 liegen unterdurchschnittliche Werte. Die unterschiedliche Länge der Verläufe ergibt sich aus der divergierenden Anzahl von Messzeitpunkten in den Klassen (9A: 50 MZP; 9B: 46 MZP; 9C: 46 MZP; 9D: 51 MZP, s. Rubrikenachse in der Bildmitte).

Abbildung 5–9: Verläufe der Langeweilekurven in allen untersuchten Klassen.

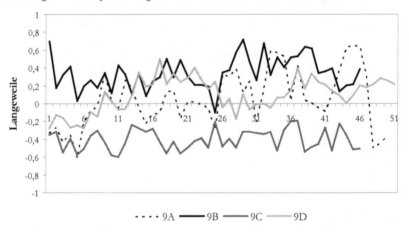

Per Sichtbefund lässt sich der vergleichsweise günstigere Verlauf der Langeweile-kurve in Klasse 9C feststellen: Über alle Messzeitpunkte hinweg liegen die Werte für diese Klasse unter dem Durchschnitt der Gesamtpopulation. Ein entgegen gesetztes Bild zeigt sich erneut in Klasse 9B – hier liegt lediglich ein Wert (MZP 25) unter dem Nullpunkt und ist damit unterdurchschnittlich. Ähnliches ist für Klasse 9D zu konstatieren, allerdings liegen die Werte betragsmäßig nicht so hoch. In Klasse 9A sind lediglich die Werte in der zweiten Hälfte des Untersuchungszeitraumes vermehrt überdurchschnittlich. Über die deskriptiven Charakteristika der dieser Darstellung zugrunde liegenden Zeitreihen auf Klassenebene gibt Tabelle 5–13 Auskunft.

Tabelle 5–13: Deskriptiva der z-standardisierten Zeitreihen

	Klasse 9A		Klasse 9B		Klasse 9C		Klasse 9D	
Aggregation der Langeweile	M	SD	M	SD	M	SD	M	SD
z-standardisiert über alle Klassen und MZP	0.05	1.00	0.34	1.06	-0.40	0.85	0.10	0.96

In einem weiteren Schritt lässt sich regressionsanalytisch feststellen, ob die Verlaufskurven innerhalb der vier Klassen einem linearen Trend folgen. Aufgrund der Sichtbefunde im Zuge der graphischen Darstellung der Verlaufskurven war zu vermuten, dass sich lediglich in den Klassen 9A und 9D ein Trend nachweisen lässt (Abbildungen 5–10 und 5–11).

Abbildung 5–10: Trendanalyse des Langeweileverlaufs in Klasse 9A.

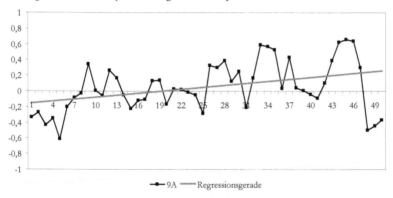

Abbildung 5–11: Trendanalyse des Langeweileverlaufs in Klasse 9D.

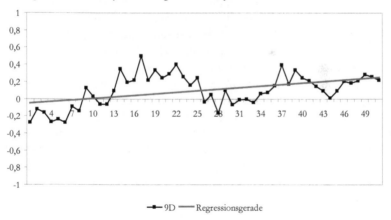

Diese Vermutung bestätigte sich im Rahmen der Regressionsanalyse. Es zeigt sich lediglich für jene beiden Klassen ein positiver linearer Trend, das heißt, die Schülerlangeweile steigt im Verlauf des Untersuchungszeitraumes an, während sie in den übrigen Klassen im Mittel konstant bleibt (Tabelle 5–14).

Tabelle 5–14: Trendanalyse der Schülerlangeweile in den untersuchten Klassen

Klasse	Linearer Trend und Test auf Autokorrelation				
	R^2	b_0	b_1	p	d
9A *(n=50 MZP)*	0.13	-.161	.008	**.000**	.922
9B *(n=46 MZP)*	.001	.261	.003	.186	.648
9C *(n=46 MZP)*	.000	-.431	.001	.508	.950
9D *(n=51 MZP)*	.008	-.055	.006	**.001**	.750

R^2: Bestimmtheitsmaß; b_0, b_1 Regressionskoeffizienten; p: Signifikanz; d: Durbin-Watson-Statistik

Der darüber hinaus durchgeführte Durbin-Watson-Test auf Autokorrelation offenbart allerdings, dass alle Zeitreihen positiv autokorreliert sind, wie das bei Längsschnittdaten häufig der Fall ist. Der Test prüft die Nullhypothese, dass die Residuen aufeinander folgender Beobachtungswerte nicht korreliert sind. Werte von d<1,5 deuten dabei auf eine positive Autokorrelation hin, Werte von d>2,5 auf einen negativen Zusammenhang nebeneinander liegender Residuen (Backhaus, Erichson, Plinke & Weiber 2011, 92f.). Inhaltlich gewendet ist diesbezüglich festzustellen, dass der Zusammenhang benachbarter Messwerte durchaus nachvollziehbar erscheint, wenn man sich vergegenwärtigt, dass auch das Unterrichtsgeschehen in den beobachteten Klassen einen verhältnismäßig geringen Abwechslungsreichtum aufweist. Da von dessen Wirkung auf die Entwicklung der Schülerlangeweile auszugehen ist, erscheint das Auftreten von Autokorrelation an dieser Stelle nachvollziehbar, wenn auch im Rahmen statistischer Analysen nicht ganz unproblematisch: Bei Vorliegen autokorrelierter Residuen ist im Rahmen regressionsanalytischer Verfahren von einer möglichen Verzerrung der Schätzungen für Standardfehler und Regressionskoeffizienten auszugehen (ebd.). In hierarchisch-linearen Modellen wird dieser Problematik jedoch durch die Berücksichtigung kontextueller Effekte auf hierarchisch höheren Ebenen abgeholfen. Die autokorrelativen Zusammenhänge der Erlebenszeitreihen werden dabei aufgrund ihrer Zugehörigkeit zu einer Kontexteinheit (hier: Unterrichtseinheit bzw. Individuum) im Modell aufgegriffen und im Rahmen der Integration von Zeitvariablen in das Gesamtmodell auf ihre Wirkung hin überprüft.

5.2.3 Variabilität des Langeweileerlebens

Eine aussagekräftige erste Annäherung an die Variabilität der Schülerlangeweile, die es erlaubt, personenbezogene Ausprägungen derselben zu definieren, bieten die Maße der relativen Wechselhäufigkeit und mittleren Wechselstärke. Die Wechselhäufigkeit bezieht sich dabei auf die Häufigkeit von Änderungen im Langeweilewert relativ zu der Gesamtanzahl an Messzeitpunkten, während die Wechselstärke den mittleren Betrag dieser Änderungen angibt. Um die fälschliche Integration zufälliger Wertwechsel auf der stufenlosen Skala von 0 bis 100 zu vermeiden, wurden lediglich Wertänderungen ab 5 Punkten berücksichtigt. In der vorliegenden Stichprobe stehen die beiden Maße in einem engen Zusammenhang, wie nachstehende Tabelle illustriert.

Tabelle 5-15: Zusammenhang zwischen den Maßen Wechselhäufigkeit und Wechselstärke

N=95	M	SD	1
1) Wechselhäufigkeit	.62	.18	–
2) Wechselstärke	17.5	7.1	.706**

Produkt-Moment-Korrelation auf dem Niveau von .01 (2-seitig) signifikant

Es lässt sich somit konstatieren, dass die relative Häufigkeit von Wertänderungen mit der durchschnittlichen Höhe dieser Wertänderungen korrespondiert, d.h. je öfter Lernende in ihrer Angabe über Wertschwankungen berichten, desto größer sind diese Wertschwankungen in ihrem absoluten Betrag. Dabei konzentrieren sich die Residuen im oberen Bereich beider Maße, deutlich weniger Lernende sind in ihren Angaben bezüglich des Ausmaßes von Langeweile stabil und berichten allenfalls geringe Niveauunterschiede (Abbildung 5-12). Der Bereich mit geringen Wechselhäufigkeiten und hohen mittleren Wechselstärken bleibt in der vorliegenden Stichprobe gänzlich unbesetzt. Dies spricht zum einen für eine hohe Volatilität des Langeweileerlebens, zum anderen mag es als erster Hinweis auf die Existenz und Bedeutung personenbezogener Prädiktoren der Schülerlangeweile gelten.

Abbildung 5–12: Linearer Zusammenhang zwischen den Maßen Wechselhäufigkeit und Wechselstärke.

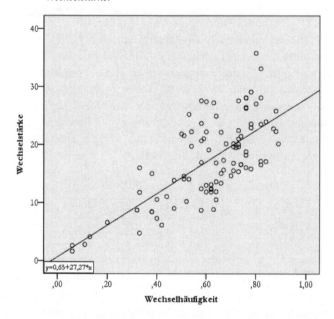

Im Zuge der explorativen Datenanalyse werden verschiedene allgemeine Charakteristika der Stichprobe einer Prüfung auf eine etwaige Systematik bezüglich der Variation von Wechselhäufigkeit und Wechselstärke unterzogen. In einer varianzanalytischen Abklärung wurden weder für das Maß der Wechselhäufigkeit (F=1.45, p=.234) noch für die Wechselstärke (F=1.64, p=.186) signifikante Unterschiede zwischen den vier Klassen gefunden. Geschlechterunterschiede scheint es indes bei beiden Variablen zu geben: So zeichnen sich männliche Probanden sowohl durch eine signifikant höhere Wechselhäufigkeit (F=11.09, p=.001, η^2 = .107) als auch durch eine größere mittlere Wechselstärke (F=9.19, p=.003, η^2 = .090) aus. Die Prüfung auf Unterschiede in Abhängigkeit der zuvor besuchten Schule der Lernenden ergab für keine der beiden Maße ein signifikantes Ergebnis (Wechselhäufigkeit: F=1.28, p=.284; Wechselstärke: F=1.16, p=.318).

In einem nächsten Schritt werden nun nicht die Wertdifferenzen, sondern die eigentlichen Rohwerte der Probandinnen und Probanden auf ihre Variabilität untersucht. Aufgrund der hierarchischen Datenstruktur sind Varianzquellen auf drei unterschiedlichen Ebenen zu unterscheiden und zur Gesamtvarianz in Beziehung zu setzen. Denn die Analyse von personenbezogenen und situativen

Prädiktoren des Langeweileerlebens erfordert im Sinne der regressionsanalytischen Denkweise eine hinreichende Variabilität *zwischen* den betrachteten Einheiten in der Datenbasis, die es mittels Prädiktoren aufzuklären gilt. Im Rahmen der bereits vorgestellten mehrebenenanalytischen Modellierung werden dabei auf den drei Ebenen die folgenden Varianzquellen unterschieden: Unterschiede *zwischen* Personen, Unterschiede *zwischen* Unterrichtseinheiten, Unterschiede *innerhalb* von Unterrichtsinhalten sowie Messfehler. Mehrebenenmodelle mit drei Ebenen sind vergleichsweise selten, vom Prinzip der Formalisierung her unterscheiden sie sich jedoch nicht von Modellierungen mit zwei Ebenen: Die Koeffizienten in den Modellgleichungen einer hierarchisch niedrigeren Ebene werden zu abhängigen Variablen in einer Modellgleichung auf der nächsthöheren Hierarchieebene (Hochweber & Hartig 2012, 25). Für die vorliegende Modellierung von drei Hierarchieebenen ergeben sich ohne die Berücksichtigung von Prädiktoren folgende Parameter im Nullmodell:

Modellparameter	Bedeutung
Y_{ijk}	Wert der AV Langeweile für Person i in Stunde j zu Messzeitpunkt k
γ_{000} = Intercept (Grand Means)	Gesamtmittelwert der untersuchten Population
$\sigma^2 r_{ijk} = Var(r_{ijk})$	Level-1-Residualvarianz (Ebene der Messzeitpunkte)
$\sigma^2 u_{0jk} = Var(u_{0jk})$	Level-2-Varianz (Ebene der Unterrichtseinheiten)
$\sigma^2 u_{00k} = Var(u_{00k})$	Level-3-Varianz (Ebene der Individuen)

Bei der Schätzung der Modellparameter mittels Maximum-Likelihood-Algorithmus wird grundsätzlich zwischen festen Effekte und Zufallseffekten unterschieden. Feste Effekte haben einen konstanten Wert für alle Gruppen, während Zufallseffekte zwischen den Gruppen variieren. Um die Varianzanteile zerlegen und spezifizieren zu können, wird ein sogenanntes Nullmodell (oft auch leeres Modell oder Intercept-Only Model) berechnet, in das keinerlei Prädiktoren eingespeist werden, die zur Aufklärung der Varianz herangezogen werden könnten. Mittels der Intraklassenkorrelation (ICC) wird der relative Anteil der Varianz zwischen den untersuchten Gruppen in ein Verhältnis zur Gesamtvarianz gesetzt. Es handelt sich um eine relative Größe, die insofern Werte zwischen 0 und 1 annehmen kann. Eine ungefähre Richtgröße für die ICC, ab der für eine Analyse von Prädiktoren hinreichend große Unterschiede *zwischen* den Gruppen existieren, liegt bei 10 % (Hox 1995, 20). Für das Nullmodell in der vorliegenden Drei-Ebenen-Struktur sind ein fester Effekt und drei Zufallseffekte zu schätzen.

Tabelle 5–16: Schätzung fester Effekte für das Nullmodell

Fester Effekt	Koeffizient	Standardfehler	t	p
γ_{000} = Intercept	38.042	2.252	16.887	.000

Die Schätzung des Intercept (Grand Means) im vorliegenden Nullmodell führt zu einem mittleren Langeweilewert von 38.04 für alle Schülerinnen und Schüler sowie Messzeitpunkte bei geringem Standardfehler. Bei der Schätzung der Zufallseffekte wird deutlich, dass die absolute Höhe der Varianzkomponenten auf den Ebenen der Messzeitpunkte und Individuen in etwa vergleichbar ist (Tabelle 5–17). Die Variabilität zwischen den Unterrichtseinheiten ist betragsmäßig etwas geringer, die Werte unterscheiden sich jedoch auch hier signifikant von 0.

Tabelle 5–17: Schätzung der Zufallseffekte für das Nullmodell

Zufallseffekte	Varianzkomponente	Standardfehler	p
$\sigma^2 r_{ijk} = Var(r_{ijk})$	415.301	9.475	.000
$\sigma^2 u_{0jk} = Var(u_{0jk})$	167.011	13.161	.000
$\sigma^2 u_{00k} = Var(u_{00k})$	451.891	70.035	.000

Die Berechnung der ICC bei der hierarchisch linearen Modellierung von drei Ebenen ist für *zwei* Kontextebenen und damit zweimal durchzuführen: In die Berechnung der ICC_{1a} fließen die Varianz zwischen den Unterrichtseinheiten und das Residuum auf Messzeitpunktebene ein. Die Berechnung erfolgt nach folgender Formel:

$$ICC_{1a} = Var(u_{0jk}) \, / \, (Var(r_{ijk}) + Var(u_{0jk})\,) = 167.01 \, / \, (415.30 + 167.01) = .287$$

Der Anteil der Varianz zwischen den Unterrichtseinheiten an der Gesamtvarianz (mit Ausnahme der Varianz auf der hierarchisch höher liegenden Individualebene) beträgt 28.7% und liegt somit deutlich über dem geforderten Richtwert. Die ICC_{1b} bezieht sich im zweiten Schritt auf den Anteil der Varianz auf der Individualebene an der Gesamtvarianz auf allen Ebenen.

$$ICC_{1b} = Var(u_{00k}) \, / \, (Var(r_{ijk}) + Var(u_{0jk}) + Var(u_{00k})) = 451.89 \, / \, (415.30 + 167.01 + 451.89) = .437$$

Die Variabilität zwischen den untersuchten Individuen macht nahezu die Hälfte der Gesamtvarianz auf den betrachteten Ebenen aus. Es liegen somit hinreichend Varianzanteile *zwischen* den beobachteten Unterrichtseinheiten sowie

Individuen. Eine Aufnahme von Prädiktoren in das Modell ist angezeigt. Im folgenden Abschnitt wird zunächst die Vorgehensweise bei der Integration von Prädiktoren unterschiedlicher Art und Situationsnähe in das Modell beschrieben und – sofern nicht bereits in einem vorhergehenden Kapitel geschehen – die jeweiligen Deskriptiva und interkorrelativen Zusammenhänge der Prädiktoren dargstellt, bevor letztere dann im Rahmen verschiedener Modellrechnungen auf ihren Gehalt zur Aufklärung der Schülerlangeweile getestet werden.

5.3 Bedingungsfaktoren der Schülerlangeweile in Unterrichtsprozessen

5.3.1 Deskriptive Charakteristika und Zusammenhänge der relevanten Prädiktoren

Nach der explorativ-deskriptiven Annäherung an die methodisch-didaktische Unterrichtsgestaltung und das Ausmaß sowie die Variabilität der Schülerlangeweile erfolgt in diesem Untersuchungsabschnitt die Prüfung der Forschungshypothesen zu den situativen und personenbezogenen Prädiktoren. Die Überprüfung der Effekte jener Prädiktoren der Schülerlangeweile im Rahmen einer hierarchisch linearen Modellierung erfordert zunächst eine Beschreibung der deskriptiven Charakteristika der infrage kommenden Prädiktoren sowie ihrer Interdependenzen. Im Bereich der situativen Prädiktoren werden ausgehend von der einschlägigen Befundlage zum einen Variablen betrachtet, die bestimmte, für die Entstehung von Schülerlangeweile relevante Facetten der methodisch-didaktischen Unterrichtsgestaltung beleuchten. Es handelt sich dabei um das Ausmaß unterrichtlicher Leerläufe, Wiederholungsphasen und Lehrermonologe, jeweils nicht in ihrer absoluten Auftretenshäufigkeit, sondern ausgehend von der bereits beschriebenen Operationalisierung der Monotoniefacetten (Kap. 4.3.4.1) im Sinne ihrer maximalen zeitlichen Erstreckung am Stück.

Zum anderen werden im Zuge der Überprüfung situativer Prädiktoren Variablen betrachtet, die Aufschluss über die subjektive Passung von Person und Situation geben. Es handelt sich hierbei um verschiedene, im Unterrichtsprozess selbst erhobene Selbstauskünfte der Lernenden, die einen möglichen Bezug zur Entstehung von Langeweile aufweisen: Das subjektive Verständnis der behandelten Inhalte (im Sinne einer Über- oder Unterforderung), die Frage der ausreichenden Nachdenkzeit in der konkreten Unterrichtssituation und das Erleben einer sinnvollen Tätigkeit sind in diesem Kontext relevante Prädiktoren. Darüber hinaus sind im Zuge der Analyse situationsnaher Einflüsse auch etwaige Zeiteffekte zu kontrollieren, um mögliche Konfundierungen der angesprochenen Prädiktoren mit der Zeitvariable zu identifizieren. Auf der Individualebene werden ausgewählte Personenparameter einer Überprüfung zugeführt. Es handelt sich dabei um die in der jüngeren Befundlandschaft vielfach hervorgehobenen habitualisierten Lern- und Leistungsemotionen, aus denen Angst und Langeweile aufgrund vermuteter besonders starker Einflüsse herausgegriffen werden sowie die Selbstwirksamkeit als zentrales Persönlichkeitsmerkmal im Zusammenhang mit der Emotionsentstehung. Darüber hinaus ist auch das Vorwissen ein wichtiger potentieller Einflussfaktor für das Auftreten von Langeweile im Unterrichtsgeschehen.

5.3.1.1 Methodisch-didaktische Facetten und subjektive Passung von Person und Situation

Die Beschreibung der wesentlichen Merkmale der methodisch-didaktischen Unterrichtsgestaltung inklusive der Monotoniefacetten erfolgte bereits im ersten Abschnitt des empirischen Teils (siehe Kap. 5.1). Der beobachtete Unterricht zeichnet sich durch ein moderates bis hohes Ausmaß an unterrichtlichen Leerläufen aus, die Klassen unterscheiden sich dabei mit Ausnahme der Klasse 9B, in der es zu vergleichsweise mehr Leerlauf kam, nur unwesentlich. Der Unterricht verläuft in weiten Teilen lehrerzentriert und schematisch: Die Lehrkraft hält Redeanteile von zwischen 19 und 53 % der gesamten klassenöffentlichen Redezeit – hier unterscheiden sich die vier Klassen deutlich. Die ausführlichen Phasen der Plenumsarbeit werden in didaktischer Hinsicht im Wesentlichen für Wiederholung und Ergebnissicherung verwendet. Die in die Mehrebenenanalyse einfließenden Variablen *„Leerläufe"*, *„Lehrermonologe"* und *„Wiederholungsphasen"* sind metrisch skaliert – es wird vor jedem der siebenminütigen Messzeitpunkte der Continuous-State-Sampling-Methode die Anzahl an entsprechenden Beobachtungen für die interessierenden Ausprägungen ermittelt. Ausgehend von dem Versuch, das Konstrukt Monotonie zu operationalisieren, fließt dabei nicht lediglich die absolute Anzahl an Beobachtungen ein, sondern die aufkumulierte Anzahl an konstanten Beobachtungen am Stück, die *vor* dem entsprechenden Messzeitpunkt liegen. Auf diesem Wege wird versucht, dem für das Entstehen von Langeweile im Unterricht so entscheidenden Einfluss der Abwechslungsarmut Rechnung zu tragen, der in gängigen Untersuchungen zumeist lediglich retrospektiv und bilanzierend über Auskünfte der Lernenden ermittelt wird. Für die Variable *„Leerläufe"* liegen die Maximalwerte mit konstanten Phasen bei längstenfalls mehr als 5 Minuten in den Klassen 9B und 9C. Durchschnittlich erstrecken sich Leerläufe über etwa 20 Sekunden (bei einer Standardabweichung von 5.77 gezählten Kodierintervallen). Die Lehrermonologe dauern durchschnittlich knapp 5 Minuten, bei einer hohen Standardabweichung von ca. 76 entsprechenden Beobachtungen im

Sinne von Kodierintervallen. Der Maximalwert für die längste Dauer eines Lehrermonologs liegt über einer halben Stunde. Wiederholungsphasen dauern über alle Klassen gemittelt etwa 7 Minuten, maximal wurden in einer Klasse etwa 45 Minuten am Stück mit Wiederholung verbracht.

Im folgenden Schritt wird die wahrgenommene Passung von Person und Situation hinsichtlich der drei benannten Variablen „Verständnis der Unterrichtsinhalte", „Ausmaß der Nachdenkzeit" und „Sinnhaftigkeit der Tätigkeit" auf ihre Deskriptiva und Interkorrelationen mit den methodisch-didaktischen Prädiktoren untersucht. Von Interesse sind dabei zunächst die Mittelwerte und Standardabweichungen sowie die Verteilungsform der Variablen. Im Zuge eines Komolgorov-Smirnov-Tests auf Normalverteilung wurde festgestellt, dass in allen drei Fällen signifikante Abweichungen mit weniger als 5%-iger Irrtumswahrscheinlichkeit von der Normalverteilung zu verzeichnen sind, wenn diese auch in den meisten statistischen Verfahren angesichts der Größe der Stichprobe nicht sehr ins Gewicht fallen.

Tabelle 5–18: Deskriptiva der Erlebensitems zur subjektiv wahrgenommenen Passung von Person und Situation

Aggregation der subjektiven Erlebenswerte	Klasse 9A		Klasse 9B		Klasse 9C		Klasse 9D	
	M	SD	M	SD	M	SD	M	SD
„Verstehe, worum es gerade geht"	70.21	25.80	68.97	31.63	78.30	25.48	79.52	23.76
„Nachdenkzeit reicht mir"	73.57	22.53	63.75	31.59	79.19	23.28	77.48	23.46
„Mache gerade etwas Sinnvolles"	70.63	26.42	66.73	31.66	79.34	25.18	68.15	26.87

Die Betrachtung der Mittelwerte und Standardabweichungen in den vier Klassen (Tabelle 5–18) offenbart linksschiefe Verteilungsformen mit Durchschnittswerten im oberen Drittel der stufenlosen Skala. Im Rahmen eines verteilungsfreien Kruskal-Wallis-Test stellen sich die Mittelwertunterschiede zwischen den untersuchten Klassen als signifikant heraus (Verstehe: χ^2 =155.376, p=.000; Nachdenkzeit: χ^2 =182.761, p=.000; Sinnvolles: χ^2 =205.939, p=.000). Da aufgrund der zu geringen Anzahl untersuchter Klassen jene Unterschiede nicht mehrebenenanalytisch modelliert werden können, sind die Ergebnisse entsprechend zurückhaltend zu interpretieren und ggf. für alle vier Klassen im Rahmen getrennter Analysen zu verifizieren.

Weiterhin werden die situativen Prädiktoren auf ihre Interkorrelationen untersucht.

Tabelle 5–19: Interkorrelationen der situativen Prädiktoren

	1	2	3	4	5
1) Leerläufe					
2) Wiederholungsphasen	.017				
3) Lehrermonologe	**.077****	**.113***			
4) Verständnis der Inhalte	-.107**	.001	-.003		
5) ausreichend Nachdenkzeit	-.116**	-.015	-.069**	**.612****	
6) Sinnhaftigkeit der Tätigkeit	-.100**	-.019	-.048**	**.482****	**.497****

Rangkorrelationskoeffizient nach Spearman, ** Die Korrelation ist auf dem Niveau von .01 (2-seitig) signifikant.
* Die Korrelation ist auf dem Niveau von .05 (2-seitig) signifikant.

Es handelt sich dabei um schwache bis mittlere Zusammenhänge. Auffällig sind die signifikanten Interdependenzen der Erlebensvariablen untereinander – so gehen höhere Verstehenswerte mit einer positiven Einschätzung bezüglich des Ausreichens der Nachdenkzeit und der Einschätzung einer sinnvollen Tätigkeit einher. Aber auch im Zusammenhang mit unterrichtlichen Leerläufen finden sich einige Zusammenhänge: Je mehr Zeit am Stück im Unterricht ungenutzt bleibt und je dauerhafter die Lehrkraft monologisiert, desto negativer fallen die subjektiven Einschätzungen der Lernenden bezüglich der Passung von Person und Situation aus. Interessant ist auch, dass das Ausmaß an Lehrermonologen offenbar in den Unterrichtssequenzen am höchsten ist, in denen auch viele Leerläufe stattfinden. Eine Multikollinearität der Prädiktoren kann mit Blick auf die nachfolgende Mehrebenen-Regression dennoch ausgeschlossen werden.

5.3.1.2 Personenbezogene Merkmale

Im Folgenden stehen jene personenbezogenen Merkmale, die mehrebenenanalytisch auf ihre Effekte bezüglich der Entstehung von Langeweile überprüft werden sollen, im Fokus. Aus den Ergebnissen der Lernenden im Vorwissenstest, der aus der Überprüfung des allgemeinen wirtschaftskundlichen Vorwissens und des Fachvorwissens in Rechnungswesen (inklusive des in der untersuchten Unterrichtssequenz zu erwerbenden fachinhaltsspezifischen Vorwissens) bestand, wurde ein Gesamtscore ermittelt. Die Vorwissensbestände in der untersuchten Stichprobe sind normalverteilt – ein entsprechender Komolgorov-Smirnov-Test ergab mit einer Irrtumswahrscheinlichkeit von p=.100 keine signifikanten Abweichungen von dieser Verteilungsform – die Nullhypothese ist entsprechend beizubehalten. Allerdings ist die Annahme der Varianzhomogenität im Zuge des Levene-Tests zu verwerfen, so dass für varianzanalytische Verfahren im Zuge der Post-Hoc-Vergleiche der Tamhane-T2-Test zum Einsatz kommt.

Tabelle 5–20: Mittelwerte und Standardabweichungen für den Prädiktor Vorwissen

N=92	Klasse 9A (n=20)		Klasse 9B (n=20)		Klasse 9C (n=27)		Klasse 9D (n=25)	
	M	SD	M	SD	M	SD	M	SD
Vorwissen Wirtschaft (6 erreichbare Punkte)	1.85	1.14	2.05	.99	1.59	1.12	1.92	1.15
Vorwissen Rechnungswesen (32.5 erreichbare Punkte)	3.38	1.37	2.13	1.25	2.30	1.15	2.66	1.63
Vorwissen gesamt	5.23	1.71	4.17	1.10	3.89	1.69	4.58	2.17

Die Mittelwerte für das Vorwissen im Bereich Wirtschaft und insgesamt unterscheiden sich in den untersuchten Klassen unter Kontrolle der jeweils durch die Lernenden zuvor besuchten Schulen indes nicht signifikant voneinander (Vorwissen Wirtschaft: F=.733, p=.535; Vorwissen gesamt: F=2.47, p=.067) wenn sich in der Gesamtbetrachtung auch Tendenzen finden lassen, die auf die Unterschiede zwischen Klasse 9A und 9C zurückgehen. Im Bereich des *fachbezogenen* Vorwissens in Rechnungswesen schneidet die Klasse 9A signifikant am besten ab (F=3.45, p=.020). Allerdings ist zu bemerken, dass die erreichte Punktzahl von durchschnittlich 3.38 Punkten auf äußerst geringe Vorwissensbestände hinweist. Dieser Umstand mag zumindest teilweise darin begründet liegen, dass im Bereich des fachspezifischen Vorwissens zu Kontrollzwecken auch Kenntnisse über Lohn- und Gehaltsbuchungen erfragt wurden, die erst in der nachfolgenden Unterrichtssequenz im Unterricht durchgenommen wurden, demnach naturgemäß bei den Lernenden noch nicht vorhanden waren. Für Unterschiede in Abhängigkeit des Geschlechts der Lernenden (F=1.18, p=.281) oder ihrer Vorbildung (F=.064, p=.938) lassen sich statistisch keine Belege finden. Die Stichprobe scheint in Bezug auf den Prädiktor Vorwissen weitgehend homogen zu sein.

Die beiden in Bezug auf das Fach Rechnungswesen habitualisierten Emotionen Angst und Langeweile wurden vor der Videographie der Unterrichtseinheiten

mittels eines Fragebogens erhoben (Kap. 4.3.3.1). Die Items waren vierfach skaliert von 1=trifft nicht zu bis 4= trifft zu. Die Verteilungsform für die trait-Angst
in Rechnungswesen offenbart bereits im Sichtbefund ein bimodales Auseinan-
derfallen der Probanden in zwei Lager und damit eine signifikante Abweichung
von der Normalverteilung im begleitenden Komolgorov-Smirnov-Test (p=.005).

Abbildung 5–13: Histogramm der Verteilungsform der trait-Angst in Rechnungswesen.

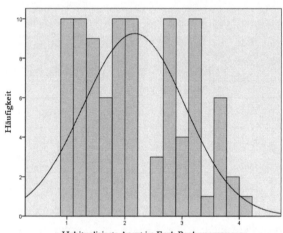

Der Vergleich der Mittelwerte für die untersuchten Klassen im H-Test nach
Kruskal-Wallis offenbart keine signifikanten Unterschiede (χ^2 =1.27, p=.736).
Allerdings finden sich signifikante geschlechtsspezifische Unterschiede derge-
stalt, dass Jungen im Fach Rechnungswesen weniger ängstlich sind als Mädchen.
Kontrolliert man diese Unterschiede jedoch für die Variable Vorwissen, fallen
sie nicht mehr signifikant aus. Die Stichprobe darf insofern in Bezug auf das
Erleben von Angst im Rechnungswesenunterricht als homogen gelten.

*Tabelle 5–21: Mittelwerte und Standarabweichungen der trait-Emotionen Angst und
Langeweile in Rechnungswesen*

N=92	Klasse 9A (n=20)		Klasse 9B (n=20)		Klasse 9C (n=27)		Klasse 9D (n=25)	
	M	*SD*	*M*	*SD*	*M*	*SD*	*M*	*SD*
Habitualisierte Angst in RW	2.13	.73	1.99	.85	2.26	.94	2.22	.97
Habitualisierte Langeweile in RW	2.53	1.46	2.22	1.07	1.46	.57	2.24	1.02

Für die trait-Emotion Langeweile wird ebenfalls die Verteilungsform geprüft. Sie offenbart sich als rechtsschief mit signifikanten Abweichungen von der Normalverteilungsannahme. Zwischen den Klassen existieren signifikante Mittelwertunterschiede dergestalt, dass die Lernenden in Klasse 9C sich besonders wenig langweilen (Tabelle 5–21). Geschlechtsspezifische Unterschiede zeigen sich indes nicht. Die Stichprobe ist insofern in Bezug auf den Prädiktor nicht gänzlich homogen, entsprechend sind die Ergebnisse der nachfolgenden Mehrebenenanalyse zurückhaltend zu interpretieren. Schließlich wird die schulbezogene Selbstwirksamkeitserwartung der Lernenden als wichtiger potentieller Einflussfaktor auf die Entstehung von Schülerlangeweile einer deskriptiven Analyse zugeführt. Auch hier sind signifikante Abweichungen von der Normalverteilungsannahme zu verzeichnen, die Verteilung ist gemäßigt rechtsschief. Der H-Test nach Kruskal-Wallis ergibt keine signifikanten Mittelwertunterschiede zwischen den untersuchten Klassen, auch geschlechtsspezifische Differenzen scheint es nicht zu geben.

Tabelle 5–22: Interkorrelationen der personenbezogenen Prädiktoren

N=92	1	2	3	M	SD
1) Vorwissen insgesamt				4.43	1.78
2) Habitualisierte Angst in RW	-.132			2.16	.88
3) Habitualisierte Langeweile in RW	-.033	**.454****		2.07	1.10
4) Selbstwirksamkeit	.040	**-.440****	**-.450****	4.36	.79

Rangkorrelationskoeffizient nach Spearman, ** Die Korrelation ist auf dem Niveau von .01 (2-seitig) signifikant.

Im letzten Schritt werden alle personenbezogenen Prädiktoren einer Analyse auf ihre Interkorrelationen unterzogen (Tabelle 5–22). Dabei zeigt sich, dass die habitualisierten Emotionen Angst und Langeweile in einem signifikanten positiven Zusammenhang stehen, der jedoch betragsmäßig nicht allzu hoch ausfällt. Die Selbstwirksamkeitsüberzeugung der Probanden steht mit beiden trait-Emotionen in einem negativen Zusammenhang – je selbstwirksamer die Probanden, desto weniger Angst und Langeweile werden in Bezug auf den Unterricht in Rechnungswesen geäußert. Eine Multikollinearität kann jedoch auch für die personenbezogenen Prädiktoren ausgeschlossen werden. Nachstehende Abbildung zeigt eine Gesamtübersicht der Interkorrelationen aller Prädiktoren beider Gruppen.

Tabelle 5–23: *Interkorrelation aller Prädiktorengruppen*

	1	2	3	4	5	6	7	8
1) Leerläufe								
2) Wiederholungsphasen	.017							
3) Lehrermonologe	.113**	.077**						
4) Verständnis der Inhalte	.001	-.107**	-.003					
5) ausreichend Nachdenkzeit	-.015	-.116**	-.069**	.612**				
6) Sinnhaftigkeit der Tätigkeit	-.019	-.100**	-.048**	.482**	.497**			
7) Vorwissen	.009	-.011	-.081**	.072**	.036*	.021		
8) Habitualisierte Angst	.007	-.047**	-.047**	-.120**	-.142**	-.046**	-.072**	
9) Habitualisierte Langeweile	.022	.022	.045**	-.233**	-.185**	-.255**	.033*	.451**
10) Selbstwirksamkeit	-.008	.015	.007	.186**	.203**	.139**	-.022	-.432**

Rangkorrelationskoeffizient nach Spearman, ** Die Korrelation ist auf dem Niveau von .01 (2-seitig) signifikant.

* Die Korrelation ist auf dem Niveau von .05 (2-seitig) signifikant.

Die Zusammenhänge der situativen mit den personenbezogenen Prädiktoren fallen betragsmäßig ebenfalls schwach aus. Von inhaltlichem Interesse ist allenfalls der Befund, dass es signifikant negative Zusammenhänge zwischen einigen methodisch-didaktischen Parametern (etwa dem Ausmaß an Wiederholungsphasen und Lehrermonologen) im Unterricht und habitualisierter Angst im Fach Rechnungswesen zu geben scheint. Zu beachten ist an dieser Stelle allerdings, dass die trait-Angst *vor* dem Unterrichtsgeschehen erhoben wurde, die Interpretationsrichtung der Zusammenhänge insofern fraglich ist. Nichtsdestoweniger entstehen habitualisierte Erlebensqualitäten im Zuge der Verdichtung von unterrichtlichem Erleben, eine zweiseitige Interpretation der Interdependenzen scheint insofern gerechtfertigt. Auch die subjektiven Erlebensqualitäten im Unterrichtsprozess selbst stehen in schwachen, aber signifikanten negativen Zusammenhängen mit der trait-Angst. Je ängstlicher Lernende sich grundsätzlich im

Fach Rechnungswesen fühlen, desto weniger positiv beurteilen sie insofern die Situation und ihre Ressourcen.

5.3.2 Mehrebenenanalyse des Einflusses situativer und personenbezogener Bedingungsfaktoren auf das Ausmaß der Unterrichtslangeweile

Zur Analyse der situationsnahen Effekte der methodisch-didaktischen Parameter und der subjektiven Passung von Person und Situation aus Sicht der Lernenden werden folgende Hypothesen einer statistischen Überprüfung zugeführt:

H1: *Das Ausmaß an unterrichtlichen Leerläufen beeinflusst die Entstehung von Langeweile – je häufiger Wartezeiten für die Lernenden entstehen, desto ausgeprägter ist ihre unterrichtliche Langeweile..*

H2: *Ausführliche Wiederholungsphasen begünstigen die Langeweileentstehung.*

H3: *Je länger die Lehrperson am Stück monologisiert, desto ausgeprägter ist die Langeweile der Lernenden.*

H4: *Die subjektiv wahrgenommene Sinnhaftigkeit der eigenen Tätigkeiten innerhalb von Unterrichtseinheiten steht in einem negativen Zusammenhang mit dem Erleben von Langeweile.*

H5: *Ein ausgeprägtes Verständnis der Unterrichtsinhalte innerhalb von Unterrichtseinheiten steht in einem negativen Zusammenhang mit dem Erleben von Langeweile.*

H6: *Das subjektive Vorhandensein von ausreichend Zeit zum Nachdenken über die Unterrichtsinhalte steht innerhalb von Unterrichtseinheiten in einem negativen Zusammenhang mit dem Erleben von Langeweile.*

Im Zuge eines ersten Modellierungsschrittes werden dabei auf der Ebene der Messzeitpunkte die angesprochenen situationsnahen Prädiktoren in das Modell eingespeist und auf ihre Varianzaufklärung hin untersucht. Es handelt sich dabei um ein sogenanntes Random-Intercept-Modell, da von einer konstanten Wirkung der Prädiktoren zu den unterschiedlichen Messzeitpunkten und damit konstanten Steigungsparametern in den Modellgleichungen ausgegangen wird und lediglich die Variabilität der Achsenabschnitte (Intercepts) erklärt werden soll. Es zeigt sich unter Kontrolle etwaiger Zeiteffekte auf Ebene der Messzeitpunkte zunächst, dass die subjektive Passung von Person und Situation aus Sicht der Lernenden einen signifikanten Einfluss auf die Entstehung von Langeweile zeigt (Tabelle 5–24). Die entsprechenden Schätzer für die drei CSSM-Variablen Verständnis der Inhalte, ausreichend Nachdenkzeit und Sinnhaftigkeit der Tätigkeit liegen im hochsignifikanten Bereich (p-Werte fettgedruckt). Bezüglich der Richtung der Zusammenhänge ist angesichts der negativen B-Schätzer in dieser ersten Modellierung festzustellen, dass ein ausgeprägtes Verständnis der Inhalte wie auch das Erleben einer sinnvollen Tätigkeit mit weniger Langeweile korrespondiert. Bezüglich der Nachdenkzeit zeigt sich, dass sich die Lernenden auf Ebene der Messzeitpunkte und damit in konkreten Situationen *innerhalb* von Unterrichtseinheiten dann mehr langweilen, wenn sie das Gefühl haben, nicht genügend Nachdenkzeit zu haben.

Tabelle 5–24: Mehrebenen-Regression zur Schätzung fester Effekte für situationsnahe Prädiktoren auf Ebene der Messzeitpunkte (Modell 1)

Modell 1	B	SE(B)	t	p
Intercept	82.671	2.390	34.60	.000
Fixed Slopes				
Zeit	-.173	.164	-1.052	.293
Verständnis der Inhalte	-.098	.017	-5.724	**.000**
ausreichend Nachdenkzeit	-.101	.019	-5.205	**.000**
Sinnhaftigkeit der Tätigkeit	-.400	.016	-24.823	**.000**
Leerläufe	-.128	.055	-2.335	**.020**
Wiederholungsphasen	-.004	.006	-.585	.559
Lehrermonologe	-.004	.005	-.873	.383

Bei den methodisch-didaktischen Prädiktoren zeigt sich ausschließlich für das Ausmaß unterrichtlicher Leerläufe ein signifikanter Effekt: Der negative B-Schätzer weist hier auf einen erwartungswidrigen negativen Zusammenhang zwischen dem Ausmaß nicht genutzter Unterrichtszeit und der Entstehung von Langeweile hin. Offenbar erlebten die Lernenden innerhalb von Unterrichtseinheiten kurze Phasen des Leerlaufs eher als kurzweilig denn als langeweileinduzierend. Ausgedehnte Wiederholungsphasen und Lehrermonologe spielen in der betrachteten Stichprobe offenbar keine Rolle für die Entwicklung von Langeweile bei den Lernenden. Die Hypothese zum Einfluss unterrichtlicher Leerläufe auf die Entstehung von Schülerlangeweile (H1) ist infolgedessen zurückzuweisen. Auch für die Hypothesen H2 und H3 zur Bedeutung von ausgedehnten Wiederholungsphasen und Lehrermonologen für die Langeweileentstehung findet sich keine statistische Evidenz. Die Vermutungen bezüglich des Einflusses der subjektiven Passung von Person und Situation (H4-H6) lassen sich indes unter Annahme 1%-iger Irrtumswahrscheinlichkeit als vorläufig bestätigt ansehen.

Die Schätzung der korrespondierenden Varianzanteile für den ersten Modellierungsschritt deutet im Vergleich zum Nullmodell auf eine Verringerung der Varianzkomponenten auf allen drei Ebenen hin. Dies erscheint angesichts dessen, dass in diesem ersten Modellierungsschritt ausschließlich Prädiktoren auf Ebene der Messzeitpunkte eingebracht wurden, zunächst kontraintuitiv. Es erklärt sich jedoch über den Umstand, dass die Verteilungsform der Prädiktoren sich nicht in allen Unterrichtseinheiten (bzw. im Falle der Selbstberichtsdaten bei allen Individuen) gleicht und aufgrund dieses Umstands auch gewisse Anteile der Variabilität auf den anderen beiden Ebenen aufgeklärt werden kann (s. die Argumentation bei Hox 1995, 71f.).

Tabelle 5–25: Mehrebenen-Regression zur Schätzung von Zufallseffekten für situationsnahe Prädiktoren auf Ebene der Messzeitpunkte (Modell 1)

Modell 1	Varianzkomp.	Standardfehler	p
Residualvarianz			
Ebene der MZP	323.060	7.537	.000
Ebene der Unterrichtseinheiten	115.718	9.627	.000
Ebene der Individuen	294.622	46.372	.000

In einem nächsten Schritt wird die Modellgüte einem sogenannten Devianzentest unterzogen. Dabei wird für genestete Modelle, die auseinander hervor gehen wie in vorliegendem Fall das Random-Intercept-Modell mit Prädiktoren auf Ebene der Messzeitpunkte aus dem Nullmodell, ermittelt, ob die Integration weiterer Prädiktoren zu einer signifikanten Modellverbesserung geführt hat. Die jener Prüfung zugrunde gelegten Maße sind die -2-log likelihood (sog. Devianz) sowie die Anzahl an Freiheitsgraden der beiden Modelle. Die Werte der Modelle für beide Maße werden dergestalt miteinander verglichen, dass das weniger restriktivere Modell mit weniger Prädiktoren in seinem Devianzwert in Abzug gebracht wird. Die Differenz der Devianz aus beiden Modellen ist annahmegemäß chiquadratverteilt und lässt sich insofern in Kombination mit der Differenz der Freiheitsgrade in der Regel einer Signifikanzprüfung im Rahmen des Chi-Quadrat-Anpassungstests unterziehen. Ist das Testergebnis signifikant, passt das restriktivere Modell besser auf die Daten und kann beibehalten werden.

Tabelle 5–26: Devianzentest für den Vergleich des Nullmodells mit Modell 1

Modellvergleich	-2 log likelihood	df	χ^2-Anpassungstest	p
Nullmodell	41794.947	4	M1-M2 = 2710.478	NaN
Modell 1	39084.469	11		

Vorliegend ist jedoch die Differenz der Devianzen so groß, dass sich im Zuge der Testung kein Wahrscheinlichkeitswert mehr ermitteln lässt. Da jedoch bereits weniger hohe Differenzen der Devianzen bei einer gegebenen Zahl an Freiheitsgraden zu signifikanten Testungen führen und sich die Varianzkomponenten vorliegend durch die Einspeisung von Prädiktoren verringern, wird davon ausgegangen, dass Modell 1 die Daten besser beschreibt als das Nullmodell.

Im Folgenden wird das Modell um personenbezogene Prädiktoren auf der Individualebene erweitert. Es werden dabei ausgehend von der existierenden Befundlage die Einflüsse des Vorwissens, habitualisierter trait-Emotionen im Rechnungswesenunterricht und die Auswirkungen der schulbezogenen Selbstwirksamkeit in ihrem Zusammenspiel mit den situationsnahen Prädiktoren betrachtet. Bezüglich der Effekte der personenbezogenen Prädiktoren stehen folgende Hypothesen zur Prüfung:

H7: *Je ausgeprägter das Vorwissen der Lernenden, desto höher ist die unterrichtliche Langeweile.*

H8: *Die negativen habitualisierten Lernemotionen Angst und Langeweile üben einen bedeutsamen Einfluss auf die Entstehung von Langeweile aus.*

H9: *Hoch selbstwirksame Lernende langweilen sich unabhängig von situativen Konstellationen weniger als niedrig selbstwirksame.*

Für die Berücksichtigung jener Prädiktoren ist festzuhalten, dass sie in dieser Modellbetrachtung ausnahmslos signifikante Effekte auf die Entstehung von Schülerlangeweile zeitigen. Besonders die trait-Ausprägung der Lernlangeweile, die vor der Videographie der Unterrichtssequenzen erfragt wurde, spielt diesbezüglich eine bedeutende Rolle: Je mehr Lernlangeweile im Zusammenhang mit dem Fach Rechnungswesen von den Lernenden nach eigener Aussage üblicherweise erlebt wird, desto mehr langweilen sie sich auch im Unterrichtsgeschehen. Ein positiver Zusammenhang findet sich auch für das Vorwissen – je mehr Vorwissen Lernende aufweisen, desto stärker langweilen sie sich vorliegend offenbar im Unterricht. Erwartungskonform negative Effekte finden sich für die Prädiktoren trait-Angst und Selbstwirksamkeit. Je ausgeprägter die Selbstwirksamkeit und habitualisierte Angst von Lernenden, desto geringer die unterrichtliche Langeweile. Für die skizzierten Forschungshypothesen findet sich insofern ausnahmslos empirische Evidenz.

*Tabelle 5–27: Mehrebenen-Regression zur Schätzung fester Effekte für die Integration perso-
nenbezogener Prädiktoren (Modell 2)*

Modell 2	B	SE(B)	t	p
Intercept	94.279	11.838	7.964	.000
Fixed Slopes				
Ebene der Messzeitpunkte				
Zeit	-.153	.171	-.895	.371
Verständnis der Inhalte	-.107	.018	-5.945	**.000**
ausreichend Nachdenkzeit	-.102	.020	-4.952	**.000**
Sinnhaftigkeit der Tätigkeit	-.401	.017	-22.679	**.000**
Leerläufe	-.172	.058	-2.971	**.003**
Wiederholungsphasen	-.004	.006	-.692	.489
Lehrermonologe	-.001	.005	-.164	.870
Ebene der Individuen				
Vorwissen	36.641	15.243	2.404	**.018**
habitualisierte Lernangst	-5.324	2.218	-2.400	**.019**
habitualisierte Lernlangeweile	4.990	1.716	2.907	**.005**
Selbstwirksamkeit	-5.721	2.158	-2.651	**.010**

Darüber hinaus offenbart die simultane Berücksichtigung von Prädiktoren
auf den Ebenen der Messzeitpunkte und Individuen bezüglich der Effekte der
situationsnahen Bedingungsfaktoren keine bedeutsamen Veränderungen (Tabelle 5–27): Es lässt sich im Vergleich der beiden Modelle somit festhalten,
dass der subjektiv wahrgenommenen Passung von Person und Situation und
dem Ausmaß unterrichtlicher Leerläufe *unabhängig* von personenbezogenen
Ausprägungen eine signifikante Bedeutung für die Entstehung von Langeweile
bei den Lernenden zukommt, da sich die entsprechenden Effekte in ähnlicher
Ausprägung mit und ohne die Berücksichtigung individueller Charakteristika
zeigen.

*Tabelle 5–28: Mehrebenenregression zur Schätzung von Zufallseffekten für die Integration
personenbezogener Prädiktoren (Modell 2)*

Modell 2	Varianzkomp.	Standardfehler	p
Residualvarianz			
Ebene der MZP	318.792	7.816	.000
Ebene der Unterrichtseinheiten	108.615	9.653	.000
Ebene der Individuen	194.580	5.860	.000

Die Darstellung der Schätzwerte für die Varianzkomponenten auf den drei
Ebenen offenbart zum einen signifikante Abweichungen vom Nullwert, zum

anderen eine weitere Verringerung im Vergleich zu dem vorhergegangenen, weniger restriktiven Modell 1. Das bedeutet, die Variabilität der Langeweile *zwischen* Personen, aber auch *innerhalb* von Unterrichtseinheiten lässt sich durch die simultane Analyse der personenbezogenen und situativen Prädiktoren bereits in dieser Modellierungsstufe zu einem beträchtlichen Teil aufklären.

In einem nächsten Modellierungsschritt soll nun versucht werden, die Effekte der situativen Prädiktoren einer weiteren Differenzierung nach ihrer Situationsnähe zu unterziehen. Es soll dabei untersucht werden, ob sich bezüglich der Varianzaufklärung innerhalb von Unterrichtseinheiten andere Muster ergeben als über Unterrichtseinheiten hinweg. Dies lässt sich über eine Aggregation der situativen Prädiktoren auf die nächst höhere Ebene der Unterrichtseinheiten erreichen. Die situationsnahen Prädiktoren werden auf diesem Wege zu Kontextfaktoren, die auf ihre Aufklärungskraft der Unterschiede zwischen Unterrichtseinheiten untersucht werden. Dieses Vorgehen ist strukturell angelehnt an die Untersuchungen zu Big-Fish-Little-Pond-Effekten (s. etwa Parker, Marsh, Lüdtke & Trautwein 2013), in denen auf diese Weise divergierende Wirkrichtungen auf Individual- und Kontextebene identifiziert werden konnten. Es stehen dabei folgende Vermutungen zur statistischen Überprüfung:

H10: *Die Effekte der situativen Prädiktoren verstärken sich sukzessive mit zunehmender Dauer ihres Wirkens über Unterrichtseinheiten hinweg.*

H11: *Personenbezogene Prädiktoren bleiben in ihrer Richtung für die Entstehung von Schülerlangeweile in unterschiedlichen situativen Konstellationen stabil.*

Die Ergebnisse des dritten Modellierungsschrittes sind Tabelle 5–29 zu entnehmen. Dabei offenbart sich ein interessanter Befund. In der aggregierten Form entfalten die situativen Prädiktoren teilweise eine der im ersten Schritt festgestellten entgegen gesetzte Wirkung: Wirkten unterrichtliche Leerläufe im ersten Modellierungsschritt auf der Ebene der Messzeitpunkte noch Langeweile verringernd, zeitigen sie nun einen positiven Effekt auf deren Entstehung. Das bedeutet, kurze unterrichtliche Leerläufe innerhalb von Unterrichtsstunden werden von den Lernenden als vergleichsweise kurzweilig erlebt, häufen sie sich jedoch über mehrere Unterrichtseinheiten hinweg, führen sie offenbar zu einem Anstieg der Langeweile der Lernenden.

Tabelle 5–29: *Mehrebenen-Regression zur Schätzung fester Effekte auf allen Hierarchieebe-nen (Modell 3)*

Modell 3	B	SE(B)	t	p
Intercept	94.978	13.158	7.218	.000
Fixed Slopes				
Ebene der Messzeitpunkte				
Zeit	-.382	.209	-1.822	.069
Verständnis der Inhalte	-.106	.022	-4.874	**.000**
ausreichend Nachdenkzeit	-.146	.025	-5.823	**.000**
Sinnhaftigkeit der Tätigkeit	-.382	.021	-17.790	**.000**
Leerläufe	-.198	.066	-3.005	**.003**
Wiederholungsphasen	.005	.010	.467	.640
Lehrermonologe	.002	.005	.467	.641
Ebene der Unterrichtseinheiten				
Verständnis der Inhalte (aggregiert)	-.066	.056	-1.165	.244
ausreichend Nachdenkzeit (aggregiert)	.127	.062	2.038	**.042**
Sinnhaftigkeit der Tätigkeit (aggregiert)	-.165	.057	-2.891	**.004**
Leerläufe (aggregiert)	.214	.071	3.015	**.003**
Ebene der Individuen				
Vorwissen	39.919	15.742	2.536	**.014**
habitualisierte Lernangst	-5.422	2.388	-2.270	**.026**
habitualisierte Lernlangeweile	4.836	1.677	2.885	**.005**
Selbstwirksamkeit	-4.036	2.256	-1.789	.078

Ähnliches lässt sich auch für die Variable Nachdenkzeit feststellen: Auf der Ebene der Messzeitpunkte zeigt sich ein negativer Effekt – Lernende langweilen sich dann mehr, wenn sie nicht ausreichend Zeit haben, um über die Unterrichtsinhalte nachzudenken. Auf der Ebene der Unterrichtseinheiten kehrt sich dieser Effekt um – der subjektive Eindruck von ausreichend Nachdenkzeit über mehrere Stunden hinweg führt augenscheinlich zu höherer Langeweile bei den Schülerinnen und Schülern. Die Frage der Sinnhaftigkeit der aktuellen Tätigkeit spielt auch über mehrere Unterrichtseinheiten hinweg eine Rolle für die Entstehung von Schülerlangeweile – je sinnvoller Lernende ihre Tätigkeit erleben, desto weniger Langeweile kommt bei ihnen auf und zwar unabhängig davon, ob in der konkreten Unterrichtssituation oder über mehrere Unterrichtseinheiten hinweg. Das Verständnis der Unterrichtsinhalte über mehrere Unterrichtseinheiten hinweg scheint indes keinen Aufklärungsbeitrag für das Auftreten von Langeweile zu haben. Dieser Prädiktor entfaltet seine Wirkung lediglich in unmittelbarer Situationsnähe. Bei den Personenparametern zeigen sich mit Ausnahme der Selbstwirksamkeit weiterhin signifikante Effekte in nahezu unveränderter Größe. Es scheint insofern für die Wirkung der individuellen Charakteristika auf die Langeweileentstehung keine Rolle zu spielen, ob konkrete Unterrichtssituationen oder gar mehrere Unterrichtseinheiten in den Fokus genommen werden.

Tabelle 5–30: Schätzung von Zufallseffekten für Modell 3

Modell 3	Varianzkomp.	Standardfehler	p
Residualvarianz			
Ebene der MZP	317.705	9.077	.000
Ebene der Unterrichtseinheiten	92.388	10.095	.000
Ebene der Individuen	147.369	29.909	.000

Die Schätzungen der Varianzkomponenten sind signifikant von 0 verschieden und offenbaren bereits im Sichtbefund eine große Verringerung der Variabilität auf der Ebene der Individuen. Es lässt sich somit in Bezug auf die Annahme oder Zurückweisung der Forschungshypothesen konstatieren, dass sich 1.) die Effekte der situativen Prädiktoren zwar nicht verstärken und insofern die Hypothese zurückgewiesen werden muss, die Änderung der Wirkungsrichtung auf der Ebene der Unterrichtseinheiten aber dennoch davon zeugt, dass sich einige der untersuchten Effekte nach längerem Wirken in der erwartungskonformen Richtung zeigen. Weiterhin ist 2.) festzuhalten, dass die Effekte der Personenprädiktoren in ihrer Richtung stabil bleiben, wenn sich auch im Falle der Selbstwirksamkeit nur eine Tendenz nachweisen lässt. Die Hypothese 11 muss insofern vorliegend nicht zurückgewiesen werden.

Nachstehende Tabelle zeigt die drei Modellierungsschritte noch einmal im Überblick. Zusammenfassend lässt sich auf die stabile Wirkung situativer Prädiktoren auf Ebene der Messzeitpunkte hinweisen. Es spielt augenscheinlich für die Entstehung bzw. das Ausbleiben unterrichtlicher Langeweile bereits von Situation zu Situation eine bedeutende Rolle, wie Lernende die Passung von Person und Situation wahrnehmen und in welchem Ausmaß die zur Verfügung stehende Unterrichtszeit ungenutzt bleibt. Daran ändert sich auch im Zuge der zusätzlichen Berücksichtigung personenbezogener Parameter nichts, selbst wenn diese auch einen eigenen Aufklärungsbeitrag für die Variabilität der Langeweile leisten.

Tabelle 5–31: Modellüberblick

N=95	Modell 1		Modell 2		Modell 3	
	B	SE(B)	B	SE(B)	B	SE(B)
Intercept	82.671	2.390	94.279	11.838	94.978	13.158
Ebene der Messzeitpunkte						
Zeit	-.173	.164	-.153	.171	-.382	.209
Verständnis der Inhalte	**-.098***	.017	**-.107***	.018	**-.106***	.022
ausreichend Nachdenkzeit	**-.101***	.019	**-.102***	.020	**-.146***	.025
Sinnhaftigkeit der Tätigkeit	**-.400***	.016	**-.401***	.017	**-.382***	.021
Leerläufe	**-.128***	.055	**-.172****	.058	**-.198****	.066
Wiederholungsphasen	-.004	.006	-.004	.006	.005	.010
Lehrermonologe	-.004	.005	-.001	.005	.002	.005
Ebene der Individuen						
Vorwissen			**36.641***	15.243	**39.919***	15.742
habitualisierte Lernangst			**-5.324***	2.218	**-5.422****	2.388
habitualisierte Lernlangeweile			**4.990****	1.716	**4.836****	1.677
Selbstwirksamkeit			**-5.721****	2.158	-4.036	2.256
Ebene der Unterrichtseinheiten						
Verständnis der Inhalte (aggregiert)					-.066	.056
ausreichend Nachdenkzeit (aggregiert)					**.127***	.062
Sinnhaftigkeit der Tätigkeit (aggregiert)					**-.165****	.057
Leerläufe (aggregiert)					**.214****	.071
Erklärte Varianz						
Ebene der Messzeitpunkte	.235					
Ebene der Unterrichtseinheiten	.447					
Ebene der Individuen	.674					

*p<.05, **p<.01, ***p<.001; signifikante Effekte durch Fettdruck hervorgehoben

Jener Aufklärungsbeitrag der personenbezogenen Prädiktoren ist indes als sehr hoch einzuschätzen: Über zwei Drittel der Unterschiede zwischen den Individuen lassen sich im Zuge der Berücksichtigung von Vorwissen und den habitualisierten Lernemotionen Angst und Langeweile aufklären. Für die Ebene der Unterrichtseinheiten führt die Berücksichtigung der situativen Prädiktoren in aggregierter Form zu einer Varianzaufklärung von 44.7 %. Etwas geringer ist der Anteil erklärter Varianz mit 23.5 % auf der Ebene der Messzeitpunkte, was sich zum einen über die Existenz nicht näher bezifferbarer Messfehler auf dieser untersten Ebene erklären lässt, zum anderen ein Ausweis der Schwierigkeit sein dürfte, die multiplen Einflussfaktoren auf das situationale Erleben auch nur annähernd zu erfassen. Es sei an dieser Stelle nicht verschwiegen, dass sich die Quantifizierung von Anteilen erklärter Varianz für Mehrebenenmodelle als sehr komplex darstellt und bisweilen kritisch gesehen wird (Hox 1995, 69ff.; Kreft & De Leeuw 1998, 115ff.). Dieser Umstand trifft jedoch hauptsächlich auf Modelle mit variierenden Steigungskoeffizienten (random slopes) zu, bei denen sich das Konzept erklärter Varianz aufgrund der hohen Modellkomplexität einer eindeutigen Bedeutungszuweisung entzieht. Vorliegend handelt es sich jedoch um Modellierungsschritte, die auf der Annahme fixer Steigungsparameter basieren und insofern für jede Ebene über Vergleiche mit den Varianzanteilen im Nullmodell die Quantifizierung von erklärter Varianz zulassen. Letztere errechnet sich dabei ausgehend von dem durch Raudenbush & Bryk (2002) vorgeschlagenen Vorgehen aus dem Quotienten der Differenz der Varianzkomponenten aus dem Nullmodell und dem Random-Intercept-Modell (Zähler) und der entsprechenden Varianzkomponente im Nullmodell (Nenner).

Nachfolgend wird der Versuch unternommen, im Zuge einer multiplen Regression Veränderungen der Wissensbestände der untersuchten Lernenden über ihr Erleben von Langeweile im Unterrichtsprozess zu erklären. Darüber hinaus werden emotional-motivationale Bilanzierungen des Unterrichtsgeschehens unter Kontrolle relevanter Drittvariablen in einen Zusammenhang zu dem Erleben von Langeweile im Unterrichtsprozess gestellt, um die Frage nach kurzfristigen Begleiterscheinungen bzw. Wirkungen der Langeweile für das habitualisierte Erleben von schulischen Lehr-Lern-Prozessen herauszuarbeiten.

5.4 Kurzfristige Wirkungen unterrichtlicher Langeweile

5.4.1 Wirkung auf den Wissenserwerb

Der Nachweis von Folgen der unterrichtlichen Langeweile für Wissenserwerbe bzw. Lernerfolgsmaße stellt sich bislang in forschungsmethodischer Hinsicht, aber auch aus inhaltlichen Erwägungen als schwierig heraus (Kap. 3.4.4). Die Feststellung einer eindeutigen Wirkungsrichtung erfordert längsschnittliche Vorgehensweisen und kontrollierte Prä-Post-Designs (Pekrun, Hall, Perry & Goetz, in press). Um dieser Anforderung zumindest annähernd zu genügen, wird vorliegend im Zuge regressionsanalytischer Auswertungen die Wirkung der Langeweile im Unterrichtsprozess auf den Wissenserwerb der Lernenden unter Kontrolle der jeweiligen relevanten Ausgangsbedingungen überprüft. Dabei steht folgende Hypothese im Mittelpunkt:

H12: *Unter Kontrolle der emotionalen und kognitiven Eingangsvoraussetzungen sowie der unterrichtlichen und außerunterrichtlichen Lerngelegenheiten lassen sich moderate Effekte der unterrichtlichen Langeweile auf die Wissenserwerbe der Lernenden nachweisen.*

Bei den kontrollierten Eingangsvoraussetzungen handelt es sich um das Vorwissen der Lernenden sowie ihre habitualisierte Langeweile im Fach Rechnungswesen, die – vor der Videographie erhoben – das prozessuale Erleben im Sinne einer emotionalen Erwartungshaltung prägen können. Vor der Darstellung der Ergebnisse werden zunächst die Deskriptiva und Interdependenzen der einfließenden Variablen beschrieben sowie das Vorliegen der Anwendungsvoraussetzungen für die multiple Regression überprüft.

Die Ermittlung der Wissensbestände der Lernenden erfolgte mittels identischer Testinstrumente zu zwei Zeitpunkten – vor der videographierten Unterrichtssequenz und unmittelbar danach (Kap. 4.3.3.2). Die Wissensstände zu den beiden Erhebungszeitpunkten lassen sich untenstehender Abbildung entnehmen.

Abbildung 5–14: Wissensentwicklung der untersuchten Klassen im Untersuchungszeitraum.

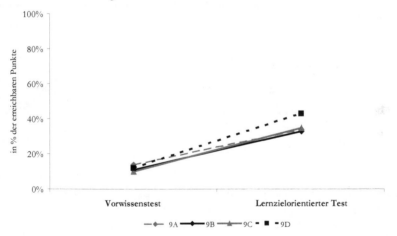

Die resultierenden Durchschnittswerte offenbaren zunächst relativ homogene Vorwissensbestände in den vier Klassen, die sich allerdings auf sehr niedrigem Niveau bewegen, wie bereits in vorhergehendem Abschnitt geschildert. Die Messung der Wissensbestände nach der Videographie in t2 führt zu der Ermittlung der Höhe des Wissenserwerbs. In allen Klassen lässt sich ein Wissenszuwachs erkennen. Letzterer fällt allerdings in den vier Klassen nicht durchwegs gleich hoch aus. Die Klassen 9A bis 9C erwerben in etwa gleich viel Wissen bei verhältnismäßig hohen mittleren Abweichungen vom Mittelwert, während jedoch in Klasse 9D ein größerer Zuwachs auffällt.

Tabelle 5–32: Mittelwerte und Standardabweichungen für Vorwissenstest (t1) und lernziel-orientierten Test (t2) in den untersuchten Klassen

N=92	Klasse 9A (n=20)		Klasse 9B (n=20)		Klasse 9C (n=27)		Klasse 9D (n=25)	
Anteil an der erreichbaren Punktzahl	*M*	*SD*	*M*	*SD*	*M*	*SD*	*M*	*SD*
Vorwissenstest (t1)	.14	.04	.11	.03	.10	.04	.12	.06
lernzielorientierter Test (t2)	.34	.14	.33	.11	.35	.13	.43	.15

Eine Varianzanalyse mit Messwiederholung zur Prüfung der beiden Haupteffekte Klasse und Zeit sowie der entsprechenden Interaktion ergibt sowohl signifikante Haupteffekte als auch einen signifikanten Interaktionseffekt. Die entsprechenden Effektstärken sind mittel bis groß, besonders relevant scheint der Zeiteffekt zu sein.

Tabelle 5–33: Ergebnis der Varianzanalyse mit Messwiederholung für die Testung des Wissenserwerbs

	Faktor Klasse			Faktor Zeit			Wechselwirkung Klasse x Zeit		
	F	p	η^2	F	p	η^2	F	p	η^2
Wissenserwerb	3.09	**.031**	.095	71.20	**.000**	.447	4.16	**.008**	.124

Die gefundenen Klasseneffekte werden im Rahmen von Post-hoc-Vergleichen näher untersucht. Dabei stellt sich heraus, dass lediglich die Differenz zwischen der Klasse 9B und 9D im lernzielorientierten Test 1 ausschlaggebend für die signifikante Testung zu sein scheint. Einschränkend ist zusätzlich zu bemerken, dass die Gruppengrößen divergieren, die Ergebnisse insofern zurückhaltend interpretiert werden sollten.

Als prozessnahe Prädiktoren des Wissenserwerbs kommen zum einen die mittlere Höhe der Langeweile im Unterrichtsprozess sowie die Anzahl an Messzeitpunkten, in denen die Lernenden gemessen an ihren individuellen Baselines überdurchschnittlich gelangweilt sind, für die Varianzaufklärung in

Betracht. Zum anderen wird für jeden Lernenden der Einfluss der Beteiligung am Unterricht auf den Wissenserwerb sowie das Verständnis der Unterrichtsinhalte im Prozess kontrolliert. Andere wichtige Kontrollgrößen betreffen die trait-Langeweile im Fach Rechnungswesen, die im Rahmen der Eingangserhebung (t1) gemessen wurde sowie die durch die Lernenden außerhalb des Unterrichts im Erhebungszeitraum investierte Lernzeit für das Fach Rechnungswesen. Die Mittelwerte und Standardabweichungen der interessierenden Prädiktoren mit Ausnehme des bereits berichteten Vorwissens sind nachstehender Tabelle zu entnehmen.

Tabelle 5–34: Deskriptiva der unabhängigen Variablen

	M	SD	N
Langeweile im Unterrichtsprozess	37.67	22.30	96
Anzahl an überdurchschnittlich langweiligen Messzeitpunkten	21.56	7.41	95
Verständnis der Inhalte im Unterrichtsprozess	74.09	17.74	96
Interaktionshäufigkeit im Erhebungszeitraum	20.89	17.05	96
trait-Langeweile RW	2.07	1.10	92
außerunterrichtliches Lernzeitinvestment (in Minuten)	223.73	204.33	84

Auffallend ist dabei die extrem ausgeprägte Variabilität der außerunterrichtlichen Lernzeitinvestments sowie der Interaktionshäufigkeiten im Erhebungszeitraum. Dies deutet auf starke individuelle Divergenzen bei der Nutzung von Lerngelegenheiten hin, die den Wissenserwerb beeinflussen könnten. Die Interkorrelationen der abhängigen Variable (Tabelle 5–35) sowie aller Prädiktoren legen bereits in dieser Betrachtung die Vermutung eines signifikanten Zusammenhangs zwischen dem Ausmaß dieser Lerngelegenheiten und dem Wissenserwerb nahe. Im Falle der Interaktionshäufigkeit ist dieser positiver Natur – je intensiver die Lernenden am Unterricht beteiligt sind, desto mehr Wissen können sie im zweiten Erhebungszeitpunkt nachweisen. Bei der außerunterrichtlichen Lernzeitnutzung gibt es einen signifikant negativen Zusammenhang: Diejenigen Lernenden, die zuhause sehr viel Zeit für das Fach Rechnungswesen investieren oder benötigen, schneiden im lernzielorientierten Test deutlich schlechter ab.

Tabelle 5–35: Interkorrelationen von Wissenserwerb (AV) und seinen Prädiktoren

Variable	AV	1	2	3	4	5	6
AV: Wissenserwerb							
UV 1) Langeweile im Prozess	-.126						
UV 2) Anzahl MZP > Ø	-.030	.805**					
UV 3) Interaktionshäufigkeit	.218*	-.094	-.134				
UV 4) Verständnis im Prozess	.315**	-.303**	-.396**	.022			
UV 5) Vorwissen	.171	.057	.154	-.121	.139		
UV 6) trait-Langeweile (t1)	-.176	.469**	.375**	-.077	-.373	-.033	
UV 7) Lernzeitinvestment	-.315**	-.091	-.003	-.058	-.064	.108	-.089

Rangkorrelationskoeffizient nach Spearman, ** Die Korrelation ist auf dem Niveau von .01 (2-seitig) signifikant.
* Die Korrelation ist auf dem Niveau von .05 (2-seitig) signifikant.

Darüber hinaus finden sich signifikante positive Zusammenhänge für die prozessuale sowie überdurchschnittliche Langeweile und ihre Entsprechung als trait, welche eine habitualisierte Langeweile im Fach Rechnungswesen widerspiegelt. Auch das Verständnis im Unterrichtsprozess steht in einem signifikanten Zusammenhang mit der Unterrichtslangeweile – je weniger die Lernenden im Prozess verstehen, desto mehr langweilen sie sich. Auch der Wissenserwerb steht in einem Zusammenhang zu diesem Verständnis der Unterrichtsinhalte. Die Interkorrelationen sind betragsmäßig zumeist niedrig bis mittlerer Höhe, lediglich der Zusammenhang zwischen der durchschnittlichen Höhe der prozessualen Langeweile und der Anzahl überdurchschnittlich langweiliger Messzeitpunkte stellt sich als hoch dar. Im Zuge der Kollinearitätsdiagnose stellt sich jedoch heraus, dass die in das Modell einfließenden Prädiktoren keine perfekten Abhängigkeiten untereinander aufweisen – der interessierende Variance-Inflation-Factor (VIF) übersteigt in keinem Fall den Wert 10, sondern liegt vielmehr höchstenfalls bei 2.851. Auch Autokorrelation der Residuen ist vorliegend nicht gegeben, die Durban-Watson-Statistik liegt mit einem Wert von 2.36 noch im Toleranzbereich. Die Normalverteilungsannahme ist vorliegend ebenfalls beizubehalten, eine entsprechende Prüfung der standardisierten Residuen ergab keine Anhaltspunkte für eine Verwerfung der Nullhypothese. Auch eine visuelle Inspektion des Streudiagramms aus standardisierten Residuen und standardisierten

Vorhersagewerten gibt keinen Hinweis auf Homo- oder Heteroskedastizität, so dass die Voraussetzungen für eine multiple Regression gegeben sind.

Die Schätzung des Regressionsmodells mit den zuvor angesprochenen Prädiktoren in z-standardisierter Form führt zur Signifikanz des Gesamtmodells (F=3.624, p=.002) mit einer Varianzaufklärung von etwa 22 % (R^2=.224). Dabei sind insbesondere die bereits im Zuge der Korrelationsanalyse angesprochenen Variablen prädiktiv (Tabelle 5–36): Die Interaktionshäufigkeit der Lernenden im Unterrichtsprozess und die Nutzung außerunterrichtlicher Lerngelegenheiten sind neben dem Verständnis der Unterrichtsinhalte im Prozess in der Lage, einen Teil der Variabilität der Wissenserwerbe aufzuklären. Diejenigen Lernenden, die sich im Unterricht besonders häufig beteiligen bzw. durch die Lehrkraft beteiligt werden und viel verstehen, schneiden im nachfolgenden lernzielorientierten Test deutlich besser ab als die in geringerem Ausmaß Beteiligten. Auch die außerunterrichtliche Lernzeit spielt eine große Rolle für den Wissenserwerb – allerdings lernen diejenigen Schülerinnen und Schüler mehr zuhause, die dann später geringere Wissenserwerbe aufweisen. Keinerlei Aufklärungsbeitrag für den Erwerb von Wissen liefert indes die unterrichtliche Langeweile, weder in der prozessnahen noch in der habitualisierten Form. Die Forschungshypothese ist zurückzuweisen.

Tabelle 5–36: Ergebnisse der Regressionsanalyse zur Aufklärung der Variabilität des Wissenserwerbs (Einschluss)

Variable	B	SE(B)	β	p
Langeweile im Unterrichtsprozess	-.998	.791	-.200	.211
Anzahl MZP > Ø Langeweile	.153	.109	.226	.163
Verständnis im Unterrichtsprozess	1.328	.530	.266	.014*
Interaktionshäufigkeit	.067	.028	.231	.018*
außerunterrichtliches Lernzeitinvestment (in Minuten)	-.007	.002	-.282	.004**
Vorwissen	.482	.274	.168	.083
trait-Langeweile RW	-.237	.565	-.047	.676

N=96, **p<.01, *p<.05

Angesichts dessen stellt sich nachfolgend die Frage, ob das Erleben von Langeweile im Unterrichtsprozess Einfluss auf emotional-motivationale Bilanzierungen des Erlebens nach dem Geschehen nimmt. Es werden zur statistischen Überprüfung dieser Vermutung regressionsanalytisch verschiedene ex post durch die

Lernenden berichtete Erlebensqualitäten auf ihre Beeinflussung durch das Erleben von Langeweile untersucht.

5.4.2 Wirkung auf retrospektive Bilanzierungen des Unterrichts

5.4.2.1 Wirkung auf emotional-motivationale Bilanzierungen

Die von den Lernenden retrospektiv erfragten emotional-motivationalen Bilanzierungen werden in vielen Studien als Näherungswert für das Erleben im Unterrichtsprozess herangezogen und in diesem Aggregierungsgrad auf ihre Entstehung hin untersucht. Es stellt sich angesichts dessen die Aufgabe zu überprüfen, ob und in welchem Zusammenhang diese Bilanzierungen mit dem prozessualen Erleben – vorliegend dem Erleben von Langeweile – stehen. Zur Überprüfung kommen dabei die retrospektiven Urteile über Langeweile und die Interessantheit des Unterrichts sowie einem global negativen bzw. positiven Urteil über das Erleben im Unterricht. Es wird dabei nicht nur das Erleben von Langeweile im Prozess auf seine Wirkung hin untersucht, sondern auch für die Interaktionshäufigkeit der Lernenden und langeweilerelevante Eingangsvoraussetzungen sowie den Wissenserwerb kontrolliert. Die Interkorrelationen dieser unabhängigen Variablen veranschaulicht nachstehende Tabelle. Lediglich zwischen dem Wissenserwerb und der Beteiligungsintensität besteht ein signifikant positiver Zusammenhang. Eine Multikollinearität der Prädiktoren ist auszuschließen. Auch die übrigen Anwendungsvoraussetzungen sind für alle nachfolgenden Modellrechnungen gegeben.

Tabelle 5–37: Interkorrelation der unabhängigen Variablen zur Vorhersage emotionalmotivationaler Bilanzierungen des Rechnungswesenunterrichts

Variable	1	2	3
1) Interaktionshäufigkeit im Prozess			
2) Habitualisierte Langeweile (t1)	-.077		
3) Vorwissen (t1)	-.121	-.033	
4) Wissenserwerb (t2)	**.218***	-.176	.171

*Rangkorrelationskoeffizient nach Spearman, * Die Korrelation ist auf dem Niveau von .05 (2-seitig) signifikant.*

Zunächst wird das ex post erhobene Globalurteil der Lernenden, der Unterricht sei „langweilig" einer Aufklärung durch die betreffenden Prädiktoren zugeführt. Dabei stehen folgende Hypothesen zur Disposition:

H13: Es besteht ein positiver Zusammenhang zwischen der Schülerlangeweile im Unterrichtsprozess und der emotional-motivationalen Bilanz zum Erleben von Langeweile nach dem Unterricht.

H14: Unter Kontrolle der emotionalen und kognitiven Eingangsvoraussetzungen sowie der Nutzung unterrichtlicher Lerngelegenheiten und des Wissenserwerbs mündet die mittlere Höhe von Langeweile im Unterrichtsprozess in eine entsprechende emotionale Bilanzierung nach dem Unterricht.

Es zeigt sich im Ergebnis der regressionsanalytischen Prüfung eine Varianzaufklärung von 35.3% im Zuge des Einschlusses aller als relevant erachteten Prädiktoren. Das Gesamtmodell ist hochsignifikant (F=9.813, p=.000).

Tabelle 5–38: Ergebnisse der Regressionsanalyse zur Aufklärung der ex post berichteten Langeweile im Unterricht (Einschluss)

Variable	B	SE(B)	β	p
Langeweile im Unterrichtsprozess	.317	.091	.332	**.001****
Interaktionshäufigkeit im Prozess	-.008	.005	-.151	.089
Habitualisierte Langeweile (t1)	.310	.094	.318	**.001****
Vorwissen (t1)	.000	.048	-.001	.992
Wissenserwerb (t2)	-.004	.017	-.022	.805

N=96, **p<.01, *p<.05

Die Betrachtung der Aufklärungsbeiträge der einzelnen Prädiktoren offenbart hochsignifikante Effekte der prozessualen und habitualisierten Lernlangeweile. Das abschließende Urteil der Lernenden, der Unterricht sei langweilig gewesen, speist sich somit offenbar im Wesentlichen aus der emotionalen Erwartungshaltung, mit der die Lernenden in den Unterricht gingen und dem Erleben von Langeweile im Unterrichtsprozess selbst. Beide Hypothesen können vorläufig als bestätigt gelten.

Die *Variabilität* der prozessualen Langeweile in ihrer Wirkung auf das abschließende Globalurteil *langweiligen* Unterrichts fokussiert Hypothese 15. Es ist dabei zu vermuten, dass sich keinerlei Erklärungskraft offenbart, da unmittelbar situationsnahe Einflüsse und damit die hohe Volatilität des Erlebens in keiner Beziehung zu der emotionalen Bilanzierung der Lernenden stehen.

H15: Die prozessuale Variabilität der Schülerlangeweile korrespondiert unter Kontrolle emotionaler und kognitiver Eingangsvoraussetzungen sowie der Nutzung unterrichtlicher Lerngelegenheiten und des Wissenserwerbs nicht mit der emotionalen Bilanzierung des Unterrichts als langweilig.

Die Ergebnisse der Regressionsanalyse deuten auf eine Bestätigung dieser Vermutung hin. Die Variabilität der prozessualen Langeweile entfaltet keinerlei eigenständigen Erklärungsbeitrag, während indes in dieser Prädiktorenkonstellation die emotionale Erwartungshaltung bezüglich der Langeweile allein ausschlaggebend für das signifikante Gesamtmodell zu sein scheint (F=7.208; p=.000). Es werden in dieser Betrachtung 28.6% der Gesamtvarianz aufgeklärt.

Tabelle 5–39: Ergebnisse der Regressionsanalyse zur Prüfung des Effekts prozessualer Variabilität auf die Bilanzierung von Langeweile nach dem Unterricht (Einschluss)

Variable	B	SE(B)	β	p
Variabilität der prozessualen Langeweile	.733	.463	.148	.117
Interaktionshäufigkeit im Prozess	-.010	.005	-.183	.054
Habitualisierte Langeweile (t1)	.430	.090	.439	**.000****
Vorwissen (t1)	.006	.050	.010	.912
Wissenserwerb (t2)	-.002	.018	-.012	.899

N=96, **p<.01, *p<.05

Ein anderer Befund zeigt sich für die Regressionsanalyse zur Vorhersage der ex post berichteten Interessantheit des Unterrichts und führt damit zur vorläufigen Annahme der nachstehenden Forschungshypothese:

H16: Unter Kontrolle der emotionalen und kognitiven Eingangsvoraussetzungen sowie der Nutzung unterrichtlicher Lerngelegenheiten und des Wissenserwerbs mündet die prozessuale Langeweile in ein negatives Globalurteil betreffend die Interessantheit des Unterrichts.

Auch hier sind dieselben unabhängigen Variablen erwartungsgemäß prädiktiv für die Bilanzierung des Unterrichts. Der Zusammenhang ist in diesem Fall negativ – Langeweile führt zu einer Verminderung des retrospektiv geäußerten Urteils über die Interessantheit des Unterrichts. Der Erklärungsbeitrag der trait-Langeweile vor dem Unterricht ist dabei allerdings noch etwas größer als der des prozessualen Erlebens. Die Varianzaufklärung des Gesamtmodells liegt bei R^2=.225 und ist hochsignifikant (F=5.213, p=.000).

Tabelle 5–40: Ergebnisse der Regressionsanalyse zur Aufklärung der ex post berichteten Interessantheit des Unterricht (Einschluss)

Variable	B	SE(B)	β	p
Langeweile im Unterrichtsprozess	-.229	.101	-.236	**.026***
Interaktionshäufigkeit im Prozess	.009	.005	.158	.103
Habitualisierte Langeweile (t1)	-.277	.104	-.280	**.009****
Vorwissen (t1)	.041	.053	.074	.435
Wissenserwerb (t2)	-.012	.019	-.061	.553

N=96, **p<.01, *p<.05

In einem weiteren Auswertungsschritt werden die globalen Bilanzierungen der Lernenden bezüglich ihres positiven oder negativen Erlebens im Unterricht in ihrem Zusammenhang mit der prozessualen Langeweile beleuchtet. Zu vermuten ist dabei besonders für die negative Bilanzierung, dass sich ein deutlicher Effekt der Unterrichtslangeweile zeigt:

H17: *Unter Kontrolle der emotionalen und kognitiven Eingangsvoraussetzungen sowie der Nutzung unterrichtlicher Lerngelegenheiten und des Wissenserwerbs leistet die prozessuale Langeweile den größten Aufklärungsbeitrag für die negative emotional-motivationale Bilanz der Lernenden nach dem Unterricht.*

H18: *Unter Kontrolle der emotionalen und kognitiven Eingangsvoraussetzungen sowie der Nutzung unterrichtlicher Lerngelegenheiten und des Wissenserwerbs leistet die prozessuale Langeweile einen Aufklärungsbeitrag für die positive emotional-motivationale Bilanz der Lernenden nach dem Unterricht.*

Betrachtet man die Vorhersagekraft der ausgewählten Prädiktoren für die retrospektive Einschätzung positiven Erlebens im beobachteten Unterricht, stellt sich heraus, dass zusätzlich zu dem Erleben von Langeweile auch die Frage der Interaktionshäufigkeit offenbar eine Rolle spielt: Das Ausmaß der Beteiligung der Lernenden am Unterrichtsprozess steht in einem signifikant positiven Zusammenhang zu einem positiven Erleben in der Rückschau (Tabelle 5–41). Das signifikante Gesamtmodell (F=7.248, p=.000) führt zu einer Varianzaufklärung von R^2=.287.

Tabelle 5–41: Ergebnisse der Regressionsanalyse zur Aufklärung der ex post berichteten positiven Erlebensbilanz im Unterricht (Einschluss)

Variable	B	SE(B)	β	p
Langeweile im Unterrichtsprozess	-.203	.096	-.211	**.038***
Interaktionshäufigkeit im Prozess	.014	.005	.257	**.006****
Habitualisierte Langeweile (t1)	-.318	.099	-.323	**.002****
Vorwissen (t1)	.077	.050	.140	.128
Wissenserwerb (t2)	-.028	.018	-.147	.120

N=96, **p<.01, *p<.05

Für die Aufklärung negativen Unterrichtserlebens in der Rückschau scheint die Beteiligungsintensität indes eine geringere Rolle zu spielen – hier zeigen sich allenfalls Tendenzen dergestalt, dass eine geringere Interaktionshäufigkeit zu einem ausgeprägteren negativen Erleben führt (Tabelle 5–42). Das Erleben von Langeweile ist jedoch auch hier prädiktiv für eine negative Bilanz im Rahmen der Ausgangserhebung. Das Gesamtmodell führt zu einer Varianzaufklärung von 36.2% und ist mit weniger als 1%-iger Irrtumswahrscheinlichkeit signifikant (F=10.201, p=.000).

Tabelle 5–42: Ergebnisse der Regressionsanalyse zur Aufklärung drs ex post berichteten negativen Erlebensbilanz im Unterricht (Einschluss)

Variable	B	SE(B)	β	p
Langeweile im Unterrichtsprozess	.260	.091	.270	**.005****
Interaktionshäufigkeit im Prozess	-.009	.005	-.160	.070
Habitualisierte Langeweile (t1)	.363	.094	.369	**.000****
Vorwissen (t1)	-.045	.048	-.081	.350
Wissenserwerb (t2)	-.010	.017	-.050	.571

N=96, **p<.01, *p<.05

Zusammenfassend lässt sich konstatieren, dass das Erleben von Langeweile im Prozess für diverse emotional-motivationale Bilanzierungen des Unterrichts von Bedeutung zu sein scheint. Die größte Aufklärungskraft entfaltet das Zusammenspiel aus habitualisierter und prozessualer Langeweile dabei angesichts der hohen Varianzaufklärung des Gesamtmodells offenbar für die Aufklärung der Varianz des negativen Erlebens im Unterricht. Damit kann für beide Hypothesen vorläufige Geltung beansprucht werden.

5.4.2.2 Wirkung auf die Einschätzung der Unterrichtsqualität und Zufriedenheit mit der Lehrkraft

Schließlich werden retrospektive Globalurteile der Lernenden über die wahrgenommene Unterrichtsqualität und ihre Zufriedenheit auf ihren Zusammenhang zu dem Erleben von Langeweile im Prozess untersucht. Es stehen folgende Hypothesen zur Prüfung:

H19: *Die prozessuale Langeweile der Lernenden mündet unter Kontrolle der emotionalen und kognitiven Eingangsvoraussetzungen sowie der Nutzung unterrichtlicher Lerngelegenheiten und des Wissenserwerbs in eine negative Einschätzung über die Unterrichtsqualität.*

H20: *Die prozessuale Langeweile der Lernenden mündet unter Kontrolle der emotionalen und kognitiven Eingangsvoraussetzungen sowie der Nutzung unterrichtlicher Lerngelegenheiten und des Wissenserwerbs in eine geringere Zufriedenheit der Lernenden mit ihrer Lehrkraft.*

Es kommen dabei dieselben Kontrollvariablen zum Einsatz wie bereits im vorherigen Abschnitt. Die Überprüfung der Anwendungsvoraussetzungen ergibt keinerlei Einschränkungen. Das Gesamtmodell ist mit einer Varianzaufklärung von etwa 14% (R^2=.139) signifikant (F=2.898, p=.018).

Tabelle 5–43: Ergebnisse der Regressionsanalyse zur Aufklärung der globalen Einschätzung der Unterrichtsqualität durch die Lernenden (Einschluss)

Variable	B	SE(B)	β	p
Langeweile im Unterrichtsprozess	-.275	.106	-.286	**.011**
Interaktionshäufigkeit im Prozess	-.002	.006	-.029	.779
Habitualisierte Langeweile (t1)	-.145	.109	-.147	.189
Vorwissen (t1)	-.005	.055	-.009	.932
Wissenserwerb (t2)	-.005	.020	-.024	.816

N=96, **p<.01, *p<.05

Die Überprüfung der einzelnen untersuchten Prädiktoren bzw. Kontrollvariablen offenbart mit Ausnahme der prozessualen Langeweile der Lernenden keinen Faktor mit Aufklärungskraft bezüglich der Variabilität in den Einschätzungen der Lernenden zur Unterrichtsqualität. Insofern lässt sich mit der gebotenen Zurückhaltung davon ausgehen, dass das Erleben von Langeweile für die Beurteilung der Qualität unterrichtlicher Lehr-Lern-Prozesse aus Sicht der Lernenden von Bedeutung ist. Die Forschungshypothese 19 muss nicht zurückgewiesen werden.

Im nächsten Schritt wird untersucht, ob und inwiefern die globale Zufriedenheit der Lernenden nach der untersuchten Unterrichtseinheit durch das Erleben von Langeweile beeinflusst ist. Eine verhältnismäßig hohe Varianzaufklärung von ca. 29 % (R^2=.292) korrespondiert dabei bei gegebenen Anwendungsvoraussetzungen mit einer hochsignifikanten Modelltestung (F=7.408. p=.000).

Tabelle 5–44: Ergebnisse der Regressionsanalyse zur Aufklärung der globalen Zufriedenheit der Lernenden mit ihrer Lehrkraft (Einschluss)

Variable	B	SE(B)	β	p
Langeweile im Unterrichtsprozess	-.310	.095	-.327	**.001****
Interaktionshäufigkeit im Prozess	-.002	.005	-.037	.685
Habitualisierte Langeweile (t1)	-.276	.097	-.285	**.006****
Vorwissen (t1)	-.069	.049	-.128	.161
Wissenserwerb (t2)	.001	.018	-.037	.685

N=96, **p<.01, *p<.05

In der obenstehenden Tabelle ist zu erkennen, dass von den in das Modell eingespeisten Prädiktoren die habitualisierte Lernlangeweile im Fach Rechnungswesen und die prozessuale Langeweile im Unterricht von großer Aufklärungskraft für die Zufriedenheit mit der Lehrkraft nach dem Unterricht sind. Die Richtung der Zusammenhänge ist dabei jeweils negativ, das bedeutet, je mehr die Lernenden im Unterricht das Gefühl haben sich zu langweilen, desto weniger zufrieden sind sie retrospektiv mit der Lehrkraft. Dies trifft auch noch auf den Prädiktor Langeweile in t1 zu, das bedeutet, es spielt offenbar nicht nur eine Rolle, mit welcher emotionalen Erwartungshaltung die Lernenden vorliegend in den Unterricht gegangen sind, sondern ist auch von Bedeutung, wie sie den Unterrichtsprozess selbst in Bezug auf Langeweile erlebt haben. Auch die Forschungshypothese 20 muss infolge der statistischen Prüfung nicht zurückgenommen werden.

In der Gesamtschau lässt sich für die retrospektive Bilanzierung des Unterrichtsgeschehens aus Sicht der Lernenden von einem konsistenten Befundbild ausgehen: Nahezu für alle untersuchten Facetten spielt in der gegebenen Prädiktorenkonstellation das prozessuale Erleben von Langeweile eine bedeutende Rolle.

6. Zusammenfassung und Diskussion der empirischen Befunde

Dieses letzte Kapitel widmet sich zunächst der bilanzierenden und kritisch reflektierenden Gesamtschau auf das erzeugte Befundbild. Zentrale Ergebnisse werden hervorgehoben und in die bestehende Befundlage der empirischen Lehr-Lern-Forschung eingeordnet. Im Zuge der Würdigung von Limitationen bei der Operationalisierung der Konstrukte, im Design der Studie sowie bei der Datenauswertung werden Einschränkungen der Interpretation und Generalisierung der Ergebnisse deutlich. Im Rahmen einer abschließenden Diskussion werden pädagogische Implikationen abgeleitet und insbesondere auch einige Überlegungen zu Stellenwert und Valenz von Langeweile im Hinblick auf Bildungsfragen angestellt, um die normativen Aspekte der Beschäftigung mit dem Konstrukt Langeweile in dieser Arbeit abschließend zu reflektieren. Die Arbeit schließt mit der Skizzierung einiger Forschungsdesiderate.

6.1 Zentrale empirische Befunde im Überblick

Die Zusammenfassung und Diskussion der erzeugten Befunde gliedert sich entlang der in der vorliegenden Arbeit verfolgten Untersuchungsziele in vier Teile – zunächst werden die wesentlichen Erkenntnisse zu den strukturellen und prozessualen Mustern der Zeitnutzung skizziert, bevor das Ausmaß und die Variabilität unterrichtlicher Langeweile sowie ihre Bedingungsfaktoren und kurzfristigen Wirkungen noch einmal rekapituliert und eingeordnet werden.

1) Strukturelle und prozessuale Muster der Zeitnutzung im Rechnungswesenunterricht

Im Fokus der Auswertungen in diesem Abschnitt standen Fragen nach dem Ausmaß unterrichtlicher Leerläufe, dem Abwechslungsreichtum in der methodisch-didaktischen Unterrichtsgestaltung und der Verteilung von Interaktionsschwerpunkten auf Lehrkräfte und Lernende. Bezüglich der methodisch-didaktischen Gestaltung der beobachteten Unterrichtsprozesse ist zunächst einmal von der Existenz methodischer Monokulturen und einem ausgeprägten Maß an Lehrerzentrierung auszugehen: Schülerzentrierte Arbeitsphasen werden nur in einem sehr geringen Ausmaß und allenfalls in Gestalt von Partnerarbeitsphasen implementiert. Darüber hinaus dominieren in allen Klassen Phasen der Plenumsarbeit, die mindestens die Hälfte der Unterrichtszeit, in der Regel jedoch um die 60–70% ausmachen. Dieser Wert gliedert sich nahtlos in die bisherige

Befundlandschaft zur methodischen Gestaltung von Unterrichtsprozessen ein (Hage et al. 1985; Seidel 2003; Wild 2000; Seifried, Grill & Wagner 2006). Auffallend ist zudem auch der verhältnismäßig hohe Anteil an Stillarbeit im Unterrichtsgeschehen – so wird im Mittel etwa ein Viertel der Unterrichtszeit dafür verwendet.

Dieses methodische Profil geht mit überzufälligen didaktischen Mustern einher und wird von einem insgesamt gering ausgeprägten Abwechslungsreichtum im Unterrichtsgeschehen begleitet: So werden etwa Phasen im Plenum im Wesentlichen für Wiederholung und Ergebnissicherung verwendet, während Partnerarbeit in der Regel der Erarbeitung und Einübung neuer Stoffinhalte dient. Insgesamt wird nur etwa ein Drittel der Unterrichtszeit für die Erarbeitung neuer Inhalte verwendet, aber in knapp der Hälfte der zur Verfügung stehenden Zeit wiederholt. Dieses Ergebnis mag als Bestätigung für die vielfach festgestellte Schemaorientierung im Unterricht des Faches Rechnungswesen gesehen werden. Zudem ist in Teilen von einem beträchtlichen Ausmaß unterrichtlicher Leerläufe und Unterbrechungen *nach* Abzug der durch die wissenschaftliche Begleitung benötigten Zeiträume auszugehen. So nehmen diese Wartezeiten der Lernenden bisweilen Ausmaße von bis zu 10 % der Unterrichtszeit an und dauern längstenfalls bis zu fünf Minuten am Stück. Die Werte in den vier untersuchten Klassen unterscheiden sich jedoch deutlich.

Auch die Interaktionsschwerpunkte sind verhältnismäßig ungleich verteilt – Lehrkräfte halten große Anteile der unterrichtlichen Redezeit von bis zu mehr als 50 %, während den Lernenden deutlich kürzere Redezeiten eingeräumt werden. Die Werte schwanken auch hier deutlich zwischen den Klassen. Die Interaktionsbeiträge der Lernenden sind überdies innerhalb der Klassen sehr heterogen verteilt – einige Lernende werden intensiv eingebunden, andere nur am Rande. So lässt sich für die in geringem Ausmaß beteiligten Lernenden von einer über weite Phasen des Unterrichts passiven Grundhaltung ausgehen. Die Analyse der Qualität der Interaktionen offenbart eine Dominanz von kurzen Ergebnismitteilungen und kurzen Rückmeldungen, nur selten kommt es zu tiefer gehenden Klärungen von Unterrichtsinhalten oder Fragen der Lernenden.

Die skizzierten Ergebnisse fügen sich in das Befundbild, das bislang von der Gestaltung des Rechnungswesenunterrichts gezeichnet wurde, und es ist in der Gesamtschau anzunehmen, dass vorliegend ein relativ typischer Rechnungswesenunterricht beobachtet wurde: Es handelt sich mit wenigen punktuellen Ausnahmen um traditionell gestaltete Unterrichtsprozesse, die sich durch ein hohes Maß an Schematisierung und eine ausgeprägte Zentrierung auf die Lehrkraft auszeichnen. Die vorgelegten Ergebnisse nähren zudem den Verdacht, dass der durch Lehrkräfte vielfach wahrgenommene Zeitdruck auch durch eine mangelhafte Ausnutzung der zur Verfügung stehenden Zeitgefäße zustande kommt. In diesem Lichte wird das häufige Anführen zeitlicher Argumente gegen den Einsatz handlungsorientierter Methoden (Seifried 2009, 274) ad absurdum geführt. Etwas überspitzt ließe sich formulieren, dass Lehrkräfte ausgehend von einem subjektiv wahrgenommenen Zeitdruck stark zentralisierte unterrichtliche Lehr-Lern-Prozesse gestalten, in denen im Wesentlichen sie selbst die Nutzung der Unterrichtszeit inklusive der Leerläufe determinieren und dabei nicht allen Lernenden gleichermaßen eine aktive Beschäftigung mit den Unterrichtsinhalten ermöglichen (können).

2) *Ausmaß und Variabilität unterrichtlicher Langeweile:*
Zur Feststellung des Ausmaßes der Unterrichtslangeweile wurden zunächst Überlegungen angestellt, wie mit der Problematik umzugehen sei, dass sich der eingesetzten stufenlosen Skala von 0 bis 100 keine normative Aussage über den subjektiven Problemgehalt des individuell eingegebenen Wertes entnehmen lässt. Darüber hinaus mussten die Werte aller Lernenden vergleichbar gemacht werden, um zu belastbaren Aussagen zu gelangen. Ausgehend von der Überlegung, dass es für die Bestimmung des Ausmaßes an Langeweile nicht ausschließlich auf die Vergleichbarkeit der eingegebenen Werthöhen, sondern zusätzlich auch auf die Frage der Abweichungen zu einer individuellen Bezugsgröße ankommt, wurden die Werte einer Ipsativierung unterzogen und dann die Anzahl der überdurchschnittlichen Messzeitpunkte der Lernenden zueinander in Beziehung gesetzt. Im Rahmen dieser Betrachtung wurde festgestellt, dass in den untersuchten Klassen zwischen 37.7 % und 50.8 % der Unterrichtszeit von den Lernenden als überdurchschnittlich langweilig empfunden wurde. Diese Werte schließen gut an die bisherige Befundlage an, in der bislang von 30–50 % langweiliger Unterrichtszeit ausgegangen wird (vgl. Kap. 3.4.1). Sie sind allerdings insofern eine wichtige Ergänzung, als sie über prozessnahe Erhebungen mit einer metrisch skalierten Variablen ermittelt wurden und nicht – wie in vielen bisherigen Studien der Fall über kategoriale oder ordinale Langeweilevariablen.

Im weiteren Verlauf der Auswertungen wurden die Messzeitpunkte in den Klassen daraufhin betrachtet, ob sich mindestens mehr als die Hälfte der Lernenden überdurchschnittlich langweilten. Mit dieser normativen Setzung war dann die Möglichkeit gegeben, im Unterrichtsprozess jeder Klasse langeweilekritische Phasen zu identifizieren. Hier offenbarten sich deutliche Klassenunterschiede: Während besonders in den Klassen 9B und 9D viele langweilige Phasen auftraten, war die Klasse 9C nur in einem Messzeitpunkt überaus gelangweilt. Gänzlich unkritische Phasen, in denen weniger als 25% der Probanden überdurchschnittlich gelangweilt waren, traten indes in allen Klassen nur in sehr geringem Ausmaß auf. Mittels dieser Betrachtung lässt sich die Frage nach der Homogenität der Wahrnehmungen in der Klasse beantworten, um für die nachgeordnete Analyse der methodisch-didaktischen Prädiktoren der Langeweile erste Anhaltspunkte zu erhalten. Im Rahmen erster Sichtbefunde dieser langeweilekritischen Phasen stellten sich jedoch keine überzufälligen Muster in der Unterrichtsgestaltung heraus – es ließ sich allenfalls bemerken, dass sich in einigen Klassen das Gros der kritischen Phasen gegen Ende der untersuchten Unterrichtssequenz befand. Entsprechende Trendanalysen bestätigten diesen Befund – in den Klassen 9A und 9D kam es über den Untersuchungszeitraum hinweg zu einem Anstieg der Langeweile.

Die Untersuchung der Variabilität der individuellen Wahrnehmungen führte in der intra-individuellen Betrachtung zunächst zu der Erkenntnis, dass die Häufigkeit von Änderungen des Langeweilewertes mit der betragsmäßigen Höhe dieser Änderungen korrespondiert. Dieser Befund überrascht insofern nicht, als sich aus ihm erste Hinweise auf einen möglichen Einfluss personenbezogener Faktoren auf die Selbstberichte der Lernenden ablesen lassen. Überdies erscheint er bei Betrachtung der Phänomenologie von Langeweile plausibel: Es handelt sich um eine über weite Strecken gleichförmig erlebte Emotion, die sich jedoch bei längerfristigem Auftreten im Zuge plötzlicher Erkenntnisschübe verstärkt. Weiterhin wurde im Zuge einer mehrebenenanalytischen Berechnung eines sogenannten Nullmodells ohne Prädiktoren festgestellt, dass sich die größten Varianzanteile auf der Ebene der Individuen befinden. Zudem führt die Berechnung der beiden ICCs für das Dreiebenenmodell zu einer Überschreitung der Varianzanteile über den geforderten Richtwert von 10%, so dass hinreichend Variabilität zwischen den Individuen und beobachteten Unterrichtseinheiten für die Aufklärung durch Prädiktoren zur Verfügung steht. Das Ausmaß der Variabilität von Langeweile im Unterricht stand bislang nicht im Fokus der empirischen Forschung zum Phänomen. Jedoch erscheint die besonders große Variabilität zwischen den Individuen angesichts heterogener Persönlichkeitsmerkmale und Vorerfahrungen plausibel.

3) *Prädiktoren der Unterrichtslangeweile:*
Vor der Analyse von Bedingungsfaktoren der Langeweile war mit Perkins & Hill (1985) davon auszugehen, dass sich angesichts des ausgeprägten Einflusses von Individualfaktoren nur schwerlich situative Einflüsse aufspüren und generalisieren lassen würden. Diese Problematik stellt sich besonders in prozessorientierten Forschungszugängen, in denen nicht mit retrospektiven Bilanzierungen der Lernenden gearbeitet, sondern nahe an der Situation operiert wird und insofern

zahlreiche, schwerlich kontrollierbare Einflüsse eine zusätzliche Wirkung auf das Erleben entfalten können. Doch diese Einflüsse zu negieren und ausschließlich mit Produktdaten eine Varianzaufklärung zu versuchen, führt besonders bezüglich der methodisch-didaktischen Prädiktoren an Grenzen. Nichtsdestoweniger stellt sich etwa die Operationalisierung des Konstrukts Monotonie und die strukturierte Beobachtung seiner Bedeutungsfacetten als schwierig heraus.

Dennoch ließen sich im Zuge der mehrebenenanalytischen Modellierung der Datenbasis durchaus einige interessante Muster aufspüren. Verschiedene situationsnahe Prädiktoren spielen bei der Aufklärung der Varianz auf der Ebene der Messzeitpunkte ungeachtet des Einbezugs personenbezogener Prädiktoren eine Rolle: So zeigt sich im Zuge der ersten Modellrechnung ein signifikanter Einfluss der subjektiven Passung von Person und Situation, welche in siebenminütiger Taktung in unmittelbarer Situationsnähe erhoben wurde. Das Erleben von Langeweile im Unterrichtsprozess speist sich demnach zu gewissen Teilen aus dem mangelnden Verständnis der Unterrichtsinhalte, dem Gefühl zu wenig Sinnvolles zu tun und dem Erleben von zu wenig Nachdenkzeit. Darüber hinaus lässt sich in dieser ersten Betrachtung von einem signifikanten Einfluss unterrichtlicher Leerläufe ausgehen – allerdings nicht in der zunächst erwarteten Richtung. So steht das Auftreten von Leerläufen in dieser Modellschicht vielmehr in einem negativen Verhältnis zur Unterrichtslangeweile. Je mehr Leerlauf im Geschehen innerhalb einer Unterrichtsstunde, desto *kurzweiliger* offenbar für die Lernenden. Bezüglich der erwarteten Vorhersagekraft der Prädiktoren Lehrermonologe und Wiederholungsphasen ist zu konstatieren, dass sich ungeachtet der im Schrifttum postulierten Wirkung auf die Langeweile keine signifikanten Einflüsse feststellen ließen. Hier spielt möglicherweise die bereits beschriebene Problematik eine Rolle, dass in der situationsnahen Betrachtung zu viele Störfaktoren ihre Wirkung entfalten können. So sind etwa die Inhalte der Lehrermonologe zu kontrollieren, da es sich ja aus Schülersicht auch um kurzweilige oder besonders relevante Themen handeln könnte. Auch für Wiederholungsphasen ist nicht von einer konstanten Ausprägung auszugehen, da jene Phasen etwa vor Prüfungen wohl in deutlich geringerem Ausmaß zu Langeweile führen als im alltäglichen Unterrichtsgeschehen. In der retrospektiven Bilanzierung ist davon auszugehen, dass die Befragten in ihrem Urteil über Lehrermonologe und Wiederholungsphasen nicht auf jene Konstellationen rekurrieren, sondern vielmehr den Standardfall vor Augen haben.

Der zweite Modellierungsschritt führte signifikante Einflüsse der personenbezogenen Prädiktoren in der erwarteten Richtung zutage. So ließ sich besonders für die habitualisierte Lernlangeweile, die in der Eingangserhebung erfragt wurde, ein deutlicher Effekt nachweisen, der gleichermaßen als Validierung der Prozesserhebung von Lageweile dienen kann. Darüber hinaus spielte die schulbezogene Selbstwirksamkeit offenbar eine bedeutende Rolle für das Erleben: Je mehr sich die Probanden zutrauten, auch schwierige schulische Probleme aus eigener Kraft zu lösen, desto weniger langweilten sie sich im Unterricht. Aber auch die Trait-Angst und das Vorwissen leisten einen eigenen Aufklärungsbeitrag. Je ängstlicher die Lernenden im Fach Rechnungswesen und je ausgeprägter ihr Vorwissen, desto größer ihre Langeweile im Unterrichtsprozess. Die situativen Prädiktoren blieben in ihrer Wirkung stabil, d.h. die Bedeutung der situativen Faktoren entfaltet sich unabhängig von den individuellen Charakteristika. Zudem ist bezüglich der personenbezogenen Prädiktoren anzumerken, dass diese streng genommen Bilanzierungen über vorhergegangene Unterrichtserfahrungen im Fach Rechnungswesen darstellen und als solche für nachfolgenden Unterricht wiederum als Erwartungshaltungen fungieren. Insofern enthalten selbst habitualisierte Lernemotionen gewisse situative Anteile in Gestalt subjektiver Urteile über vorangegangene Unterrichtseinheiten.

Im dritten Modellierungsschritt wurden die situationsnahen Prädiktoren in aggregierter Form als Kontextfaktoren zur Beschreibung von Unterrichtseinheiten in das Modell eingebracht. Hierbei zeitigten sie teilweise andere Effekte – das Ausmaß unterrichtlicher Leerläufe wie auch das subjektive Ausmaß an Nachdenkzeit stehen nun in einem positiven Zusammenhang mit dem Auftreten von Langeweile. So lässt sich dieser Befund als Veränderung der Wirkung der Prädiktoren in Abhängigkeit ihrer Wirkungsdauer interpretieren. Denn *innerhalb* von Unterrichtsstunden wird es von Lernenden offenbar als kurzweilig empfunden, wenn Wartezeiten und Leerläufe entstehen. Häuft sich dies jedoch über mehrere Unterrichtseinheiten hinweg, so führt es im Ergebnis zu Langeweile. Auch zu viel Nachdenkzeit wird über mehrere Stunden hinweg offenbar als langeweileinduzierend empfunden. Diese Umkehrung von Wirkrichtungen relevanter Prädiktoren in Abhängigkeit des Aggregationsgrades, mit dem sie in das Modell eingespeist werden, wurde bereits im Rahmen der Untersuchungen zum Big-Fish-Little-Pond-Effekt oder auch Fischteicheffekt (s. etwa Parker, Marsh, Lüdtke & Trautwein 2013) beobachtet. Hier führte bei vergleichbar begabten Lernenden die Zugehörigkeit zu unterschiedlich leistungsstarken Referenzgruppen respektive Klassen zu divergierenden Wirkungen auf das Fähigkeitsselbstkonzept und andere abhängige Variablen. Die Befunde zum Einfluss der situativen und personenbezogenen Prädiktoren sind daher insgesamt als klares Indiz dafür zu werten, dass die aufwändige Operationalisierung und Analyse von situativen Charakteristika im Rahmen prozessorientierter Forschungszugänge sich insofern lohnt, als sie in der Lage sind, den bisherigen Erkenntnissen neue Facetten hinzuzufügen.

4) *Kurzfristige Wirkungen unterrichtlicher Langeweile:*
Zur Überprüfung kurzfristiger Wirkungen der Unterrichtslangeweile wurden auf regressionsanalytischem Wege verschiedene Kriterien getestet und durch einschlägige Kontrollvariablen ergänzt. In einem ersten Schritt wurden Wirkungen auf die Wissenserwerbe der Lernenden untersucht. Unter Kontrolle der emotionalen und kognitiven Eingangsvoraussetzungen der Lernenden sowie der Wahrnehmung von unterrichtlichen und außerunterrichtlichen Lerngelegenheiten und dem prozessualen Verständnis der Unterrichtsinhalte ließen sich keinerlei Einflüsse der prozessualen Langeweile auf den Erwerb fachspezifischen Wissens im Bereich Lohn- und Gehaltsbuchungen belegen. Selbst das Vorwissen erwies sich allenfalls in der Tendenz prädiktiv für das Abschneiden im lernzielorientierten Test nach der videographierten Unterrichtseinheit. Die Wahrnehmung von Lerngelegenheiten im Sinne der Interaktionshäufigkeit im Unterricht und dem außerschulischen Lernzeitinvestment waren indes neben dem prozessualen Verständnis der Unterrichtsinhalte von signifikantem Erklärungsgehalt. Den größten Effekt zeigte dabei die außerhalb des Unterrichts investierte Lern- und Arbeitszeit für das Fach Rechnungswesen, die als globaler Prädiktor herangezogen wurde. Je länger die Lernenden außerhalb des Unterrichts nach eigener Protokollierung für das Fach arbeiteten, desto schlechter schnitten sie im lernzielorientierten Test ab. Dieser Befund lässt sich möglicherweise dahingehend deuten, dass diese Lernenden zum einen für die Hausaufgaben, die auch in die außerunterrichtliche Lernzeiterfassung einflossen, länger brauchten und zum anderen aus dem Wissen heraus, dass sie noch fachliche Defizite aufwiesen, längere Zeitintervalle für die Rekapitulierung des Stoffs investierten. In jedem Fall sind das Ausmaß der Lerngelegenheiten und das Verständnis der Inhalte für den Wissenserwerb offenbar von großer Bedeutung.

Der nicht nachweisbare Effekt der prozessualen Langeweile auf den Erwerb von Fachwissen indes lässt sich möglicherweise dahingehend begründen, dass das vorliegend betrachtete Kriterium lediglich einen sehr engen Zugang zu dem Spektrum möglicher Lernerfolgsgrößen darstellt. Zu vermuten wäre, dass sich bei Heranziehung ganzheitlicherer Lernerfolgsmaße wie etwa der Problemlösefähigkeit oder allgemeiner gesprochen Handlungskompetenz deutlichere Effekte nachweisen ließen, weil der Erwerb jener Fähigkeiten enger an die emotional-motivationale Befindlichkeit im Lehr-Lern-Prozess gekoppelt ist. Nichtsdestoweniger ist der Wissenserwerb zweifelsohne das im schulischen

Alltag dominierende Kriterium für die Überprüfung von Lernständen, ein Umstand, der die vorliegende Konzentration darauf zu legitimieren vermag.

Die Wirkung der prozessualen Langeweile auf emotional-motivationale Bilanzierungen des Unterrichtserlebens stellt sich im weiteren Gang der Auswertungen als durchwegs substantiell heraus. Besonders für eine negative Erlebensbilanz der Lernenden nach dem beobachteten Unterricht ist die Langeweile entscheidend. Aber auch das retrospektive Interesse und positive Erleben werden maßgeblich durch das prozessuale Erleben beeinflusst. Dabei spielt jedoch zumeist nicht nur die Langeweile im Unterrichtsprozess eine Rolle, sondern auch die entsprechende emotionale Erwartungshaltung im Sinne der trait-Langeweile im Fach Rechnungswesen, mit der die Lernenden in das Unterrichtsgeschehen eintreten. Dieser Umstand erscheint durchaus plausibel – das Erleben im Unterricht wird zu einem Urteil über seine emotional-motivationale Qualität verdichtet und geht in dieser verdichteten Form wiederum als Grundgestimmtheit in Bezug auf das Fach in nachfolgende Unterrichtssequenzen ein. Über die Zeit entstehen auf diesem Wege stabile Präferenzen der Lernenden für einzelne Fächer oder Inhalte, von denen zu erwarten ist, dass sie sich langfristig auch in Lernerfolgsmaßen niederschlagen. Das Gesamtbild abzurunden vermag die Analyse der Auswirkungen der Schülerlangeweile auf die Wahrnehmung der Unterrichtsqualität aus Sicht der Lernenden und ihre globale Zufriedenheit mit der Lehrkraft. Es zeigen sich Effekte in der erwarteten Richtung – Unterrichtslangeweile steht in einem Zusammenhang mit einer gering eingeschätzten Unterrichtsqualität und einer verringerten Zufriedenheit der Lernenden mit ihrer Lehrperson. So lässt sich insgesamt bezüglich der Bilanzierungen des Unterrichtsgeschehens durch die Lernenden im Rahmen der Ausgangserhebung festhalten, dass die Erlebenseinbußen im Prozess selbst zu entsprechenden Urteilen nach dem Unterricht führen. Es ist angesichts dessen ungeachtet der ausbleibenden Einflüsse auf den Wissenserwerb nur schwerlich vorstellbar, dass jene Bilanzierungen nicht auf lange Sicht in entsprechende Leistungseinbußen münden.

6.2 Limitationen der Interpretation und Generalisierbarkeit der Befunde

Die Interpretation und Generalisierbarkeit der generierten Befunde unterliegt einigen Limitationen, deren nachfolgende Würdigung sich an einer Systematik von Gigerenzer (1981) orientiert. Demnach lassen sich bei der Modellierung und Messung von psychologischen Konstrukten im Prozess der forschungsorientierten Gegenstandskonstituierung Kompatibilitätsprobleme auf den Ebenen der Personen, Instrumente, Operationen und Sprachen identifizieren. Diese

Kompatibilitätsprobleme entstehen aufgrund von Wechselwirkungen zwischen den beteiligten Instanzen im Zuge der Annäherung an den interessierenden Gegenstandsbereich.

Limitationen auf der Ebene der Personen

Auf der Ebene der Personen sind insbesondere Fragen der Stichprobengestaltung von Interesse. Vorliegend handelt es sich um eine Gelegenheitsstichprobe, die insofern nicht repräsentativ für eine Gesamtpopulation ist. Die Untersuchung war auf Veranlassung der Schule durchgeführt worden mit dem Ziel, die mediendidaktische Einbindung der Laptops und entsprechende Wirkungen auf Lehr-Lern-Prozesse im Vergleich zu den Parallelklassen, die ohne Laptops unterrichtet wurden, zu untersuchen. Besonders in den kaufmännischen Kernfächern Rechnungswesen und Betriebswirtschaft stellt sich die IKT-Integration angesichts der Bildungsziele der Schulform Wirtschaftsschule als neuralgisch heraus. Das vorliegende Erkenntnisinteresse wurde aus Effizienzerwägungen heraus in das Zielspektrum der Studie integriert. Es handelt sich bei den Klassen um einen neunten Jahrgang, im Durchschnitt waren die Lernenden etwas älter als 14 Jahre. Diese Altersgruppe ist für die Analyse des Auftretens von Langeweile sehr interessant, da in der Adoleszenz oftmals von einer höheren Anfälligkeit für unterrichtliche Erlebenseinbußen wie Langeweile ausgegangen wird (Kap. 3.4.2.2). Nichtsdestoweniger sind die Ergebnisse nicht zu verallgemeinern, da lediglich ein kleiner Ausschnitt zur Analyse gelangte. Auch die Größe der Stichprobe ist mit vier Klassen nicht allzu groß. Im Rahmen der mehrebenenanalytischen Auswertungen lassen sich angesichts dieser geringen Anzahl etwa keine Effekte der Klassenzugehörigkeit überprüfen. Dies lag jedoch auch nicht im Erkenntnisinteresse des Projekts, vielmehr ging es darum, die prozessuale Dynamik des Unterrichtsgeschehens möglichst adäquat nachzuzeichnen, eine möglichst hohe Anzahl an Unterrichtseinheiten zu videographieren und in Kopplung mit möglichst vielen Messzeitpunkten der prozessualen Langeweile zu bringen. Die Auswahl der diese Prozesse anleitenden Lehrpersonen erfolgte ebenfalls zufällig aufgrund der Fachverantwortlichkeiten. Es handelte sich dabei um erfahrene Lehrkräfte, deren Anzahl an Berufsjahren jedoch zwischen 6 und mehr als 20 Jahren schwankte. Etwaige Einflüsse der Berufserfahrung der Lehrkräfte auf die didaktisch-methodische Unterrichtsgestaltung sind angesichts der geringen Größe der Stichprobe nur schwerlich kontrollierbar. Die Ergebnisse für die methodisch-didaktische Unterrichtsgestaltung sind demgemäß kritisch zu hinterfragen. Dabei fallen zwar zwischen den Klassen an einigen Stellen deutliche Unterschiede in der Unterrichtsgestaltung auf, diese erscheinen jedoch nicht dergestalt systematisch, dass etwa die älteste Lehrperson den Unterricht mit dem höchsten Zentrierungsgrad durchführte.

Limitationen auf der Ebene der Sprachen
Die potentiellen Divergenzen zwischen der Theoriesprache und der Beobachtungssprache betreffen insbesondere die Gestaltung der Prozessitems zur Erfassung der Erlebensfacetten im Unterricht. Denn in der schriftlichen Eingangs- und Ausgangserhebung wurden im Wesentlichen Standardskalen eingesetzt, bei denen sprachliche Probleme angesichts der langjährigen Erprobung der Instrumente ausgeschlossen zu sein scheinen. Die Betrachtung der prozessualen Erlebensitems konzentriert sich zunächst auf das Item zur Erhebung der Schülerlangeweile. Hierbei sind verschiedene Items denkbar, die jeweils auf unterschiedliche Bedeutungsfacetten des Konstruktes verweisen: So würde etwa die Formulierung „Es ist langweilig" ein Urteil der Lernenden über die situative Konstellation implizieren, während „Ich langweile mich" mehr auf personenbezogenen Einflussfaktoren des Erlebens verweist. Mit der Formulierung „Mir ist langweilig" wurde vorliegend ein Mittelweg versucht, der weder einseitig auf die Situation noch auf die Person verweist. Darüber hinaus wurde versucht, die übrigen Items möglichst einfach und knapp zu formulieren, um in der Erhebungssituation die Unterbrechung des Unterrichts möglichst kurz zu halten und die Verständlichkeit dennoch zu gewährleisten. Bei einzelnen Items wie etwa „Verstehe, worum es gerade geht" wurde gezielt die Ich-Form vermieden, um unerwünschte Wechselwirkungen mit Persönlichkeitsmerkmalen der Lernenden zu unterbinden. Zudem wurde im Rahmen der Vorstellung der Studie bei den Lernenden und Lehrkräften die Bedeutung der einzelnen Items anhand von Ankerbeispielen erläutert, um eine hohe Validität der dahinter stehenden Konstrukte zu erreichen. Aus den Rückmeldungen der Lernenden ergab sich die Einsicht, dass das Gemeinte auch verstanden wurde, so dass für die Erlebensitems vorliegend nicht von gravierenden sprachlichen Limitationen auszugehen ist.

Limitationen auf der Ebene der Instrumente
Im Zuge der Instrumentierung sind für die verschiedenen Erhebungsteile einige Einschränkungen zu formulieren. So wäre es etwa im Rahmen der Eingangserhebung sinnvoll gewesen, die vielfach erprobte Skala zur Langeweileneigung (Boredom Proneness) der Probanden einzusetzen, um noch anschlussfähiger an die bestehende Forschungslage zu sein. Es wurden aus Gründen limitierter Testzeit jedoch nur Kovariate der Skala wie etwa die Selbstwirksamkeit erfasst. Die Langeweileneigung der Probanden könnte jedoch eine wichtige Variable im Bereich der personenbezogenen Prädiktoren sein, so dass die Ergebnisse in diesem Bereich etwas zurückhaltend zu interpretieren sind.

Im Rahmen der Videographie des Unterrichts kam es bisweilen zu zeitlichen Verlusten, da in einigen Fällen die untersuchten Stunden direkt aufeinander folgten und für den Raumwechsel sowie Auf- und Umbauten lediglich eine kurze Pause zur Verfügung stand. Dieser Umstand betraf zwar nur einige wenige Stunden, die mit einem vergrößerten Team an Hilfskräften bestritten werden konnten, in Einzelfällen ließ sich eine etwa fünfminütige Verspätung des Unterrichtsbeginns jedoch nicht verhindern. Dies betrifft insbesondere die Stunden in Klasse 9C. Aufgrund dessen ist möglicherweise die Repräsentativität der beobachteten Unterrichtssequenzen eingeschränkt, da die zur Verfügung stehenden Zeitkontingente durch die wissenschaftliche Begleitung verringert waren. In Ergänzung zu dieser Problematik ist nicht auszuschließen, dass die Lehrkräfte ihren Unterricht mitunter bereits in der Erwartung der notwendigen Umbaumaßnahmen noch später begannen als sie es im Schulalltag täten, so dass sich weitere Verzögerungen ergaben. Daher ist das Ausmaß an Ausfällen in der nominellen Unterrichtszeit in einigen Fällen recht hoch. Dies sollte bei der Interpretation der methodisch-didaktischen Unterrichtsgestaltung, insbesondere des attribuierten Zeitdrucks für die Lehrkräfte bedacht werden.

Bei der Erhebung des Unterrichtserlebens der Lernenden mittel der Continuous-State-Sampling-Methode sind ebenfalls einige ergänzende Überlegungen zur Adäquatheit der Instrumentierung anzustellen. So steht etwa die äquidistante Taktung der Messzeitpunkte in enger zeitlicher Folge im Zusammenhang mit der Messung von Langeweile zur Diskussion. Denn durch die regelmäßige Wiederholung der Messung ist eine gewisse Induktionswirkung der Datenerhebung auf die Langeweileentstehung bei den Lernenden denkbar, die jenes Erleben der Lernenden verstärken oder gar hervorrufen könnte. Zudem ist es im Rahmen kontinuierlich getakteter Messungen schwierig, an Informationen über emotionskritische Situationen im Unterrichtsgeschehen zu gelangen. Ein Ausweg aus diesem Dilemma böte sich in Gestalt zufällig getakteter Messzeitpunkte im Rahmen eines Event-Sampling-Verfahrens an. Dabei ist jedoch zu berücksichtigen, dass dessen Implementierung eine Aufdeckung der Forschungsziele bzw. -hypothesen impliziert und auf diesem Wege möglicherweise zu Problemen führt. So haben die Potentiale der äquidistanten Taktung für die Datenauswertung vorliegend im Verlauf der Designüberlegungen jenes Risiko überwogen, aber die Ergebnisse sind in diesem Lichte dennoch kritisch zu sehen.

Ein weiterer limitierender Punkt betrifft den Umgang mit einer mangelnden Auskunftsbereitschaft der Probanden und den resultierenden fehlenden Werten. Hier wäre es zur eindeutigen Interpretation der Werte hilfreich gewesen, eine Absprache mit den Lernenden zur Verweigerung der Dateneingabe zu treffen.

Denn bei fehlender Eingabe führte die Programmierung der in der Studie eingesetzten Handhelds automatisch zu einem Wert von 50. Dieser Wert ließ sich jedoch auch im Zuge der Dateneingabe erzielen, so dass lediglich über die Analyse der Wechselhäufigkeiten annähernd festgestellt werden kann, ob die Dateneingabe als gewollt gelten soll oder nicht.

Limitationen auf der Ebene der Operationen
Schließlich sind einige Einschränkungen der Interpretierbarkeit der Befunde auf der Ebene der Operationen zu berücksichtigen. So wäre es etwa sinnvoll, sich im Zuge der Videoauswertung verstärkt auch inhaltlichen Aspekten im Unterricht zuzuwenden, um zu differentiellen Einschätzungen über die methodisch-didaktische Unterrichtsgestaltung gelangen zu können. Denn wie sich in den Ergebnissen gezeigt hat, wird vermutlich nicht jede Wiederholungsphase gleich gestaltet und durch die Lernenden dementsprechend auch nicht gleich erlebt. Inhaltskodierungen könnten hier einen zusätzlichen Erklärungsbeitrag leisten.

Darüber hinaus stellt sich die Frage, ob in der vorliegenden Untersuchung alle für das Erleben von Langeweile relevanten Kategorien erfasst werden konnten. In diesem Zusammenhang ist eine Abwägung zu treffen zwischen der Maßgabe der Modellsparsamkeit und der Komplexität der tatsächlichen Verhältnisse. Die Auswahl der in das Modell eingespeisten Prädiktoren erfolgte vorliegend entlang der in der theoretischen Grundlegung skizzierten Befunde zu den zentralen Bedingungsfaktoren. Aber nichtsdestoweniger waren die Unterschiede in den Erklärungsbeiträgen der Prädiktoren bisweilen nur graduell, so dass eine begründete Entscheidung nicht immer leicht fiel. So ist es insofern ungeachtet der verhältnismäßig hohen Varianzaufklärung denkbar, dass neben den betrachteten auch andere Faktoren für die unterrichtliche Langeweile von Bedeutung sind.

Im Rahmen der Mehrebenenanalyse wurden aufgrund der kleinen Stichprobe keine Klasseneffekte berücksichtigt. Hier können sich, etwa aufgrund von Unterschieden in der Unterrichtsgestaltung oder auch der Sozialdynamik in den Klassen, verzerrende Effekte verbergen. Außerdem wurden bislang aufgrund der ohnehin hohen Modellkomplexität und aus inhaltlichen Überlegungen heraus ausschließlich konstante Steigungsparameter der Prädiktoren angenommen. Hier ließen sich im Rahmen weiterführender Analysen für einzelne Variablen aufgrund begründeter Annahmen variierende Slopes zulassen und die Frage der Verbesserung der Modellgüte über einen Devianzentest überprüfen.

Vor dem Hintergrund der skizzierten Einschränkungen ist die Bedeutung der Befunde stellenweise etwas zu relativieren. Aber insgesamt lässt sich angesichts der guten Anschlussfähigkeit der gefundenen Effekte an die bestehende Ergebnislage und den Stand der Theoriebildung von einer weitgehenden Gültigkeit der Ergebnisse ausgehen. Aus den Befunden ergeben sich einige Implikationen für die pädagogische Praxis, die im folgenden Abschnitt gewürdigt werden.

6.3 Pädagogische Implikationen

Die Ableitung von pädagogischen Implikationen erfordert einige Überlegungen zu den eingangs aufgeworfenen Fragen, ob die Emotion Langeweile aus dem Unterricht grundsätzlich überhaupt wegzudenken ist und ob die positiven Facetten von Langeweile auch für die Schule nutzbar gemacht werden können. Ausgehend von den vorliegend erzeugten empirischen Befunden lassen sich im Zuge der Klärung dieser normativen Prämissen einige Konsequenzen für die Unterrichtsgestaltung ableiten.

Ist Langeweile im Unterricht überhaupt zu vermeiden?
Diese Frage mag angesichts des hohen Ausmaßes und der Vielfalt und Vieldeutigkeit der Erscheinungsweisen dieser Emotion im Unterrichtsgeschehen rhetorisch anmuten, jedoch sei eine Beantwortung vorliegend zumindest versucht. Der Ausgangspunkt dafür liegt in der Betrachtung der Bedingungsfaktoren von unterrichtlicher Langeweile. Es hat sich vorliegend insbesondere gezeigt, dass sich Lernende dann weniger langweilen, wenn sie in der Unterrichtssituation viel von den behandelten Inhalten verstehen, ihre Tätigkeit als sinnstiftend erleben und ausreichend Nachdenkzeit haben. Diese Zusammenhänge entfalten auch dann noch ihre Gültigkeit, wenn zusätzlich personenbezogene Merkmale berücksichtigt werden, die ebenfalls einen wichtigen Erklärungsbeitrag leisten. Dies bedeutet in der Konsequenz für die potentielle Vermeidung von Langeweile, dass Lehrkräfte Unterrichtssettings gestalten müssten, die bei allen Lernenden zu jenen subjektiven Erlebensqualitäten führen. Angesichts der Heterogenität der Schülerschaft, welche sich auch und besonders in der beruflichen Bildung in der Regel als sehr hoch darstellt, erscheint dies besonders in den traditionell vorherrschenden lehrerzentrierten Lehr-Lern-Arrangements unrealistisch. Es sind schlicht zu viele Individuen mit unterschiedlichen Motiv-Bedürfnislagen und Eingangsvoraussetzungen beteiligt, um in der prozessualen Dynamik bei ausschließlicher Konzentration auf das Wirken und Steuern der Lehrkraft nicht zu individuellen Einbußen zu führen. Denn die Synchronisierung der individuellen Bedürfnisse, Fähigkeiten und situativen Befindlichkeiten lässt sich nicht zentral gesteuert verordnen, sie ist allenfalls im Zuge interindividueller Aushandlung zu erzielen – und die wiederum kostet Zeit. Die Orientierung an einem fiktiven Durchschnittsschüler, welche lehrerzentrierten Unterrichtsentwürfen in der Regel zugrunde liegt, dokumentiert die Absurdität der Vorstellung eines

von Langeweile nicht betroffenen Unterrichts. Eine Vermeidung von Langeweile müsste insofern methodisch-didaktisch gewendet mit einer Individualisierung und Differenzierung der Unterrichtsentwürfe einhergehen wie sie etwa in Gestalt selbstorganisationsoffener Lehr-Lern-Arrangements bereits vorliegen. Und selbst dann besteht die Möglichkeit, dass es den beteiligten Individuen inklusive der Lehrperson nicht gelingt, ihre heterogenen Bedürfnisse so auszubalancieren, dass für alle eine sinnstiftende Arbeitsumgebung und erfolgreiche Lernprozesse resultieren. Unabhängig davon lässt sich ausgehend von den beobachteten eher traditionell ausgerichteten Unterrichtsprozessen festhalten, dass Langeweile zumindest dann ein unkritisches Ausmaß annimmt, wenn die Nutzung der vorhandenen Zeitgefäße über mehrere Unterrichtseinheiten möglichst effektiv erfolgt, das heißt, möglichst wenig Zeit am Stück für Leerläufe und Wartezeiten vertrödelt wird. Eine sinnvolle und maximale Nutzung der Unterrichtszeit über mehrere Unterrichtseinheiten hinweg gepaart mit einer verständlichen und sinnstiftenden Beschäftigung mit den Lerninhalten wird offenbar auch aus Sicht der Lernenden mit einem positiveren Erleben honoriert.

Kann Langeweile im Unterricht auch positive Potentiale entfalten?
Gegeben die Erkenntnis, dass sich Langeweile in den dominierenden Unterrichtssettings vermutlich nicht für jeden Lernenden und gänzlich aus der Unterrichtsrealität verbannen lässt, stellt sich die Frage, ob ihr Erleben immer negativ konnotiert sein muss. Die in Publikationen vereinzelt gewürdigten positiven Facetten der Langeweile beziehen sich auf ihr rekreatives Potential und können am ehesten im Sinne eines Zustandes entspannter Muße interpretiert werden. Der Begriff der Muße beinhaltet ein Moment der Phantasie, impliziert aber auch ein gewisses Ausmaß an Untätigkeit. Ob und inwiefern letzteres angesichts beschleunigter Lebens-, Arbeits- und Bildungsumwelten auch in unterrichtlichen Kontexten denk- und wünschbar wäre, ist fraglich. Es impliziert zumindest eine Abkehr von gegenwärtigen Bildungsvorstellungen, die auf eine möglichst rasche Erreichung der curricularen Ziele fokussiert sind und dabei abseits der frühkindlichen Bildung weniger auf zeitintensive Reifungs- und Inkubationsprozesse setzen. Ob und inwiefern Lernende rekreative Phasen im Unterricht als sinnstiftend erleben und gleichermaßen zu einem Verständnis der Unterrichtsinhalte führen, wird wiederum von ihren habitualisierten Erwartungshaltungen in Bezug auf die Unterrichtsgestaltung abhängen. In diesem Zusammenhang führt auch und besonders die gesellschaftliche Tabuisierung der allgegenwärtigen Emotion Langeweile in Kombination mit der verbreiteten Ansicht, die Lehrkraft allein, könne und müsse das notwendige Wissen vermitteln, dazu, dass ihre Potentiale letztlich im Unterricht vermutlich nicht genutzt werden können.

So bleibt dem „Kulturrealisten" in der Konsequenz vermutlich nur die möglichst weitgehende Vermeidung besonders kritischer Langeweileformen, die in phänomenologischer Nähe zu Amotivation und Aggression stehen, und ein proaktives Befähigen der Lernenden im Hinblick auf die strategische Bewältigung ungünstiger emotional-motivationaler Konstellationen. Der Einsatz lernförderlicher Copingmaßnahmen im Sinne einer konstruktiven Entäußerung jener Erlebenseinbußen und entsprechenden Reaktion durch die Lehrkraft kann im unterrichtlichen Spannungsfeld aus Eigenzeitlichkeit und Lehrerzentrierung zu einer Verringerung der Brisanz von Langeweile führen. Dies kann jedoch nicht darüber hinwegtäuschen, dass die vermeintliche Zeitersparnis in lehrerzentrierten Unterrichtsarrangements durch ein verhältnismäßig hohes Ausmaß an Leerläufen getilgt zu werden scheint und in der Konsequenz letztlich doch mehr Raum für die Implementierung individualisierter und differenzierter Lehr-Lern-Formen wie etwa dem Selbstorganisisierten Lernen zur Verfügung stünde als vielfach angenommen. So ist das häufige Auftreten von Unterrichtslangeweile in beschleunigten Lebens-, Arbeits- und Lernwelten keineswegs paradox, sondern analytisch nachvollziehbar. Erste empirische Hinweise darauf vermochte die vorliegende Arbeit zu liefern. Das nachstehende Zitat von Hasenfratz (2003, 2) bringt diese Überlegungen noch einmal in Gänze auf den Punkt und liefert gleichermaßen einen ersten Ausblick auf die möglichen Prämissen der empirischen Forschung bei der Bearbeitung offener Forschungsfragen:

> „Der qualitative und quantitative Mangel an Zeit und die seelischen und körperlichen Nöte, die er bei den Individuen hervorbringt, ist ein Symptom – nicht nur für die Diskriminierung von reproduktiver Arbeit in unserer Kultur, sondern überdies für ein allgemeines Ungleichgewicht zwischen dem modernen Individuum und der Gesellschaft. Es gehört deshalb zu den Aufgaben postmoderner pädagogischer Forschung, sich Gedanken über Erziehungs- und Bildungsansätze zu machen, die auf diese Zustände reagieren und die Zeitbedürfnisse der verschiedenen gesellschaftlichen Gruppen auf einer theoretisch-konzeptionellen Ebene miteinander zu vermitteln" (Hasenfratz 2003).

6.4 Forschungsdesiderate

Diese Arbeit bediente sich eines prozessorientierten Forschungszugangs zur Aufdeckung von Ausmaß, Variabilität und Entstehungsbedingungen sowie kurzfristigen Wirkungen der unterrichtlichen Langeweile von Lernenden. Im Zuge dessen konnten der bestehenden Befundlage einige Erkenntnisse hinzugefügt werden, die der Situationsnähe der Emotionsentstehung gerecht werden und in der Lage sind, das komplexe Geschehen im Unterricht zumindest annähernd nachzuzeichnen. Zur Absicherung der Befunde wäre nun eine Ausweitung der

Datenbasis wünschenswert. Insbesondere die Unterrichtsprozesse im Fach Betriebswirtschaft, die im Rahmen der Studie auch begleitet wurden, könnten als Vergleichsstichprobe zur Überprüfung der gefundenen Effekte dienen. Darüber hinaus lassen sich in den strukturellen und prozessualen Mustern der Zeitnutzung im Unterricht einige weitere Variablen betrachten, die bezüglich des Auftretens von Langeweile möglicherweise auch einen Aufklärungsbeitrag leisten könnten: So wäre es etwa von Interesse, Facetten des Klassenmanagements im Rahmen der strukturierten Beobachtung der Unterrichtsvideos herauszuarbeiten und auf ihre Wirkung bei der Entstehung von Langeweile zu untersuchen. Denn das Klassenmanagement spielt eine bedeutende Rolle im Rahmen der bestmöglichen Ausnutzung der Unterrichtszeit und Gewährleistung individuell gelingender Lernprozesse und stellte sich auf der Basis von Selbstberichtsdaten bereits als bedeutsam für das Erleben von Langeweile heraus (Goetz et al. 2013). Erste strukturierte Kodierungsansätze zur Beobachtung des Klassenmanagements erscheinen vielversprechend. In diesem Zusammenhang wäre eine Ergänzung der Selbstberichtsdaten der Lernenden zur Unterrichtsqualität um eine entsprechende Beobachterperspektive vielversprechend, um auch eine normative Sicht auf die untersuchten Unterrichtsprozesse zu erarbeiten und auf ihre Zusammenhänge mit der Langeweileentstehung zu untersuchen. Weitere Forschung zum Ausmaß und den Bedingungsfaktoren unterrichtlicher Langeweile könnte im Rahmen quasiexperimenteller Designs überdies einen Vergleich traditioneller Lehr-Lern-Arrangements mit unterrichtsmethodischen Treatments wie etwa dem Selbstorganisierten Lernen fokussieren. Es wäre denkbar, dass sich in handlungsorientierten Unterrichtsformen angesichts der veränderten Aufteilung der unterrichtlichen Zeitgefäße auch divergierende Ursachenkonstellationen für die Schülerlangeweile bei insgesamt verringertem Ausmaß nachweisen ließen. Die Frage der Verringerung des Ausmaßes von Schülerlangeweile knüpft darüber hinaus letztlich auch an der Diagnosefähigkeit von Lehrkräften an. Angesichts der Diskrepanz aus der verhältnismäßig differenzierten Urteilsfähigkeit von Lehrkräften bezüglich der Entstehung von Langeweile (im Abgleich mit den von Lernenden identifizierten Bedingungsfaktoren; Daschmann, Goetz & Stupnisky 2014) einerseits und dem überaus häufigen Auftreten der Emotion im Unterricht andererseits, lässt sich die Überlegung anstellen, ob und wie man Lehrkräfte dazu befähigen könnte, das Ausmaß an Langeweile in der konkreten Unterrichtssituation zu verringern. Dazu wäre zunächst von Interesse, ob Lehrkräfte die entsprechenden neuralgischen Entstehungsparameter im Unterrichtsprozess auch tatsächlich erkennen und welche Interventionsstrategien sie in Bezug darauf entäußern. Dieses Desiderat ließe sich mittels Videovignetten und darauffolgenden Befragungen erhellen und in der Konsequenz um Interventionen ergänzen.

Ein zentrales Forschungsdesiderat betrifft ferner die Phänomenologie der Langeweile von Schülerinnen und Schülern. Insbesondere die Auflösung der theoretischen Diskurse um Valenz und Arousal und die Identifikation von differenzierten Langeweileformen stehen bislang aus – in jüngster Zeit existieren diesbezüglich erste Forschungsbemühungen, die dieses Problem beleuchten (Goetz, Frenzel, Hall, Nett, Pekrun & Lipnevich, in press). Im Rahmen prozessorientierter Zugänge ließe sich über die Formulierung entsprechender Items wie etwa „Bin unruhig" oder „Fühle mich wohl" an Information über die Aktivation und Valenz der Erlebens gelangen. Die weitere Annäherung an Formen der Langeweile wäre etwa anhand der Erhebung von Copingmaßnahmen im Unterrichtsprozess möglich. Diese über Selbstberichtsdaten zu erheben, erscheint als ausschließlich gangbarer Weg, denn Beobachtungsverfahren stoßen im Zusammenhang mit mentalen Bewältigungsmaßnahmen an ihre Grenzen.

Über die Analyse der Copingmaßnahmen könnte ferner möglicherweise Aufschluss über die Lernförderlichkeit oder -hinderlichkeit von Langeweile erlangt und so das letztlich ungeklärte Verhältnis zwischen Langeweile und Lernerfolgsgrößen erhellt werden. Auch eine differenzierte Analyse der außerunterrichtlichen Lerngelegenheiten erscheint in diesem Zusammenhang vielversprechend. Hier ist nicht nur entscheidend, wie viel Zeit für die unterschiedlichen Aktivitäten investiert wird, auch die subjektive Einschätzung des Erfolgs dieser Aktivitäten könnte von Bedeutung sein. Denn die außerschulische Kompensation verpasster Lerngelegenheiten im Unterricht stellt vermutlich ein wichtiges Verbindungsglied zwischen dem Erleben des Unterrichts und dem Zustandekommen von Lernerfolg dar. Es bleibt daher abschließend festzuhalten, dass das Auftreten von Langeweile ein Urteil über die Qualität der innerhalb und außerhalb des Unterrichts wahrgenommenen Lerngelegenheiten enthält, das durch die empirische Lehr-Lern-Forschung in seiner Wirkung auf das Erreichen von Bildungszielen weiter erhellt werden sollte.

Literaturverzeichnis

Acee, T. W., Kim, H., Kim, H. J., Kim, J.-I., Chu, H-N. R., Kim, M., Cho, Y. & Wicker, F. W. (2010). Academic boredom in under- and overchallenging situations. Contemporary Educational Psychology, 35(1), 17–27.

Achtenhagen, F. (2000). Lebenslanges Lernen aus der Sicht des Mastery Learning. In F. Achtenhagen & W. Lempert (Hrsg.), Lebenslanges Lernen im Beruf – seine Grundlegung im Kindes- und Jugendalter: Band 4: Formen und Inhalte von Lernprozessen (S. 123–140). Opladen: Leske + Budrich.

Achtenhagen, F., Lüdecke, S. & Sembill, D. (1988). Zur Rolle und Bedeutung „Emotionaler Befindlichkeit" für das Lernen, Denken, Handeln in komplexen ökonomischen Situationen. Zeitschrift für Berufs- und Wirtschaftspädagogik, 84(1), 50–68.

Aebli, H. (1980). Denken: das Ordnen des Tuns. Band I: Kognitive Aspekte der Handlungstheorie. Stuttgart: Klett-Cotta.

Aebli, H. (1981). Denken: das Ordnen des Tuns. Band II: Denkprozesse. Stuttgart: Klett-Cotta.

Angrilli, A., Cherubini, P., Pavese, A. & Mantredini, S. (1997). The influence of affective factors on time perception. Perception and Psychophysics, 59, 972–982.

Arnold, W. (1975). Person, Charakter, Persönlichkeit. München: Olzog.

Aschoff, J. (1953). Aktivitätsperiodik bei Gimpeln unter natürlichen und künstlichen Belichtungsverhältnissen. Zeitschrift für vergleichende Physiologie, 35(3), 159–166.

Aschoff, J. (1959). Zeitliche Strukturen biologischer Vorgänge. In K. Mothes (Hrsg.), Nova Acta Leopoldina, Band 21, Nummer 143: Das Zeit-Problem (S. 147–177). Leipzig: Johann Ambrosius Barth Verlag.

Aschoff, J. (1983). Die innere Uhr des Menschen. In H. Gumin & H. Meier (Hrsg.), Die Zeit. Dauer und Augenblick (S. 113–144). München & Zürich: Piper.

Aschoff, J. (1985). On the perception of time during prolonged temporal isolation. Human Neurobiology, 4(1), 41–52.

Aufschnaiter, S. von & Welzel, M. (Hrsg). (2001). Nutzung von Videodaten zur Untersuchung von Lehr-Lern-Prozessen: Aktuelle Methoden empirischer pädagogischer Forschung. Münster, New York, München u.a.: Waxmann.

Backhaus, K., Erichson, B., Plinke, W. & Weiber, R. (2011). Multivariate Analyse-methoden. Eine anwendungsorientierte Einführung, 13., neu bearbeitete und erweiterte Auflage. Heidelberg: Springer.

Bandura, A. (1977). Self-efficacy: Toward a unifying theory of behavioral change. Psychological Review, 84(2), 191–215.

Bandura, A. & Walters, R. H. (1963). Social Learning and Personality Development. New York, Chicago, San Francisco u.a.: Holt Rinehart & Winston.

Barmack, J. E. (1937). Boredom and other factors in the physiology of mental efforts: An exploratory study. Archives of psychology, 218, 6–81.

Barmack, J. E. (1938). The effect of benzedrine sulphate upon the report of boredom and other factors. Journal of Psychology, 5, 125–133.

Barmack, J. E. (1939a). Studies on the psychophysiology of boredom: Part I. The effects of 15 mgs of benzidrine sulphate and 50 mgs of ephedrine hydrochloride on blood pressure, report on boredom and other factors. Journal of Experimental Psychology, 25(5), 494–505.

Barmack, J. E. (1939b). Studies on the psychophysiology of boredom: Part II. The effect of lowered room temperature and an added incentive on blood pressure, report on boredom and other factors. Journal of Experimental Psychology, 25(6), 634–642.

Barnett, L. A. & Wolf Klitzing, S. (2006). Boredom in Free Time: Relationships with Personality, Affect, and Motivation for Different Gender, Racial and Ethnic Student Groups. Leisure Sciences, 28(3), 223–244.

Bastian, J., Gudjons, H., Schnack, J. & Speth, M. (1997). Theorie des Projektunterrichts. Hamburg: Bergman + Helbig.

Bear, M. F., Connors, B. W. & Paradiso, M. A. (2009). Neurowissenschaften. Ein grundlegendes Lehrbuch für Biologie, Medizin und Psychologie (3. Auflage). Deutsche Ausgabe herausgegeben von A. K. Engel. Heidelberg: Spektrum Akademischer Verlag.

Beck, K. (1996). Die „Situation" als Bezugspunkt didaktischer Argumentationen – Ein Beitrag zur Begriffspräzisierung. In W. Seyd & R. Witt (Hrsg.), Situation, Handlung, Persönlichkeit – Kategorien wirtschaftspädagogischen Denkens (S. 87–98). Hamburg: Feldhaus.

Beck, K. & Krumm, V. (1998). Wirtschaftskundlicher Bildungs-Test (WBT). Göttingen, Toronto & Zürich: Hogrefe.

Becker-Mrotzek, M. & Vogt, R. (2009). Unterrichtskommunikation. Linguistische Forschungsmethoden und Forschungsergebnisse (2., bearbeitete und aktualisierte Auflage). Tübingen: Niemeyer.

Beling, I. (1929). Über das Zeitgedächtnis der Bienen. Zeitschrift für vergleichende Physiologie, 9(2), 259–338.

Bellack, A. A., Kliebard, H. M., Hyman, R. T. & Smith, F. L. (1974). Die Sprache im Klassenzimmer. Düsseldorf: Schwann.

Bendele, U. (1984). Krieg, Kopf und Körper: Lernen für das Leben – Erziehung zum Tod. Frankfurt a. Main, Berlin & Wien: Ullstein.

Ben-Peretz, M. (1990). Perspectives on Time in Education. In M. Ben-Peretz & R. Bromme (Eds.), The nature of time in schools (pp. 64–77). New York: Teachers College Press.

Ben-Peretz, M. & Bromme, R. (1990) (Eds.). The nature of time in schools. New York: Teachers College Press.

Benthaus-Apel, F. (1995). Zwischen Zeitbindung und Zeitautonomie. Wiesbaden: DUV.

Bergson, H. (1889/1920). Zeit und Freiheit: Eine Abhandlung über die unmittelbaren Bewußtseinstatsachen. Jena: Diderichs.

Berliner, D. C. (1979). Tempus Educare. In P. L. Peterson & H. J. Walberg (Eds.), Research on teaching. Concepts, findings, and implications (pp. 120–135). Berkeley, CA: McCutchan.

Berliner, D. C. (1990). What's all the fuss about instructional time? In M. Ben-Peretz & R. Bromme (Eds.), The nature of time in schools (pp. 3–35). New York: Teachers College Press.

Berlyne, D. E. (1960/1974). Konflikt, Erregung, Neugier – Zur Psychologie der kognitiven Motivation. Stuttgart: Klett.

Bernitzke, F. H. (1987). Mastery-Learning-Strategie als Unterrichtsalternative – empirische Studie zur Effektivität der Mastery-Learning-Strategie und Interdependenzen mit Schülermerkmalen. Frankfurt a. Main, Berlin, Bern u.a.: Peter Lang.

Bieg, M., Goetz, T. & Hubbard, K. (2013). Can I master it and does it matter? An intraindividual analysis on control-value antecedents of trait and state academic emotions. Learning and Individual Differences 28, 102–108.

Bieri, T. (2006). Lehrpersonen: Hoch belastet und dennoch zufrieden? Bern: Haupt.

Binser, M. & Försterling, F. (2004). Paradoxe Auswirkungen von Lob und Tadel: Personale und situative Moderatoren. Zeitschrift für Entwicklungspsychologie und Pädagogische Psychologie, 36(4), 182–189.

Block, R. A. (1990). Models of psychological time. In R. A. Block (Ed.), Cognitive models of psychological time (pp. 1–35). Hillsdale, NJ: Lawrence Erlbaum Associates.

Block, R. A., George, E. J. & Reed, M. A. (1978). A watched pot sometimes boils: A study of duration experience. Acta psychologica, 46, 81–94.

Block, R. A. & Reed, M. A. (1978). Remembered duration: Evidence for a contextual-change hypothesis. Journal of Experimental Psychology: Human Learning & Memory, 4, 656–665.

Block, R. A. & Zakay, D. (1996). Models of psychological time revisited. In H. Helfrich (Ed.), Time and mind (pp. 171–195). Seattle, Toronto & Göttingen: Hogrefe & Huber.

Bloom, B. S. (1970). Alle Schüler schaffen es. betrifft: erziehung, 11(2), 15–27.

Bloom, B. S. (1971). Affective Consequences of School Achievement. In J. H. Block (Ed.), Mastery Learning – Theory and Practice (pp. 13–28). New York, Chicago, San Francisco u.a.: Holt, Rinehart & Winston.

Bloom, B. S. (1973). Individuelle Unterschiede in der Schulleistung: ein überholtes Problem? In W. Edelstein & D. Hopf (Hrsg.), Bedingungen des Bildungsprozesses (S. 251–270). Stuttgart: Klett.

Bloom, B. S. (1985). Learning for Mastery. In C. W. Fisher & D. C. Berliner (Eds.), Perspectives on instructional time (pp. 73–93). New York & London: Longman.

Bong, M. & Clark, R. E. (1999). Comparison between self-concept and self-efficacy in academic motivation research. Educational Psychologist, 34(3), 139–153.

Bonz, B. (2004). Die Zeitdimension in Lehr-Lern-Prozessen. In A. Thedorff (Hrsg.), Schon so spät? Zeit. Lehren. Lernen (S. 109–124). Stuttgart: Hirzel.

Borg, W. R. (1979). Teacher coverage of academic content and pupil achievement. Journal of Educational Psychology, 71(5), 635–645.

Bortz, J. (2005). Statistik. Für Human- und Sozialwissenschaftler. Heidelberg: Springer.

Bortz, J. & Döring, N. (2006). Forschungsmethoden und Evaluation für Sozialwissenschaftler (4., vollständig überarbeitete und aktualisierte Auflage). Berlin, Heidelberg & New York: Springer.

Brandstätter, J. & *Greve, W.* (1999). Intentionale und nichtintentionale Aspekte des Handelns. In J. Straub & H. Werbik (Hrsg.), Handlungstheorie. Begriff und Erklärung des Handelns im interdisziplinären Diskurs (S. 185–212). Frankfurt & New York: Campus.

Breidenstein, G. (2006). Teilnahme am Unterricht. Ethnographische Studien zum Schülerjob. Wiesbaden: VS.

Bromme, R. (1997). Kompetenzen, Funktionen und unterrichtliches Handeln des Lehrers. In. F. E. Weinert (Hrsg.), Enzyklopädie der Psychologie: Psychologie des Unterrichts und der Schule (S. 177–212). Göttingen, Toronto & Zürich: Hogrefe.

Bronfenbrenner, U. (1981). Die Ökologie der menschlichen Entwicklung. Natürliche und geplante Experimente. Stuttgart: Klett-Cotta.

Brophy, J. E. (2006). History of Research on Classroom management. In C. M. Evertson & C. S. Weinstein (Eds.), Handbook of Classroom Management. Research, Practice and Contemporary Issues (pp. 17–43). Mahwah, NJ: Lawrence Erlbaum Associates.

Brophy, J. E. & Good, T. T. (1976). Die Lehrer-Schüler-Interaktion. München, Wien & Baltimore: Urban & Schwarzenberg.

Brosius, F. (2011). SPSS 19. Heidelberg: mitp.

Bruder, K.-J. (1971). Taylorisierung des Unterrichts. Zur Kritik der Instruktionspsychologie. Kursbuch 24. Berlin: Wagenbach.

Bruner, J. S., Goodnow, J. J. & *Austin, G. A.* (1956). A study of thinking. New York: Wiley.

Brunstein, J. (2006). Implizite und explizite Motive. In J. Heckhausen & H. Heckhausen (Hrsg.), Motivation und Handeln (S. 235–253). Berlin, Heidelberg & New York: Springer.

Bühner, M. (2006). Einführung in die Test- und Fragebogenkonstruktion. München, Boston, San Fransisco u.a.: Pearson.

Bünning, E. (1959). Mechanismus und Leistungen der physiologischen Uhr. In K. Mothes (Hrsg.), Nova Acta Leopoldina, Band 21, Nummer 143: Das Zeit-Problem (S. 179–194). Leipzig: Johann Ambrosius Barth Verlag.

Cacioppo, J. T. & *Gardner, W. L.* (1999). Emotion. Annual Review of Psychology, 50, 191–214.

Campbell, S. S. (1990). Circadian rhythms and human temporal experience. In R. A. Block (Ed.), Cognitive Models of psychological time (pp. 101–118). Hillsdale, NJ: Lawrence Erlbaum Associates.

Canter, L. & Canter, M. (1976/1992). Assertive discipline: A take-charge approach for today's educator. Seal Beach, CA: Canter and Associates.

Carroll, J. B. (1963). A model of school learning. Teachers College Record, 64(8), 723–733.

Carroll, J. B. (1989). The Carroll Model: A 25-year retrospective and prospective view. Educational researcher, 18(1), 26–31.

Cazden, C. B. (2001). Classroom discourse. The language of teaching and learning. Portsmouth, NH: Heinemann.

Ciompi, L. (1997). Die emotionalen Grundlagen des Denkens. Entwurf einer fraktalen Affektlogik. Göttingen: Vandenhoeck & Ruprecht.

Ciompi, L. (2005). Grundsätzliches zur Emotion, Kognition und Evolution aus der Humanperspektive. In M. Wimmer & L. Ciompi (Hrsg.), Emotion – Kognition – Evolution. Biologische, psychologische, soziodynamische und philosophische Aspekte (S. 47–66). Fürth: Filander.

Clausen, M. (2002). Unterrichtsqualität. Eine Frage der Perspektive? Empirische Analysen zur Übereinstimmung, Konstrukt- und Kriteriumsvalidität. Münster, New York, München u.a.: Waxmann.

Clore, G.L. (2009). Affect as Information. In D. Sander & K. Scherer (Eds). The Oxford Companion to Emotion and the Affective Sciences. Oxford: Oxford University Press.

Clore, G. L. & Huntsinger, J. R. (2009). How the object of affect guides its impact. Emotion Review, 1, 39–54.

Cohen, J. (1977). Statistical Power Analysis for the behavioral sciences. New York: Academic Press.

Coleman, J. S., Campbell, E. Q., Hobson, C. J., McPartland, J., Mood, M. A., Weinfeld, F. D. & York, R. L. (1966). Equality of educational opportunity. Washington, D.C.: Government Printing Office.

Coles, M. J. (1995). Critical thinking, talk and a community of inquiry in the primary school. Language and education, 9, 161–177.

Comenius, J. A. (1657/1954). Große Didaktik. Die vollständige Kunst, alle Menschen alles zu lehren. Übersetzt und herausgegeben von Andreas Flitner. Stuttgart: Klett-Cotta.

Corno, L. & Snow, E. R. (1986). Adapting teaching to individual differences among learners. In M. C. Wittrock (Ed.), Handbook of research on teaching (pp. 605–629). New York: MacMillan.

Costa, P. T. & McCrae, R. R. (1980). Influence of extraversion and neuroticism on subjective well-being: Happy and unhappy people. Journal of Personality and Social Psychology, 34(4), 668–678.

Creelman, C. D: (1962). Human discrimination of auditory durations. Journal of the Acoustical Society of America, 34, 582–593.

Creemers, B. P. M. (1994). The effective classroom. London: Cassell.

Crespo, S. (2002). Praising and correcting: prospective teachers investigate their teacherly talk. Teaching and Teacher Education, 18(6), 739–758.

Csikszentmihalyi, M. (1975). Beyond Boredom and Anxiety. The experience of Play in Work and Games. San Francisco, Washington & London: Jossey-Bass Publishers.

Csikszentmihalyi, M. (1985). Das Flow-Erleben. Jenseits von Angst und Langeweile im Tun aufgehen. Stuttgart: Klett-Cotta.

Csikszentmihalyi, M. (1992). Flow: Das Geheimnis des Glücks. Stuttgart: Klett-Cotta.

Csikszentmihalyi, M. & Larson, R. (1987). Validity and Reliability of the Experience-Sampling Method. The Journal of nervous and mental disease, 175(9), 526–536.

Csikszentmihalyi, M. & Schiefele, U. (1993). Die Qualität des Erlebens und der Prozeß des Lernens. Zeitschrift für Pädagogik, 39(2), 207–221.

Culp, N. A. (2006). The relations of two facets of boredom proneness with the major dimensions of personality. Personality and Individual Differences, 41(6), 999–1007.

Curran, C. M. (2004). Encouraging appropriate behavior. IRIS Center for Faculty Enhancement, Nashville, Tenn.: Peabody College, Vanderbilt University. Zugriff am 02.11.2011. Verfügbar unter http://iris.peabody.vanderbilt.edu/case_studies/ICS-005.pdf.

Dahlen, E. R., Martin, R. C., Ragan, K., & Kuhlman, M. (2004). Boredom proneness in anger and aggression: Effects of impulsiveness and sensation seeking. Personality and Individual Differences, 37(8), 1615–1627.

Dahlen, E. R., Martin, R. C., Ragan, K. & Kuhlmann, M. M. (2005). Driving anger, sensation seeking, impulsiveness, and boredom proneness in the prediction of unsafe driving. Accident Analysis and Prevention, 37(2), 341–348.

Damasio, A. R. (1994). Descartes' error. Emotion, Reason and the Human Brain. New York: G. P. Putnam's Son.

Damasio, A. R. (2000). Ich fühle, also bin ich. Die Entschlüsselung des Bewusstseins. München: Econ Ullstein List Verlag.

Dann, H.-D., Diegritz, T. & Rosenbusch, H. S. (Hrsg.) (1999). Gruppenunterricht im Schulalltag: Realität und Chancen. Erlangen: Universitätsverbund Erlangen-Nürnberg e.V.

Daschmann, E. C., Goetz, T., & Stupnisky, R. H. (2011). Testing the predictors of boredom at school: Development and validation of the Precursors to Boredom Scales. British Journal of Educational Psychology, 81(3), 421–440.

Daschmann, E. C., Goetz, T., & Stupnisky, R. H. (2014). Exploring the antecedents of boredom: Do teachers know why students are bored? Teaching and teacher education 39, 22–30.

Dauenhauer, E. (1970). Kategoriale Didaktik. Rinteln, München: Merkur.

Davies, A. H. (1926). The physical and mental effects of monotony in modern industry. British Medical Journal, 2, 472–479.

Debus, G. (2000). Sprachliche Methoden. In J. Otto, H. Euler & H. Mandl (Hrsg.), Emotionspsychologie – Ein Handbuch (S. 409–418). Weinheim: Psychologie Verlags Union.

De Chenne, T. K. (1988). Boredom as a clinical issue. Psychotherapy 25(1), 71–81.

De Chenne, T. K. & Moody, A. J. (1988). Boredom: Theory and Therapy. The Psychotherapy Patient, 3(3/4), 17–54.

Deci, E. L. & Ryan, R. M. (1985). Intrinsic motivation and self-determination in human behavior. New York: Plenum.

Deci, E. L. & Ryan, R. M. (2000). The "What" and "Why" of Goal Pursuits: Human Needs and the Self-Determination of Behavior. Psychological Inquiry, 11(4), 227–268.

De Haan, G. (1996). Die Zeit in der Pädagogik. Vermittlungen zwischen der Fülle der Welt und der Kürze des Lebens. Weinheim & Basel: Beltz.

Diegritz, T. & Rosenbusch, H. S. (1977). Kommunikation zwischen Schülern. München, Wien & Baltimore: Urban & Schwarzenberg.

Ditton, H. (1998). Mehrebenenanalyse. Grundlagen und Anwendungen des Hierarchisch Linearen Modells. Weinheim: Juventa.

Doehlemann, M. (1991). Langeweile? Deutung eines verbreiteten Phänomens. Frankfurt a. Main: Suhrkamp.

Dörner, D. (1976). Problemlösen als Informationsverarbeitung. Stuttgart: Kohlhammer.

Dörner, D. (1985a). Verhalten und Handeln. In D. Dörner & H. Selg (Hrsg.), Psychologie – Eine Einführung in ihre Grundlagen und Anwendungsfehler (S. 73–86). Stuttgart: Kohlhammer.

Dörner, D. (1985b). Verhalten, Denken und Emotion. In L. H. Eckensberger & E. D. Lantermann (Hrsg.), Emotion und Reflexivität (S. 157–181). München: Urban und Schwarzenberg.

Dörner, D. (2008). Emotion und Handeln. In P. Badke-Schaub, G. Hofinger & K. Lauche (Hrsg.), Human Factors. Psychologie sicheren Handelns in Risikobranchen (S. 95–112). Heidelberg: Springer.

Dörner, D., Reither, F. & *Stäudel, T.* (1982). Emotionen und problemlösendes Denken. In H. Mandl & G. Huber (Hrsg.), Kognition und Emotion (S. 61–84). München: Urban und Schwarzenberg.

Doyle, W. (1986). Classroom organization and management. In M. C. Wittrock (Ed.), Handbook of research on teaching (pp. 392–431). New York: MacMillan.

Doyle, W. (2006). Ecological approaches to Classroom Management. In C. M. Evertson & C. S. Weinstein (Eds.), Handbook of Classroom Management. Research, Practice and Contemporary Issues (pp. 97–125). Mahwah, NJ: Lawrence Erlbaum Associates.

Drechsel, W. U. (1985). Aus der Geschichte der Schuldisziplin. diskurs. Bremer Beiträge zu Wissenschaft und Gesellschaft. Heft 9: Schule, Erziehung und Gewalt. Bremen, 82–101.

Drews, U. (1997). Langeweile – ein janusköpfiges Phänomen. In U. Drews, H. Hensel, T. Jansen & H. Schmitt (Hrsg.). Langeweile. Pädagogik, 49(9), 6–7.

Dreyer, K. (2008). Die Bändigung der Zeit in der Entstehung von Bildungsinstitutionen. In D. Sembill & J. Warwas (Hrsg.), Zeit-gemäße Führung – zeitgemäßer Unterricht (S. 99–109). Baltmannsweiler: Schneider Hohengehren.

Dreyer, K. (2010). Gestresste Lehrer – gelangweilte Schüler?! Überlegungen zum schulischen Zeitdruck und seinen Folgen für das individuelle Erleben. Schul-Verwaltung Bayern, 34(2), 46–47.

Droit-Volet, S. & *Meck, W. H.* (2007). How emotions colour our perception of time. Trends in Cognitive Sciences, 11(12), 504–513.

Duncker, L. (2001). Die linearisierte und zerstückelte Zeit. Prozesse der Zeitoptimierung als pädagogisches Problem. In C. Hofmann, I. Brachet, V. Moser & E. Von Stechow (Hrsg.), Zeit und Eigenzeit als Dimensionen der Sonderpädagogik (S. 349–356). Luzern: Edition SZH.

Ebner-Eschenbach, M. von (1880/1988). Aphorismen. Ditzingen: Reclam.

Eder, F. (1995) (Hrsg.). Das Befinden von Kindern und Jugendlichen in der Schule. Innsbruck: Studien Verlag.

Edlinger, H. & *Hascher, T.* (2008). Von der Stimmungs- zur Unterrichtsforschung: Überlegungen zur Wirkung von Emotionen auf schulisches Lernen und Leisten. Unterrichtswissenschaft, 36(1), 55–70.

Effron, D. A., Niedenthal, P. M., Gil, S. & *Droit-Volet, S.* (2006). Embodied Temporal Perception of Emotion. Emotion, 6(1), 1–9.

Egloffstein, M., Kögler, K. & *Kärner, T.* (2012). Unterrichtserleben in Notebook-Klassen. Eine explorative Studie im kaufmännischen Unterricht. In R. Schulz-Zander, B. Eickelmann, H. Moser, H. Niesyto & P. Grell (Hrsg.), Jahrbuch Medienpädagogik 9. Qualitätsentwicklung in der Schule und medienpädagogische Professionalisierung (S. 219–241). Wiesbaden: VS Verlag für Sozialwissenschaften.

Ehlich, K. & *Rehbein, J.* (1986). Muster und Institution. Untersuchungen zur schulischen Kommunikation. Tübingen: Narr.

Eigler, G. & *Krumm, V.* (1972). Zur Problematik der Hausaufgaben. Weinheim & Basel: Beltz.

Eigler, G., Judith, H., Künzel, M. & *Schönwälder, A.* (1973). Grundkurs Lehren und Lernen. Weinheim & Basel: Beltz.

Eigler, G. & *Straka, G. A.* (1978). Mastery Learning. Lernerfolg für jeden? München, Wien & Baltimore: Urban & Schwarzenberg.

Einsiedler, W. (1981). Lehrmethoden. Probleme und Ergebnisse der Lehrmethodenforschung. München, Wien & Baltimore: Urban & Schwarzenberg.

Einsiedler, W. (1997). Unterrichtsqualität und Leistungsentwicklung. Literaturüberblick. In F. E. Weinert & A. Helmke (Hrsg.), Entwicklung im Grundschulalter (S. 225–240). Weinheim: Beltz Psychologie Verlags Union.

Elashoff, J. D. & *Snow, R. E.* (1972). Pygmalion auf dem Prüfstand. München: Kösel.

Elias, N. (1988). Über die Zeit. Frankfurt a. Main: Suhrkamp.

Eriksen, T. H. (2001). Tyranny of the Moment: Fast and Slow Time in the Information Age. London: Pluto Press.

Evertson, C. M., Emmer, E. T., Sanford, I. P. & Clements, B. S. (1983). Improving Classroom Management: An Experiment in Elementary School Classrooms. The Elementary School Journal, 84(2), 173–188.

Evertson, C. M. & Harris, A. H. (1999). Support for Managing Learning-Centered Classrooms: The Classroom Organization and Management Program. In J. H. Freiberg (Ed.), Beyond Behaviorism. Changing the Classroom Managment Paradigm (pp. 59–74). Boston: Allyn & Bacon.

Evertson, C. & Weinstein, C. S. (2006). Classroom Management as a Field of Inquiry. In C. Evertson & C. S. Weinstein (Eds.), Handbook of Classroom Management. Research, Practice, and Contemporary Issues (pp. 3–15). Mahwah, NJ: Lawrence Erlbaum Associates.

Ewert, O. (1983). Ergebnisse und Probleme der Emotionsforschung. In H. Thomae (Hrsg.), Enzyklopädie der Psychologie (C/IV/1). Theorien und Formen der Motivation (S. 398–452). Göttingen, Toronto & Zürich: Hogrefe.

Eysenck, H. J. (1957). The Dynamics of Anxiety and Hysteria: An experimental application of Modern Learning Theory to Psychiatry. London: Routledge & Kegan Paul.

Eysenck, M. W. (1979). Anxiety, learning and memory: A reconceptualization. Journal of Research in Personality, 13(4), 363–385.

Farmer, R. & Sundberg, N. D. (1986). Boredom proneness – The development and correlates of a new scale. Journal of Personality Assessment, 50(1), 4–17.

Farrell, E., Peguero, G., Lindsey, R. & White, R. (1988). Giving voice to high school students: Pressure and boredom, ya know what I'm sayin'? American Educational Research Association, 25(4), 489–502.

Farrow, S., Tymms, P. & Henderson, B. (1999). Homework and attainment in primary school. British Educational Research Journal, 25(3), 323–341.

Fend, H. (2006). Neue Theorie der Schule. Einführung in das Verstehen von Bildungssystemen. Wiesbaden: VS Verlag für Sozialwissenschaften.

Fenichel, O. (1934). Zur Psychologie der Langeweile. Imago, 20(3), 270–281.

Fichten, W. (1993). Unterricht aus Schülersicht. Die Schülerwahrnehmung von Unterricht als erziehungswissenschaftlicher Gegenstand und ihre Verarbeitung im Unterricht. Frankfurt a. Main, Berlin, Bern u.a.: Peter Lang.

Fisher, C. D. (1993). Boredom at Work: A Neglected Concept. Human Relations, 46(3), 395–417.

Flanders, N. A. (1970). Analyzing teaching behavior. Reading: Addison-Wesley.

Flessau, K.-I. (1977). Schule der Diktatur. Lehrpläne und Schulbücher des Nationalsozialismus. München: Ehrenwirth.

Fogelman, K. (1976). Bored Eleven-year-olds. The British Journal of Social Work, 6(2), 201–211.

Forgas, J. P. (2000). Introduction: The role of affect in social cognition. In J. P. Forgas (Ed.), Feeling and thinking. The role of affect in social cognition (pp. 1–30). Cambridge, New York, Melbourne u.a.: Cambridge University Press.

Fox, R. (1996). Teaching through Discussion. In C. Desforges (Ed.), An Introduction to Teaching – psychological perspectives (pp. 132–149). Malden, Oxford & Cambridge: Blackwell Publishers.

Fraisse, P. (1957/1985). Psychologie der Zeit. Konditionierung, Wahrnehmung, Kontrolle, Zeitschätzung, Zeitbegriff. München & Basel: Ernst Reinhardt.

Fraser, B. J., Walberg, H. J., Welch, W. W. & Hattie, J. A. (1987). Syntheses of educational productivity research. International Journal of Educational Research, 11(2), 147–252.

Frederick, W. C. & Walberg, H. J. (1980). Learning as a function of time. Journal of Educational Research, 73(4), 183–194.

Freeman, J. (1991). Gifted children growing up. London: Cassell.

Freiberg, H. J. (1999). Sustaining the paradigm. In H. J. Freiberg (Ed.), Beyond behaviorism: Changing the classroom management (pp. 164–173). Boston: Allyn & Bacon.

Frenzel, A. C. & Götz, T. (2007). Emotionales Erleben von Lehrkräften beim Unterrichten. Zeitschrift für Pädagogische Psychologie, 21(3/4), 283–295.

Frenzel, A. C., Goetz, T., Lüdtke, O., Pekrun, R. & Sutton, R. E. (2009). Emotional transmission in the classroom: Exploring the relationship between teacher and student enjoyment. Journal of Educational Psychology, 101(3), 705–716.

Frenzel, A. C., Götz, T. & Pekrun, R. (2008). Ursachen und Wirkungen von Lehreremotionen: Ein Modell zur reziproken Beeinflussung von Lehrkräften und Klassenmerkmalen. In M. Gläser-Zikuda & J. Seifried (Hrsg.), Lehrerexpertise. Analyse und Bedeutung unterrichtlichen Handelns (S. 187–209). Münster, New York, München u. a.: Waxmann.

Frenzel, A. C., Goetz, T., Stephens, E. J., & Jacob, B. (2009). Antecedents and effects of teachers' emotional experiences: An integrated perspective and empirical test. In P. A. Schutz & M. Zembylas (Eds.), Advances in teacher emotion research: The impact on teachers' lives (pp. 129–151). Berlin, Heidelberg & New York: Springer.

Frey, K. (1998). Die Projektmethode. Der Weg zum bildenden Tun (8., überarb. Auflage). Weinheim & Basel: Beltz.

Friedrichs, J. (1908). Methoden empirischer Sozialforschung. Opladen: Westdeutscher Verlag.

Friedrich, H. F. & Mandl, H. (1997). Analyse und Förderung selbstgesteuerten Lernens. In F. E. Weinert, N. Birbaumer & C. F. Graumann (Hrsg.), Psychologie der Erwachsenenbildung (S. 237–293). Göttingen, Toronto & Zürich: Hogrefe.

Frijda, N. H. (1986). The emotions. Cambridge, New York, Melbourne u.a.: Cambridge University Press.

Frijda, N. H. (1993). The place of appraisal in emotion. In N. H. Frijda (Ed.), Appraisal and beyond. The issue of cognitive determinants of emotion (pp. 357–387). Hove, Hillsdale: Lawrence Erlbaum Associates.

Fuhrmann, E. & Weck, H. (1976). Forschungsproblem Unterrichtsmethoden. Berlin: Volk und Wissen.

Fürstenberg, F. & Mörth, I. (Hrsg.) (1986). Zeit als Strukturelement von Lebenswelt und Gesellschaft. Linz: Universitätsverlag R. Trauner.

Gage, N. L. (1978). The scientific basis of the art of teaching. New York: Teachers College Press.

Gage, N. L. & Berliner, D. C. (1979). Pädagogische Psychologie (Bd. II). München, Wien & Baltimore: Urban & Schwarzenberg.

Gage, N. L. & Needels, M. C. (1989). Process-product research on teaching: A review of criticisms. The Elementary School Journal, 89(3), 253–300.

Gallagher, J. J., Harradine, C. C. & Coleman, M. R. (1997). Challenge or boredom? Gifted students' view on their schooling. Roeper Review, 19(3), 132–136.

Gana, K. & Akremi, M. (1998). French adaptation and validation of the Boredom Proneness Scale (BP). L'année Psychologique 98, 429–450.

Gana, K., Deletang, B. & Metais, L. (2000). Is boredom proneness associated with introspectiveness? Social behavior and Personality: in international journal, 28(5), 499–506.

Garhammer, M. (2001). Wie Europäer ihre Zeit nutzen. Zeitstrukturen und Zeit-kulturen im Zeichen der Globalisierung. Berlin: Edition Sigma.

Geissler, K. A. (1985). Zeit leben. Vom Hasten und Rasten, Arbeiten und Lernen, Leben und Sterben. Weinheim & Basel: Beltz.

Geissler, E. & Schneider, H. (1982). Hausaufgabe. Darmstadt: Wissenschaftliche Buchgesellschaft.

Geiwitz, P. J. (1966). Structure of boredom. Journal of Personality and Social psychology, 3(5), 592–600.

Gettinger, M. & Kohler, K. M. (2006). Process-Outcome Approaches to Classroom Man-agement and Effective Teaching. In C. M. Evertson & C. S. Weinstein (Eds.), Handbook of Classroom Management. Research, Practice and Contemporary Issues (pp. 73–95). Mahwah, NJ: Lawrence Erlbaum Associates.

Gigerenzer, G. (1981). Messung und Modellbildung in der Psychologie. München & Basel: Ernst Reinhardt.

Gjesme, T. (1977). General satisfaction and boredom at school as a function of the pupils' personality characteristics. Scandinavian Journal of Educational Research, 21(1), 113–146.

Gläser-Zikuda, M. (2001). Emotionen und Lernstrategien in der Schule. Eine empirische Studie mit Qualitativer Inhaltsanalyse. Weinheim & Basel: Beltz.

Goetz, T., Cronjaeger, H., Frenzel, A. C., Lüdtke, O. & Hall, N. C. (2010). Academic self-concept and emotion relations: Domain specificity and age effects. Contemporary Educational Psychology, 35(1), 44–58.

Goetz, T., Pekrun, R., Hall, N. & Haag, L. (2006). Academic emotions from a social-cognitive perspective: Antecedents and domain specifity of students' affect in the context of Latin instruction. British Journal of Educational Psychology, 76(2), 289–308.

Goetz, T., Zirngibl, A., Pekrun, R., & Hall, N. (2003). Emotions, learning and achievement from an educational-psychological perspective. In P. Mayring & C. von. Rhoeneck (Eds.), Learning emotions. The influence of affective factors on classroom learning (pp. 9–28). Frankfurt a. Main, Berlin, Bern u.a.: Peter Lang.

Golyszny, K., Kärner, T. & Sembill, D. (2012). Unischulprojekt „Belastung und Stress am Arbeitsplatz Schule, insbesondere in Lehr-Lern-Kontexten" – Relevanz der Thematik und erste Ergebnisse. Wirtschaft und Erziehung, 7(64), 221–224.

Gordon, A., Wilkinson, R., McGown, A. & Jovanovska, S. (1997). The psychometric properties of the Boredom Proneness Scale: An examination of its validity. Psychological Studies, 42, 85–97.

Göllner, R., Gollwitzer, M., Heider, J., Zaby, A. & Schröder, A. (2010). Auswertung von Längsschnittdaten mit hierarchisch-linearen Modellen. Zeitschrift für Klinische Psychologie und Psychotherapie, 39(3), 179–188.

Götz, T. (2004). Emotionales Erleben und selbstreguliertes Lernen bei Schülern im Fach Mathematik. München: Utz.

Götz, T. & Frenzel, A. (2006). Phänomenologie schulischer Langeweile. Zeitschrift für Entwicklungspsychologie, 38(4), 149–153.

Götz, T. & Frenzel, A. (2010). Über- und Unterforderungslangeweile im Mathematikunterricht. Empirische Pädagogik, 24(2), 113–134.

Götz, T., Frenzel, A. C. & Haag, L. (2006). Ursachen von Langeweile im Unterricht. Empirische Pädagogik, 20(2), 113–134.

Goetz, T., Frenzel, A., C., Hall, N. C., Nett, U., Pekrun, R., & Lipnevich, A. (in press). Types of Boredom: An Experience Sampling Approach. Motivation and Emotion.

Götz, T., Frenzel, A. T. & Pekrun, R. (2007). Regulation von Langeweile im Unterricht. Was Schülerinnen und Schüler bei der „Windstille der Seele" (nicht) tun. Unterrichtswissenschaft, 35(4), 312–333.

Götz, T., Frenzel, A. T., Pekrun, R. & Hall, N. C. (2006). The domain specifity of academic emotional experiences. Journal of experimental education, 75(1), 5–29.

Götz, T., Frenzel, A. T., Pekrun, R., Hall, N. C. & Lüdtke, O. (2007). Between- and within-domain relations of students' academic emotions. Journal of Educational Psychology, 99(4), 715–733.

Götz, T., Lohrmann, K., Ganser, B. & Haag, L. (2005). Einsatz von Unterrichtsmethoden – Konstanz oder Wandel? Empirische Pädagogik, 19(4), 342–360.

Goetz, t., Lüdtke, O., Nett, U., Keller, M. & Lipnevich, A. (2013). Characteristics of teaching and students' emotions in the classroom: Investigating differences across domains. Contemporary Educational Psychology 38, 383–394.

Grieder, S. K. (2006). Emotionen von Berufsschülern bei selbstreguliertem Lernen – Eine Interventionsstudie. Verfügbar unter: http://edoc.unibas.ch/diss/DissB_7618. Zugriff am 14.03.2014.

Gruehn, S. (2000). Unterricht und schulisches Lernen. Schüler als Quellen der Unterrichtsbeschreibung. Münster, New York, München u.a.: Waxmann.

Grüsser, O.-J. (1992). Zeit und Gehirn: Zeitliche Aspekte der Signalverarbeitung in den Sinnesorganen und im Zentralnervensystem. In H. Gumin & H. Meier (Hrsg.), Die Zeit: Dauer und Augenblick (S. 79–132). München & Zürich: Piper.

Haag, L. & Jäger, R. S. (2010). Hausaugabenforschung – neue Akzente, alte Desiderate. Empirische Pädagogik, 24(1), 1–5.

Hage, K., Bischoff, H., Dichanz, H., Eubel, K. D., Oehlschläger, H. J. & Schwittmann, D. (1985). Das Methoden-Repertoire von Lehrern. Eine Untersuchung zum Schulalltag der Sekundarstufe I. Opladen: Leske + Budrich.

Hagenauer, G. (2011). Lernfreude in der Schule. Münster, New York, München u.a.: Waxmann.

Hagenauer, G. & Hascher, T. (2011). Lernfreude, engagierte Mitarbeit im Unterricht und erfolgreiches Leisten bei instrumentellen Formen der Lernmotivation – ein Widerspruch in sich? Zeitschrift für Bildungsforschung 1(2), 97–113.

Hamilton, J. A. (1983). Development of Interest and Enjoyment in Adolescence. Part II. Boredom and Psychopathology. Journal of Youth and Adolescence 12(5), 363–372.

Hamilton, J. A., Haier, R. J. & Buchsbaum, M. S. (1984). Intrinsic enjoyment and boredom coping scales: Validation with personality, evoked potential and attention measures. Personality and individual differences, 5(2), 183–193.

Hänsel, D. (1997). Handbuch Projektunterricht. Weinheim & Basel: Beltz.

Hansmann, O. (2009). Vom Zeitmanagement im Schulunterricht. Was Lehrerinnen und Lehrer wissen und können sollten. Münster, New York, München u.a.: Waxmann.

Harnischfeger, A. & Wiley, D. E. (1976). The teaching-learning process in elementary schools: A synoptic view. Curriculum Inquiry, 6(1), 5–43.

Harnischfeger, A. & Wiley, D. E. (1977). Kernkonzepte des Schullernens. Zeitschrift für Entwicklungspsychologie und Pädagogische Psychologie, 9(3), 207–228.

Harnischfeger, A. & Wiley, D. E. (1985). Origins of active learning time. In C. W. Fisher & D. C. Berliner (Eds.), Perspectives on Instructional Time (pp. 133–156). New York & London: Longman.

Harris, M. B. (2000). Correlates and characteristics of boredom proneness and boredom. Journal of Applied Social Psychology, 30(3), 576–598.

Hascher, T. (2004). Schule positiv erleben. Erkenntnisse und Ergebnisse zum Wohlbefinden von Schülerinnen und Schülern. Bern: Haupt.

Hascher, T. (2008). Quantitative and qualitative research approaches to assess student well-being. International Journal of Educational Research, 47, 84–96.

Hascher, T. (2010). Learning and emotion – perspectives for theory and research. European Educational Research Journal, 9(1), 13–28.

Hascher, T. (2012).Well-being and learning in school. In N. M. Seel (Ed.), Encyclopedia of the Sciences of Learning (pp. 1159). Berlin, Heidelberg & New York: Springer.

Hascher, T. & Edlinger, H. (2009). Positive Emotionen und Wohlbefinden in der Schule – ein Überblick über Forschungszugänge und Erkenntnisse. Psychologie in Erziehung und Unterricht, 56(2), 105–122.

Hasenfratz, M. (2003). Wege zur Zeit. Eine konstruktivistische Interpretation objektiver, subjektiver und intersubjektiver Zeit. Münster, New York, München u.a.: Waxmann.

Hawley, W. & Rosenholtz, S. J. (1984). Good Schools: What Research says about Improving Student Achievement. Peabody Journal of Education, 61(4), 1–178.

Hebb, D. O. (1955). Drives and the CNS (conceptual nervous system). Psychological Review, 62(4), 243–254.

Heckhausen, H. (1977). Motivation: Kognitionspsychologische Aufspaltung eines summarischen Konstrukts. Psychologische Rundschau, 28, 175–189.

Heckhausen, H. & Gollwitzer, P. (1986). Information processing before and after the formation of an intent. In F. Klix & H. Hagendorf (Eds.), Human memory and cognitive capabilities (pp. 1071–1082). North Holland: Elsevier Publishers.

Heckhausen, J. & Heckhausen, H. (2006). Motivation und Handeln (Dritte, überarbeitete und aktualisierte Auflage). Berlin, Heidelberg & New York: Springer.

Hegele, I. (1998). Lernziel: Stationenarbeit – eine neue Form des offenen Unterrichts. Weinheim & Basel: Beltz.

Helmke, A. (2007). Aktive Lernzeit optimieren. Was wissen wir über effiziente Klassenführung? Pädagogik, 59(5), 44–49.

Helmke, A. (2009). Unterrichtsqualität und Lehrerprofessionalität. Diagnose, Evaluation und Verbesserung des Unterrichts. Seelze-Velber: Klett/Kallmeyer.

Helmke, A., Hosenfeld, I. & Schrader, F.-W. (2002). Unterricht, Mathematikleistung und Lernmotivation. In A. Helmke & R. S. Jäger (Hrsg.), Das Projekt MARKUS. Mathematik-Gesamterhebung Rheinland-Pfalz: Kompetenzen, Unterrichtsmerkmale, Schulkontext (S. 413–480). Landau: Verlag Empirische Pädagogik.

Helmke, A. & Renkl, A. (1992). Das Münchener Aufmerksamkeitsinventar (MAI): Ein Instrument zur systematischen Verhaltensbeobachtung der Schüleraufmerksamkeit im Unterricht. Diagnostica, 38(2), 130–141.

Helmke, A. & Schrader, F.-W. (1996). Kognitive und motivationale Bedingungen des Studierverhaltens: Zur Rolle der Lernzeit. In J. Lompscher & H. MANDL (Hrsg.), Lehr- und Lernprobleme im Studium. Bedingungen und Veränderungsmöglichkeiten (S. 39–53). Bern, Göttingen, Toronto u.a.: Huber.

Helmke, A. & Weinert, F. E. (1997). Bedingungsfaktoren schulischer Leistungen. In F. E. Weinert (Hrsg.), Enzyklopädie der Psychologie: Psychologie des Unterrichts und der Schule (S. 71–176). Göttingen, Toronto & Zürich: Hogrefe.

Henley, M. (2006). Classroom management: A proactive approach. Upper Saddle River, NJ.: Pearson Education.

Herbart, J. F. (1806/1965). Allgemeine Pädagogik, aus dem Zweck der Erziehung abgeleitet. In J. F. Herbart (Hrsg.), Pädagogische Grundschriften (S. 9–155). Düsseldorf: Küpper.

Herrmann, U. (2006). Gehirnforschung und die neurodidaktische Revision des schulisch organisierten Lehrens und Lernens. In U. Herrmann (Hrsg.), Neurodidaktik. Grundlagen und Vorschläge für gehirngerechtes Lehren und Lernen (S. 148–181). Weinheim & Basel: Beltz.

Hesse, H. G. (1994). Lehr-Lern-Zeit und Lernerfolg aus psychologischer Sicht. In W. Mitter & B. von Kopp (Hrsg.), Die Zeitdimension in der Schule als Gegenstand des Bildungsvergleichs (S. 143–161). Köln, Weimar & Wien: Böhlau.

Hildebrandt, G. (1998). Die Missachtung der biologischen Zeitprogramme des Menschen durch Nacht- und Schichtarbeit. In B. Adam, K. A. Geißler & M. Held (Hrsg.), Die Nonstop-Gesellschaft und ihr Preis. Vom Zeitmissbrauch zur Zeitkultur (S. 121–147). Stuttgart: Hirzel.

Hill, A. B. (1975). Work variety and individual differences in occupational boredom. Journal of Applied Psychology, 60(1), 128–131.

Hill, A. B. & Perkins, R. E. (1985). Towards a model of boredom. British Journal of Psychology, 76(2), 235–240.

304

Hinz, A. (2000). Psychologie der Zeit. Umgang mit Zeit, Zeiterleben und Wohlbefinden. Münster, New York, München u.a.: Waxmann.

Hissnauer, W. (1979). Schulschwänzen – Häufigkeiten und Ursachen. Psychologie in Erziehung und Unterricht, 26, 354–361.

Hochweber, J. & Hartig, J. (2012). Mehrebenenanalyse. In S. Maschke & L. Stecher (Hrsg.), Enzyklopädie Erziehungswissenschaft Online. Methoden der empirischen erziehungswissenschaftlichen Forschung. Weinheim & Basel: Beltz Juventa. DOI: 10.3262/EEO07120217.

Hofer, M. (1985). Zu den Wirkungen von Lob und Tadel. Bildung und Erziehung, 38(4), 415–427.

Hofer, M. (1997). Lehrer-Schüler-Interaktion. In F. E. Weinert (Hrsg.), Enzyklopädie der Psychologie. Psychologie des Unterrichts und der Schule (S. 213–252). Göttingen, Toronto & Zürich: Hogrefe.

Holahan, C. J., Moos, R. H. & Schaefer, J. A. (1996). Coping, stress resistance, and growth: Conceptualizing adaptive functioning. In M. Zeidner & M. S. Endler (Eds.), Handbook of coping. Theory, research, applications (pp. 24–43). New York: Wiley & Sons.

Holler-Nowitzki, B. & Meier, U. (1997). Langeweile – (k)ein Thema für die Unterrichtsforschung? Ergebnisse einer Schülerbefragung. Pädagogik, 49(9), 31–34.

Hommel, M. (2011). Aufmerksamkeitsverlauf – Fremdbeobachtung und Eigeneinschätzung. In U. Fasshauer, B. Fürstenau & E. Wuttke (Hrsg.), Grundlagenforschung zum Dualen System und Kompetenzentwicklung in der Lehrerbildung (S. 117–129). Opladen, Berlin & Farmington Hills, MI: Barbara Budrich.

Hommel, M. (2012). Aufmerksamkeitsverhalten und Lernerfolg – eine Videostudie. Frankfurt a. Main, Berlin, Bern u.a.: Peter Lang.

Hormuth, S. E. (1986). The sampling of experiences in situ. Journal of Personality, 54(1), 262–293.

Hox, J. J. (1995). Applied Multilevel Analysis. Amsterdam: TT-Publikaties.

Hoyle, R. H., Stevenson, M. T., Palmgreen, P., Lorch, E. P. & Donohew, R. L. (2002). Reliability and validity of a brief measure of sensation seeking. Personality and. Individual Differences, 32(3), 401–414.

Huf, C. (2008). Ein befremdender Blick auf die Wochenplanarbeit. Lernprozesse im Anfangsunterricht aus der Perspektive von SchulanfängerInnen. In G. Breidenstein & F. Schütze (Hrsg.), Paradoxien in der Reform der Schule.

Ergebnisse qualitativer Sozialforschung (S. 113–125). Wiesbaden: VS Verlag für Sozialwissenschaften.

Huf, C. & Breidenstein, G. (2009). Schülerinnen uns Schüler bei der Wochenplanarbeit. Beobachtungen zur Eigenlogik der Planerfüllung. Pädagogik, 61(4), 20–23.

Hugener, I. (2008). Inszenierungsmuster im Unterricht und Lernqualität. Sichtstrukturen schweizerischen und deutschen Mathematikunterrichts in ihrer Beziehung zu Schülerwahrnehmung und Lernleistung – eine Videoanalyse. Münster, New York, München u.a.: Waxmann.

Huschke, P. (1996). Grundlagen des Wochenplanunterrichts. Von der Entdeckung der Langsamkeit. Weinheim & Basel: Beltz.

Illge, W. (1929). Zur Psychologie der Langeweile. Die deutsche Schule, 3, 981–988.

Ingenkamp, F.-D. (1979). Zielerreichendes Lernen – Mastery Learning. Grundlagen – Forschungsbericht – Praxis. Ravensburg: Otto Maier.

Jackson, P. W. (1977). Looking into education's crystal ball. Instructor, 87(1), 38–41.

Janke, O. (1902). Grundriss der Schulhygiene. Für Lehrer, Schulaufsichtsbeamte und Schulärzte. Hamburg & Leipzig: Voss.

Janssen, J. & Laatz, W. (2010). Statistische Datenanalyse mit SPSS. 7., neu bearbeitete und erweiterte Auflage. Heidelberg: Springer.

Järvenoja, H. & Järvela, S. (2005). How students describe the sources of their emotional and motivational experiences during the learning process: A qualitative approach. Learning and Instruction, 15(5), 465–480.

Jarvis, S. & Seifert, T. (2002). Work avoidance as a manifestation of hostility, helplessness, and boredom. Alberta Journal of Educational Research, 48, 174–187.

Kaiser, S. & Wehrle, T. (2009). Methoden der Mimikanalyse und -synthese. In V. Brandstätter & J. H. Otto (Hrsg.), Handbuch der Allgemeinen Psychologie – Motivation und Emotion (S. 521–531). Göttingen, Bern, Toronto u.a.: Hogrefe.

Kalmus, H. (1934). Über die Natur des Zeitgedächtnisses der Bienen. Zeitschrift für vergleichende Physiologie, 20(4), 405–419.

Kalthoff, H. & Kelle, H. (2000). Pragmatik schulischer Ordnung. Zur Bedeutung von „Regeln" im schulischen Alltag. Zeitschrift für Pädagogik, 46(5), 691–710.

Kanevsky, L. & Keighley, T. (2003). On gifted students in school. To produce or not to produce? Understanding boredom and the honor in underachievement. Roeper Review, 26(1), 20–28.

306

Kärner, T. (2013). Erwartungswidrige Minderleistung und Belastung im kaufmännischen Unterricht – Analyse pädagogischer, psychologischer und physiologischer Aspekte. Dissertation. Universität Bamberg.

Karweit, N. L. (1976). A Reanalysis of the Effect of Quantity of Schooling on Achievement. Sociology of Education, 49(3), 236–246.

Karweit, N. L. & Slavin, R. E. (1982). Time-on-task: Issues of Timing, Sampling, and Definition. Journal of Educational Psychology, 74(6), 844–851.

Kass, S. J., Vodanovich, S. J. & Callender, A. (2001). State-trait-boredom: The relationship to absenteeism, tenure and job satisfaction. Journal of Business and Psychology, 16(2), 317–327.

Kast, V. (2003). Vom Interesse und dem Sinn der Langeweile. München: dtv.

Kasten, H. (2001). Wie die Zeit vergeht: Unser Zeitbewusstsein in Alltag und Lebenslauf. Darmstadt: Wissenschaftliche Buchgesellschaft.

Keen, S. (1980). Sich Zeit nehmen für die Langeweile. Psychologie heute, 7(10), 20–26.

Keen, S. (1993). Es lohnt sich nur der Weg nach innen. Über das kreative Potential der Langeweile. Hamburg: Kabel.

Keith, T. Z. (1982). Time Spent on Homework and High School Grades: A Large-Sample Path Analysis. Journal of Educational Psychology, 74(2), 248–253.

Keller, F. (2007). Analyse von Längsschnittdaten: Auswertungsmöglichkeiten mit hierarchisch-linearen Modellen. Zeitschrift für Klinische Psychologie und Psychotherapie, 32(1), 51–61.

Kelly, G. A. (1955). The Psychology of Personal Constructs, Volume one: Theory and Personality. New York: Norton.

Kern, M. T. (2008). Langeweile. Modell eines psychologisch-anthropologischen Phänomens. Egg bei Einsiedeln: Thesis-Verlag.

Kessel, M. (2001). Langeweile. Zum Umgang mit Zeit und Gefühlen in Deutschland vom späten 18. bis zum frühen 20. Jahrhundert. Göttingen: Wallstein.

Kishida, K. (1973). Temporal change of subsidiary behaviour in monotonous work. Journal of Human Ergology, 2(1), 75–89.

Kleinginna, P. R. & Kleinginna, A. M. (1985). Cognition and Affect. A reply to Lazarus and Zajonc. American Psychologist, 40(4), 470–471.

Klieme, E., Schümer, G. & Knoll, S. (2001). Mathematikunterricht in der Sekundarstufe I: „Aufgabenkultur" und Unterrichtsgestaltung. In E. Klieme

& J. Baumert (Hrsg.), TIMSS – Impulse für Schule und Unterricht. Forschungsbefunde, Reforminitiativen, Praxisberichte und Video-Dokumente (S. 43–57). Bonn: Bundesministerium für Bildung und Forschung.

Knollmann, M. & Wild, E. (2007). Alltägliche Lernemotionen im Fach Mathematik: Die Bedeutung emotionaler Regulationsstrategien, motivationaler Faktoren und der Instruktionsqualität. Unterrichtswissenschaft, 35 (4), 334–354.

Koch, M. (1999). Performative Pädagogik. Über die welterzeugende Wirksamkeit pädagogischer Reflexivität. Münster, New York, München u.a.: Waxmann.

Kögler, K. (2012). Tagebuchverfahren zur Erhebung außerschulischer Lernaktivitäten in der beruflichen Bildung. In A. Rausch, K. Kögler & A.-R. Laireiter (Hrsg.), Tagebuchverfahren zur prozessnahen Datenerhebung in Feldstudien – Gestaltungsparameter und Anwendungsempfehlungen (S. 225–246). Empirische Pädagogik, Beiheft 26(2). Landau: Verlag Empirische Pädagogik.

Kögler, K., Bauer, C. & Sembill, D. (2011). Auf dem Weg zur Selbstorganisation – Wochenplanarbeit in Unterrichtsprozessen der Wirtschaftsschule. In K. Wilbers (Hrsg.), Wirtschaftsschule. Verdienste und Entwicklungsperspektiven einer bayerischen Schulart (S. 329–346). Texte zur Wirtschaftspädagogik und Personalentwicklung, Band 5, Friedrich-Alexander Universität Erlangen-Nürnberg. Aachen: Shaker Verlag.

Kögler, K. & Wuttke, E. (2012). Unterrichtliche Monotonie als Bedingungsfaktor für Schülerlangeweile im Fach Rechnungswesen. In U. Fasshauer, B. Fürstenau & E. Wuttke (Hrsg.), Berufs- und wirtschaftspädagogische Analysen. Aktuelle Forschungen zur beruflichen Bildung. (S. 75–87). Opladen, Berlin & Farmington Hills, MI: Barbara Budrich.

Kopp, B. von (2001). Schulzeit im Vergleich. In C. Hofmann, I. Brachet, V. Moser & E. von Stechow (Hrsg.), Zeit und Eigenzeit als Dimensionen der Sonderpädagogik (S. 363–377). Luzern: Ed. SZH/SPC.

Kounin, J. S. (1976/2006). Techniken der Klassenführung. Standardwerke aus Psychologie und Pädagogik (Reprints). Münster, New York, München u.a.: Waxmann.

Krapp, A. (1998). Interesse. In D. H. Rost (Hrsg.), Handwörterbuch Pädagogische Psychologie (S. 213–218). Weinheim: Psychologische Verlagsunion.

Krapp, A. & Hascher, T. (2009). Motivationale Voraussetzungen der Entwicklung der Professionalität von Lehrenden. In O. Zlatkin-Troitschanskaia, K. Beck, D. Sembill, R. Nickolaus & R. Mulder (Hrsg.), Lehrprofessionalität – Bedingungen, Genese, Wirkungen und ihre Messung (S. 377–388). Weinheim & Basel: Beltz.

Kreft, I. & *De Leeuw, J.* (1998). Introducing Multilevel Modeling. London, Thousand Oaks, New Delhi: Sage.

Kreuzer-Haustein, U. (2001). Zur Psychodynamik der Langeweile. Forum der Psychoanalyse, 17(2), 99–117.

Krohne, H. W. (1996). Angst und Angstbewältigung. Stuttgart: Kohlhammer.

Kuhl, J. (1983). Emotion, Kognition und Motivation: I. Auf dem Wege zu einer systemtheoretischen Betrachtung der Emotionsgenese. Sprache & Kognition, 2(1), 1–27.

Kuhl, J. (2001). Motivation und Persönlichkeit – Interaktionen psychischer Systeme. Göttingen, Bern, Toronto u.a.: Hogrefe.

Kunter, M., Baumert, J. & *Köller, O.* (2007). Effective Classroom Management and the De-velopment of Subject-Related Interest. Learning and Instruction, 17(5), 494–509.

Kunter, M., Dubberke, T., Baumert, J., Blum, W., Brunner, M., Jordan, A., Klusmann, U., Krauss, S., Löwen, K., Neubrand, J. & *Tsai, Y.-M.* (2006). Mathematikunterricht in den PISA-Klassen 2004: Rahmenbedingungen, Formen und Lehr-Lernprozesse. In M. Prenzel, J. Baumert, W. Blum, R. Lehmann, D. Leutner, M. Neubrand, R. Pekrun, H.-G. Rolff, J. Rost & U. Schiefele (Hrsg.), PIS. 2003: Untersuchungen zur Kompetenzentwicklung im Verlauf eines Schuljahres (S. 161–194). Münster, New York, München u.a.: Waxmann.

Lantermann (1983). Kognitive und emotionale Prozesse beim Handeln. In H. Mandl & G. L. Huber (Hrsg.), Emotion und Kognition (S. 248–281). München, Wien & Baltimore: Urban & Schwarzenberg.

Larson, R. W. (1990). Emotions and the creative process; anxiety, boredom, and enjoyment as predictors of creative writing. Imagination, cognition, and personality, 9(4), 275–292.

Larson, R. W. & *Csikszentmihalyi, M.* (1983). The experience sampling method. In H. T. Reis (Ed.), Naturalistic approaches to studying social interaction (pp. 41–56). San Francisco, Washington & London: Jossey-Bass Publisher.

Larson, R. W. & *Richards, M. H.* (1991). Boredom in the Middle School Years: Blaming Schools versus Blaming Students. American Journal of Education, 99(4), 418–443.

Laukenmann, M. & *Rhöneck, C. v.* (2003). The influence of emotional factors on learning in physics instruction. In P. Mayring & C. von Rhöneck (Eds.), Learning Emotions (pp. 67–80). Frankfurt a. Main, Berlin, Bern u.a.: Peter Lang.

Lazarus, R. S. (1966). Psychological stress and the coping process. New York: Mc Graw-Hill.

Lazarus, R. S. (1982). Thoughts and the relation between emotion and cognition. American psychologist, 37(9), 1019–1024.

Lazarus, R. S. (1984). On the Primacy of Cognition. American Psychologist, 39, 124–129.

Lazarus, R. S. (1999). The cognition-emotion debate: A bit of history. In T. Dalgleish & M. J. Power (Eds.), Handbook of cognition and emotion (pp. 3–19). Chichester, New York, Weinheim u.a.: John Wiley and Sons.

Lazarus, R. S. & Folkman, S. (1984). Stress, Appraisal, and Coping. Berlin, Heidelberg & New York: Springer.

Lazarus, R. S. & Folkman, S. (1987). Transactional theory and research on emotions and coping. European Journal of Personality, 1(3), 141–169.

Lazarus, R. S., Kanner, A. D. & Folkman, S. (1980). Emotions: A cognitive-phenomenological analysis. In R. Plutchik & H. Kellerman (Eds.), Emotion: Theory, Research and Experience, Vol. 1: Theories of Emotion (pp. 189–218). New York: Academic press.

Lazarus, R. S. & Launier, R. (1978). Stress-related transactions between Person and Environment. In L. A. Pervin & M. Lewis (Eds.), Perspectives in interactional psychology (pp. 287–327). New York: Plenum.

Lazarus, R. S. & Smith, C. A. (1988). Knowledge and Appraisal in the Cognition-Emotion Relationship. Cognition and Emotion, 2(4), 281–300.

Leary, M. R., Rogers, P. A., Canfield, R. W. & Coe, C. (1986). Boredom in interpersonal encounters: Antecedents and social implications. Journal of Personality and Social Psychology, 51, 968–975.

LeDoux, J. E. (1995). Emotion: Clues from the Brain. Annual Review of Psychology, 46, 209–235.

Leong, F. T. & Schneller, G. R. (1993). Boredom proneness: Temperamental and cognitive components. Personality and Individual Differences, 14(1), 233–239.

Leontjew, A. N. & Galperin, P. J. (1967). Die geistige Handlung als Grundlage für die Bildung von Gedanken und Vorstellungen. In A. Kossakowski & J. Lompscher (Hrsg.), Probleme der Lerntheorie (S. 33–49). Berlin: Volk und Wissen.

Leventhal, H. & Scherer, K. R. (1987). The relationship of emotion and cognition: A functional approach to a semantic controversy. Cognition and emotion, 1(1), 3–28.

Lewalter, D., Krapp, A., Schreyer, I. & *Wild, K.-P.* (1998). Die Bedeutsamkeit des Erlebens von Kompetenz, Autonomie und sozialer Eingebundenheit für die Entwicklung berufsspezifischer Interessen. In K. Beck & R. Dubs (Hrsg.), Kompetenzentwicklung in der Berufserziehung. Kognitive, motivationale und moralische Dimensionen kaufmännischer Qualifizierungsprozesse (S. 143–168). Zeitschrift für Berufs- und Wirtschaftspädagogik, Beiheft 14. Stuttgart: Franz Steiner.

Liedtke, M. & *Kriss-Rettenbeck, L.* (Hrsg.) (1983). Schulgeschichte im Zusammenhang der Kulturentwicklung. Bad Heilbrunn/Obb.: Klinkhardt.

Locsin, R. C. (1993). Time experience of selected institutionalized adult clients. Clinical Nursing Research, 2, 451 – 463.

Lohrmann, K. (2008a). Langeweile im Unterricht. Münster, New York, München u.a.: Waxmann.

Lohrmann, K. (2008b). Langeweile im Unterricht. Ergänzende Darstellung des Forschungsstandes: Zusammenfassung von Einzelstudien. Verfügbar unter: http:// www.waxmann.com/ ?eID=texte&pdf=1896erg.pdf&typ=zusatztext. Zugriff am 14.03.2014.

Lohrmann, K. (2008c). Copingstrategien bei Langeweile – personale und situative Bedingungsfaktoren. Zeitschrift für Grundschulforschung, 1(1), 49–64.

Lohrmann, K. (2009a). Regulation schulischer Langeweile durch Grundschulkinder. In F. Hellmich & S. Wernke (Hrsg.), Lernstrategien im Grundschulalter. Konzepte, Befunde und praktische Implikationen (S. 130–145). Stuttgart: Kohlhammer.

Lohrmann, K. (2009b). Wie gehen Kinder mit Langeweile im Unterricht um? In C. Römer, C. Henrichwark & M. Hopf (Hrsg.), Europäisierung der Bildung. Konsequenzen und Herausforderungen für die Grundschulpädagogik. Jahrbuch Grundschulforschung, Band 13 (S. 296–300). Wiesbaden: VS Verlag für Sozialwissenschaften.

Lohrmann, K., Haag, L. & *Götz, T.* (2011). Dösen bis zum Pausengong. Langeweile im Unterricht: Ursachen und Regulationsstrategien von Schülerinnen und Schülern. Schulverwaltung Bayern, 34(4), 113–116.

London, H., Schubert, D. S. P. & *Washburn, D.* (1972). Increase of Autonomic Arousal by Boredom. Journal of Abnormal Psychology, 80(1), 29–36.

Lüders, M. (1995). Zeit, Subjektivität und Bildung. Die Bedeutung des Zeitbegriffs für die Pädagogik. Weinheim: Deutscher Studien Verlag.

Lüders, M. (2003). Unterricht als Sprachspiel. Eine systematische und empirische Studie zum Unterrichtsbegriff und zur Unterrichtssprache. Bad Heilbrunn/Obb.: Klinkhardt.

Luhmann, N. (1975). Die Knappheit der Zeit und die Vordringlichkeit des Befristeten. In N. Luhmann (Hrsg.), Politische Planung. Aufsätze zur Soziologie von Politik und Verwaltung (S. 143–164). Opladen: Westdeutscher Verlag.

Maas, C. & Hox, J. (2005). Sufficient sample sizes for multilevel modeling. Methodology, 1, 85–91.

Mainzer, K. (1995). Zeit. Von der Urzeit zur Computerzeit. München: Beck.

Mandl, H. & Huber, G. L. (Hrsg.) (1983). Theoretische Grundpositionen zum Verhältnis von Emotion und Kognition. In H. Mandl & G. L. Huber (Hrsg.), Emotion und Kognition (S. 1–60). München, Wien & Baltimore: Urban & Schwarzenberg.

Martin, M., Sadlo, G. & Stew, G. (2006). The phenomenom of beoredom. Qualitative Research in Psychology, 3(3), 193–211.

Mauss, I. B. & Robinson, M. D. (2009). Measures of emotion: A review. Cognition and Emotion, 23(2), 209–237.

Mayring, P. (2003). Erfassung von Emotionen. In D. Ulich & P. Mayring (Hrsg.), Psychologie der Emotionen (S. 30–44). Stuttgart: Kohlhammer.

McBain, W. N. (1961). Noise, the "arousal hypothesis" and monotonous work. Journal of Applied Psychology, 45(5), 309–317.

McClelland, D. C. (1951). Personality. New York: W. M. Sloan.

McDowall, R. J. S. & Wells, H. M. (1927). The physiology of monotony. British Medical Journal, 1, 414–415.

Mehan, H. (1979). Learning sessions. Social organization in the classroom. Cambridge & London: Harvard University Press.

Meumann, E. (1893). Beiträge zur Psychologie des Zeitsinns. Philosophische Studien 8, 431–519.

Merkens, H. (2001). Integration qualitativer und quantitativer Methoden in der Lehr-Lern-Forschung. In C. Finkbeiner & G. W. Schnaitmann (Hrsg.), Lehren und Lernen im Kontext empirischer Forschung und Fachdidaktik (S. 79–105). Donauwörth: Auer.

Merten, K. (1977). Kommunikation. Eine Begriffs- und Prozessanalyse. Opladen: Westdeutscher Verlag.

Meyer, H. (1987). Unterrichtsmethoden. Band 1. Frankfurt a. Main: Cornelsen.

Michon, J. A. (1990). Implicit and explicit representations of time. In R. A. Block (Ed.), Cognitive models of psychological time (pp. 37–58). Hillsdale, NJ: Lawrence Erlbaum Associates.

Michon, J. A. (1996). The representation of change. In H. Helfrich (Ed.), Time and mind (pp. 87–102). Seattle, Toronto & Göttingen: Hogrefe & Huber.

Miedeck, P. (1981). Experimentelle Untersuchung zum Methodenwechsel im Unterricht. Aachen: Rheinisch-Westfälische Technische Hochschule.

Mikulas, W. L. & Vodanovich, S. J. (1993). The essence of boredom. Psychological record, 43(1), 3–12.

Miller, R. (1992). Zeiterleben. In R. Asanger & G. Wenninger (Hrsg.), Handwörterbuch der Psychologie (Vierte, völlig neubearbeitete und erweiterte Auflage) (S. 869–872). Weinheim: Psychologie Verlags Union.

Miller, G. A., Galanter, E. & Pribram, K. H. (1960). Plans and the structure of behaviour. New York, Chicago, San Francisco u.a.: Holt Rinehart & Winston.

Molicki, M. & Morgenroth, O. (2008). Merkmale, Funktionen und Förderung schulischer Zeitkultur am Beispiel der Haslachschule. In J. Warwas & D. Sembill (Hrsg.), Zeit-gemäße Führung – zeitgemäßer Unterricht (S. 112–130). Baltmannsweiler: Schneider Hohengehren.

Moos, R. H. & Holahan, C. J. (2003). Dispositional and contextual perspectives on coping: Toward an integrative framework. Journal of Clinical Psychology, 59(12), 1387–1403.

Morgenroth, O. (2008). Zeit und Handeln. Psychologie der Zeitbewältigung. Stuttgart: Kohlhammer.

Morris, L. W. & Liebert, R. M. (1970). Relationship of cognitive and emotional components of test anxiety to physiological arousal and academic performance. Journal of Consulting and Clinical Psychology, 35(3), 332–337.

Morton-Williams, R. & Finch, S. (1968). Young school leavers. Report of a survey among young people, parents and teachers. London: Stationery Office.

Neisser, U. (1967/1974). Kognitive Psychologie. Stuttgart: Ernst Klett.

Neuenschwander, M. P. (2006). Überprüfung einer Typologie der Klassenführung. Schweizerische Zeitschrift für Bildungswissenschaften, 28(2), 243–258.

Neumann, K. (1992). Zeitautonomie und Zeitökonomie. J. A. Comenius und die Dialektik pädagogischer Zeitstrukturen. Die deutsche Schule, 84(2), 212–223.

313

Neumann, N. (1993). Lerngeschichte der Uhrenzeit. Pädagogische Interpretationen zu Quellen von 1500 bis 1930. Weinheim: Deutscher Studien Verlag.

Nett, U. E., Goetz, T. & Daniels, L. M. (2010). What to do when feeling bored? Students' strategies for coping with boredom. Learning and individual Differences, 20(6), 626–638.

Nett, U. E., Goetz, T. & Hall, N. C. (2011). Coping with boredom in school: An experience sampling perspective. Contemporary Educational Psychology, 36(1), 49–59.

Niebel, G., Hanewinkel, R. & Ferstl, R. (1993). Gewalt und Aggression in schleswig-holsteinischen Schulen. Zeitschrift für Pädagogik, 39(5), 775–798.

Niegemann, H. & Stadler, S. (2001). Hat noch jemand eine Frage? Systematische Unterrichtsbeobachtung zu Häufigkeit und kognitivem Niveau von Fragen im Unterricht. Unterrichtswissenschaft, 29(2), 171–192.

Nietzsche, F. (1869/1922). Die Geburt der Tragödie aus dem Geiste der Musik. In E. Förster-Nietzsche (Hrsg.), Werke (Bd. 1, S. 43–200). Leipzig: Kröner.

Nolting, H.-P. (2002). Störungen in der Schulklasse. Ein Leitfaden zur Vorbeugung und Konfliktlösung. Weinheim & Basel: Beltz.

Nolting, W. (2002). Grundkurs Theoretische Physik 4. Spezielle Relativitätstheorie, Thermodynamik (6., aktualisierte Auflage). Berlin, Heidelberg & New York: Springer.

Noulhiane, M., Mella, N., Samson, S., Ragot, R. & Pouthas, V. (2007). How Emotional Auditory Stimuli Modulate Time Perception. Emotion, 7(4), 697–704.

Nunally, J. C. (1978). Psychometric Theory. New York u.a.: McGraw-Hill Book Company.

Nuttin, J. (1985). Future time perspective and motivation. Hillsdale, NJ: Lawrence Erlbaum Associates.

Oelkers, J. (1980). Der Gebildete, der Narziß und die Zeit. Wandlungen in den Voraussetzungen pädagogisch-politischer Theoriebildung. Neue politische Literatur, 25, 423–442.

Oesterreich, R. (1981). Handlungsregulation und Kontrolle. München, Wien & Baltimore: Urban & Schwarzenberg.

O'Hanlon, J. F. (1981). Boredom: Practical consequences and a theory. Acta Psychologica, 49(1), 53–82.

Ophardt, D. & *Thiel, F.* (2008). Klassenmanagement als Basisdimension der Unterrichtsqualität. In M. K. W. Schweer (Hrsg.), Lehrer-Schüler-Interaktion (S. 259–282). Wiesbaden: VS Verlag für Sozialwissenschaften.

Ornstein, R. E. (1969). On the experience of time. Harmondsworth: Penguin.

Oser, F. & *Patry, J.-L.* (1990). Choreographien unterrichtlichen Lernens. Basismodelle des Unterrichts. Berichte zur Erziehungswissenschaft Nr. 89. Freiburg: Pädagogisches Institut der Universität Freiburg.

Oser, F. & *Patry, J.-L.* (1994). Sichtstruktur und Basismodelle des Unterrichts: Über den Zusammenhang von Lehren und Lernen unter dem Gesichtspunkt psychologischer Lernverläufe. In R. Olechowski & B. Rollett (Hrsg.), Theorie und Praxis. Aspekte empirisch-pädagogischer Forschung – quantitative und qualitative Methoden (S. 138–146). Frankfurt a. Main, Berlin, Bern u.a.: Peter Lang.

Otto, J. H., Euler, H. A. & *Mandl, H.* (2000). Begriffsbestimmungen. In J. H. Otto, H. A. Euler & H. Mandl (Hrsg.), Emotionspsychologie. Ein Handbuch (S. 11–18). Weinheim & Basel: Beltz.

Panksepp, J. (1998). Affective neuroscience: The foundations of human and animal emotions. Oxford: Oxford University Press.

Panksepp, J. (2003). At the interface of the affective, behavioural and cognitive neuroscience: Decoding the emotional feelings of the brain. Brain and Cognition, 52, 4–14.

Passow, A. H., Noah, H. J., Eckstein, M. A. & *Mallea, J. R.* (1976). The national case study: An empirical comparative study of twenty-one educational systems. New York: Wiley.

Pattyn, N., Neyt, X., Henderickx, D. & *Soetens, E.* (2008). Psychophysiological investigation of vigilance decrement: Boredom or cognitive fatigue? Physiology & Behavior 93, 369–378.

Pätzold, G., Klusmeyer, J., Wingels, J. & *Lang, M.* (2003). Lehr-Lern-Methoden in der beruflichen Bildung – eine empirische Untersuchung in ausgewählten Berufsfeldern. Oldenburg: BIS.

Pekrun, R. (1988). Emotion, Motivation und Persönlichkeit. München: Psychologie-Verlags-Union.

Pekrun, R. (1992). The impact of emotions on learning and achievement: Towards a theory of cognitive/motivational mediators. Applied Psychology, 41(4), 359–376.

Pekrun, R. (1998). Schüleremotion und ihre Förderung: Ein blinder Fleck der Unterrichtsforschung. Psychologie in Erziehung und Unterricht, 45(3), 230–248.

Pekrun, R., Goetz, T., Daniels, L. M., Stupnisky, R. H. & Perry, R. P. (2010). Boredom in achievement settings: Exploring Control-Value Antecedents and Performance Outcomes of a Neglected Emotion. Journal of Educational Psychology, 102(3), 531–549.

Pekrun, R., Goetz, T. & Frenzel, A. C. (2005). Achievement Emotions Questionnaire – Mathematics (AEQ-M) – User's Manual. University of Munich: Department of Psychology.

Pekrun, R., Goetz, T., Frenzel, A. C., Barchfeld, P. & Perry, R. P. (2011). Measuring emotions in students' learning and performance: The Achievement Emotions Questionnaire (AEQ). Contemporary Educational Psychology, 36(1), 36–48.

Pekrun, R., Goetz, T. & Perry, R. P. (2005). Achievement Emotions Questionnaire (AEQ) – User's Manual. University of Munich: Department of Psychology.

Pekrun, R., Goetz, T., Daniels, L. M., Stupnisky, R. H., & Perry, R. P. (2010). Boredom in achievement settings: Exploring control-value antecedents and performance outcomes of a neglected emotion. *Journal of Educational Psychology, 102(3),* 531–549.

Pekrun, R., Goetz, T., Titz, W. & Perry, R. P. (2002). Academic emotions in students' self-regulated learning and achievement: A program of qualitative and quantitative research. Educational Psychologist, 37(2), 91–105.

Pekrun, R., Hall, N. C., Perry, R. P., & Goetz, T. (in press). Boredom and academic achievement: A longitudinal analysis of reciprocal effects. Journal of Educational Psychology.

Pekrun, R. & Hofmann, H. (1999). Lern- und Leistungsemotionen. Erste Befunde eines Forschungsprogramms. In M. Jerusalem & R. Pekrun (Hrsg.), Emotion, Motivation und Leistung (S. 247–267). Göttingen, Toronto & Zürich u.a.: Hogrefe.

Pekrun, R. & Jerusalem, M. (1996). Leistungsbezogenes Denken und Fühlen: eine Übersicht zur psychologischen Forschung. In J. Möller & O. Köller (Hrsg.), Emotionen, Kognitionen und Schulleistung (S. 3–18). Weinheim & Basel: Beltz.

Perkins, R. E. & Hill, A. B. (1985). Cognitive and affective aspects of boredom. British Journal of Psychology, 76(2), 221–234.

Peterson, P. L., Swing, S. R., Braverman, M. T. & Buss, R. (1982). Students' aptitudes and their reports of cognitive processes during direct instruction. Journal of Educational Psychology, 74(4), 535–547.

Peukert, H. (1994). Bildung als Wahrnehmung des Anderen. Der Dialog im Bildungsdenken der Moderne. In I. Lohmann & W. Weiße (Hrsg.), Dialog zwischen den Kulturen. Erziehungshistorische und religionspädagogische Gesichtspunkte interkultureller Bildung (S. 1–14). Münster, New York, München u.a.: Waxmann.

Piaget, J. (1974). Die Bildung des Zeitbegriffs beim Kinde. Frankfurt a. Main: Suhrkamp.

Planz, G. (1996). Langeweile. Ein Zeitgefühl in der deutschsprachigen Literatur der Jahrhundertwende. Marburg: Tectum.

Plattner, I. E. (1990). Zeitbewusstsein und Lebensgeschichte. Theoretische und methodische Überlegungen zur Erfassung des Zeitbewusstseins. Heidelberg: Asanger.

Plutchik, R. & Kellerman, H. (Eds.) (1980). Emotion. Theory, Research, and Experience. Volume 1: Theories of Emotion. New York: Academic Press.

Pöppel, E. (1983). Erlebte Zeit und die Zeit überhaupt: Ein Versuch der Integration. In H. Gumin & H. Meier (Hrsg.), Die Zeit. Dauer und Augenblick (S. 369–382). München: Piper.

Pöppel, E. (1997). Zeitliche Wahrnehmung: Ein hierarchisches Modell auf psychophysischer und neuropsychologischer Grundlage. In H. Mandl (Hrsg.), Bericht über den 40. Kongreß der Deutschen Gesellschaft für Psychologie in München 1996. Schwerpunktthema Wissen und Handeln (S. 802–806). Göttingen, Toronto & Zürich: Hogrefe.

Posod, B. (1997). Schulzeit – Zeitschule: ein Beitrag zu einem anderen Umgang mit Zeit. Wien: ÖBV Pädagogischer Verlag.

Preckel, F., Götz, T. & Frenzel, A. C. (2010). Ability grouping of gifted students: Effects on academic self-concept and boredom. British Journal of Educational Psychology, 80(3), 451–472.

Preiss, P. (2001). Curriculare und methodische Neuorientierung des Rechnungswesenunterrichts: Vom Buchhalter zum kaufmännischen Sachbearbeiter – von der Bilanz zu Wertströmen im Unternehmensmodell. In H. Reinisch, R. Bader & G. A. Straka (Hrsg.), Modernisierung der Berufsbildung in Europa. Neue Befunde der berufs- und wirtschaftspädagogischen Forschung (S. 135–144). Opladen: Leske + Budrich.

Prenzel, M. (1994). Fragebogen zu „Motivationalen Bedingungen" und zu „Motivationalen Prozessen beim Lernen". Regensburg.

Prenzel, M. (1997). Sechs Möglichkeiten, Lernende zu demotivieren. In H. Gruber & A. Renkl (Hrsg.), Wege zum Können. Determinanten des Kompetenzerwerbs (S. 32–44). Bern, Göttingen, Toronto & Seattle: Hans Huber.

Prenzel, M., Duit, R., Euler, M., Lehrke, M. & *Seidel, T.* (Hrsg.) (2001). Erhebungs- und Auswertungsverfahren des DFG-Projekts „Lehr-Lern-Prozesse im Physikunterricht – eine Videostudie". Kiel: IPN – Leibniz-Institut für die Pädagogik der Naturwissenschaften an der Universität Kiel.

Prenzel, M., Kirsten, A., Dengler, P., Ettle, R. & *Beer, T.* (1996). Selbstbestimmt motiviertes und interessiertes Lernen in der kaufmännischen Erstausbildung – Ergebnisse eines Forschungsprojekts. In K. Beck & R. Dubs (Hrsg.), Zeitschrift für Berufs- und Wirtschaftspädagogik, Beiheft 13. Stuttgart: Franz Steiner, 108–127.

Prenzel, M., Kramer, K., & *Drechsel, B.* (2001). Selbstbestimmt motiviertes und interessiertes Lernen in der kaufmännischen Erstausbildung – Ergebnisse eines Forschungsprojekts. In K. Beck & V. Krumm (Hrsg.), Lehren und Lernen in der beruflichen Erstausbildung. Grundlagen einer modernen kaufmännischen Berufsqualifizierung (S. 37–61). Opladen: Leske + Budrich.

Prenzel, M., Krapp, A. & *Schiefele, H.* (1986). Grundzüge einer pädagogischen Interessentheorie. Zeitschrift für Pädagogik, 32(2), 163–173.

Radisch, F. (2012). Einführung in die Mehrebenenanalyse. In M. Gläser-Zikuda, T. Seidel, C. Rohlfs, A. Gröschner & S. Ziegelbauer (Hrsg.), Mixed Methods in der empirischen Bildungsforschung (S. 51–64). Münster: Waxmann.

Rakoczy, K. (2007). Motivationsunterstützung im Mathematikunterricht. Münster, New York, München u.a.: Waxmann.

Rammsayer, T. (1992). Die Wahrnehmung kurzer Zeitdauern: Allgemeinpsychologische und psychobiologische Ergebnisse zur Zeitdauerdiskrimination im Millisekundenbereich. Münster: Waxmann.

Raudenbush, S. W. & *Bryk, A. S.* (2002). Hierarchical linear models. 2nd edition. London, Thousand Oaks, New Delhi: Sage.

Rausch, A. (2011). Erleben und Lernen am Arbeitsplatz in der betrieblichen Ausbildung. Wiesbaden: VS Verlag für Sozialwissenschaften.

Rausch, A., Scheja, S., Dreyer, K., Warwas, J. & *Egloffstein, M.* (2010). Emotionale Befindlichkeit in Lehr-Lern-Prozessen – Konstruktverständnis und empirische Zugänge. In J. Seifried, E. Wuttke, R. Nickolaus & P. E. Sloane (Hrsg.),

Lehr-Lern-Forschung in der kaufmännischen Berufsbildung – Ergebnisse und Gestaltungsaufgaben (S. 193–216). Zeitschrift für Berufs- und Wirtschaftspädagogik, Beiheft 23. Stuttgart: Franz Steiner.

Rausch, A., Kögler, K. & Laireiter, A.-R. (2012). Tagebuchverfahren zur prozessnahen Datenerhebung in Feldstudien – Gestaltungsparameter und Anwendungsempfehlungen. In A. Rausch, K. Kögler & A.-R. Laireiter (Hrsg.), Tagebuchverfahren zur prozessnahen Datenerhebung in Feldstudien – Gestaltungsparameter und Anwendungsempfehlungen (S. 183–199). Empirische Pädagogik, Beiheft 26(2). Landau: Verlag Empirische Pädagogik.

Rässler, S., Rubin, D. B., Schenker, N. (2008). Incomplete Data: Diagnosis, Imputation, and Estimation. In E. D. de Leeuw, J. J. Hox & D. A. Dillman (Eds.), International Handbook of Survey Methodology (pp. 370–386). Hillsdale, NJ: Lawrence Erlbaum Associates.

Rebel, K. (1970). Das Problem der Unterrichtsmethode, dargestellt an ausgewählten Beispielen aus der Geschichte der Pädagogik. In K. Ingenkamp & E. Parey (Hrsg.), Handbuch der Unterrichtsforschung (S. 1–134), Band 1. Weinheim & Basel: Beltz.

Reheis, F. (2010). Bildung contra Turboschule! Ein Plädoyer. Freiburg: Herder.

Reich, K. (1998a). Die Ordnung der Blicke. Perspektiven des interaktionistischen Konstruktivismus. Band 1: Beobachtung und die Unschärfen der Erkenntnis. Neuwied: Luchterhand.

Reich, K. (1998b). Die Ordnung der Blicke. Perspektiven des interaktionistischen Konstruktivismus. Band 2: Beziehung und Lebenswelt. Neuwied: Luchterhand.

Reich, K. (2010). Systemisch-konstruktivistische Pädagogik: Einführung in die Grundlagen einer interaktionistisch-konstruktivistischen Pädagogik. Weinheim & Basel: Beltz.

Resch, F. (2005). Selbstentwicklung und Zeiterleben im Kindes- und Jugendalter. In U. Lehmkuhl (Hrsg.), Die Bedeutung der Zeit. Zeiterleben und Zeiterfahrung aus Sicht der Individualpsychologie (S. 31–43). Göttingen: Vandenhoeck & Ruprecht.

Revers, W. J. (1949). Die Psychologie der Langeweile. Meisenheim am Glan: Westkulturverlag Anton Hain.

Revers, W. J. (1985). Psyche und Zeit. Das Problem des Zeiterlebens in der Psychologie. Salzburg & München: Pustet.

Reyer, T. (2004). Oberflächenmerkmale und Tiefenstrukturen im Unterricht. Exemplarische Analysen im Physikunterricht der gymnasialen Sekundarstufe. Berlin: Logos.

Rheinberg, F. (2004). Motivationsdiagnostik. Göttingen, Toronto & Zürich: Hogrefe.

Rheinberg, F. (2006). Intrinsische Motivation und Flow-Erleben. In J. Heckhausen & H. Heckhausen (Hrsg.), Motivation und Handeln (S. 331–334). Berlin, Heidelberg & New York: Springer.

Richelle, M. (1996). The expanding scope of the psychology of time. In H. Helfrich (Ed.), Time and mind (pp. 3–20). Seattle, Toronto & Göttingen: Hogrefe & Huber.

Richert, P. (2005). Typische Sprachmuster der Lehrer-Schüler-Interaktion. Empirische Untersuchung zur Feedbackkomponente in der unterrichtlichen Interaktion. Bad Heilbrunn/Obb.: Klinkhardt.

Rigoni, D. & Walford, G. (1998). Questioning the quick fix: assertive discipline and the 1997 Education White Paper. Journal of Education Policy, 13(3), 443–452.

Rimmele, R. (2002/2011). Videograph – Multimedia-Player zur Kodierung von Videos. Kiel, IPN.

Robinson, W. P. (1975). Boredom at school. British Journal of Educational Psychology, 45(2), 141–152.

Rosenbusch, H. S. (1995). Nonverbale Kommunikation im Unterricht – die stille Sprache im Klassenzimmer. In H. S. Rosenbusch & O. Schober (Hrsg.), Körpersprache in der schulischen Erziehung. Pädagogische und fachdidaktische Aspekte nonverbaler Kommunikation (S. 166–206), 2., vollst. überarb. Auflage. Baltmannsweiler: Schneider Hohengehren.

Rosenshine, B. (1976). Classroom instruction. In N. L. Gage & K. J. Rehage (Eds.), The psychology of teaching methods. 75th Yearbook of the National Society for the Study of Evaluation (pp. 334–371). Chicago: University of Chicago Press.

Rosenshine, B. & Berliner, D. C. (1978). Academic engaged time. British Journal of Teacher Education, 4(1), 3–16.

Rosenthal, R. & Jacobsen, L. (1968). Pygmalion in the classroom. New York, Chicago, San Francisco u.a.: Holt, Rinehart & Winston.

Roth, G. (1997). Die Konstruktion unserer Erlebniswelt durch das Gehirn. TW Neurologie Psychatrie, 9(11), 139–146.

Roth, G. (2001). Fühlen, Denken, Handeln. Wie das Gehirn unser Verhalten steuert. Frankfurt a. M.: Suhrkamp.

Roth, G. (2006). Warum sind Lehren und Lernen so schwierig? In U. Herrmann (Hrsg.), Neurodidaktik. Grundlagen und Vorschläge für gehirngerechtes Lehren und Lernen (S. 58–68). Weinheim & Basel: Beltz.

Roth, G. (2007). Persönlichkeit, Entscheidung und Verhalten. Warum es so schwierig ist, sich und andere zu ändern. Stuttgart: Klett-Cotta.

Rothlin, P. & Werder, P. R. (2007). Diagnose Boreout. Warum Unterforderung im Job krank macht. Heidelberg: Redline.

Rupp, D. E. & Vodanovich, S. J. (1997). The role of boredom proneness in self-reported anger and aggression. Journal of Social Behavior and Personality, 12(4), 925–936.

Russell, J. A. (1980). A Circumplex Model of Affect. Journal of Personality and Social Psychology, 39(6), 1161–1178.

Rusting, C. L. (1998). Personality, mood, and cognitive processing of emotional information: Three conceptual frameworks. Psychological Bulletin, 124(2), 165–196.

Ryan, R. M. & Deci, E. L. (2000). Self-determination theory and the facilitation of intrinsic motivation, social development and well-being. American Psychologist, 55, 68–78.

Sahmel, K.-H. (1988). Momo oder: Pädagogisch relevante Aspekte des Problems der Zeit. Pädagogische Rundschau, 42(4), 403–419.

Sandfuchs, U. (1994). Unterricht. In R. Keck & U. Sandfuchs (Hrsg.), Wörterbuch Schulpädagogik (S. 339–340). Bad Heilbrunn/Obb.: Klinkhardt.

Santjer-Schnabel, I. (2002). Emotionale Befindlichkeit in einer selbstorganisationsoffenen Lernumgebung. Überlegungen für die ergänzende Berücksichtigung physiologischer Aspekte. Hamburg: Dr. Kovač.

Schaarschmidt, U. (2005). Halbtagsjobber? Psychische Gesundheit im Lehrerberuf – Analyse eines veränderungsbedürftigen Zustandes. Weinheim & Basel: Beltz.

Schallberger, U. (2000). Qualität des Erlebens in Arbeit und Freizeit – Untersuchungen mit der Experience Sampling Method. Berichte aus der Abteilung Angewandte Psychologie. Zürich.

Scheffer, D. & Heckhausen, H. (2006). Eigenschaftstheorien der Motivation. In J. Heckhausen & H. Heckhausen (Hrsg.), Motivation und Handeln (S. 45–72). Berlin, Heidelberg & New York: Springer.

Scheja, S. (2009). Motivation und Motivationsunterstützung. Eine Untersuchung in der gewerblich-technischen Ausbildung. Hamburg: Dr. Kovač.

Scherer, K. R. (1981). Wider die Vernachlässigung der Emotion in der Psychologie. In W. Michaelis (Hrsg.), Bericht über den 32. Kongress der Deutschen Gesellschaft für Psychologie (S. 304–317). Band I. Göttingen, Toronto & Zürich: Hogrefe.

Scherer, K. R. (1988). Criteria for emotion-antecedent appraisal: A review. In V. Hamilton, G. H. Bower & N. H. Frijda (Eds.), Cognitive perspectives on emotion and motivation (pp. 89–126). Dordrecht, Boston & London: Kluwer Academic Publishers.

Scherer, K. R. (1990). Theorien und aktuelle Probleme der Emotionspsychologie. In K. R. Scherer (Hrsg.), Enzyklopädie der Psychologie (S. 2–38). Band 3. Göttingen, Toronto & Zürich: Hogrefe.

Scherer, K. R. (2001). Appraisal considered as a process of multilevel sequential checking. In K. R. Scherer, A. Schorr & T. Johnstone (Eds.), Appraisal processes in emotion. Theory, methods, research (pp. 92–120). Oxford: Oxford University Press.

Scherer, K. R., Schorr, A. & Johnstone, T. (Eds.) (2001). Appraisal processes in emotion. Theory, methods, research. Oxford, New York: Oxford University Press.

Schleier, M. F. & Carver, C. S. (1977). Self-focused attention and the experience of emotion: Attraction, repulsion, elation, and depression. Hournal of Personality and Social Psychology, 35, 625–636.

Schlittgen, R. & Streitberg, B. H. J. (1999). Zeitreihenanalyse (8. überarb. Auflage). München & Wien: Oldenbourg.

Schmidt-Atzert, L. (1996). Lehrbuch der Emotionspsychologie. Stuttgart: Kohlhammer.

Schmitz, B. (1987). Zeitreihenanalyse in der Psychologie. Verfahren zur Veränderungsmessung und Prozessdiagnostik. Weinheim & Basel: Beltz.

Schnabel, K. (1996). Leistungsangst und schulisches Lernen. In J. Möller & O. Köller (Hrsg.), Emotionen, Kognitionen und Schulleistung (S. 53–67). Weinheim & Basel: Beltz.

Schneider, S. (2005). Lernfreude und Schulangst. Wie es 8- bis 9-jährigen Kindern in der Grundschule geht. In C. Alt (Hrsg.), Kinderleben – Aufwachsen zwischen Familie, Freunden und Institutionen. Band 2: Aufwachsen zwischen Freunden und Institutionen (S. 199–230). Wiesbaden: Verlag für Sozialwissenschaften.

Schönbächler, M. T. (2008). Klassenmanagement. Situative Gegebenheiten und personale Faktoren in Lehrpersonen- und Schülerperspektive. Bern: Haupt.

Schulze, R. (1909). Aus der Werkstatt der experimentellen Psychologie und Pädagogik. Mit besonderer Berücksichtigung der Methoden und Apparate. Leipzig: R. Voigtländer.

Schulze, R. (1913). Aus der Werkstatt der experimentellen Psychologie und Pädagogik. Leipzig: R. Voigtländer.

Schulze, T. (1978). Methoden und Medien der Erziehung. Weinheim & München: Juventa.

Schumacher, J. (2001). Das Überschreiten des Rubikon: Willensprozesse und deren Bedeutung für Therapie und Rehabilitation. In H. Schröder & W. Hackhausen (Hrsg.), Persönlichkeit und Individualität in der Rehabilitation (S. 1–15). Frankfurt a. M.: Verlag für Akademische Schriften.

Schumacher, L. (2002). Emotionale Befindlichkeit und Motive in Lerngruppen. Hamburg: Dr. Kovač.

Schumann, F. (1898). Zur Psychologie der Zeitanschauung, Zeitschrift für Psychologie und Physiologie der Sinneswahrnehmung, 17, 106–148.

Schutz, P. A. & DeCuir, J. T. (2002). Inquiry on Emotions in Education. Educational Psychologist, 37(2), 125–134.

Schutz, P. A. & Zembylas, M. (Eds.) (2009). Advances in teacher emotion research: The impact on teachers' lives. Berlin, Heidelberg & New York: Springer.

Schwarz, N. (1983). Stimmung als Information. Untersuchungen zum Einfluss von Stimmungen auf die Bewertung des eigenen Lebens. Berlin, Heidelberg & New York: Springer.

Schwarzer, R. (1993). Stress, Angst und Handlungsregulation (3. Auflage). Stuttgart: Kohlhammer.

Schwarzer, R. & Jerusalem, M. (1999). Skalen zur Erfassung von Lehrer- und Schülermerkmalen. Dokumentation des psychometrischen Verfahrens im Rahmen der wissenschaftlichen Begleitung des Modellversuchs Selbstwirksame Schulen. Freie Universität Berlin.

Scollon, C. N., Kim-Prieto, C. & Diener, E. (2003). Experience Sampling: Promises and Pitfalls, Strenghts and Weaknesses. Journal of Happiness Studies, 4, 5–34.

Seel, N. M. (2000). Psychologie des Lernens. Lehrbuch für Pädagogen und Psychologen. München & Basel: Ernst Reinhardt.

Seib, H. M. & *Vodanovich, S. J.* (1998). Cognitive correlates of boredom proneness: The role of private self-consciousness and absorption. Journal of Psychology, 132(6), 642–652.

Seidel, T. (2003). Lehr-Lernscripts im Unterricht. Freiräume und Einschränkungen für kognitive und motivationale Lernprozesse – eine Videostudie im Physikunterricht. Münster, New York, München u.a.: Waxmann.

Seidel, T. (2009). Klassenführung. In E. Wild & J. Möller (Hrsg.), Pädagogische Psychologie (S. 135–148). Berlin, Heidelberg & New York: Springer.

Seidel, T., Dalehefte, I. M. & *Meyer, L.* (2001). Videoanalysen – Beobachtungsschemata zur Erfassung von „Sichtstrukturen" im Physikunterricht. In M. Prenzel, R. Duit, M. Euler, M. Lehrke & T. Seidel (Hrsg.), Erhebungs- und Auswertungsverfahren des DFG-Projekts „Lehr-Lern-Prozesse im Physikunterricht – eine Videostudie" (S. 41–58). Kiel: IPN – Leibniz-Institut für die Pädagogik der Naturwissenschaften an der Universität Kiel.

Seidel, T., Prenzel, M., Duit, R., Euler, M., Geiser, H., Hoffmann, L., Lehrke, M., Müller, C. T. & *Rimmele, R.* (2002). „Jetzt bitte alle nach vorne schauen!" – Lehr-Lern-Skripts im Physikunterricht und damit verbundene Bedingungen für individuelle Lernprozesse. Unterrichtswissenschaft, 30(1), 52–77.

Seidel, T. & *Shavelson, R. J.* (2007). Teaching Effectiveness Research in the Past Decade: The Role of Theory and Research Design in Disentangling Meta-Analysis Results. Review of Educational Research, 77(4), 454–499.

Seifried, J. (2003). Ansatzpunkte zur Steigerung der Handlungs- und Problemorientierung des Rechnungswesenunterrichts. Erziehungswissenschaft und Beruf, 51(2), 205–219.

Seifried, J. (2004). Fachdidaktische Variationen in einer selbstorganisationsoffenen Lernumgebung – Eine empirische Untersuchung des Rechnungswesenunterrichts. Wiesbaden: DUV.

Seifried, J. (2006). Sichtweisen auf die methodische Gestaltung von Unterricht. Zeitschrift für Berufs- und Wirtschaftspädagogik, 102(4), 578–596.

Seifried, J. (2009). Unterricht aus der Sicht von Handelslehrern. Frankfurt a. Main, Berlin, Bern u.a.: Peter Lang.

Seifried, J., Grill, L. & *Wagner, M.* (2006). Unterrichtsmethoden in der kaufmännischen Unterrichtspraxis. Wirtschaft und Erziehung, 58(7/8), 236–241.

Seifried, J. & *Klüber, C.* (2006). Lehrerinterventionen beim selbstorganisierten Lernen. In P. Gonon, F. Klauser & R. Nickolaus (Hrsg.), Bedingungen beruflicher Moralentwicklung und beruflichen Lernens (S. 153–164). Wiesbaden: VS Verlag für Sozialwissenschaften.

Seifried, J. & *Sembill, D.* (2005). Emotionale Befindlichkeit in Lehr-Lern-Prozessen in der beruflichen Bildung. Zeitschrift für Pädagogik, 51(5), 656–672.

Seifried, J., Sembill, D., Nickolaus, R. & *Schelten, A.* (2005). Analysen systemischer Wechselwirkungen beruflicher Bildungsprozesse. Zeitschrift für Berufs- und Wirtschaftspädagogik, 101(4), 601–618.

Sembill, D. (1984). Modellgeleitete Interaktionsanalysen im Rahmen einer forschungsorientierten Lehrerausbildung – am Beispiel von Untersuchungen zum „Kaufvertrag". Berichte des Seminars für Wirtschaftspädagogik der Georg-August-Universität Göttingen, Band 7, Göttingen.

Sembill, D. (1986). Projekt „Angstbewältigung". Evaluation einer forschungs- und problemlöse-orientierten Lehrerausbildung. Unterrichtswissenschaft, 14(3), 269–290.

Sembill, D. (1992). Problemlösefähigkeit, Handlungskompetenz und Emotionale Befindlichkeit. Zielgrößen Forschenden Lernens. Göttingen, Toronto & Zürich: Hogrefe.

Sembill, D. (1997). Erster DFG-Zwischenbericht zu „Prozessanalysen selbstorganisierten Lernens" im Rahmen des DFG-Schwerpunktprogramms „Lehr-Lern-Prozesse in der kaufmännischen Erstausbildung", Gießen.

Sembill, D. (1999). Selbstorganisation als Modellierungs-, Gestaltungs- und Erforschungsidee beruflichen Lernens. In T. Tramm, D. Sembill, F. Klauser & E. G. John (Hrsg.), Professionalisierung kaufmännischer Berufsbildung. Beiträge zur Öffnung der Wirtschaftspädagogik für die Anforderungen des 21. Jahrhunderts. Festschrift zum 60. Geburtstag von Frank Achtenhagen (S. 146–174). Frankfurt a. Main, Berlin, Bern u.a.: Peter Lang.

Sembill, D. (2003). Ergebnisse Selbstorganisierten Lernens in der beruflichen Bildnung/Results of Self-organized Learning in Vocational Education. In F. Achtenhagen & E. G. John (Hrsg.), Meilensteine der beruflichen Bildung/ Milestones of Vocational Education and Training. Band 1: Die Lehr-Lern-Perspektive/The Teaching-Learning Perspective (S. 81–106). Bielefeld: Bertelsmann.

Sembill, D. (2004). Abschlussbericht zu „Prozessanalysen Selbstorganisierten Lernens" im Rahmen des DFG-Schwerpunktprogramms „Lehr-Lern-Prozesse in der kaufmännischen Erstausbildung". Bamberg. Verfügbar unter http://www.uni-bamberg.de/ fileadmin/uni/ fakultaeten/sowi_lehrstuehle/ wirtschaftspaedagogik/Dateien/Forschung/Forschungsprojekte/Prozessanalysen/DFG-Abschlussbericht_sole.pdf. Zugriff am 14.03.2014.

Sembill, D. (2006). Zeitlebens Lebenszeit. In G. Minnameier & E. Wuttke (Hrsg.), Berufs- und wirtschaftspädagogische Grundlagenforschung – Lehr-Lern-Prozesse und Kompetenzdiagnostik. Festschrift zum 65. Geburtstag von Klaus Beck (S. 177–194). Frankfurt a. Main, Berlin, Bern u.a.: Peter Lang.

Sembill, D. (2008a). Führung und Zeit – gesellschaftliche, institutionelle und unterrichtliche Perspektiven. In J. Warwas & D. Sembill (Hrsg.), Zeit-gemäße Führung – zeitgemäßer Unterricht (S. 81–98). Baltmannsweiler: Schneider Hohengehren.

Sembill, D. (2008b). Zeitver(sch)wendung in Bildungsprozessen. In J. Seifried & M. Gläser-Zikuda (Hrsg.), Lehrerexpertise. Analyse und Bedeutung unterrichtlichen Handelns (S. 19–46). Münster, New York, München u.a.: Waxmann.

Sembill, D. (2010). Emotionen – Auslöser, Begleiter und Ziele individuellen und sozialen Handelns. In R. Nickolaus, H. Reinisch & T. Tramm (Hrsg.), Handbuch Berufs- und Wirtschaftspädagogik (S. 80–84). Bad Heilbrunn/Obb.: Klinkhardt.

Sembill, D. (2012). Was bedeutet die Hirnforschung für die Schul- und Lernkultur? In J. Warwas, P. Harder & D. Sembill (Hrsg.), Kultur der Schule – Schule der Kultur(en) (S. 85–112). Baltmannsweiler: Schneider Hohengehren.

Sembill, D. & Dreyer, K. (2009). Granting time – Restricting time – Wasting Time? Subtle patterns in Vocational Schooling. In F. K. Oser, U. Renold, E. G. John, E. Winther & S. Weber (Eds.), VET Boost: Towards a Theory of Professional Competencies. Essays in Honor of Frank Achtenhagen (pp. 233–244). Rotterdam & Taipei: Sense Publishers.

Sembill, D. & Gut-Sembill, K. (2004). Fragen hinter Schülerfragen – Schülerfragen hinterfragen. Unterrichtswissenschaft, 32(4), 321–333.

Sembill, D., Rausch, A. & Kögler, K. (2013). Non-cognitive facets of competence—Theoretical foundations and implications for measurement. In K. Beck & O. Zlatkin-Troitschanskaia (Eds.), From Diagnostics to Learning Success: Proceedings in Vocational Education and Training (pp. 199–212). Rotterdam: Sense.

Sembill, D. & Seifried, J. (2006). Selbstorganisiertes Lernen als didaktische Lehr-Lern-Konzeption zur Verknüpfung von selbstgesteuertem und kooperativem Lernen. In D. Euler, M. Lang & G. Pätzold (Hrsg.), Selbstgesteuertes Lernen in der beruflichen Bildung (S. 93–108). Zeitschrift für Berufs- und Wirtschaftspädagogik, Beiheft 20, Stuttgart: Franz Steiner.

Sembill, D., Seifried, J. & Dreyer, K. (2008). PDAs als Erhebungsinstrument in der beruflichen Lernforschung – Ein neues Wundermittel oder bewährter Standard? Empirische Pädagogik, 22(1), 64–77.

Sembill, D., Wuttke, E., Seifried, J., Egloffstein, M. & Rausch, A. (2007). Selbstorganisiertes Lernen in der beruflichen Bildung – Abgrenzungen, Befunde und Konsequenzen. bwp@, 13. Zugriff am 28.05.2010. Verfügbar unter http://www.bwpat.de/ausgabe13/sem bill_etal_bwpat13.shtml.

Sembill, D. & Zilch, C. (2010). Leistungsbereitschaft und Leistungseffekte unter dem Druck des Wandels. In J. Warwas & D. Sembill (Hrsg.), Schule zwischen Effizienzkriterien und Sinnfragen (S. 245–268). Baltmannsweiler: Schneider Hohengehren.

Shaw, S. M., Caldwell, L. L. & Kleiber, D. A. (1996). Boredom, stress and social control in the daily activities of adolescents. Journal of Leisure research, 28(4), 274–292.

Shuell, T. J. (1996). Teaching and Learning in a Classroom Context. In D. C. Berliner & R. Calfee (Eds.), Handbook of Educational Psychology (pp. 726–764). New York: MacMillan.

Shulman, L. S. (1986). Those who understand: Knowledge growth in teaching. Educational Researcher, 15(2), 4–14.

Siecke, B. (2007). Lernen und Emotionen. Zur didaktischen Relevanz von Emotionskonzepten im Kontext beruflicher Bildung. Bielefeld: Bertelsmann.

Sinclair, J. M. & Coulthard, R. M. (1975). Towards an analysis of discourse. The English used by teachers and pupils. London: Oxford University Press.

Slavin, R. E. (1987). Cooperative learning and the cooperative school. Educational Leadership, 45(3), 7–13.

Smith, P. C. (1955). The prediction of individual differences in susceptibility to industrial monotony. Journal of Applied Psychology, 39(5), 322–399.

Smith, R. P. (1981). Boredom: A review. Human Factors, 23(3), 329–340.

Smith, C. A. & Kirby, L. D. (2000). Consequences Require Antecedents: Toward a Process Model of Emotion Elicitation. In J. P. Forgas (Ed.), Feeling and thinking. The Role of Affect in Social Cognition (pp. 83–108). Cambridge: Cambridge University Press.

Smyth, J. (1980). Pupil engaged learning time: Concepts, findings and implications. Australian Journal of Education, 24(3), 225–245.

Sommers, J. & Vodanovich, S. J. (2000). Boredom proneness: Its relationship to psychological and physical health symptoms. Journal of Clinical Psychology, 56(1), 149–155.

Spanhel, D. (1973). Die Schülersprache. Formen und Funktionen im Lernprozeß. In D. Spanhel (Hrsg.), Schülersprache und Lernprozesse (S. 159–192). Düsseldorf: Schwann.

Sparfeldt, J. R., Buch, S. R., Kolender, J. & Rost, D. H. (2011). Überforderungs- und Unterforderungslangeweile in Mathematik: Differenzierung und Korrelate. In M. Dresel & L. Lämmle (Hrsg.), Motivation, Selbstregulation und Leistungsexzellenz (Talentförderung – Expertiseentwicklung – Leistungsexzellenz, Band 9, S. 53–70). Münster: LIT.

Sparfeldt, J. R., Buch, S. R., Schwarz, F., Jachmann, J. & Rost, D. H. (2009). „Rechnen ist langweilig" – Langeweile in Mathematik bei Grundschülern. Psychologie in Erziehung und Unterricht, 56(1), 16–26.

Stagner, R. (1975). Boredom on the assembly line: Age and personality variables. Industrial Gerontology, 2(1), 23–44.

Sundberg, N. D., Latkin, C. A., Farmer, R. F. & Saoud, J. (1991). Boredom in Young Adults: Gender and Cultural Comparisons. Journal of Cross-Cultural Psychology, 22(2), 209–223.

Tausch, R. (1962). Merkmalsbeziehungen und psychologische Vorgänge in der Sprachkommunikation des Unterrichts. Zeitschrift für experimentelle und angewandte Psychologie, 9, 474–508.

Tausch, R. & Tausch, A. M. (1965). Erziehungspsychologie. Psychologische Vorgänge in Erziehung und Unterricht (2., wesentlich erw. Aufl.). Göttingen, Toronto & Zürich: Hogrefe.

Terhart, E. (2005). Lehr-Lern-Methoden. Eine Einführung in Probleme der methodischen Organisation von Lehren und Lernen (4., ergänzte Auflage). Weinheim & München: Juventa.

Thackray, R. I. (1981). The stress of boredom and monotony. A consideration of the evidence. Psychosomatic medicine, 43(2), 165–176.

Thomas, E. A. C. & Weaver, W. B. (1975). Cognitive processing and time perception. Perception & Psychophysics, 17, 363–367.

Tipples, J. (2008). Negative Emotionality Influences the Effects of Emotion on Time Perception. Emotion, 8(1), 127–131.

Tismer, K.-G. (1991). Methoden der Zeiterlebensforschung. Zeitschrift für Gerontologie, 24(3), 146–153.

Titz, W. (2001). Emotionen von Studierenden in Lernsituationen. Explorative Analysen und Entwicklung von Selbstberichtsskalen. Münster, New York, München u.a.: Waxmann.

Toda, M. (1975). Time and the Structure of Human Cognition. In J. T. Fraser & N. Lawrence (Eds.), The Studiy of Time II (pp. 314–324). Berlin, Heidelberg & New York: Springer.

Todt, E. (1990). Entwicklung des Interesses. In H. Hetzer, E. Todt, I. Seiffge-Krenke & R. Arbinger (Hrsg.), Angewandte Entwicklungspsychologie des Kindes- und Jugendalters (S. 213–264). Heidelberg: Quelle & Mayer.

Tolor, A. (1989). Boredom as related to alienation, assertiveness, internal-external expectancy, and sleep patterns. Journal of Clinical Psychology, 45(2), 260–265.

Trautwein, U. & *Köller, O.* (2003). Was lange währt, wird nicht immer gut. Zur Rolle selbstregulativer Strategien bei der Hausaufgabenerledigung. Zeitschrift für Pädagogische Psychologie, 17(3/4), 199–209.

Trautwein, U., Köller, O., Schmitz, B. & *Baumert, J.* (2002). Do homework assignments enhance achievement? A multilevel analysis of 7th grade mathematics. Contemporary Educational Psychology, 27(1), 26–50.

Treiber, B. (1982). Lehr- und Lernzeiten im Unterricht. In B. Treiber & F. E. Weinert (Hrsg.), Lehr-Lern-Forschung. Ein Überblick in Einzeldarstellungen (S. 13–36). München, Wien & Baltimore: Urban & Schwarzenberg.

Treisman, M. (1963). Temporal discrimination and the indifference interval: implications for a model of the "internal clock". Psychological Monographs, 77(13), 1–31.

Treisman, M., Faulkner, A., Naish, P. L. & *Brogan, D.* (1990). The internal clock: Evodence for a temproal oscillator underlying time perception with some estimates of ist characteristic frequency. Perception, 19, 705–743.

Tütermann, H. (1975). Der Wechsel in der Methode ist die beste Unterrichtsmethode. Erziehungswissenschaft und Beruf, 23(2), 172–177.

Ulich, D., Mayring, P. & *Strehmel, P.* (1983). Streß. In H. Mandl & G. L. Huber (Hrsg.), Emotion und Kognition (S. 183–216). München, Wien & Baltimore: Urban & Schwarzenberg.

Valtin, R., Wagner, C. & *Schwippert, K.* (2005). Schülerinnen und Schüler am Ende der vierten Klasse – schulische Leistungen, lernbezogene Einstellungen und außerschulische Lernbedingungen. In W. Bos, E.-M. Lankes, M. Prenzel,

K. Schwippert, R. Valtin & G. Walther (Hrsg.), IGLU. Vertiefende Analysen zu Leseverständnis, Rahmenbedingungen und Zusatzstudien (S. 187–238). Münster, New York, München u.a.: Waxmann.

Vandewiele, M. (1980). On boredom on secondary school students in Senegal. The Journal of Genetic Psychology, 137(2), 267–274.

Van Tilburg, W. A. P. & Igou, E. R. (2011). On Boredom: Lack of challenge and meaning as distinct boredom experiences. Motivation and Emotion, 36(2), 181–194.

Vaupel, D. (2008). Wochenplanarbeit. In J. Wiechmann (Hrsg.), Zwölf Unterrichtsmethoden. Vielfalt für die Praxis (S. 77–92). Weinheim & Basel: Beltz.

Vierordt, K. (1868). Der Zeitsinn nach Versuchen. Tübingen: Verlag der H. Laupp'schen Buchhandlung.

Vodanovich, S. J. (2003a). On the Possible Benefits of Boredom: A Neglected Area in Personality Research. Psychology and Education: An Interdisciplinary Journal, 40(3/4), 28–33.

Vodanovich, S. J. (2003b). Psychometric measures of boredom: A Review of the literature. The Journal of Psychology, 137(6), 569–595.

Vodanovich, S. J. & Kass, S. J. (1990). A factor analytic study of the boredom proneness scale. Journal of personality assessment, 55(1/2), 115–123.

Vodanovich, S. J. & Rupp, D. E. (1999). Are procrastinators prone to boredom? Social Behavior and Personality: AN international journal, 27, 11–16.

Vodanovich, S. J., Watt, J. D. & Piotrowski, C. (1997). Boredom Proneness in African American college students: A factor analytiy perspective. Education, 118, 229–239.

Völker, L. (1975). Langeweile. Untersuchungen zur Vorgeschichte eines literarischen Motivs. München: Fink.

Wagenschein, M. (1968). Zum Begriff des exemplarischen Lehrens. In M. Wagenschein (Hrsg.), Verstehen lehren (S. 7–39). Weinheim & Basel: Beltz.

Wagner, P. (2005). Häusliche Arbeitszeit für die Schule. Eine Typenanalyse. Münster, New York, München u.a.: Waxmann.

Wagner, P. & Spiel, C. (2002). Hausaufgabenforschung – ein Plädoyer für eine stärkere theoretische Verankerung. Empirische Pädagogik, 16(3), 275–284.

Wang, M. C., Haertel, G. D. & Walberg, H. J. (1993). Towards a Knowledge Base for School Learning. Review of Educational Research, 63(3), 249–294.

Warwas, J. (2009). Berufliches Selbstverständnis und Beanspruchung in der Schulleitung. Zeitschrift für Erziehungswissenschaft, 12(3), 475–498.

Warwas, J. (2012). Berufliches Selbstverständnis, Beanspruchung und Bewältigung in der Schulleitung. Wiesbaden: VS Verlag für Sozialwissenschaften.

Warwas, J. & Dreyer, K. (2010). Effektivitätsgarantie Klassenmanagement? Ein Vergleich unterschiedlicher Konzepte und ihrer Prämissen. In J. Warwas & D. Sembill (Hrsg.), Schule zwischen Effizienzkriterien und Sinnfragen (S. 157–189). Baltmannsweiler: Schneider Hohengehren.

Wasmann-Frahm, A. (2008). Lernwirksamkeit von Projektunterricht – eine empirische Studie zur Wirkung des Projektunterrichts in einer sechsten Jahrgangsstufe am Beispiel des Themenfeldes Boden. Baltmannsweiler: Schneider Hohengehren.

Wasson, A. D. (1981). Susceptibility to boredom and deviant behavior at school. Psychological Reports, 48, 901–902.

Watson, D. & Tellegen, A. (1985). Towards a consensual structure of mood. Psychological Bulletin, 98(2), 219–235.

Watt, J. D. (1991). Effect of Boredom Proneness on Time Perception. Psychological Reports, 69(1), 323–327.

Watt, J. D. & Blanchard, M. J. (1994). Boredom Proneness and the Need for Cognition. Journal of Research in Personality, 28(1), 44–51.

Watt, J. D. & Davis, F. E. (1991). The prevalence of boredom among profoundly deaf residential school adolescents. American Annals of the Deaf, 136(5), 409–413.

Watt, J. D. & Ewing, J. E. (1996). Toward the development and validation of a measure of sexual boredom. Journal of Sex research, 33(1), 57–66.

Watt, J. D. & Vodanovich, S. J. (1992). The relationship between boredom proneness and impulsivity. Psychological reports, 70(3), 688–690.

Watt, J. D. & Vodanovich, S. J. (1999). Boredom proneness and psychosocial development. Journal of Psychology: Interdisciplinary and Applied, 133(3), 303–314.

Wearden, J. H., Todd, N. P. & Jones, L. A. (2006). When do auditory/visual differences in duration judgements occur? Quarterly Journal of Experimental Psychology, 59, 1709–1724.

Wegner, L., Flisher, A. J., Chikobvu, P., Lombard, C. & King, G. (2008). Leisure boredom and high school dropout in Cape Town, South Africa. Journal of Adolescence, 31(3), 421–431.

Weiner, B. (Ed.). (1974). Cognitive views of Human Motivation. New York: Academic Press.

Weinert, F. E., Schrader, F.-W. & Helmke, A. (1990). Unterrichtsexpertise – ein Konzept zur Verringerung der Kluft zwischen zwei theoretischen Paradigmen. In L.-M. Alisch, J. Baumert & K. Beck (Hrsg.), Professionswissen und Professionalisierung. Braunschweiger Studien zur Erziehungs- und Sozialarbeitswissenschaft, Bd. 28 (S. 173–206). Braunschweig: Technische Universität, Seminar für Soziologie und Sozialarbeitswissenschaft in Zusammenarbeit mit der Zeitschrift ‚Empirische Pädagogik'.

Weis, K. (1995). Zur Einführung: Was verdeutlicht das Fragen nach der Zeit? In K. Weis (Hrsg.), Was ist Zeit? Zeit und Verantwortung in Wissenschaft, Technik und Religion (S. 9–22). München: Faktum.

Welling, A. (1990). Zeitliche Orientierung und sprachliches Handeln: handlungstheoretische Grundlegungen für ein pädagogisches Förderkonzept. Frankfurt a. Main, Berlin, Bern u.a.: Peter Lang.

Wiechmann, J. (2008). Unterrichtsmethoden – vom Nutzen der Vielfalt. In J. Wiechmann (Hrsg.), Zwölf Unterrichtsmethoden. Vielfalt für die Praxis (S. 9–19). Weinheim & Basel: Beltz.

Wilbers, K. (Hrsg.) (2011). Die Wirtschaftsschule – Verdienste und Entwicklungsperspektiven einer bayerischen Schulart. Texte zur Wirtschaftspädagogik und Personalentwicklung, Band 5, Friedrich-Alexander Universität Erlangen-Nürnberg. Aachen: Shaker Verlag.

Wild, E. (2007). Emotionen und ihre Regulation. Unterrichtswissenschaft, 35(4), 290–295.

Wild, K.-P. (2000). Der Einfluss von Unterrichtsmethoden und motivationalen Orientierungen auf das kognitive Engagement im Berufsschulunterricht. In T. Duit & C. von Rhöneck (Hrsg.), Ergebnisse fachdidaktischer und psychologischer Lehr-Lern-Forschung. Beiträge zu einem Workshop an der Pädagogischen Hochschule Ludwigsburg (S. 35–54). Kiel: IPN – Leibniz-Institut für die Pädagogik der Naturwissenschaften an der Universität Kiel.

Wild, K.-P. (2001). Die Optimierung von Videoanalysen durch zeitsynchrone Befragungsdaten aus dem Experience Sampling. In S. von Aufschnaiter & M. Welzel (Hrsg.), Nutzung von Videodaten zur Untersuchung von Lehr-Lernprozessen (S. 61–74). Münster, New York, München u.a.: Waxmann.

Wild, E., Hofer, M. & *Pekrun, R.* (2006). Psychologie des Lerners. In A. Krapp & B. Weidenmann (Hrsg.), Pädagogische Psychologie (5. vollständig überarbeitete Auflage) (S. 203–267). Weinheim & Basel: Beltz.

Wild, K.-P. & *Krapp, A.* (1996). Die Qualität subjektiven Erlebens in schulischen und betrieblichen Lernumwelten: Untersuchungen mit der Erlebens-Stichproben-Methode. Unterrichtswissenschaft, 24(3), 195–216.

Wild, K.-P. & *Winteler, A.* (1990). Fragebogen zum Interesse an wirtschaftlichen Zusammenhängen und an Computern. Fakultät für Sozialwissenschaften der Universität der Bundeswehr München.

Wimmer, M. & *Ciompi, L.* (2005). Emotion – Kognition – Evolution. Biologische, psychologische, soziodynamische und philosophische Aspekte. Fürth: Filander.

Winnefeld, F. (1971). Pädagogischer Kontakt und pädagogisches Feld. Beiträge zur Pädagogischen Psychologie (5. Auflage). München & Basel: Ernst Reinhardt.

Wittmann, M. (2006). Die Erfahrung von Zeit: kognitive und emotionale Modulatoren der zeitlichen Wahrnehmung. Habilitationsschrift an der Medizinischen Fakultät der Ludwig-Maximilians-Universität München.

Wittmann, M. (2009). Die Neuropsychologie der Zeit – Kognitive und emotionale Modulatoren der zeitlichen Erfahrung. Zeitschrift für Medizinische Psychologie, 18(1), 28–39.

Wolf, K. D. (2008). Computerbezogene Vorkenntnisse. Unveröffentlichtes Manual.

Wolf, K. D. & *Schumacher, L.* (2010). Heterogene Erlebensprozesse im kaufmännischen Unterricht – Resultat individueller Dispositionen und Prädiktor von Erfolgsmaßen? In J. Seifried, E. Wuttke, R. Nickolaus & P. E. Sloane (Hrsg.), Lehr-Lern-Forschung in der kaufmännischen Berufsbildung – Ergebnisse und Gestaltungsaufgaben (S. 173–191). Zeitschrift für Berufs- und Wirtschaftspädagogik, Beiheft 23. Stuttgart: Franz Steiner.

Wolfgang, C. (2001). Solving Discipline and Classroom Management Problems. Methods and Models for Today's Teachers. New York: John Wiley & Sons.

Wuttke, E. (1999). Motivation und Lernstrategien in einer selbstorganisationsoffenen Lernumgebung. Eine empirische Untersuchung bei Industriekaufleuten. Frankfurt a. Main, Berlin, Bern u.a.: Peter Lang.

Wuttke, E. (2005). Unterrichtskommunikation und Wissenserwerb. Zum Einfluss von Kommunikation auf den Prozess der Wissensgenerierung. Frankfurt a. Main, Berlin, Bern u.a.: Peter Lang.

Wuttke, E. (2008). Einige Selbstverständlichkeiten des Unterrichtsalltags und ihre theoretische und empirische Fundierung. Wirtschaft und Erziehung, 6, 167–175.

Wuttke, E. (2010). Was wissen Lehrerinnen und Lehrer über Langeweile? Eine explorative Studie. Die berufsbildende Schule, 62(11/12), 312–318.

Zajonc, R. B. (1980). Feelings and Thinking: Preferences Need No Inferences. American Psychologist, 35(2), 151–175.

Zajonc, R. B. (1984). On the Primacy of Affect. American Psychologist, 39, 117–123.

Zakay, D. (1990). The evasive art of subjective time measurement: Some methodological dilemmas. In R. A. Block (Ed.), Cognitive models of psychological time (pp. 59–84). Hillsdale, NJ: Erlbaum Associates.

Zimbardo, P. G. & Gerrig, R. J. (2004). Psychologie (16. aktualisierte Auflage). München, Boston, San Fransisco u.a.: Pearson.

Zoll, R. (1988). Zeiterfahrung und Gesellschaftsform. In R. Zoll (Hrsg.), Zerstörung und Wiederaneignung von Zeit (S. 72–89). Frankfurt a. Main: Suhrkamp.

Zuckerman, J. (1979a). Sensation seeking: Beyond the optimal level of arousal. Hillsdale, NJ: Erlbaum Associates.

Zuckerman, J. (1979b). Sensation seeking and risk taking. In C. E. Izard (Ed.), Emotions in personality and psychopathology (pp. 163–197). New York: Plenum.

Zuckerman, M., Eysenck, S. & Eysenck, H. J. (1978). Sensation seeking in England and America: Cross-culrual, Age and Sex comparisons. Journal of Consulting and Clinical Psychology, 46(1), 139–149.

Zulley, J. & Knab, B. (2000). Unsere Innere Uhr. Natürliche Rhythmen nutzen und der Non-Stop-Belastung entgehen. Freiburg: Herder.

KONZEPTE DES LEHRENS UND LERNENS

Band 1-7 herausgegeben von K. Breuer und G. Tulodziecki

Band   1   Dieter Reising: Kognitive Komplexität als Differenzierungskriterium. Entwicklung und Evaluation eines Unterrichtskonzepts für die Berufsfachschule. 1986.

Band   2   Rüdiger R. Kummer: Computersimulation in der Berufsschule. Entwicklung und Evaluation eines Konzepts zur Förderung kognitiver Komplexität im Politik- und Wirtschaftslehre-Unterricht. 1991.

Band   3   Günter Fiedler: Anwendungsaufgaben im naturwissenschaftlichen Unterricht. Theoretische Grundlagen, Entwicklung und vergleichende Evaluation eines Unterrichtskonzeptes zur Verbesserung der Anwendungsfähigkeit von Naturgesetzen. 1991.

Band   4   Peter Steinbüchel: Technisches Denken und Handeln. Unterrichtskonzepte für berufsbildende Schulen. 1994.

Band   5   Klaus Beck (ed.): Teaching-Learning Processes in Vocational Education. Foundations of Modern Training Programmes. 2002.

Band   6   Katharina Höhn: Struktur- und Prozessinnovationen in pädagogischen Handlungsfeldern. Entwicklung, Implementation und Evaluation einer beruflichen Abschlussprüfung über den Zugang der systemdynamischen Modellbildung. 2002.

Band   7   Stefanie Hillen / Gunnar Paul / Frank Puschhof: Systemdynamische Lernumgebungen. Modellbildung und Simulation im kaufmännischen Unterricht. 2002.

Band 8-18 herausgegeben von K. Breuer , G. Tulodziecki und K. Beck

Band   8   Klaus Breuer / Klaus Beck (eds.): Are European Vocational Systems up to the Job? Evaluation in European Vocational Systems. 2002.

Band   9   Frank Arnold: Computerbasierte Lernumgebungen zur Unterstützung selbstgesteuerter Lernprozesse. Eine objektorientierte Modellierung mit der Unified Modeling Language (UML). 2004.

Band 10   Stefanie Hillen: Systemdynamische Modellbildung und Simulation im kaufmännischen Unterricht. Elizitation und Elaboration von Mentalen Modellen in komplexen betriebswirtschaftlichen Gegenstandsbereichen. 2004.

Band 11   Eveline Wuttke: Unterrichtskommunikation und Wissenserwerb. Zum Einfluss von Kommunikation auf den Prozess der Wissensgenerierung. 2005.

Band 12   Karin Heinrichs: Urteilen und Handeln. Ein Prozessmodell und seine moralpsychologische Spezifizierung. 2005.

Band 13   Gerhard Minnameier: Wissen und inferentielles Denken. Zur Analyse und Gestaltung von Lehr-Lern-Prozessen. 2005.

Band 14   Wulf Weritz: Fall- und problemorientiertes Lernen in hybriden Lernarrangements. Theoretische Grundlagen, Entwicklung und empirische Evaluation von Studienmaterialien für die Lehrerausbildung an einer Präsenzuniversität. 2008.

Band 15   Klaus Breuer / Rüdiger Tauschek / Helmut Becker / Wolfgang Ettmüller / Klaus Etzkorn (Hrsg.): Der Modellversuch KoLA. Vom Lernfeld zum schulspezifischen Jahresarbeitsplan – von der Lernsituation zum selbstgesteuerten Lernen und zu ersten Ergebnissen einer Längsschnittstudie. 2009.

Band 16   Jürgen Seifried: Unterricht aus der Sicht von Handelslehrern. 2009.

Band 17   Klaus Breuer / Wolfgang Ettmüller / Nicole Schu / Rüdiger Tauschek: Selbstgesteuertes Lernen. Planung, Praxis und Evaluation für den Unterricht in der Berufsschule. 2011.

Band   18   Nina Bender: Selbstreguliertes Geldmanagement bei jungen Erwachsenen. 2012.

Ab Band 19 herausgegeben von J. Seifried und S. Seeber

Band   19   Kristina Kögler: Langeweile in kaufmännischen Unterrichtsprozessen. Entstehung und Wirkung emotionalen Erlebens ungenutzter Zeitpotentiale. 2015.

www.peterlang.com